裁判員裁判記録教材

（第2号　殺人未遂事件）

は　し　が　き

　この教材は，刑事実務の教育指導の場で活用できるよう法務総合研究所において作成したものです。

　作成に当たっては，実際にあった事件を素材として，できるだけ実際の事件記録に沿った形式で編集されていますが，内容面では，教材であることを考慮して大幅な変更が加えられており，事件の発生時期・場所，登場する人物，団体，地名等は，いずれも実際の事件と関係のない架空のものとされています。

　法科大学院等での使用に適した教材であると思われますので，頒布することといたしました。

　多くの読者が，実際の事件が素材とされていることに留意した上で，この素材を刑事実務の理解を深めるために，積極的に活用されることとなれば幸いです。

　平成 31 年 3 月

　　　　　　　　　　　　　　　　　　　　　一般財団法人　法　曹　会

本教材を，法科大学院における講義・演習のために使用する際には，下記の注意事項を明記して下さい。

　　本教材は，法科大学院における講義・演習において使用するために，法務省法務総合研究所から提供を受けたものであり，学生は，法科大学院における講義・演習・学習のために，本教材を使用することができます。

　　学生が上記以外の目的のために本教材を使用すること，複写すること又は第三者に譲渡・貸与することを禁じます。

　　本教材の著作権は，法務省法務総合研究所にあります。

　　本教材の全部又は一部を無断で複写又は転載することは，禁じられています。

記　　録　　目　　録		被　疑　者	福上三郎		
文　書　の　標　題	作成年月日	作　成　者	供　述　者	ページ	備　　考
1　送致書（6／23）					

	文　書　の　標　題	作成年月日	作　成　者	供　述　者	ページ	備　考
1	送致書	H22. 6. 23	八女一雄		1	
2	現行犯人逮捕手続書（甲）	H22. 6. 21	本池憲一		6	
3	弁解録取書	H22. 6. 21	沢渡裕治	福上三郎	14	
4	取調べ状況報告書	H22. 6. 21	沢渡裕治		16	
5	捜査報告書 （捜索差押え及び検証の必要性）	H22. 6. 22	玉原　匡		17	
6	被害届	H22. 6. 22	橋行　久		22	
7	診断書	H22. 6. 21	潮沢　明		24	
8	捜査報告書 （医師からの負傷部位の聴取結果）	H22. 6. 22	田地亮介		25	
9	写真撮影報告書 （被害者の受傷状況の写真撮影）	H22. 6. 21	一木岳文		30	
10	差押調書（乙）（謄本）	H22. 6. 21	塚井健太		31	
11	押収品目録				33	
12	捜査報告書 （被疑者の人定確認）	H22. 6. 21	馬木隼人		36	
13	捜査報告書 （飲酒検知結果）	H22. 6. 21	古元　肇		37	
14	鑑識カード	H22. 6. 21	古元　肇		39	
15	捜査報告書 （飲酒検知結果）	H22. 6. 22	古元　肇		40	
16	鑑識カード	H22. 6. 22	古元　肇		42	
17	捜査報告書 （飲酒検知結果）	H22. 6. 22	山川　裕		43	
18	鑑識カード	H22. 6. 22	山川　裕		45	
19	捜査報告書 （飲酒検知結果）	H22. 6. 21	山川　裕		46	
20	鑑識カード	H22. 6. 21	山川　裕		48	
21	電話聴取書 （110番受理時の状況）	H22. 6. 21	沢渡裕治		49	

	記 録 目 録			被 疑 者	福上三郎	
	文 書 の 標 題	作成年月日	作 成 者	供 述 者	ページ	備 考
22	供述調書	H22. 6. 22	早良香里	橋行 梓	50	
23	供述調書	H22. 6. 21	池藤 剛	福上次夫	56	
24	供述調書	H22. 6. 22	山松 稔	橋行 久	61	
25	供述調書	H22. 6. 22	実澤雄平	福上三郎	67	
26	供述調書	H22. 6. 22	実澤雄平	福上三郎	71	
27	取調べ状況報告書	H22. 6. 22	実澤雄平		76	
28	犯罪歴照会結果報告書	H22. 6. 21	沢渡裕治		77	
29	捜査報告書 （勾留の必要性）	H22. 6. 22	大船義弘		78	
	2　関係書類追送書1（6／28）					
30	関係書類追送書	H22. 6. 28	八女一雄		81	
31	実況見分調書 （被害状況の再現結果）	H22. 6. 25	大船義弘		83	
32	実況見分調書 （目撃状況の再現結果）	H22. 6. 26	田地亮介		98	
33	実況見分調書 （目撃状況の再現結果）	H22. 6. 27	田地亮介		108	
34	供述調書	H22. 6. 26	田地亮介	小見川 修	117	
35	供述調書	H22. 6. 27	大船義弘	福上洋子	127	
36	取調べ状況報告書	H22. 6. 25	実澤雄平		130	
37	供述調書	H22. 6. 26	実澤雄平	福上三郎	131	
38	取調べ状況報告書	H22. 6. 26	実澤雄平		134	
39	取調べ状況報告書	H22. 6. 27	実澤雄平		135	
40	前科照会回答書	H22. 6. 23	春本幸司		136	
	3　関係書類追送書2（7／5）					
41	関係書類追送書	H22. 7. 5	八女一雄		137	

	記　　録　　目　　録			被　疑　者	福上三郎	
	文　書　の　標　題	作成年月日	作　成　者	供　述　者	ページ	備　　考
42	実況見分調書 （犯行現場の実況見分）	H22. 6. 29	玉原　匡		140	
43	実況見分調書 （被害者の着衣の実況見分）	H22. 6. 30	早良香里		155	
44	実況見分調書 （果物ナイフの実況見分）	H22. 7. 2	早良香里		156	
45	捜索差押調書（甲）	H22. 6. 24	長川裕孝		163	
46	捜索差押許可状請求書	H22. 6. 22	市山昭吾		165	
47	捜索差押許可状	H22. 6. 22	山田太朗		168	
48	写真撮影報告書 （被害者の負傷部位の写真撮影）	H22. 6. 30	大船義弘		170	
49	捜査報告書 （被害者の生命の危険性）	H22. 7. 1	田地亮介		177	
50	捜査報告書 （被疑者の稼働状況等）	H22. 6. 28	大船義弘		186	
51	取調べ状況報告書	H22. 6. 28	実澤雄平		188	
52	供述調書	H22. 6. 29	実澤雄平	福上三郎	189	
53	取調べ状況報告書	H22. 6. 29	実澤雄平		192	
54	供述調書	H22. 6. 30	実澤雄平	福上三郎	193	
55	取調べ状況報告書	H22. 6. 30	実澤雄平		197	
56	取調べ状況報告書	H22. 7. 1	実澤雄平		198	
57	供述調書	H22. 7. 2	実澤雄平	福上三郎	199	
58	取調べ状況報告書	H22. 7. 2	実澤雄平		203	
59	供述調書	H22. 7. 3	実澤雄平	福上三郎	204	
60	取調べ状況報告書	H22. 7. 3	実澤雄平		209	
61	供述調書	H22. 7. 4	実澤雄平	福上三郎	210	
62	取調べ状況報告書	H22. 7. 4	実澤雄平		213	
63	捜査関係事項照会書（謄本）	H22. 6. 22	田地亮介		214	

	記　　録　　目　　録			被　疑　者		福上三郎	
	文　書　の　標　題	作成年月日	作　成　者	供　述　者	ページ	備　　考	
64	戸籍謄本	H22. 6. 25	福岡市西浜区長		215		
	4　関係書類追送書3（7／12）						
65	関係書類追送書	H22. 7. 12	八女一雄		219		
66	実況見分調書 （果物ナイフの抜き出し状況）	H22. 7. 8	大船義弘		221		
67	実況見分調書 （犯行状況の再現結果）	H22. 7. 10	大船義弘		225		
68	検証調書（甲）	H22. 7. 8	江木弘太朗		235		
69	検証許可状請求書	H22. 6. 22	市山昭吾		236		
70	検証許可状	H22. 6. 22	山田太朗		238		
71	供述調書	H22. 7. 5	実澤雄平	福上三郎	239		
72	取調べ状況報告書	H22. 7. 5	実澤雄平		242		
73	取調べ状況報告書	H22. 7. 6	実澤雄平		243		
74	供述調書	H22. 7. 11	実澤雄平	福上三郎	244		
75	取調べ状況報告書	H22. 7. 11	実澤雄平		246		
	5　関係書類追送書4（7／30）						
76	関係書類追送書	H22. 7. 30	八女一雄		247		
77	証拠金品総目録				249		
78	差押調書（乙）	H22. 6. 21	塚井健太		250		
79	押収品目録				252		
80	所有権放棄書	H22. 7. 12	福上三郎		255		
81	捜査報告書 （被害者の着衣の領置経過）	H22. 6. 21	早良香里		256		
82	任意提出書	H22. 6. 21	橋行　梓		257		
83	領置調書（甲）	H22. 6. 21	早良香里		258		

	記　　録　　目　　録			被　疑　者	福上三郎	
	文　書　の　標　題	作成年月日	作　成　者	供　述　者	ページ	備　　考
84	所有権放棄書	H22. 7. 22	橋行　久		259	
85	捜査報告書 （被疑者の生活原資の裏付け）	H22. 7. 12	大船義弘		260	
86	捜査報告書 （鑑定資料の採取及び鑑定結果）	H22. 7. 12	河勝龍二		262	
87	取調べ状況報告書	H22. 7. 12	実澤雄平		265	
6　　検察官作成書類，勾留関係書類						
88	供述調書	H22. 7. 3	博田　守	橋行　久	268	
89	供述調書	H22. 7. 3	博田　守	橋行　梓	285	
90	供述調書	H22. 7. 5	博田　守	福上次夫	294	
91	弁解録取書	H22. 6. 23	博田　守	福上三郎	306	
92	取調べ状況等報告書	H22. 6. 23	桧原賢作		308	
93	取調べ状況等報告書	H22. 7. 1	桧原賢作		309	
94	取調べ状況等報告書	H22. 7. 8	桧原賢作		310	
95	供述調書	H22. 7. 10	博田　守	福上三郎	311	
96	取調べ状況等報告書	H22. 7. 10	桧原賢作		319	
97	録音・録画状況等報告書	H22. 7. 10	博田　守		320	
98	勾留請求書	H22. 6. 23	博田　守		321	
99	勾留状	H22. 6. 24	並川平二		322	
100	勾留質問調書	H22. 6. 24	並川平二		325	
101	勾留期間延長請求書	H22. 7. 2	博田　守		326	
7　　証拠開示関係書類						
102	類型証拠開示請求書	H22. 8. 16	大牟田孝典 飯元　浩子		329	
103	証拠開示請求に対する回答書	H22. 8. 23	博田　守		333	

	記　　録　　目　　録			被　疑　者	福上三郎	
	文　書　の　標　題	作成年月日	作　成　者	供　述　者	ページ	備　考
	8　公判記録					
104	刑事第一審事件記録（表紙）				335	
105	起訴状	H22.7.12	博田　守		336	
106	郵便送達報告書				337	
107	決定 （公判前整理手続）	H22.7.16	綿波孝平ほか		338	
108	進行に関する打合せメモ （書面提出等について）	H22.7.21	和元一成		339	
109	決定 （証拠調べ請求の期限等）	H22.7.21	綿波孝平ほか		341	
110	証明予定事実記載書	H22.8.2	博田　守		342	
111	第1回公判前整理手続調書（手続）	H22.8.18	和元一成		346	
112	被害者参加の申出に関する通知書	H22.8.27	博田　守		348	
113	進行に関する打合せメモ （主張予定等について）	H22.9.3	和元一成		349	
114	決定 （証拠調べ請求の期限等）	H22.9.3	綿波孝平ほか		351	
115	予定主張記載書面	H22.9.10	大牟田孝典 飯元　浩子		352	
116	第2回公判前整理手続調書（手続）	H22.9.17	和元一成		353	
117	求意見	H22.9.17	大牟田孝典 飯元　浩子		355	
118	決定 （被害者参加）	H22.9.21	綿波孝平ほか		356	
119	第3回公判前整理手続調書（手続）	H22.9.29	和元一成		357	
120	予定主張記載書面（2）	H22.10.7	大牟田孝典 飯元　浩子		359	
121	第4回公判前整理手続調書（手続）	H22.10.15	和元一成		361	
122	予定主張記載書面（3）	H22.10.25	大牟田孝典 飯元　浩子		363	
123	追加証明予定事実記載書	H22.11.8	博田　守		364	
124	第5回公判前整理手続調書（手続）	H22.11.17	和元一成		366	

	記　　録　　目　　録			被　疑　者	福上三郎	
	文　書　の　標　題	作成年月日	作　成　者	供　述　者	ページ	備　考
125	追加証明予定事実記載書	H22.11.22	博田　守		368	
126	予定主張記載書面（4）	H22.11.22	大牟田孝典 飯元　浩子		370	
127	第6回公判前整理手続調書（手続）	H22.11.30	和元一成		371	
128	第7回公判前整理手続調書（手続）	H22.12.10	和元一成		374	
129	第8回公判前整理手続調書（手続）	H22.12.22	和元一成		376	
130	意見陳述の申出に関する通知書	H22.12.22	博田　守		381	
131	意見陳述の申出に関する通知書	H23.2.14	博田　守		382	
132	進行に関する打合せメモ （裁判員等選任手続について等）	H23.2.15	和元一成		384	
133	第1回公判調書（手続）	H23.2.22	和元一成		388	
134	第2回公判調書（手続）	H23.2.23	和元一成		394	
135	第3回公判調書（手続）	H23.2.23	和元一成		395	
136	第4回公判調書（手続）	H23.2.24	和元一成		404	
137	略語表				413	
138	証拠等関係カード				415	
139	証拠調べ請求書	H22.8.2	博田　守		426	
140	検察官請求証拠認否書	H22.9.10	大牟田孝典 飯元　浩子		430	
141	検察官請求証拠認否変更書	H22.9.24	大牟田孝典 飯元　浩子		431	
142	証拠調べ請求書	H22.11.22	博田　守		432	
143	証拠調べ請求書	H22.12.6	博田　守		434	
144	証拠調べ請求書	H22.12.8	博田　守		437	
145	証拠調べ請求書	H22.12.14	博田　守		440	
146	捜査報告書 （犯行現場の特定等）	H22.11.26	博田　守		442	

	記　　録　　目　　録		被　疑　者		福上三郎	
	文　書　の　標　題	作成年月日	作　成　者	供　述　者	ページ	備　考
147	捜査報告書 （犯行に使用された果物ナイフの形状等）	H22.11.26	博田　守		451	
148	捜査報告書 （被害者の診断名等）	H22.11.26	博田　守		458	
149	診断書	H22.6.21	潮沢　明		466	
150	捜査報告書 （被害者が受けた刺創の治療期間等）	H22.11.22	博田　守		469	
151	供述調書	H22.6.27	大船義弘	福上洋子	471	
152	供述調書	H22.7.3	博田　守	橋行　梓	474	
153	捜査報告書 （被害再現状況）	H22.12.13	博田　守		481	
154	供述調書	H22.6.22	実澤雄平		485	
155	戸籍写し（福上三郎，洋子）	H22.6.25	福岡市西浜区長		489	
156	被告人供述調書			福上三郎	491	
157	証人尋問調書			橋行　久	492	
158	証人尋問調書			橋行　久	506	
159	証人尋問調書			福上次夫	516	
160	被告人供述調書			福上三郎	530	
161	証人尋問調書（職権採用分）			橋行　久	551	
162	移送通知書	H22.8.8	博田　守		555	
163	勾留期間更新決定	H22.9.6			556	
164	勾留期間更新決定	H22.10.4			557	
165	勾留期間更新決定	H22.11.8			558	
166	勾留期間更新決定	H22.12.6			559	
167	勾留期間更新決定	H23.1.7			560	
168	勾留期間更新決定	H23.2.7			561	

	記　録　目　録			被　疑　者	福上三郎	
	文　書　の　標　題	作成年月日	作　成　者	供　述　者	ページ	備　　考
169	勾留期間更新決定	H23. 3. 7			562	
170	国選弁護人選任書	H22. 6. 24	並川平二		563	
171	国選弁護人選任書	H22. 6. 25	並川平二		564	
172	主任弁護人指定届	H22. 7. 16	大牟田孝典 飯元　浩子		565	
173	国選弁護人選任請求書・資力申告書	H22. 6. 22	福上三郎		566	
174	ファクシミリ送信・受領書	H22. 6. 24			567	
175	国選弁護人候補指名通知書	H22. 6. 24	法テラス福岡		568	
176	被疑者国選弁護人複数選任の申出書	H22. 6. 25	大牟田孝典		569	
177	ファクシミリ送信・受領書	H22. 6. 25			570	
178	国選弁護人候補指名通知書	H22. 6. 25	法テラス福岡		571	
179	送達報告書	H22. 6. 28	和元一成		572	
180	送達報告書	H22. 6. 28	和元一成		573	
181	国選被害者参加弁護士選定書	H22. 9. 27	綿波孝平ほか		574	
182	国選被害者参加弁護士 選定請求書・資力等申告書	H22. 9. 24	橋行　久		575	
183	国選被害者参加弁護士候補指名通知書	H22. 9. 27	法テラス福岡		577	
184	裁判員等選任手続関係書類				578	
185	裁判員等選任手続調書	H23. 2. 21	和元一成		580	

1　送致書

（6／23）

閲	主 任 検 察 官		
㊞	博田		

不拘束	通常	緊急	⦿現行	告訴	告発	自首

送 致 書

送（致）西福刑第〇〇号

平成２２年　６月２３日

福岡地方検察庁
　　検察官検事正　山　笠　一　好　殿
　　　　　　　　　　　　西福岡警察署
　　　　　　　　　　　　　司法警察員警視　　八女　一雄　㊞

下記被疑事件を送致する。

検　番　号　罪　名，罰　条	被疑者の住居，氏名，年齢等	前科	身上	逮捕の日時	身柄連行
検　第　１２３４　号 殺人未遂 　刑法第203条 　同法第199条	住居　福岡市西浜区灘崎町１丁目 　　２番３号　灘崎ハイツ１号棟 　　２０５号室　福上次夫方 ふりがな　ふくうえ　さぶろう 氏名　　　福上　三郎 昭和３３年３月２８日生(５２歳) 　　　　　　性別　男 外国人登録　　年　月No.　前科なし	添付 6月 22日 ⦿照会	添付 6月 22日 ⦿照会	6月 21日 午後 9時 52分	⦿有 無
検　第　　　　号	住居 ふりがな 氏名 　　年　月　日生（　歳）性別 外国人登録　　年　月No.	添付 月 日 照会	添付 月 日 照会	月 日 午 時 分	有 無
検　第　　　　号 （福岡地方検察庁　22. 6. 23　検第１２３４号　受理）	住居 ふりがな 氏名 　　年　月　日生（　歳）性別 外国人登録　　年　月No.	添付 月 日 照会	添付 月 日 照会	月 日 午 時 分	有 無
捜査主任官の職氏名	西福岡警察署 　司法警察員警部補　大船　義弘　　　警電〇〇〇－〇〇〇				

（注意）　1　送致と送付に兼用する。
　　　　　2　左上欄外及び前科，身上，身柄連行欄の各該当部分に赤〇を付け，かつ，前科・身上照会中の場合は，月日を記入すること。

（その２）

1　犯罪発覚の端緒 　　　目撃者からの１１０番通報
2　余罪の有無 　　　な　し
3　関連する事件につき，被疑者の氏名，逃走中，取調中，送致未送致の別，送致年月日等 　　　な　し
4　犯罪事実及び犯罪の情状等に関する意見 　(1)　犯罪事実 　　　　別紙のとおり 　(2)　犯罪の情状等に関する意見 　　　　別紙のとおり

別　紙

犯罪事実

　　被疑者は，平成２２年６月２１日午後８時１５分ころ，福岡市西浜区灘崎町１
丁目２番３号灘崎ハイツ１号棟２０５号室福上次夫方において，橋行久（当時４
１歳）に対し，殺意をもって，所携の果物ナイフ（刃体の長さ約１１．５センチ
メートル）で同人の左頸部，右肩甲部，左右前胸部，右側腹部，左そけい部など
を刺突するなどしたが，上記橋行に２週間の入院加療を要する左頸部刺創，右肩
から頸部にかけての刺創，左右前胸部刺創，右側腹部刺創，左そけい部刺創の傷
害を負わせたにとどまり，殺害の目的を遂げなかったものである。

犯罪の情状等に関する意見

　　被疑者は，福岡市内の実兄方に居候している無為徒食の者である。

　　本件は，被疑者が，実兄方居室において，実兄の知人である被害者から，早期
に実兄方を退去して自立するよう求められたことなどに激高し，自室から刃物を
持ち出して，同刃物で被害者の頸部，胸部等を続けざまに刺突して負傷させた殺
人未遂事件である。

　　被疑者は，取調べにおいて，本件犯行を概ね認めているものの，犯行を正当化
する供述もしており，改悛の情は微塵も見受けられないため，厳重処分願いたい。

書　類　目　録			被 疑 者	福上三郎	
文　書　の　標　題	作成年月日	作 成 者	供 述 者	丁数	備　　考
現行犯人逮捕手続書（甲）	22. 6. 21	本池憲一			
弁解録取書	22. 6. 21	沢渡裕治	福上三郎		
取調べ状況報告書	22. 6. 21	沢渡裕治			
捜査報告書 （捜索差押え及び検証の必要性）	22. 6. 22	玉原　匡			
被害届	22. 6. 22	橋行　久			
診断書	22. 6. 21	潮沢　明			
捜査報告書 （医師からの負傷部位の聴取結果）	22. 6. 22	田地亮介			
写真撮影報告書 （被害者の受傷状況の写真撮影）	22. 6. 21	一木岳文			
差押調書（乙）（謄本）	22. 6. 21	塚井健太			
捜査報告書 （被疑者の人定確認）	22. 6. 21	馬木隼人			
捜査報告書 （飲酒検知結果）	22. 6. 21	古元　肇			
鑑識カード	22. 6. 21	古元　肇			
捜査報告書 （飲酒検知結果）	22. 6. 22	古元　肇			
鑑識カード	22. 6. 22	古元　肇			
捜査報告書 （飲酒検知結果）	22. 6. 22	山川　裕			
鑑識カード	22. 6. 22	山川　裕			
捜査報告書 （飲酒検知結果）	22. 6. 21	山川　裕			
鑑識カード	22. 6. 21	山川　裕			
電話聴取書 （110番受理時の状況）	22. 6. 21	沢渡裕治			
供述調書	22. 6. 22	早良香里	橋行　梓		
供述調書	22. 6. 21	池藤　剛	福上次夫		
供述調書	22. 6. 22	山松　稔	橋行　久		

書　類　目　録			被　疑　者		福上三郎
文　書　の　標　題	作成年月日	作　成　者	供　述　者	丁数	備　　考
供述調書	22. 6. 22	実澤雄平	福上三郎		
供述調書	22. 6. 22	実澤雄平	福上三郎		
取調べ状況報告書	22. 6. 22	実澤雄平			
犯罪歴照会結果報告書	22. 6. 21	沢渡裕治			
捜査報告書 （勾留の必要性）	22. 6. 22	大船義弘			
書　類　目　録			被　疑　者		福上三郎

現 行 犯 人 逮 捕 手 続 書（甲）

下記現行犯人を逮捕した手続は，次のとおりである。

記

1 被疑者の住居，職業，氏名，年齢

　　住　居　　福岡市西浜区灘崎町１丁目２番３号

　　　　　　　　　　灘崎ハイツ１号棟２０５号室　福上次夫方

　　職　業　　無職

　　氏　名　　福 上 三 郎　（ふくうえ　さぶろう）　５２歳

2 逮捕の年月日時

　　平成２２年６月２１日午後９時５２分

3 逮捕の場所

　　福岡市西浜区灘崎町１丁目２番３号灘崎ハイツ１号棟２０５号室福上次夫方

4 現行犯人と認めた理由及び事実の要旨

（1）現行犯人と認めた理由

　　　別紙１のとおり

（2）事実の要旨

　　　別紙２のとおり

5 逮捕時の状況

　　被疑者に対し，殺人未遂被疑事件の被疑者として現行犯逮捕する旨を告げたところ，「分かった。」と申し立て，抵抗することなく逮捕に応じた。

6 証拠資料の有無

　　あ　り

　　本職は，平成２２年６月２１日午後１０時００分，被疑者を西福岡警察署司法警察員に引致した。

　　　　　　上記引致の日

　　　　　　　西福岡警察署

　　　　　　　　　　司法警察員巡査部長　本 池 憲 一 ㊞

　　　　　　　　　　司法警察員警部補　　塚 井 健 太 ㊞

本職は，平成２２年６月２３日午前９時３０分，被疑者を関係書類等とともに福岡地方検察庁検察官に送致する手続をした。

　　　　　上記送致の日

　　　　　　西福岡警察署

　　　　　　　　司法警察員警部　　市　山　昭　吾　㊞

　　　　　　　平成２２年６月２３日午前９時５０分受領

　　　　　　福岡地方検察庁　検察事務官

　　　　　　　　　　　○　○　○　○　㊞

別紙1

（現行犯人と認めた理由）

① 本職等は，平成22年6月21日午後8時19分ころ，当署地域課事務室に
おいて，待機勤務中，福岡県警察本部地域部通信指令課から

　　　　西浜区灘崎町1丁目，灘崎ハイツ1号棟205号室にて，首を刺され
　　　　た旨の通報あり，至急臨場せよ

との指令を受け，当署警ら用無線自動車（登録番号福岡○○○あ○○○○
号）にて現場へ急行した。

② 本職等は，同日午後8時26分，現場である

　　　　福岡市西浜区灘崎町1丁目2番3号灘崎ハイツ1号棟

に到着したところ，同アパート西側歩道上に

　　　　年齢40歳くらいの男性がしゃがみ込みながら，左の頸部を両手で
　　　　押さえ，首元から下半身にかけて，血液様が多量に付着した着衣

　　　　（後刻，被害者橋行久と判明，以後被害者と称す）

でおり，その横に

　　　　年齢45歳くらいの女性が付き添うようにしゃがみ込んでいた

　　　　（後刻，被害者の妻橋行梓と判明，以後被害者の妻と称す）

ことから，本職が

　　　　どうした

と声をかけたところ，被害者の妻が

　　　　刺された，刺された，205号室にいる，早く行って，弟だ

と申し立てたことから，本職は

　　　　灘崎ハイツ1号棟205号室

へ向かった。

③ 本職が，同日午後8時27分ころ，205号室前に赴いたところ，同室の玄
関ドアは開放されており，ドアに面する共同階段踊り場に

　　　　年齢55歳くらい，身長155センチメートルくらい

　　　　パンツのみ着用の男

　　　　（後刻，被疑者の兄福上次夫と判明，以後被疑者の兄と称す）

－ 8 －

がおり，本職を認めるや

　　　　　中だ，中にいる，早く捕まえろ，犯人は俺の弟だ

と２０５号室の室内を指示した。

　　この状況から，被害者が左頸部を刃物様のもので刺傷された殺人未遂事件と推定され，被疑者は未だ同居室内にいるものと認められた。

　　本職が玄関先から室内をのぞき込むと，玄関先の床に血痕様のものが認められ，玄関南側の部屋（居間兼台所）にのみ照明がついていたことから，同室へ進み，室内を確認したところ，居間の南側に位置する白色ソファに腰掛ける

　　　　　年齢５５歳くらい，坊主頭，めがねなし

　　　　　クリーム色半袖セーター，紺色半ズボン着用の男

　　　　　（後刻，被疑者福上三郎と判明，以後被疑者と称す）

がおり，同人の半袖セーターの右袖口付近及び右腕に血痕様のものが付着しているのを認めた。

④　本職が，玄関から居間に至ると，被疑者は室内に一人だけでおり

　　　　　右手に果物ナイフ様のものを握り，鋭利な刃先を右頸部に押し当てている状態

で，本職を見るや

　　　　　それ以上近付くな，近付けば刺して死ぬぞ

と興奮した様子でわめき散らした。

　　また，居間兼台所の床上や流し台下の戸袋には，多量の血痕が付着している状況から，同所が犯行場所と認められた。

　　本職は，被疑者に強引に接近した場合，自害のおそれがあると判断し，応援が到着する時間を稼ぐとともに，被疑者を落ち着かせるため

　　　　　分かった，これ以上は近付かない

　　　　　落ち着いて事情を聞かせてくれんか

と申し向けたところ，被疑者は

　　　　　俺は大変なことをしてしまった

　　　　　責任を取って死ぬしかない

などと申し立てたので

　　　　何があった，部屋の中が血だらけだぞ

と申し向けたところ

　　　　橋行をこのナイフで刺してやった

　　　　死んだかもしれん

　　　　俺はもうだめだ

　　　　別れた子どもにも顔向けできん

などと犯行をほのめかす供述をした。

　　その間，被疑者は，終始，果物ナイフの刃先を右頸部に押し当てている状況であったことから

　　　　ナイフを手渡すように

と申し向け，説得を継続した。

⑤　本職が，被疑者の説得に従事している間に，玄関先には応援の警察官が到着し，アパートの包囲も完了した様子であり，同日午後8時33分ころ，当署刑事第一課長警部市山昭吾，西福岡警察署派遣福岡県警察本部刑事部機動捜査隊警部補塚井健太等が到着したことから，本職，市山警部，塚井警部補の3名が被疑者の様子をうかがいつつ居間に入ることに成功し

　　　　本職が被疑者の北側

　　　　市山警部が被疑者の西側

　　　　塚井警部補が被疑者の北西側

に位置しながら，被疑者に対し

　　　　刃物を手渡すことと詳しい事情を聞かせてほしい旨

の説得を粘り強く継続して実施したところ

　　　　同日午後9時46分ころ

被疑者は小刻みにうなずきながら，自ら所持していた刃物を，市山警部に手渡した。

　　そこで，本職が改めて犯行状況を確認したところ

　　　　兄貴の友達の橋行という男が女連れで訪ねてきて酒を飲んでいた

　　　　俺が自分の部屋にいると挨拶もできないのかなどと因縁を付けてきた

俺は橋行と２回くらいしか会ったことはないし，挨拶をするような仲
　　ではないと思ったが，言われように腹が立ち，自分の部屋に置いていた
　　ナイフをズボンの右ポケットに忍ばせ，居間に戻っていた橋行と話をつ
　　けようとした

　　　居間に行くと，橋行から，何で挨拶ができないんだなどと怒鳴られた
　　ので腹が立ち，ポケットに隠していたナイフを右手で持ち，橋行に向
　　かって突き出したら，左の首筋に刺さり，血が出て騒ぎになった

　などと申し立て，さらに

　　　刺したら，女と兄貴，それと橋行が３人で俺を取り押さえようとして
　　もめている間に，橋行の身体を何回か刺してやった

　などと申し立てた。

⑥　また，被害者及び被疑者の兄などから事情聴取をしていた捜査員から

　　　被疑者が外出中に，被害者夫婦が被疑者の兄を訪ねてきたので，３人
　　で飲酒していたら，被疑者が帰宅し，挨拶もせず自室へ入って行った

　　　被疑者の兄は，間借りをしている被疑者に，６月末までにアパートを
　　出て行ってほしいと要請していたが，被疑者が出て行く準備をしないこ
　　とから被疑者ともめていた

　　　今回は，客が来ているのに挨拶をしなかったことで，被害者が注意を
　　したところ，被疑者が居間に来て，いくらか言葉を交わしたと思ったら，
　　突然ナイフを取り出して，右手で被害者の左頸部を刺した

　　　その後被疑者を取り押さえようとしたら，被疑者は更に被害者の身体
　　を，持っていたナイフで何回か刺した

　　　この事件があったのは，被害者の妻が１１０番通報する３分くらい前
　　である

　との報告があった。

⑦　さらに，被害者が搬送された病院の医師から被害者の負傷状況を確認した捜
　査員からは

　　　左首，左大腿部，右肩の背中部，胸など

　に刺創痕がある旨の報告がなされた。

－ 11 －

以上のとおり

- 被疑者が本件犯行を自供していること
- 現場の床面などに多量の血痕様のものが付着しているほか，被疑者の身体，着衣にも返り血と思われる血痕様のものが付着し，犯行直後と判断されること
- 被疑者が自供した犯行に至る経過や犯行状況が被害者及び目撃者の供述とほぼ一致すること
- 犯行に使用したと思われる凶器を被疑者が現に所持していたこと
- 被疑者は，凶器である果物ナイフを事前に準備し，かつ同ナイフを使用して人の急所である左頸部のほか，左胸部など複数箇所を刺しており，被疑者の殺意は明白であること

から，被疑者を殺人未遂の現行犯人と認め，逮捕したものである。

別紙2

（事実の要旨）

　　被疑者は，平成２２年６月２１日午後８時１５分ころ，福岡市西浜区灘崎町１丁目２番３号灘崎ハイツ１号棟２０５号室福上次夫方居室において，橋行久（当時４１歳）に対し，殺意をもって，所携の果物ナイフ（刃体の長さ約１１．５センチメートル）で，同人の左頸部，右肩甲部，左右前胸部，右側腹部，左そけい部などを刺突するなどしたが，左頸部刺創，右肩から頸部にかけての刺創，左右前胸部刺創，右側腹部刺創，左そけい部刺創の傷害を負わせたにとどまり，殺害の目的を遂げなかったものである。

弁 解 録 取 書

住　居　　福岡市西浜区灘崎町１丁目２番３号灘崎ハイツ１号棟２０５号室

福上次夫方

職　業　　無職

氏　名　　　　　　　　　　　福_{ふく}上_{うえ}三_{さぶ}郎_{ろう}

昭和３３年３月２８日生（５２歳）

　本職は，平成２２年６月２１日午後１０時１分ころ，西福岡警察署において，上記の者に対し，現行犯人逮捕手続書記載の犯罪事実の要旨及び弁護人を選任することができる旨を告げるとともに

1．　引き続き勾留を請求された場合において貧困等の事由により自ら弁護人を選任することができないときは，裁判官に対して弁護人の選任を請求できる旨

2．　裁判官に対して弁護人の選任を請求するには資力申告書を提出しなければならない旨

3．　その資力が５０万円以上であるときは，あらかじめ，弁護士会に弁護人の選任の申出をしていなければならない旨

を教示し，さらに，弁護人又は弁護人となろうとする弁護士と接見したいことを申し出れば，直ちにその旨をこれらの者に連絡する旨を告げた上，弁解の機会を与えたところ，任意次のとおり供述した。

1　　私が橋行久さんの首のところを持っていたナイフで切ったことは間違いありません。

　　　人を傷つけたことは間違いなく，自分のしたことの罪をきちんと償っていきたいと思います。

2　　弁護人を選任できることなどについては分かりましたが，私は，お金を持っていないので，説明していただいた手続を踏んで，弁護人を選任したいと思います。

福　上　三　郎　指印

　以上のとおり録取して読み聞かせた上，閲覧させたところ，誤りのないことを申し立て，末尾に署名指印した。

前 同 日

西福岡警察署

司法警察員

巡査部長　　沢 渡 裕 治　㊞

取調べ状況報告書

平成２２年６月２１日

西福岡警察署長
司法警察員警視　八　女　一　雄　殿

西福岡警察署
司法警察員巡査部長　沢　渡　裕　治　㊞

取調べ状況を次のとおり報告する。

被疑者・被告人氏名等	福　上　三　郎　　（昭和３３年３月２８日生）		
逮捕・勾留の有無及び罪名	㊒・無	殺　人　未　遂	
取調べ年月日	平成２２年６月２１日		
取調べ時間	２２：００～２２：５０ ２２：５５～２３：５０ ：～：	：～： ：～： ：～：	
休憩時間	２２：５０～２２：５５ ：～： ：～：	：～： ：～： ：～：	
取調べ場所	西福岡警察署刑事第一課５号取調室		
取調べ担当者氏名	西福岡警察署司法警察員巡査部長　沢渡裕治		
被疑者供述調書作成事実	㊒・無	１通	
通訳人の有無及び通訳言語	有・㊣無		
その他参考事項	㊒・無	弁解録取書の作成 ２２：５０～２２：５５　被疑者から小便の申し出により休憩をとる	

平成２２年６月２１日　　氏名　福　上　三　郎　指印

捜 査 報 告 書

平成２２年６月２２日

西福岡警察署長

　　司法警察員警視　　八　女　一　雄　殿

　　　　　　　　　　西福岡警察署

　　　　　　　　　　　司法警察員警部補　玉　原　　匡　㊞

　　被疑者福上三郎に係る殺人未遂被疑事件につき，捜索差押え及び検証の必要性が
あると認めたので報告する。

　　　　　　　　　　　　　　　記

１　被疑者

　　　本籍　　福岡市西浜区西の浜２丁目３番

　　　住所　　同市西浜区灘崎町１丁目２番３号灘崎ハイツ１号棟２０５号室

　　　氏名　　福上三郎　　昭和３３年３月２８日生　　（５２歳）

　　　前科前歴なし

２　被疑事実の要旨

　　　別紙１のとおり

３　検証及び捜索すべき場所

　　　福岡市西浜区灘崎町１丁目２番３号灘崎ハイツ１号棟２０５号室

４　差し押さえるべき物

　　　別紙２のとおり

５　捜査の経過

（１）認知の経過

　　　　平成２２年６月２１日午後８時１８分ころ，被害者の妻である橋行梓から

　　　　　西浜区灘崎町１丁目の灘崎ハイツ１号棟２０５号室で，夫が首を刺さ
　　　れた

　　　旨の１１０番通報がなされ認知したものである。

－ 17 －

（２）現場臨場及び被疑者の現行犯逮捕

　　同日午後８時１９分ころ，福岡県警察本部地域部通信指令課から，前記通報
に伴う１１０番指令を受理した，当署司法警察員巡査部長本池憲一らが，警ら
用無線自動車で急行して，同日午後８時２６分，現場である

　　　　　福岡市西浜区灘崎町１丁目２番３号灘崎ハイツ１号棟
に到着し，現場建物西側歩道上にいた

　　　　　被害者橋行久の負傷状況
及び

　　　　　通報者橋行梓の目撃状況
のほか，現場居室内にいた

　　　　　被疑者の実兄福上次夫の目撃証言
から判断し，現場居室の居間にいた

　　　　　福上三郎
を殺人未遂の被疑者と認めたものであるが，被疑者は，現場臨場した警察官の
面前において，刃物の刃先を自己の頸部に押し付け

　　　　　それ以上近付いたら死ぬぞ
などと怒号して自殺を企てたことから，説得した上，同刃物を提出させ，被疑
者に対し本件を確認した結果

　　　　　俺が自分の部屋にいると兄貴の友達の橋行という男から挨拶もできな
　　　　　いのかなどと因縁を付けられて腹が立ち，自分の部屋に置いていたナイ
　　　　　フをズボンの右ポケットに忍ばせ，居間にいる橋行のところに行くと怒
　　　　　鳴られたので，橋行の左の首筋をそのナイフで刺した
　　　　　橋行とその女，兄貴の３人で俺を取り押さえようとし，揉めている間
　　　　　にも橋行の身体を何回か刺してやった
旨自供するとともに，その内容は，被害者の負傷状況のほか，被害者の妻等と
の目撃証言と合致したことから

　　　　　同日午後９時５２分
殺人未遂の被疑者として現行犯逮捕するに至った。

6 検証及び捜索すべき場所の特定

　本件犯行場所については

　　　　福岡市西浜区灘崎町１丁目２番３号灘崎ハイツ１号棟２０５号室

と特定されたことから，同所を検証及び捜索すべき場所として特定した。

7 差し押さえるべき物の特定

　被疑者と被害者の関係を裏付ける資料として

　　　　被害者橋行久との関係を裏付けるアドレス帳等

犯行動機を裏付ける資料として

　　　　犯行計画メモ，日記，手帳等

と特定した。

8 検証及び捜索差押えの必要性

（１）検証の必要性

　　本件は，被疑者が殺意をもって被害者の頸部等を複数回にわたって刺突し，被害者に怪我を負わせた事案であり，刺突部位がもう少しずれていれば，被害者を死に至らしめた可能性が極めて高かった凶悪重大事犯であるところ，犯行場所となった居室は，被疑者の実兄方で，被疑者も起臥寝食する場であるため，早急に検証許可状の発付を得た上で検証を実施し，綿密かつ徹底した現場観察と証拠資料の収集保全をして，本件全容を解明する必要がある。

（２）捜索差押えの必要性

　　本件については被疑者が犯行に及ぶに至った動機が必ずしも判然としないことから，これを明らかにするため，捜索差押許可状の発付を得た上で，被疑者と被害者との関係を裏付ける資料のほか，犯行動機を裏付ける犯行計画メモ，日記，手帳等を捜索，差し押さえる必要がある。

（３）夜間執行の必要性

　　検証及び捜索すべき場所は，被疑者の実兄方居室であり，実兄又は被疑者関係者が証拠隠滅等を行う可能性があることから，検証及び捜索の実行を期すべく，早急に被疑者の実兄に立会を求めて検証及び捜索を実施する必要があるところ，同執行が夜間に及ぶおそれが十分予想される。

別紙1

（被疑事実の要旨）

　被疑者は，平成２２年６月２１日午後８時１５分ころ，福岡市西浜区灘崎町１丁目２番３号灘崎ハイツ１号棟２０５号室福上次夫方において，橋行久（当時４１歳）に対し，殺意をもって，所携の果物ナイフ（刃体の長さ約１１．５センチメートル）で同人の左頸部，右肩甲部，左右前胸部，右側腹部，左そけい部などを刺突するなどしたが，上記橋行に２週間の入院加療を要する左頸部刺創，右肩から頸部にかけての刺創，左右前胸部刺創，右側腹部刺創，左そけい部刺創の傷害を負わせたにとどまり，殺害の目的を遂げなかったものである。

別紙2

（差し押さえるべき物）

・　被害者橋行久との関係を裏付けるアドレス帳等

・　本件犯行に関係ある犯行計画メモ，日記，手帳等

（その１）

被　害　届

平成２２年６月２２日

西福岡警察署長　殿

届出人住居　　福岡市東浜区渚３丁目５番７号
氏　　名　　橋　行　久　㊞
（電話〇〇〇〇－〇〇〇〇番）

次のとおり　殺人未遂　被害がありましたからお届けします。

被 害 者 の 住 居 職業，氏名，年齢	福岡市東浜区渚３丁目５番７号 　塗装工 　　橋　行　　久　（昭和４４年２月３日生，４１歳）
被 害 の 年 月 日 時	平成２２年６月２１日　午後　８時１５分ころ
被 害 の 場 所	福岡市西浜区灘崎町１丁目２番３号 　灘崎ハイツ１号棟２０５号室福上次夫方居室
被 害 の 模 様	平成２２年６月２１日午後５時半ころ，私と妻が知人である福上次夫さんのアパートに行き，一緒にお酒を飲んでいました。 　午後８時過ぎころ，途中で帰ってきた福上さんの弟が居間に来て，私と口論となり，福上さんの弟がナイフでいきなり私の首や左胸，右肩などを刺し，私は命に関わる大怪我を負いました。 　詳しいことは別にお話しします。

（その２）

	被害者氏名	橋行　久	

	品　　　名	数　量	時　　価	特　　徴	所 有 者
被 害 金 品					

犯人の住居，氏名 又は通称，人相， 着衣，特徴等	犯人は 　　福　上　三　郎　　５２歳 です。
遺留品その他参考 となるべき事項	

※以上本人の依頼により，本職が代書した。
　　前同日　　　　　　西福岡警察署
　　　　　　　　　　司法巡査　早良香里　㊞

	届出受理者	係		氏名	

注意　　1　届出人と被害者とが異なるときは，届出人と被害者との関係及び本人届出の理由を遺留品
　　　　　　その他参考となるべき事項欄に記入すること。
　　　　2　届出人の依頼によって警察官が代書したときは，※印欄に「以上本人の依頼により代書し
　　　　　　た。所属，官職，氏名」を記載し，押印すること。

診　断　書

　　　　　住所　福岡市東浜区渚３丁目５番７号

　　　　　氏名　　橋行　久　　　殿

　　　　　　　　　昭和４４年２月３日　生

　　　　　性別　　男性

診断名　　　左頸部刺創　　右肩－頸部刺創　　左前胸部刺創　　右前胸部刺創

　　　　　右側腹部刺創　　左そけい部刺創

　　　　上記外傷を認め，緊急止血術を施行しております。

　　　　現段階では２週間の入院加療を必要としますが，今後の精査，経

　　　過によってはこの限りではありません。

上記のとおり診断する。

平成２２年６月２１日

　　　　　　西福岡総合病院

　　　　　　　福岡市西浜区入江１丁目５番３号

　　　　　　　TEL.　○○○－○○○○番

　　　　　　　医師　潮　沢　　明　㊞

捜 査 報 告 書

平成２２年６月２２日

西福岡警察署長

　　司法警察員警視　　八　女　一　雄　殿

　　　　　　　　　　西福岡警察署

　　　　　　　　　　　司法警察員巡査部長　田　地　亮　介　㊞

　　被疑者福上三郎に係る殺人未遂被疑事件につき，被害者を処置した医師から，被
害者の負傷部位・程度等について聴取した結果は下記のとおりであるから報告する。

記

１　捜査年月日

　　平成２２年６月２１日

２　捜査場所

　　福岡市西浜区入江１丁目５番３号

　　　西福岡総合病院高度救命救急センター

３　被聴取者（処置担当医師）

　　西福岡総合病院

　　　医　師　　潮　沢　　明　　昭和５５年５月１８日生（３０歳）

４　被害者

　　福岡市東浜区渚３丁目５番７号

　　　塗装工

　　　橋行　久　　昭和４４年２月３日生（４１歳）

５　捜査の経過

　　被害者が救急搬送された西福岡総合病院の処置担当医師から，被害者の負傷部
　位及び程度について聴取したところ

　　　・　左頸部刺創（左頸部から左後頸部方向へ下向きの刺創）

　　　　　長さ約３センチメートル，深さ約４センチメートル

・　右肩から頸部にかけての刺創（右肩から頸部正中線方向へ上向きの刺創）

　　　長さ約３センチメートル，深さ約１０センチメートル

・　左前胸部刺創

　　　長さ約１．５センチメートル，深さ約１センチメートル

・　右前胸部刺創

　　　長さ約１センチメートル，深さ約１センチメートル

・　右側腹部刺創（右側腹部から正中線方向へ上向きの刺創）

　　　長さ約３センチメートル，深さ約３センチメートル

・　左そけい部刺創（左そけい部から体側部にかけ上向きの刺創）

　　　長さ約３センチメートル，深さ約３センチメートル

との申立てであった。

　また，生命に危険が及ぶ負傷部位について確認したところ

　　　右肩から頸部にかけての刺創が深く，傷があと１センチメートルくらい

　　深ければ，頸動脈に至り，致命傷となり得た

さらに

　　　左頸部の刺創についても，頸動脈付近の傷であるため，刺し所が若干ず

　　れれば，頸動脈を損傷し，死に至る危険性があった

旨説明した。

6　参考事項

　　処置担当医師潮沢明が，被害者の負傷部位及び程度を人体図に記したことから，
同人体図を本書末尾に添付する。

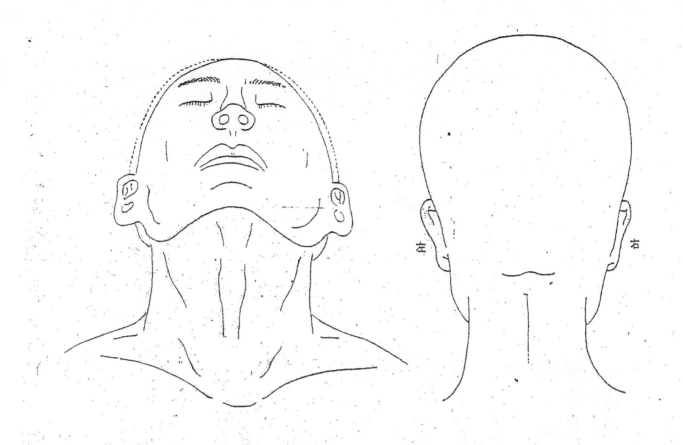
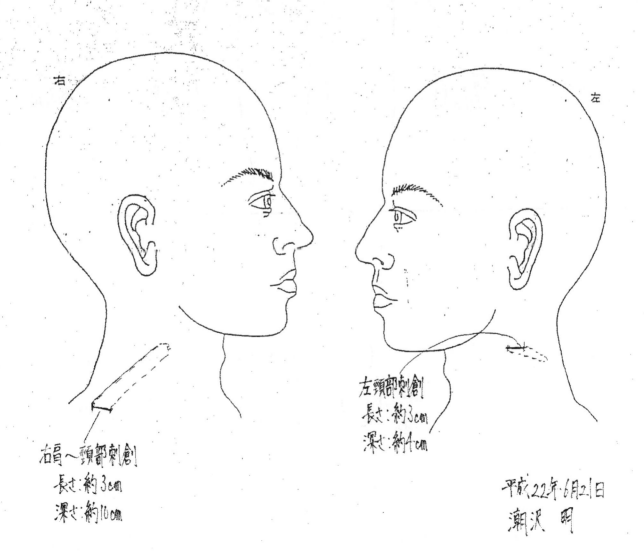

右肩〜頸部刺創
　長さ：約3cm
　深さ：約10cm

左頸部刺創
　長さ：約3cm
　深さ：約4cm

平成22年6月21日
潮沢　明

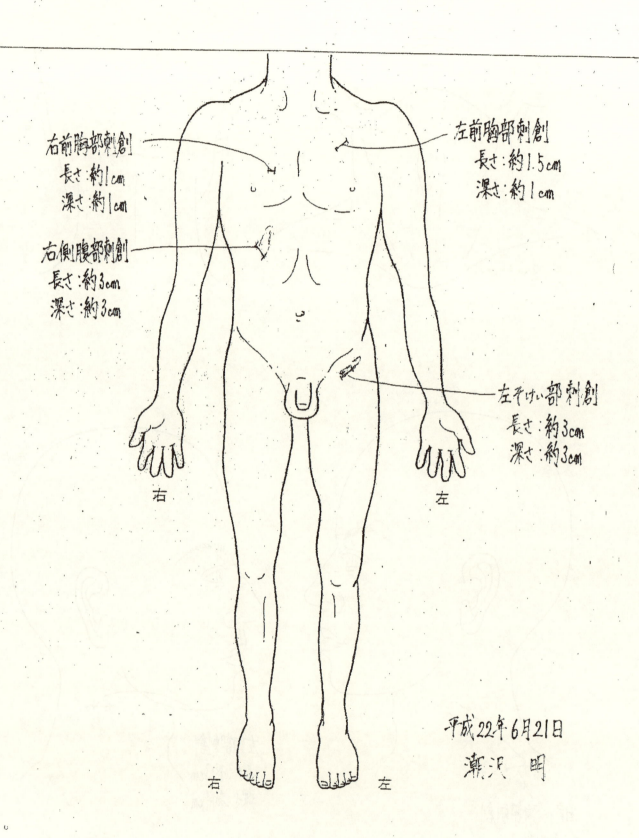

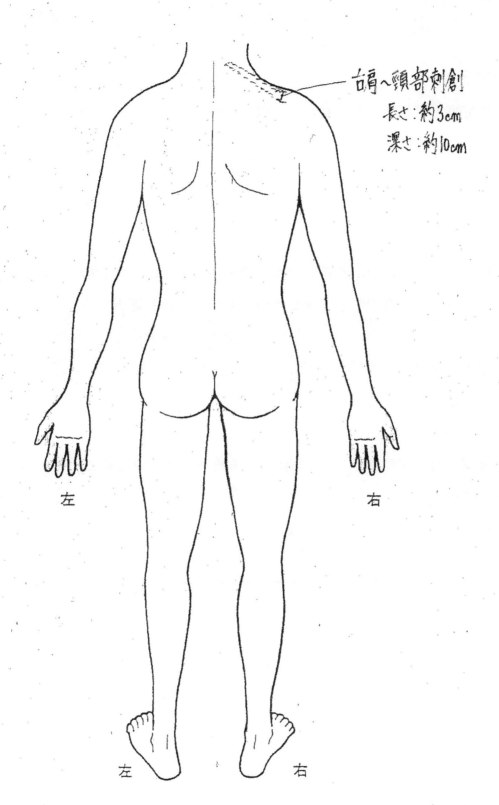

平成22年6月21日
潮沢 明

写 真 撮 影 報 告 書

平成２２年６月２１日

西福岡警察署長

　司法警察員警視　　八 女 一 雄　殿

　　　　　　　　　西福岡警察署

　　　　　　　　　　司法巡査　　一 木 岳 文　㊞

　　被疑者福上三郎にかかる殺人未遂被疑事件につき，被害者の受傷状況についてデジタルカメラで写真撮影を実施したので下記のとおり報告する。

記

1　撮影年月日

　　平成２２年６月２１日

2　撮影場所

　　福岡市西浜区灘崎町１丁目２番３号灘崎ハイツ１号棟前に駐車中の救急車両内

3　被撮影者

　　被害者　橋行 久　　４１歳

4　参考事項

　　本職が撮影したデジタルカメラ写真４枚を本報告書末尾に添付する。

（添付写真省略）

| 謄 本 |

差 押 調 書 (乙)

平成２２年６月２１日

西福岡警察署派遣

福岡県警察本部刑事部機動捜査隊

司法警察員警部補 塚 井 健 太 ㊞

被疑者 福上三郎 に対する 殺人未遂 被疑事件につき，本職は，刑事訴訟法第 ２１３条 の規定により被疑者を逮捕するに当たり，その現場において，下記のとおり差押えをした。

記

1 差押えの日時

平成２２年６月２１日午後９時５３分

2 差押えの場所

福岡市西浜区灘崎町１丁目２番３号

灘崎ハイツ１号棟２０５号室福上次夫方居宅内

3 差押えの目的たる物

果物ナイフ１丁（全長約２３センチメートル，刃体約１１．５センチメートル，黒色プラスチック製柄）

4 差押えの立会人（住居，職業，氏名，年齢）

被疑者

福岡市西浜区灘崎町１丁目２番３号

灘崎ハイツ１号棟２０５号室福上次夫方

無 職 福 上 三 郎 (ふくうえ さぶろう)

昭和３３年３月２８日生 (５２歳)

5 差押えをした物

別紙押収品目録記載のとおり

6 差押えの経過

（１）本件は，平成２２年６月２１日午後８時１５分ころ，福岡市西浜区灘崎
　　町１丁目２番３号灘崎ハイツ１号棟２０５号室福上次夫方において発生し
　　た
　　　　　　　　被疑者　　福　上　三　郎　　５２歳
　　にかかる刃物使用による殺人未遂事件である。
　　　本職らが現場臨場時，被害者はすでに救急車に収容されており，被疑者
　　については，現場である福上次夫方において，自己の右頸部に果物ナイフ
　　を押し当て
　　　　　　　　大変なことをしてしまった，責任をとって死ぬしかない
　　などと申し立て，自殺をほのめかしている状況であった。
（２）よって，本職らは，被疑者の説得に当たったものであるが，被疑者は一
　　向に説得に応じようとしなかった。
　　　しかし，鋭意説得したところ
　　　　　　　同日午後９時４６分ころ
　　ようやく被疑者が説得に応じ，所持していた
　　　　　　　果物ナイフ１丁
　　を手渡したことから，これを本職が受け取り，被疑者に対し，本件犯行に
　　使用した刃物について聴取したところ，果物ナイフを犯行に使用した旨申
　　し立てたことから，同果物ナイフを確認したところ，先端部に血痕様のも
　　のの付着が認められた。
　　　そして，被疑者から詳細を事情聴取した結果，本件を自供するに至った
　　ことから
　　　　　　　同日午後９時５２分
　　被疑者を殺人未遂の被疑者として現行犯逮捕したものである。
（３）本件差押物件である果物ナイフの形状等を明らかにするため，同ナイフ
　　のコピー２枚を添付する。

（注意）　物件の所在発見場所，発見者，発見の経緯等は，できるだけ具体的に捜索差押えの経過欄に記載
　　すること。

				年　　領第　　　号		
押 収 品 目 録				被疑者	福上三郎	

符号	番号	品　　　名	数量	被差押人,差出人又は遺留者の住居,氏名	所有者の住居，氏名	備考
	1	果物ナイフ （全長約２３センチメートル,刃体約１１．５センチメートル，黒色プラスチック製柄)	1丁	福岡市西浜区灘崎町1丁目２番３号灘崎ハイツ１号棟２０５号室福上次夫方　福上三郎	左　　　　同	

（注意）1　符号は，証拠金品総目録によって付ける押収物の整理番号である。
　　　　2　検察官に送らないで処分したものについては，その旨を備考欄に記載すること。
　　　　3　上部欄外の領置番号は，検察庁で記入する。

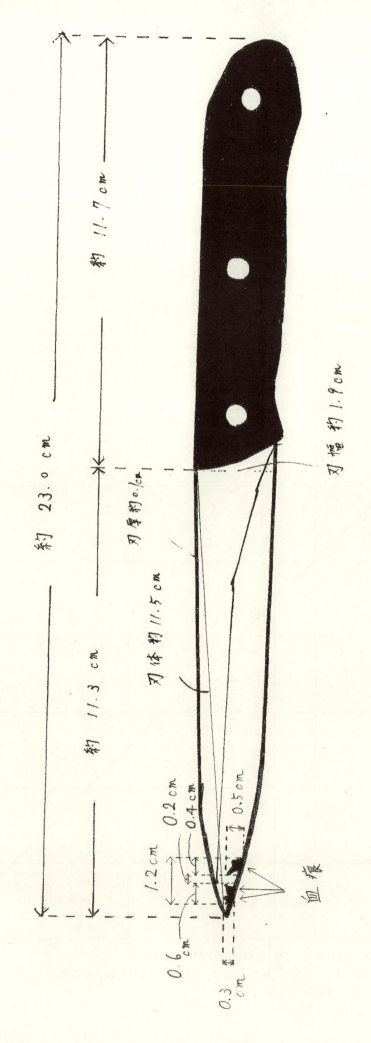

— 34 —

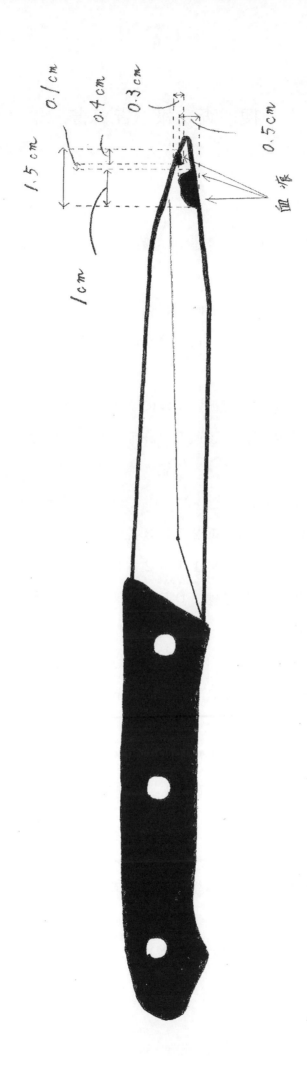

— 35 —

捜 査 報 告 書

平成２２年６月２１日

西福岡警察署長

　　司法警察員警視　　八　女　一　雄　殿

　　　　　　　　　　西福岡警察署

　　　　　　　　　　　司法警察員警部補　馬　木　隼　人　㊞

　　被疑者福上三郎に係る殺人未遂被疑事件につき，被疑者の所持する運転免許証に
より人定事項を確認したので，当該運転免許証の写しを添付の上，報告する。

　　　　　　　　　　　　　　　記

１　被疑者

　　本　　籍　福岡市西浜区西の浜２丁目３番

　　住　　居　福岡市西浜区灘崎町１丁目２番３号

　　　　　　　　灘崎ハイツ１号棟２０５号室　福上次夫方

　　職　　業　無職

　　氏　　名　福　上　三　郎　（ふくうえ　さぶろう）

　　生年月日　昭和３３年３月２８日生（５２歳）

２　確認状況

　　本日現行犯逮捕した上記被疑者について，当署に引致後，同被疑者が所持して
いた運転免許証により人定事項を確認し，同被疑者の承諾を得て当該運転免許証
の写しを作成したものである。

３　参考事項

　　上記運転免許証の写し１枚を本報告書末尾に添付した。

　　　　　　　　　（運転免許証の写し添付省略）

捜 査 報 告 書

平成２２年６月２１日

西福岡警察署長

　　司法警察員警視　　八　女　一　雄　殿

西福岡警察署

　　　　　　　　司法巡査　古　元　　　肇　㊞

　　被疑者福上三郎に係る殺人未遂被疑事件につき，下記被検知者の飲酒検知を実施
した結果は，下記のとおりであるので報告する。

記

1　検知日時

　　平成２２年６月２１日午後１０時５４分から午後１１時１２分までの間

2　検知場所

　　福岡市西浜区入江１丁目５番３号

　　　西福岡総合病院高度救命救急センター３階デイルーム内

3　被検知者

　　　住居　福岡市東浜区渚３丁目５番７号

　　　職業　無　職

　　　氏名　橋行　梓　　　昭和３６年６月６日生（４９歳）

4　検知者

　　西福岡警察署　司法巡査　古元　肇

5　立会人

　　西福岡警察署　司法警察員警部　濱川　寛二

6　検知方法

　　北川式飲酒検知器ＳＥ型

7　測定結果

　　測定するも検知されず

8　検知状況

　被検知者にアルコール濃度の示度を確認させた上，シール（記録紙）に署名指印させて検知管（鑑識カード）に貼付した。

9　参考事項

　飲酒検知実施前に，水でうがいをさせた。

（飲酒検知管　添付省略）

			番号　　　　　号

酒酔い・酒気帯び鑑識カード

被疑者氏名	(参考人) 橋行 梓		（ **49** 歳）

| 外観による
判　　定 | □　下記調査結果を総合して酒に酔い正常な運転ができない状態と認定した。
□　下記調査結果を総合して酒気帯びと認定した。 |

化学判定	実　施　前	■　うがいをさせた □　うがいをさせなかった（理由）
	■　北　川　式 （検知管測長法　SE型）	□　呼気（検知管へ通した呼気量100ml） ■　測定濃度のよみ　　　　　　mg/1　　（測定時の温度　**22**　℃）
	□　北　川　式 （非分散型赤外線 　分　析　法）	□　測定アルコール濃度値 　（メータ指示記録法）　　　　　　　　　　mg/1
	□　柳　本　式 （非分散型赤外線 　分　析　法）	□　測定アルコール濃度値 　（メータ指示記録法）　　　　　　　　　　mg/1

質問応答状況	名前は	ハシユキアズサ	メータ指示記録紙
	生年月日は	昭和36年6月6日	
	住所は	東浜区渚3丁目5番7号	作成者契印　　　　　　被検査者契印
	職業は	無職	
	今日は何日で、今何時ですか	21日、午後10時55分	
	何時ごろから何時ごろまで飲みましたか	飲んでません	
	なぜ飲みましたか	飲んでません	
	どこで飲みましたか	飲んでません	
	だれと飲みましたか	飲んでません	
	どんな酒を飲みましたか	飲んでません	
	どのくらい飲みましたか	飲んでません	
	だれの車ですか		

見分状況	言語・態度	■普通　□大声　□くどい　□しどろもどろ　□悪口雑言 □泣声　□しゃべれない　□暴れる　□舌がもつれる　□
	状　　況 言語態度の 具体的内容	飲んでません

見分状況	歩行能力 （約10メートルを歩行 させたところ）	■正常に歩行した □異常歩行　□ふら・つく 　　　　　□左右にゆれる 　　　　　□歩行不能 □歩行拒否	酒臭	顔面より **30** cm離 れた距離 ■なし　□かすか □弱い　□強い □
	直立能力 （約10秒間直立 させたところ）	■直立できた □約　　　秒でふらついた □約　　　秒で足を踏み出した □直立できない □直立を拒否した	顔色	■普通　□赤い □青い　□
			目の状態	■普通　□充血 □涙目　□
	その他			

見分日時 場　所	平成 **22** 年 **6** 月 **21** 日午前・(後) **10** 時 **54** 分ごろ 福岡市西浜区入江1丁目5番3号　西福岡総合病院高度救急救命センター3階デイルーム内 において上記のとおり調査見分した。
立　会　人	西福岡警察署司法警察員警部　濱 川 寛 二
作成年月日 作　成　者	平成 **22** 年 **6** 月 **21** 日 福岡県　　西福岡　　(警察署)・隊 　　司法　巡査　　　　古 元　肇　　　　　　㊞

捜　査　報　告　書

平成２２年６月２２日

西福岡警察署長

　司法警察員警視　　八　女　一　雄　殿

西福岡警察署

司法巡査　古　元　　　肇　㊞

　被疑者福上三郎に係る殺人未遂被疑事件につき，下記被検知者の飲酒検知を実施した結果は，下記のとおりであるので報告する。

記

1　検知日時

　平成２２年６月２２日午前零時から午前零時１５分までの間

2　検知場所

　福岡市西浜区入江１丁目５番３号

　　西福岡総合病院高度救命救急センター３階処置室内

3　被検知者

　　住居　福岡市東浜区渚３丁目５番７号

　　職業　塗装工

　　氏名　橋行　久　　　昭和４４年２月３日生（４１歳）

4　検知者

　西福岡警察署　司法巡査　古元　肇

5　立会人

　西福岡警察署　司法警察員警部　濱川　寛二

6　検知方法

　北川式飲酒検知器ＳＥ型

7　測定結果

　呼気１リットルにつき，０．０５ミリグラムのアルコールが保有されているこ

－ 40 －

とが判明した。

8　検知状況

被検知者にアルコール濃度の示度を確認させた上，シール（記録紙）に署名指
印させて検知管（鑑識カード）に貼付した。

9　参考事項

飲酒検知実施前に，水でうがいをさせた。

（飲酒検知管　添付省略）

番号　　　　号	

酒酔い・酒気帯び鑑識カード

被疑者氏名	（被害者）橋 行 久	（ 41 歳）

外観による判定	□ 下記調査結果を総合して酒に酔い正常な運転ができない状態と認定した。 □ 下記調査結果を総合して酒気帯びと認定した。	

化学判定

	実 施 前	■ うがいをさせた □ うがいをさせなかった（理由）	
	■ 北 川 式 （検知管測長法 SE型）	□ 呼気（検知管へ通した呼気量100ml） ■ 測定濃度のよみ　　0.05　mg/1	（測定時の温度　22　℃）
	□ 北 川 式 （非分散型赤外線分析法）	□ 測定アルコール濃度値 （メータ指示記録法）	mg/1
	□ 柳 本 式 （非分散型赤外線分析法）	□ 測定アルコール濃度値 （メータ指示記録法）	mg/1

質問応答状況

名前は	ハ シ ユ キ ヒ サ シ	メータ指示記録紙
生年月日は	昭和44年2月3日	
住所は	東浜区渚3丁目5番7号	作成者契印　　　　被検査者契印
職業は	塗装工	
今日は何日で、今何時ですか	22日、午前零時	
何時ごろから何時ごろまで飲みましたか	21日の午後5時半ころから午後8時まで	
なぜ飲みましたか	酒を飲む約束をしていたから	
どこで飲みましたか	福上次夫の家	
だれと飲みましたか	福上次夫と妻	
どんな酒を飲みましたか	ビールと焼酎	
どのくらい飲みましたか	ビール500mlと焼酎1合	
だれの車ですか		

見分状況

	言語・態度	■普通　□大声　□くどい　□しどろもどろ　□悪口雑言 □泣声　□しゃべれない　□暴れる　□舌がもつれる　□		
	状　況	言語態度の具体的内容	今日はあまり飲んでいない	
	歩行能力 （約10メートルを歩行させたところ）	■正常に歩行した □異常歩行　□ふらつく　□左右にゆれる　□歩行不能 □歩行拒否	酒臭	顔面より 30 cm離れた距離 □なし　■かすか □弱い　□強い □
	直立能力 （約10秒間直立させたところ）	■直立できた □約　　秒でふらついた □約　　秒で足を踏み出した □直立できない □直立を拒否した	顔色	■普通　□赤い □青い　□
			目の状態	■普通　□充血 □涙目　□
	そ の 他			

見分日時場所	平成 22 年 6 月 22 日（午前・後）零時　　分ごろ 福岡市西浜区入江1丁目5番3号　西福岡総合病院高度救急救命センター3階処置室内 において上記のとおり調査見分した。
立 会 人	西福岡警察署司法警察員警部 濱 川 寛 二
作成年月日作成者	平成 22 年 6 月 22 日 福岡県　　西福岡　（警察署・隊） 司法 巡査　古 元　肇　　　㊞

捜　査　報　告　書

平成２２年６月２２日

西福岡警察署長

　　司法警察員警視　　八　女　一　雄　殿

西福岡警察署

　　　　　司法巡査　山　川　　　裕　㊞

　被疑者福上三郎に係る殺人未遂被疑事件につき，下記被検知者の飲酒検知を実施した結果は，下記のとおりであるので報告する。

記

1　検知日時

　平成２２年６月２２日午前２時４０分から午前２時５５分までの間

2　検知場所

　福岡市西浜区灘崎町１丁目２番３号灘崎ハイツ１号棟２０５号室

3　被検知者

　　住居　福岡市西浜区灘崎町１丁目２番３号灘崎ハイツ１号棟２０５号室

　　職業　無　職

　　氏名　福上次夫　　昭和２９年４月２６日生（５６歳）

4　検知者

　西福岡警察署　司法巡査　山川　　裕

5　立会人

　西福岡警察署　司法警察員警部　秋内　大治

6　検知方法

　北川式飲酒検知器ＳＥ型

7　測定結果

　呼気１リットルにつき，０．０８ミリグラムのアルコールが保有されていることが判明した。

8　検知状況

　被検知者にアルコール濃度の示度を確認させた上，シール（記録紙）に署名指
印させて検知管（鑑識カード）に貼付した。

9　参考事項

　飲酒検知実施前に，水でうがいをさせた。

（飲酒検知管　添付省略）

	番号　　　号
酒 酔 い ・ 酒 気 帯 び 鑑 識 カ ー ド	

被疑者氏名	（参考人）福 上 次 夫	（ 56 歳）

外観による判定	□ 下記調査結果を総合して酒に酔い正常な運転ができない状態と認定した。 □ 下記調査結果を総合して酒気帯びと認定した。

化学判定	実　施　前	■ うがいをさせた □ うがいをさせなかった（理由）
	■ 北 川 式 （検知管測長法 SE型）	□ 呼気（検知管へ通した呼気量100ml） ■ 測定濃度のよみ　　*0.08* mg/l　（測定時の温度 *22* ℃）
	□ 北 川 式 （非分散型赤外線分析法）	□ 測定アルコール濃度値 　（メータ指示記録法）　　　　　　　　　mg/l
	□ 柳 本 式 （非分散型赤外線分析法）	□ 測定アルコール濃度値 　（メータ指示記録法）　　　　　　　　　mg/l

質問応答状況	名前は	**フクウエツギオ**	メータ指示記録紙
	生年月日は	**昭和 29 年 4 月 26 日**	作成者契印　　　　　被検査者契印
	住所は	西浜区灘崎町1丁目2番3号灘崎ハイツ1号棟205号室	
	職業は	**無 職**	
	今日は何日で、今何時ですか	**22日、午前2時40分**	
	何時ごろから何時ごろまで飲みましたか	**21日の午後5時半ころから午後8時まで**	
	なぜ飲みましたか	**飲みたくて**	
	どこで飲みましたか	**自分の家**	
	だれと飲みましたか	**友達と**	
	どんな酒を飲みましたか	**ビールと焼酎**	
	どのくらい飲みましたか	**ビール500mlと焼酎1合**	
	だれの車ですか		

見分状況	言語・態度	■普通　□大声　□くどい　□しどろもどろ　□悪口雑言 □泣声　□しゃべれない　□暴れる　□舌がもつれる　□
	状　況　言語態度の具体的内容	**事件の後は飲んでいません**

見分状況	歩行能力 （約10メートルを歩行させたところ）	■正常に歩行した 　　　　　　　　□ふら・つく □異常歩行　□左右にゆれる 　　　　　　　　□歩行不能 □歩行拒否	酒臭	顔面より *30* cm離れた距離 □なし　■かすか □弱い　□強い □
	直立能力 （約10秒間直立させたところ）	■直立できた □約　　　秒でふらついた □約　　　秒で足を踏み出した □直立できない □直立を拒否した	顔色	■普通　□赤い □青い　□
			目の状態	■普通　□充血 □涙目　□
	その他			

見分日時場所	平成 *22* 年 *6* 月 *22* 日（午前）・後 *2* 時 *40* 分ごろ **福岡市西浜区灘崎町1丁目2番3号灘崎ハイツ1号棟205号室** において上記のとおり調査見分した。

立会人	西福岡警察署司法警察員警部　秋 内 大 治

作成年月日作成者	平成 *22* 年 *6* 月 *22* 日 福岡県　西福岡　（警察署）・隊 司法 巡査　山 川　裕　　　　　㊞

— 45 —

捜 査 報 告 書

平成２２年６月２１日

西福岡警察署長

　　司法警察員警視　　八 女 一 雄　殿

　　　　　　　　　　　西福岡警察署

　　　　　　　　　　　　　司法巡査　山 川　　裕　㊞

　　被疑者福上三郎に係る殺人未遂被疑事件につき，下記被検知者の飲酒検知を実施
した結果は，下記のとおりであるので報告する。

　　　　　　　　　　　　　　　記

1　検知日時

　　平成２２年６月２１日午後１１時２８分から午後１１時４４分までの間

2　検知場所

　　西福岡警察署　刑事１課３号室

3　被検知者

　　　　住居　福岡市西浜区灘崎町１丁目２番３号灘崎ハイツ１号棟２０５号室

　　　　　　　　　　　　　　　　　　　　　　　　　　　福上次夫方

　　　　職業　無　職

　　　　氏名　福上三郎　　　昭和３３年３月２８日生（５２歳）

4　検知者

　　西福岡警察署　司法巡査　山川　　裕

5　立会人

　　西福岡警察署　司法警察員警部　秋内　大治

6　検知方法

　　北川式飲酒検知器ＳＥ型

7　測定結果

　　呼気１リットルにつき，０．０１ミリグラムのアルコールが保有されているこ

とが判明した。

8　検知状況

被検知者にアルコール濃度の示度を確認させた上，シール（記録紙）に署名指
印させて検知管（鑑識カード）に貼付した。

9　参考事項

飲酒検知実施前に，水でうがいをさせた。

（飲酒検知管　添付省略）

酒酔い・酒気帯び鑑識カード

番号　　　　号

被疑者氏名	福上三郎	（ 52 歳）

外観による判定	□ 下記調査結果を総合して酒に酔い正常な運転ができない状態と認定した。 □ 下記調査結果を総合して酒気帯びと認定した。

化学判定	実施前	■ うがいをさせた □ うがいをさせなかった（理由）
	■ 北川式 （検知管測長法 ＳＥ型）	□ 呼気（検知管へ通した呼気量100ml） ■ 測定濃度のよみ　　**0.01**　mg/1　（測定時の温度 **22** ℃）
	□ 北川式 （非分散型赤外線分析法）	□ 測定アルコール濃度値 （メータ指示記録法）　　　　　　　　　　mg/1
	□ 柳本式 （非分散型赤外線分析法）	□ 測定アルコール濃度値 （メータ指示記録法）　　　　　　　　　　mg/1

質問応答状況	名前は	**フクウエサブロウ**	メータ指示記録紙
	生年月日は	**昭和33年3月28日**	
	住所は	西浜区灘崎町1丁目2番3号灘崎ハイツ1号棟205号室	作成者契印　　　　　被検査者契印
	職業は	**無職**	
	今日は何日で、今何時ですか	**21日、午後11時30分**	
	何時ごろから何時ごろまで飲みましたか	**21日の午後5時半ころから午後7時ころまで**	
	なぜ飲みましたか	**食事のついでに**	
	どこで飲みましたか	**自分の家**	
	だれと飲みましたか	**一人で**	
	どんな酒を飲みましたか	**ウイスキー**	
	どのくらい飲みましたか	**ウイスキーの水割りコップ1杯くらい**	
	だれの車ですか		

見分状況	言語・態度	■普通　□大声　□くどい　□しどろもどろ　□悪口雑言 □泣声　□しゃべれない　□暴れる　□舌がもつれる　□	
	状況	言語態度の具体的内容　　**おとなしく素直に質問に応じた**	
	歩行能力 （約10メートルを歩行させたところ）	■正常に歩行した □異常歩行　□ふらつく　□左右にゆれる　□歩行不能 □歩行拒否	酒臭 顔面より **30** cm離れた距離 ■なし　□かすか □弱い　□強い　□
	直立能力 （約10秒間直立させたところ）	■直立できた □約　　秒でふらついた □約　　秒で足を踏み出した □直立できない □直立を拒否した	顔色　■普通　□赤い　□青い　□ 目の状態　■普通　□充血　□涙目　□
	その他		

見分日時場所	平成 **22** 年 **6** 月 **21** 日午前・⦿ **11**時 **28**分ごろ **西福岡警察署刑事1課3号室** において上記のとおり調査見分した。

立会人	西福岡警察署司法警察員警部 秋内大治

作成年月日作成者	平成 **22** 年 **6** 月 **21** 日 福岡県　　西福岡　　⦿警察署・隊 司法 巡査　**山川　裕**　　　　　㊞

電 話 聴 取 書

平成２２年６月２１日　午後１１時３分　　発信

発信者：西福岡警察署	取扱者：沢渡
受信者：福岡県警察本部地域部通信指令課	取扱者：○○

１１０番受理時の状況について

　現在，捜査中の被疑者福上三郎に係る殺人未遂被疑事件につき，１１０番入電時の状況について照会します。

即回答

　１回目の１１０番の入電は６月２１日午後８時１８分から２１分にかけて受けています。

　管轄の西福岡警察署には午後８時１９分に指令しています。

　当時の状況ですが，女性の声でかなり慌てており

　　女　灘崎町１丁目２番３号灘崎ハイツ１号棟２０５号室で夫が刺された。

　　本職　誰に誰が刺されたんですか。

　　女　弟のサブロウが私の夫を刺した，首のところを刺した，意識はある。
　　　　サブロウはいる。

　　本職　救急車は呼んでいますか。

　　女　まだ呼んでいない。

　　本職　では，こちらから要請します。

　　女　お願いします，私はハシユキの妻です。

というやりとりをしながら，管轄警察署に指令を出しました。

作成者：西福岡警察署

司法警察員巡査部長　沢渡裕治　㊞

供 述 調 書

住 居　　福岡市東浜区渚３丁目５番７号

職 業　　無 職

氏 名　　　　　　　　　　　　　橋 行　梓
　　　　　　　　　　　　　　　 はし ゆき　あずさ

　　　　　　　　　　　　　昭和３６年６月６日生（４９歳）

　上記の者は，平成２２年６月２２日，福岡市西浜区入江１丁目５番３号西福岡総合病院高度救命救急センター１号室において，本職に対し，任意次のとおり供述した。

1　　私は，お話しした住所地に

　　　　　　夫　　橋 行　　久　　４１歳

　と２人で住んでおり，私は無職で，夫は塗装工をしています。

2　　平成２２年６月２１日，夫と私が，私の知人である福上次夫さんのアパートに遊びに行った際に，夫と次夫さんの弟が口論になり，夫が次夫さんの弟にいきなりナイフで左首や胸等を刺され，一歩間違えば死に至るような大怪我を負い病院に搬送されました。

　　私は，夫が刺されたときにその場にいたので，そのときのことを詳しくお話しします。

3　　なお，私の知人である福上次夫さんについては「次夫さん」と，その弟の

　　　　　　福上三郎

　のことは「犯人」と呼んでお話しします。

4　　私と次夫さんは同じ福岡市の出身のいわゆる幼なじみのような関係で，私の家族と福上さんの家族が近所に住んでいたこともあり，次夫さんとは古くから付き合いがありました。

　　ここ４，５年前から私と次夫さんはよく行き来をするようになり，私が夫と結婚してからは，夫も次夫さんと仲良くなり，月に１回か，２か月に１回くらい，私と夫が次夫さんのアパートに行ったり，次夫さんが私たちの家に遊びに来て，一緒にお酒を飲んだり，ご飯を食べたりするという関係です。

　　私と夫は，昨年７月ころに，次夫さんの弟ということで犯人と会って初めて一緒に飲み，昨年１１月ころにもう１回犯人に会っています。

－ 50 －

5　私と夫は，今年の４月末か５月の初めころに次夫さんのアパートに遊びに
行ったときに，次夫さんの部屋に居候していた犯人に会いました。
　次夫さんは，以前から私や夫に
　　　弟が仕事を辞めて，妻や子どもと住んでいた家から追い出されるよう
　　　な形で出てきて，俺の部屋に居候しているので相当参っている。
　　　弟には６月いっぱいで部屋から出て行ってほしい
などと相談していたのです。
　それで，今年の４月末か５月初めころに私と夫が次夫さんの家に行ったとき
に，次夫さんは
　　　弟と同居してストレスが限界までたまっている。
　　　兄弟で込み入った話をすれば言い争いになって，らちがあかないので，
　　　今年の６月いっぱいで出て行ってくれと言ってもらえないだろうか。
というようなことを言ってきたので，夫が老婆心から犯人に，次夫さんの部屋
を６月末には出て行くように言っていました。
　犯人は，夫に対し
　　　俺には俺の考えがある。
　　　俺だって仕事を探しとる。
というようなことを言ってそっぽを向いてあれこれ言い訳をしていたので，も
う誰も手に負えないという感じで，私も夫も次夫さんもその日はそれ以上は強
く言いませんでした。

6　それでは６月２１日に夫が犯人に刃物で刺された事件についてお話しします。
　６月２１日の夕方になって，私と夫は，犯人が次夫さんのアパートに居候し
て次夫さんも相当ストレスがたまっているだろうと思って，次夫さんの話を聞
いてあげるために，次夫さんのアパートに行くことにしました。

7　私と夫は，途中のスーパーで缶ビールやお総菜を買ってから，だいたい午後
５時ころに次夫さんのアパートに行きました。
　次夫さんのアパートには，次夫さんだけがいて，私と夫と次夫さんの３人で
居間でお総菜を食べながら，お酒を飲み始めました。
　居間のほぼ真ん中にはテーブルがあり，私と夫は，そのそばの四角くて背も

たれのない椅子に座り，次夫さんはテーブルを挟んで向かい側のソファに座って，それぞれお酒を飲んだりお総菜を食べたりしながら話をしていました。

夫と次夫さんは

　　　５００ミリリットル入りの缶ビールを１本ずつ

飲んでから，それぞれ

　　　焼酎の水割りを２杯くらいずつ

飲んでいたと思います。

なお，私は，お酒を飲んでいません。

8　私たちがお酒を飲んだり，お総菜を食べている途中で，玄関のドアがバタンと閉まる音がしたので，私は犯人が帰ってきた音かなと思いましたが，台所からは玄関の方が見えないし，特に気にしませんでした。

私たち３人が居間でお酒を飲んで話をしていると，次夫さんが

　　　弟は６月いっぱいでここから出て行くと約束しているのに一向に荷作りをしていない

などと愚痴をこぼし始めました。

夫は，この愚痴を聞いてから，立ち上がって玄関の方に行き，何か話し始めました。

私は，夫が犯人と話をしているのだろうと思っていたところ，夫の声がだんだんと大きくなっていき，ついには夫が

　　　俺たちが来てんだから，挨拶ぐらいしろよ。

などと強い口調で言っているのが聞こえてきました。

ただ，私はそのとき居間か台所にいたので，夫と犯人が何のことを話しているか聞こえませんでしたし，二人の姿も見えませんでした。

9　夫が居間を出てから数分経って，夫と犯人と話をしている声が聞こえなくなり，夫が居間に入ってきて，四角い形の椅子の私の左隣に座りました。

夫が居間に戻ってきてすぐ後だと思いますが，犯人が険しい表情で無言で，ゆっくり歩いて居間に入ってきました。

犯人が，椅子に座っていた夫の前に真っ直ぐ進んで，ちょうど夫と向かい合うようにしゃがんだところ，夫が犯人に向かって

　　　　　６月いっぱいでここを出て行くって約束したやろ。

というようなことを比較的強い口調で言いました。

　　すると，犯人がいきなり

　　　　　そんなことお前に言われる筋合いはない。

などと言って立ち上がり，夫に掴みかかるようにのしかかってきました。

　　私は

　　　　　夫がどこか殴られた

と思ったところ，夫は，私が座っている左斜め後ろの方に，背中から落ちるよ
うに倒れて私に寄りかかってきました。

　　相当強く殴られたのかなと心配になって夫の方を見ると，夫の左の首の辺り
から血が大量に出ているのと，夫が着ていたシャツの背中の左側が血だらけに
なっているのが見えました。

　　私は突然のことでびっくりして，とっさに犯人を見ると，犯人は血の付いた
刃物を右手に握って，椅子に倒れている夫の前に立っており，今にも夫に襲い
かかろうとして刃物を腰の辺りに構えているのに気付きました。

10　　私はそのことに気付いた瞬間に

　　　　　やばい，どっか刺されたんだ

と思い，立ち上がって犯人の左側に回って，自分の右手で犯人の右手を押さえ
つけ

　　　　　何してんの。

と怒鳴り，刃物を犯人の腰の上までぐっと引っ張って奪い取ろうとしたのです
が，犯人は右手でガチガチに刃物を握りしめており，女の私の力では取り上げ
られませんでした。

　　すると犯人は，椅子に倒れている夫のことを見下ろしたかと思うと，すぐに
夫にのしかかってきました。

11　　犯人が夫の上にのしかかっているところで，次夫さんが犯人の後ろから犯人
の両脇を持ち上げて羽交い締めにして制止していましたが，犯人が暴れながら，
刃物を振り回したり，手足をバタバタさせて，夫ともみ合いになっていました。

　　このとき犯人が夫の上にのしかかってもみ合っていたので，夫の首以外にも

刃物で刺されているところがあるかもしれませんが，私の立っていた位置からでは，夫が犯人に押しつぶされており，よく見えませんでした。

12　次夫さんは，犯人を後ろから羽交い締めにしたまま犯人を引きずるようにして夫から離して台所の方に連れて行きました。

犯人は，台所に連れて行かれる最中も次夫さんの羽交い締めを振り切ろうとして，刃物を持ったまま力任せに腕を振り回したり足をバタバタさせて抵抗していました。

すると今度は夫が，次夫さんを助けるために椅子から立ち上がって台所の方に行き，犯人から刃物を取り上げようとしましたが，犯人が刃物を持ったまま両腕を振り回してきたので，刃物を取り上げられませんでした。

私は，犯人が異常に興奮していたことや，夫の服や身体が血だらけでこのまま夫はどうなってしまうんだろうと，とても不安になっていたことから，居間の入り口のドアのところで足がすくんでしまい，台所の方に近づくことができませんでした。

夫は台所で犯人が暴れるのを止めに入ったときにも，刃物でどこか刺されたかもしれませんが，私の立っていた位置からはよく見えませんでした。

13　次夫さんが，犯人の後ろから羽交い締めにしながら，私に

　　　　警察を呼べ

と叫び，私も警察を呼ばないとダメだと思ったのですが，これ以上夫が犯人の近くにいたら夫が殺されると思ったので，まずは夫に

　　　　ここから出なきゃいかん。

と怒鳴って，夫の腕を引っ張って玄関から出て，アパートの共同階段を下りました。

そして私は，共同階段を下りる途中で，１１０番通報をしました。

14　私と夫がアパートの外に出て立っていると，警察官と救急隊が来てくれ，夫は病院に運ばれ，救命措置のおかげで何とか一命を取り留めました。

15　私が携帯電話で警察に１１０番をした時刻を警察の人と確認しましたが，携帯電話の発信履歴を見ると

　　　　緊急電話　１１０

　　　　　10／6／21　20：18

と表示されていたので

　　　　　平成２２年６月２１日午後８時１８分

に１１０番通報をしていたことが分かりました。

　　また，夫が犯人に刺された時刻は，夫が犯人に刺されてから１１０番通報を

するまでに２，３分はかかっているので

　　　　　平成２２年６月２１日午後８時１５分ころ

に間違いありません。

16　　私は，犯人が夫の首付近を刺した直後に刃物を見ていますが，その刃物の特

　　徴は

　　　　　刃の長さが１５センチメートルもなく，幅が細くて

　　　　　先が尖っている，ちょうど果物ナイフを少し小さくしたようなナイフ

　　で，ナイフの柄の部分は犯人がずっと握っていたので見えませんでした。

17　　私は，夫が救急車で運ばれている間，夫がこのままどうなってしまうんだろ

　　うと不安になり，最悪夫が死んだらどうしようと思うと，気が気ではありませ

　　んでした。

　　　私は，夫が運ばれた救命救急センターの医者から，夫が犯人に刃物で左首や

　　左胸等を刺されていたことと，特に首の傷が深くて大きいことを聞いたときに，

　　一歩間違えれば夫は犯人に刺し殺されてしまうところだったんだと改めて考え

　　ただけで，恐ろしくて仕方ありませんでした。

　　　夫を刃物で刺し殺そうとした犯人のことは絶対に許せないので，厳しく処罰

　　してください。

　　　　　　　　　　　　　　　　　　　　　橋　行　　梓　㊞

以上のとおり録取して読み聞かせた上，閲覧させたところ，誤りのないことを申

し立て，各葉の欄外に押印した上，末尾に署名押印した。

　　　　　前　同　日

　　　　　西福岡警察署

　　　　　司法巡査　　早　良　香　里　㊞

（各葉欄外の押印省略）

— 55 —

供　述　調　書

住　居　　福岡市西浜区灘崎町1丁目2番3号灘崎ハイツ1号棟205号室

職　業　　無　職

氏　名　　　　　　　　　　　　　福　上　次　夫
　　　　　　　　　　　　　　　　昭和29年4月26日生（56歳）

　上記の者は，平成22年6月21日，供述人方において，本職に対し，任意次の
とおり供述した。

1　　今日，私の家で，同居する

　　　　　　弟　　福　上　三　郎

が，遊びに来ていた

　　　　　　知人　橋　行　　　久

を包丁で刺して大怪我をさせるといったことがあり，私はそのときその場にい
たので，そのことを話します。

2　　初めに，私の話を分かりやすくするため，弟の三郎，知人の橋行などのこと
　　を順に話すと，私は

　　　　　　父　福　上　　　肇

　　　　　　母　福　上　八　重

の間の3人兄弟の次男で，三郎は三男となり，血を分けた実の兄弟になります。

　弟は，地元の

　　　　　　福岡県立西浜工業高校

を卒業後，溶接工などをしていたのに，2～3年くらい前から仕事もせずにい
たため，奥さんに家から追い出されたような形で，去年3月ころ，私のところ
に転がり込んできて，以後，私と弟は一緒に暮らしているのです。

　私の家には2部屋あるので，弟と1部屋ずつ分けて使っていますが，生活は
別にしていて，同居しているとはいえ，最近は一緒に酒を飲むこともありませ
ん。

　家賃は生活保護を受けている自分が全額払っています。

　弟の性格は，簡単に言えば，生意気ですが，これまで暴力を振るうなどと
いったことは，私が知る限りではありません。

弟は酒が好きで，毎日のように飲んでいると思いますが，一緒に飲まないので，今日飲んでいたかどうかなどは分かりません。

　　次に，橋行久についてですが，元々橋行の奥さんの

　　　　橋　行　　　梓

と私が幼なじみで，その関係から，4，5年前に知り合い，以後，月1，2回は，橋行夫婦と酒を飲む間柄で，弟の三郎もよく知っています。

　　橋行は，真面目な勤め人で，乱暴なところなどもありませんが，酒が入ると少し

　　　　べらんめえ調

な話し方になるところはあります。

3　　では，今日のことについて順に話を進めていきます。

　　私は，今日用事があって，午前9時ころ家を出たのですが，そのとき三郎は自分の部屋にいたはずです。

　　それで，午後に梓から

　　　　遊びに行く。

と電話があり，私が午後4時ころに帰宅後，午後5時ころに橋行夫婦が2人で酒を持って遊びに来て，3人で酒を飲み始めました。

　　私が帰宅したとき，三郎はどこかへ出かけ，家にはいませんでした。

4　　3時間くらい過ぎていたので，午後8時ころだと思いますが，ガチャンと玄関ドアが開き，弟の三郎が1人で帰ってきたのですが，三郎は，挨拶一つもなく，さっさと自分の部屋に入って行ったのです。

　　私は，弟のそのような態度に腹が立ち，橋行久に

　　　　弟は6月中に出て行くと言っとったけど，いつ出るんか聞いてこい

と言ったのです。

　　6月中に出て行くという話は，弟が私の家に転がり込んでもう1年以上経ち，全く仕事もしないで夜になれば酒を飲む生活を続けていることから，前々から，私と弟の間で

　　　　働け

　　　　いつ出て行くんか

などとなっていたところ，先月ころに，橋行夫婦が弟とこのことについて話し合い，その中で，弟が自ら，6月中に出て行くと言ったことになります。

しかし，弟は，6月も下旬になるというのに，荷造りするわけでもなく，出て行く雰囲気が全くなかったので，このとき，その話を持ち出しました。

5 こうして橋行久が一人で弟の部屋に行き，3分くらいして直ぐに一人で戻ってきたのですが，橋行久が弟と何を話してきたかなど，詳しいところは分かりません。

お互い少し大きな声で何かを話していたものの，争っている様子はありませんでした。

その2，3分後のことです。

弟が私の部屋に来て，橋行久のすぐそばにしゃがむか座るかして，口論を始めたのです。

2人はけんか口調で言い争い，私もそのすぐそばにいたのですが，私としては

　　　　また始まったか

くらいの軽い気持ちで，相手にしてなかったので，言い争う内容までは覚えていません。

6 こうして5分間くらい言い争っていたところ，突然弟が

　　　　何でお前に言われんといかんのか。

などと叫ぶと同時に，確か右手に，どこから持ち出したのか，細身のナイフのような包丁を持って，立ち上がりながら，一気に真っ直ぐ，橋行久の首付近を刺したのです。

それと同時に血しぶきが上がり，私は驚きながらも，なおも橋行久を刺そうとしている弟を，後ろから羽交い締めする格好で押さえたのですが，押さえきれず，弟は，後ろに倒れた橋行久にのしかかるような感じとなり，4，5回くらい橋行の胸等を刺してしまったのです。

ですから弟は，橋行久の左側から，初めに首付近を刺し，続けざまに，胸等を4，5回刺したことに間違いありません。

胸等を刺したとき，のしかかるようにしてと話しましたが，橋行が首付近を

刺されて後ろに倒れて再度上半身を起こしたときに，弟は，向かい合わせで立つ格好で刺しているかもしれません。

その後に私が押さえているかもしれません。

このへんのところが，私も突然のことで動転していたので，はっきりとは覚えていないのです。

7　こうして私は，弟を羽交い締めにして，何とか台所の方まで弟を引っ張って引き離し，弟を押さえるのに精一杯な中，梓に警察に電話するよう叫び，たぶん，梓が夫の久を外に連れ出したと思うのですが，いつの間にか梓と久は部屋からいなくなっていました。

それで台所で，私と弟が争うような格好となり，弟は久を刺したナイフのような包丁を右手に持って私に向けて構えましたが，私にかかってくることはありませんでした。

そんな状態で何もなく，警察が来たので，私は弟を部屋に残して外に出たのです。

8　弟が何でこんなとんでもないことをしてしまったのかは，本人に聞いてみなければ分かりませんが，弟はこれまでの人生で挫折がなく，そんな中，無職の生活が続き，家族も失い，落ち込んでいたところ，兄弟である私ではなく，第三者の橋行久から

　　　　いつ出て行く

などと言われ，一気に切れてしまったのではないかと思います。

弟は孤独だったのかもしれません。

そこに私の家から出て行くことをせっつかれて，逃げ場をなくして，やってしまったのかもしれません。

やったことはとんでもないことですが，くさっても私の弟だし，今後のことはよろしくお願いします。

　　　　　　　　　　　　　　　　福　上　次　夫　㊞

以上のとおり録取して読み聞かせた上，閲覧させたところ，誤りのないことを申し立て，各葉の欄外に押印した上，末尾に署名押印した。

　　　　前　同　日

西福岡警察署

司法警察員

警部補　池　藤　　剛　㊞

（各葉欄外の押印省略）

供 述 調 書

住　居　　福岡市東浜区渚3丁目5番7号

職　業　　塗装工

氏　名　　　　　　　　　　　　　　橋　行　久
　　　　　　　　　　　　　　　　　 はし ゆき   ひさし

　　　　　　　　　　　　　昭和44年2月3日生（41歳）

　上記の者は，平成22年6月22日，福岡市西浜区入江1丁目5番3号西福岡総合病院高度救命救急センター1号室において，本職に対し，任意次のとおり供述した。

1　　私は，お話しした住所地に

　　　　　妻橋行　　梓　　49歳

　と2人で暮らしており，仕事は塗装工をしています。

　　私は，昨日である

　　　　　今年6月21日　午後8時15分ころ

　に

　　　　　福岡市西浜区灘崎町1丁目2番3号灘崎ハイツ1号棟205号室

　に住んでいる，私たち夫婦の知人である

　　　　　福　上　次　夫　さん　　56歳くらい

　の自宅に遊びに行った際，次夫さんの実の弟である

　　　　　福　上　三　郎　　51歳くらい

　に，首や胸などをナイフで刺されて，殺されそうになりましたので，そのときの状況をこれから話します。

2　　まず，私と犯人の福上三郎との関係について説明します。

　　私は，5年ほど前に妻の梓と結婚しましたが，妻と犯人，そして犯人の実兄はいずれも福岡市の出身で，妻と兄の福上次夫さんは，私が妻と知り合う前から交流があったと聞いています。

　　このようなことから，私は妻と結婚後，兄の福上次夫さんの自宅に，1～2か月に1回程度の頻度でお酒を飲みに行ったりしていたのです。

　　そして，犯人の三郎も次夫さんと一緒に暮らしていたことから，昨年7月ころから年末にかけて2度ほど，一緒に酒を飲んだこともあった間柄でした。

ですが，兄の次夫さんから，今年の４月末か５月初めころに相談された話なのですが

　　　弟は，奥さんも子供もいたのに，仕事をしなくなったことから家を出ることになり，去年の３月から俺の家に転がり込んで来てほとほと困っている。

　　　何度か話をしたけど出て行ってくれない。

と聞かされたのです。

　私たち夫婦はその話を聞いて，困っている次夫さんに代わって三郎から話を聞こうと思い，私から三郎に対して

　　　ここにおっても良くないでしょう。

　　　もう１年もおるんやから。

　　　奥さんとはどうなってんですか。

などと少し厳しい口調で話したのです。

　そうしたところ，三郎は

　　　俺には俺の考えがある。

　　　今，仕事を探しとる。

などと言い訳ばかりをしたことから，私は次夫さんときちんと話をするように言ってその場は終わったところ，後日，兄の次夫さんから電話で

　　　三郎は６月いっぱいで出て行くことになった。

と聞かされたのです。

　その後，私たちは次夫さんの家に行くことはありませんでしたが，６月３０日には，次夫さんが私たちの家に遊びに来て，その間に弟に出て行ってもらう予定で話をしていたところでした。

3　ですが，昨日である６月２１日に，私と妻は，三郎が出て行く準備をしているのか心配になったことから，急遽次夫さんの家に遊びに行くことにしたのです。

　午後５時ころに次夫さんが住んでいる

　　　福岡市西浜区灘崎町１丁目２番３号灘崎ハイツ１号棟２０５号室

に着いたと思います。

そのとき，次夫さんの家に弟の三郎はいなかったので，私たちは３人で，酒を飲みながら，私たち夫婦が買っていった総菜などを食べたのです。

　このときに飲んだ酒の量ですが，私も次夫さんもそれぞれ

　　　　ビール５００ミリリットル缶　１本

　　　　焼酎の水割り　１〜２杯

を飲んだ程度でしたので，当時のことははっきりと覚えています。

4　　そして，時間の記憶ははっきりとしませんが，弟の三郎が帰って来たことが，少し開けていた居間のドアの隙間から分かりました。

　ですが，三郎は，私たちが来ていることを分かっているはずなのに，居間に来て挨拶をすることもなく，奥の自分の部屋に入って行ったのです。

　それからしばらくして，次夫さんが，弟のことについて

　　　　　６月に出て行くと言っとうけど，全く出て行く様子がなか。

などと困った様子をしたことから，私が三郎と話をしてくることにし，私は一人で，奥の部屋にいる三郎のところに行ったのです。

　なお，この家の間取りですが，玄関から入ると

　　　　右側に台所が一緒になった居間

　　　　左斜め前に三郎がいた奥の部屋

　　　　左側に便所や風呂

などが配置されていて，居間には，中央にテーブルが置かれ，そのテーブルを挟んで出入口ドア側にソファが，その反対側に背もたれのない椅子が置かれていました。

　話を戻しますと，私が三郎のいる奥の部屋のドアをノックしたところ，三郎がドアを開けてくれたので，私は，布団の上に座っている三郎に対して

　　　　おい，三郎さん，挨拶くらいしてもいいんじゃない。

　　　　話があるから，ちょっとこっちに来んね。

と少し強い口調で言ったところ，三郎は

　　　　　何や

というような言葉を言い返してきて，不満そうな表情をしていました。

　私は，居間で皆で話をしようと思っていたので，これ以上話をすることなく，

ドアを開けたままの状態で居間に戻ってきて，妻が座っている背もたれのない椅子の横に座ったのです。

5 　次夫さんは，始めからソファに座っていましたが，私が戻って１分もしないうちに，三郎がゆっくり歩きながら居間に入ってくるなり，真っ直ぐ私の左隣に来たのです。

　そして，三郎は腰を下ろしましたが，べったり床に座ることなく，膝を立てた姿勢で私の方を向いたので，私は三郎がいる方に向きを変えてから

　　　　挨拶くらいちゃんとせんね。

と結構強い口調で言ったところ，三郎が

　　　　何でお前に挨拶をせないかんのか。

　　　　お前，何様の気か。

　　　　お前に言われる筋合いはない。

などと興奮した様子で怒鳴りだしたので，私も

　　　　今月いっぱいで出て行くことになっとるみたいやけど，どうなっとるんか。

と怒鳴り，口論になったのです。

　そうしたところ，三郎が急に立ち上がり，椅子に座った状態の私に対して，右手で私の首の左側付近を叩くようにしてきたので，私は，上半身だけを後ろに倒して逃げました。

　このとき，三郎は

　　　　何でお前に・・・

というような言葉を発した直後に右手を出してきたと思います。

　私は，最初殴られたと思いましたが，首の左側にひどい痛みがあったので自分の手を当てて，その手を見たところ，血がべったりとついていました。

　私の前に立っている三郎を見たところ，右手に

　　　　刃の長さ１５センチメートルくらい

　　　　　幅　２～３センチメートルくらい

の果物ナイフを持っていたことから，三郎が持っているナイフで刺されたと思いました。

— 64 —

その後，私も興奮してしまい，詳しい状況を思い出せませんが，記憶をたどると，首を刺された後，更に腹や左足の付け根辺りを刺されたので，後ろにいた妻が立ち上がって，三郎が持っているナイフを取り上げようとしてくれ，さらに，ソファに座っていた次夫さんも三郎と私の間に入り，三郎を後ろから羽交い締めにして台所の方まで引っ張って引き離したりしてくれました。

　そして，私も刺されましたが，動ける状態でしたので，ナイフを取り上げるため，台所で羽交い締めにされている三郎に前から近づいていき，ナイフを持っている手を押さえたりしましたが，結局ナイフを取り上げることはできませんでした。

　このとき，羽交い締めにされている手が外れたりしましたので，私は，三郎に胸などをナイフで刺されたかもしれませんが，興奮していたのでよく覚えていません。

　この間，時間にすると１～２分の出来事で，次夫さんが，大声で

　　　警察を呼べ。

などと怒鳴っている声が聞こえましたが，三郎は興奮した様子で，羽交い締めにされている手を振り解こうとしてもがいており，大声を出していたと思いますが，言葉までは覚えていません。

6　そうしたところ，妻が

　　　早う出よう。

と言いながら私の手を引いたので，私は妻と一緒に玄関の方に向かおうと三郎に背を向けて逃げましたが，後から分かりましたが

　　　私の右肩の後ろにも刺し傷

がありましたので，このときに刺されたと思います。

　私と妻はこうして玄関から外に出て助けを求めましたが，次夫さんと三郎はまだ部屋の中でもめている様子が大声で分かりました。

　そして，この逃げるときに妻が警察に携帯電話で通報しましたので，まもなく警察官が来て部屋に入って行ったのです。

　このときの時間ですが，妻に聞いたところ，警察に電話した時間が

　　　午後８時１８分

だと聞かされましたが，この３分ほど前の出来事でしたので，私が刺された時間は

　　　　　午後８時１５分ころ

になると思います。

7　　三郎は，本気の形相で躊躇することなく，立ち上がった姿勢で，私の首の部分を真っ直ぐ狙って刺してきた状態ですし，その後も続けて私の身体を何度も刺してきたことから，私を殺そうとしたことに間違いないと思います。

　　もし，刺されるところが少しでもずれていたら，私は死んでいたと思います。本当に恐ろしい思いをしましたし，生きていて良かったと思いました。

8　　私は

　　　　　身長　　１６８センチメートル

　　　　　体重　　６６キログラム

の中肉で，当時の服装は

　　　　　白色のＴシャツの上にチェック柄の半袖シャツ

　　　　　ベージュ色のズボン

でした。

　　現在私はけがの治療のため，西福岡総合病院に入院しています。

9　　今回私がナイフで刺されて殺されそうになったことについて，私は本当に死んでしまってもおかしくない状況でした。

　　口論したとはいえ，ナイフで人を刺して殺そうとする者を絶対に許すことはできませんので，厳重に処罰してもらいたいと思います。

　　　　　　　　　　　　　　　　　　　　　　　　　橋　行　　久　㊞

以上のとおり録取して読み聞かせた上，閲覧させたところ，誤りのないことを申し立て，各葉の欄外に押印した上，末尾に署名押印した。

　　　　　　前　同　日

　　　　　　　　西福岡警察署

　　　　　　　　　司法警察員

　　　　　　　　　巡査部長　山　松　　稔　㊞

（各葉欄外の押印省略）

供　述　調　書

本　籍　　福岡市西浜区西の浜２丁目３番

住　居　　同市西浜区灘崎町１丁目２番３号

　　　　　　　　　　　灘崎ハイツ１号棟２０５号室　福上次夫方

職　業　　無　職

氏　名　　　　　　　　　　　　福　上　三　郎

　　　　　　　　　　　昭和３３年３月２８日生（５２歳）

　上記の者に対する殺人未遂被疑事件につき，平成２２年６月２２日，西福岡警察署において，本職は，あらかじめ被疑者に対し，自己の意思に反して供述をする必要がない旨を告げて取り調べたところ，任意次のとおり供述した。

1　　私は，実父福上肇，実母八重の三男として福岡市西浜町で生まれました。

2　　位記，勲章，年金，恩給などの説明を受けましたが，そのようなものは何もありませんし，今までに公務員として働いたこともありません。

3　　私は今まで悪いことをして警察に捕まったことは一度もありません。

　　　学生のときに補導されたこともないのです。

4　　私の学歴について話します。

　　　私は，昭和４５年３月に

　　　　　福岡市立西浜小学校

　　を卒業して，同じ年の４月に

　　　　　福岡市立西浜中学校

　　に入学しました。

　　　そして，西浜中学校は昭和４８年３月に卒業して，同じ年の４月に

　　　　　福岡県立西浜工業高等学校機械科

　　へ進学しました。

　　　西浜工業高等学校は，昭和５１年３月に卒業しています。

5　　私の経歴について話します。

　　　私は，昭和５１年３月に高校を卒業してから，福岡市西浜区にあった

　　　　　西福岡鉄工株式会社

　　に入社し，溶接工として働いたのですが，会社の上司とうまくいかず，４

年ほどで辞めてしまいました。

　それから，同じ福岡市西浜区内にあった

　　　　株式会社九州北自動車工業

で溶接工として働いたのですが，１０年ほどして，西九州市にある

　　　　西亜自動車工業株式会社

から

　　　　うちの会社に来てくれないか

との誘いがあったので，その会社に移りました。

　しかし，１０年ほどすると不景気となってしまい，解雇されてしまった
のです。

　その後は，福岡市西浜区にある

　　　　有限会社福北鉄工所

で同じように溶接工として働きました。

　しかし，この会社では，人間関係がうまくいかない状態となってしまい，
８年くらい勤めて辞めています。

　福北鉄工所を辞めてからは，別の会社で溶接工の仕事を探したのですが，
自分に合った会社が見つからず，結局，全く仕事をしていません。

6　　私は，福岡市西浜区で雑貨店を営んでいた

　　　　実父　福　上　　　肇

　　　　実母　福　上　八　重

の三男として生まれましたが，両親はすでに亡くなっています。

　兄弟は3人で，一番上の兄の

　　　　福　上　一　誠　　５８歳くらい

とは音信不通の状態で，現在どうしているのかも分かりません。

　二番目の兄の

　　　　福　上　次　夫　　５６歳

は仕事をしておらず，福岡市西浜区に住んでいます。

　それから，私には

　　　　妻　　福　上　洋　子　　５１歳

— 68 —

　　　　　　長女　福　上　　　楓　　２８歳

がおります。

　ですが，私が福北鉄工所を辞めた後，仕事をせずにいたため，次第に夫
婦の関係がうまくいかなくなり，結局，妻から離婚話を切り出されてしまっ
たことから，私は，離婚届に名前を書き，印鑑を押して，妻に渡しており
ます。

　それが，平成２１年３月のことになりますが，実際にその離婚届を役所
に出しているかどうかは妻に聞いていないので分かりません。

　ただ，私としては，妻とは離婚したと思っています。

7　私に資産と呼べるものは何もありません。

　貯蓄はほとんど使い果たし，今の私の全財産は現金９万円だけです。

　借金は全くありません。

8　資格は

　　　　　ガス溶接作業主任者

　　　　　普通自動車免許

があるくらいです。

9　趣味，特技と呼べるものはありません。

10　たばこは

　　　　　ピース

というものを

　　　　　１日　　１５本くらい

吸います。

　酒は好きですが

　　　　　１回に焼酎の水割りを３〜４杯飲む程度

で，とことん飲むということもなく，酒の飲み過ぎで記憶がなくなったり，
人に迷惑をかけたことは一度もありません。

11　仲の良い友人はいません。

12　自分の性格は，良いところが几帳面なところです。

　悪いところが，物事に悩みすぎて，閉じこもってしまうところです。

私の体格は

　　　　身長１５６センチメートル

　　　　体重　５６キログラム

で，血液型はＡ型です。

　足の靴のサイズは

　　　　２３．５センチメートル

で，利き手は

　　　　右

です。

　　　　　　　　　　　　　　福　上　三　郎　　指印

　以上のとおり録取して読み聞かせた上，閲覧させたところ，誤りのないこと

を申し立て，各葉の欄外に指印し，末尾に署名指印した。

　　　　　　　　前　同　日

　　　　　　　　西福岡警察署

　　　　　　　　司法警察員

　　　　　　　　巡査部長　　実　澤　雄　平　印

（各葉欄外の指印省略）

供 述 調 書

本　籍　　福岡市西浜区西の浜2丁目3番

住　居　　同市西浜区灘崎町1丁目2番3号

　　　　　　　　　　　灘崎ハイツ1号棟205号室　福上次夫方

職　業　　無　職

氏　名　　　　　　　　　　　福　上　三　郎

　　　　　　　　　　昭和33年3月28日生（52歳）

　上記の者に対する殺人未遂被疑事件につき，平成22年6月22日，西福岡警察署において，本職は，あらかじめ被疑者に対し，自己の意思に反して供述をする必要がない旨を告げて取り調べたところ，任意次のとおり供述した。

1　　　私は

　　　　　　平成22年6月21日午後8時15分ころ

　　　のことですが

　　　　　　福岡市西浜区灘崎町1丁目2番3号

　　　　　　灘崎ハイツ1号棟205号室　福上次夫方

　　　において

　　　　　　橋行という40歳くらいの男

　　　を

　　　　　　果物ナイフ

　　　で刺して殺してしまうような怪我をさせました。

2　　　私は，去年の3月から，私の兄である福上次夫のところで世話になっていて，居候のような生活をし，自分の蓄えで何とかやってきました。

　　　　ところが，昨日のことですが，私が散歩して

　　　　　　午後8時前ころ

　　　に家に帰ってきてみると，玄関に男と女のサンダルがそれぞれ1足ずつ並んでいるのを見て，兄のところに，男女の客が来ていることが分かりました。

　　　　それで私は，客が来ているのに顔を出すのも何だなと思い，兄と客がいる居間の方へは行かず，自分の部屋に入ったのです。

— 71 —

私は疲れていたことから，部屋で横になってうとうとしていたところ，私の部屋のドアをドンドンと思い切りノックする音がして目が覚めたのです。

　そして，ドアが開いたかと思うと，ドアの向こうに

　　　　橋行という兄の友人

が立っていて，いきなり私に

　　　　てめー，俺たちが来てんのに挨拶にも来んのか。

とものすごい勢いで言ってきたのです。

　私は，その橋行という男とはそれまで一度しか会ったことがないのに，そんな人からいきなりそのような言葉を浴びせかけられたので

　　　　この野郎

と思ってしまいました。

　そして，橋行は私に

　　　　こっちに来い

というようなことを言って，居間の方へ来るように言ってきたので

　　　　何かあったら刺してやる

というつもりで，布団の横の紙箱に入れてあった

　　　　果物ナイフ　1本

を右手で取り上げると，はいていたズボンの

　　　　右前ポケット

の中に入れたのです。

3　それから私は，自分の部屋を出て，居間へ向かったのですが，居間の奥にあるソファに橋行が一人で座っていたので，私は橋行の座る前に立ち

　　　　何で俺がお前に挨拶をせないかんのか。

と言ってやりました。

　そうすると橋行は

　　　　そんなの当たり前やろ。

　　　　お前とは2回会っとろうが。

と言い出し，さらに

　　　　　お前のそういう態度がみんなに迷惑を掛けてんだ。

と怒鳴られたのです。

　私は，私の左横のソファにいた兄を指して

　　　　　こっちには迷惑を掛けてるけど，お前には関係ない。

と言うと，橋行はなおも私に何か怒鳴ってきました。

　また，橋行の右横，私から見て橋行の左側には，橋行の女が床に座って私たちの言うことを黙って聞いていました。

　それから私は，その場にしゃがみ込んでから

　　　　　俺は今月いっぱいでこの家を出るから，お前には関係ない。

と言うと，橋行は

　　　　　すぐ出て行け。

と大声を出し，身を乗り出してきたので，私は頭に来て，ズボンの右ポケットから果物ナイフを右手に持って取り出すと，立ち上がりながら，そのナイフを前に突き出し，橋行の首付近を刺してやったのです。

　私がこうして橋行の首付近を果物ナイフで刺したことで，橋行は勢い余って，座っていたソファの後ろに倒れたのですが，そのとき橋行の首付近が見る見る赤くなって怪我したことが分かったのです。

　私は更に続けて橋行を刺してやろうと，橋行の方へ向かおうとしたのですが，そのとき兄が私の身体を後ろから押さえ込んできたのです。

　そこへ橋行も立ち上がり，私の方へ向かってきたので，もつれ合う感じになり，私は何度か橋行の身体めがけて果物ナイフで刺してやったのです。

　私は，もう無我夢中で何度も果物ナイフを前方へ出して刺してやりました。

4　そして，もつれ合っているうちに，いつの間にか兄から，果物ナイフを持った右手を押さえつけられて

　　　　　お前は何をしたか分かってんのか。

と怒鳴られ，気が付くと橋行と橋行の女は部屋からいなくなっていました。

　私は兄からそう言われたことで，橋行が死ぬような怪我をしたことが分かったので，兄に

― 73 ―

　　　　俺も死んでやる。

などと言っていると，そのうちパトカーのサイレンの音が聞こえてきたので，玄関のドアを閉めに行きました。

　私はドアを閉めたことで警察は入ってこないと思ったので，兄に

　　　　お前みたいなやつは殺して俺も死ぬわ。

と言うと，兄は

　　　　やれるもんやったら，やってみい。

と言って玄関の方へ行ってしまい，そうすると兄と入れ違うように警察官が部屋にやってきたのです。

5　　そこで私は，居間のソファに座りながら，右手に果物ナイフを持つと，警察官に

　　　　　俺は大変なことをした。

と言ってやり，さらに，本当に死ぬつもりで，右手に持っていた果物ナイフを首に当てたりしたのです。

　そして右手に持っていた果物ナイフで橋行を刺してやったことは事実だったので

　　　　橋行をこのナイフで刺した。

　　　　もうだめだ。

　　　　別れた子どもに顔向けができない。

と言ってやったりもしました。

　私がそんな態度だったので，警察の人は私が本当に首にナイフを刺すと思っていたようで，すぐに私を捕まえることはできませんでしたが，警察の人に

　　　　自分の首を刺しても何もならんぞ。

などと説得されて，約1時間以上も経ってから，私は果物ナイフを警察の人に渡し，そこで捕まったのです。

6　　今回私は，ほとんど私と知り合いでもない橋行という男に，私の生活のことについて脅すように文句を言われたことで，本当に頭に来て，果物ナイフで橋行の身体を刺すということをしてしまいました。

果物ナイフという凶器になる物を使って人の身体を刺すということは相
手が死んでしまうことになるのは分かっていてそういうことをしているの
です。
　実際橋行を刺したことで，最初は
　　　　橋行が死んでしまった
と思ったからこそ
　　　　自分も死んでやる
と思い，本当に果物ナイフを使って自分の首にそのナイフを当てたのです。
　　　　　　　　　　　　　　　　　　　福　上　三　郎　　指印
　以上のとおり録取して読み聞かせた上，閲覧させたところ，誤りのないことを
申し立て，各葉の欄外に指印し，末尾に署名指印した。
　　　　　　　　前　同　日
　　　　　　　　西福岡警察署
　　　　　　　　　司法警察員
　　　　　　　　　　巡査部長　　実　澤　雄　平　㊞
（各葉欄外の指印省略）

取調べ状況報告書

平成２２年６月２２日

西福岡警察署長
　司法警察員警視　八　女　一　雄　殿

　　　　　　　　　　　　　　西福岡警察署
　　　　　　　　　　　　　　司法警察員巡査部長　実　澤　雄　平　㊞

　取調べ状況を次のとおり報告する。

被疑者・被告人氏名等	福　上　三　郎	（昭和３３年３月２８日生）		
逮捕・勾留の有無及び罪名	㊲・無	殺　人　未　遂		
取調べ年月日	平成２２年６月２２日			
取調べ時間	９：２５～１１：０２ １３：１４～１７：０４ 　：　～　：		：　～　： ：　～　： ：　～　：	
休憩時間	１１：０２～１３：１４ 　：　～　： 　：　～　：		：　～　： ：　～　： ：　～　：	
取調べ場所	西福岡警察署刑事第一課５号取調室			
取調べ担当者氏名	西福岡警察署司法警察員巡査部長　実澤雄平			
被疑者供述調書作成事実	㊲・無	２　通		
通訳人の有無及び通訳言語	有・㊭			
その他参考事項	有・㊭			

平成２２年６月２２日　　　　氏名　　福　上　三　郎　指印

決裁	署　長	次　長	課　長	係　長	主　任	照会担当	西福岡警察署 司法警察員巡査部長　沢　渡　裕　治
照会日時	平成22年6月21日		回答日時	平成22年6月21日		回答担当	福岡県警察本部 総務部情報管理課

犯 罪 歴 照 会 結 果 報 告 書

照会理由	事件被疑者として

回　　　　　　　　　　答

本　　　籍	不　詳	出生地	
住　　　所	不　詳		
氏名，生年月日	福上三郎	明・大・㊎・平　33年　3月28日生	

検　　　挙	処　　　分
なし	
以下余白	

捜 査 報 告 書

平成２２年６月２２日

西福岡警察署長

　司法警察員警視　　八 女 一 雄　殿

　　　　　　　　西福岡警察署

　　　　　　　　　司法警察員警部補　　大 船 義 弘 ㊞

　本年６月２１日に現行犯逮捕した福上三郎につき，下記理由により当署留置施設に勾留して引き続き捜査を行う必要があるので報告する。

記

1　被疑者

　　本　籍　福岡市西区西の浜２丁目３番

　　住　所　福岡市西浜区灘崎町１丁目２番３号

　　　　　　　　　灘崎ハイツ１号棟２０５号室　福上次夫方

　　職　業　無職

　　　　　　　福上　三郎（ふくうえ　さぶろう）

　　　　　　　昭和３３年３月２８日生（５２歳）

2　被疑事実

　　被疑者は，平成２２年６月２１日午後８時１５分ころ，福岡市西浜区灘崎町１丁目２番３号灘崎ハイツ１号棟２０５号室福上次夫方において，橋行久（当時４１歳）に対し，殺意をもって，所携の果物ナイフ（刃体の長さ約１１．５センチメートル）で，同人の左頸部，右肩甲部，左右前胸部，右側腹部，左そけい部などを刺突するなどしたが，上記橋行に２週間の入院加療を要する左頸部刺創，右肩から頸部にかけての刺創，左右前胸部刺創，右側腹部刺創，左そけい部刺創の傷害を負わせたにとどまり，殺害の目的を遂げなかったものである。

3　勾留場所

　　西福岡警察署　留置施設

4 勾留を必要とする理由

(1) 逃走のおそれがある。

被疑者は，これまで犯歴こそ有しないものの，昨年妻との離婚に同意して妻子と別れ，現在は実兄の居住するアパートの居室において居候をしているものである。

実兄の供述によれば，同居とはいうものの，実際に互いが干渉することはほとんどなく，同居とは名ばかりで，居住実態はそれぞれが完全に独立したものであるという。

また，被疑者は現在定職に就いていないことからも，その生活は極めて身軽な境遇下にあると推察され，釈放すれば，本件が殺人未遂事件であることの重大性から処罰を恐れ，逃走して所在不明となるおそれがある。

(2) 罪証隠滅のおそれがある。

被疑者は取調べにおいて犯行を概ね認めているものの，実兄を介して，被害者及びその家族ともかねて面識があることから，釈放すれば，実兄を通じて被害者又は被害関係者と接触を図り，威圧又は哀願するなどして本件の取り下げ工作を図るおそれが十分に認められる。

5 本件犯行により，被害者は

　　　　　左頸部刺創，右肩から頸部にかけての刺創

　　　　　左右前胸部刺創，右側腹部刺創，左そけい部刺創

の診断を受けており，その診断結果からも明らかなとおり，生命維持の上で極めて重要な部位を含み刺突され負傷している状況にある。

診断医は，一部刺創について，その創の深度及び位置がわずかでも異なれば，頸動脈を損傷して致命傷となるおそれがあったと供述しており，被疑者が刃物によって，被害者に対し執拗にこれら深刻な傷害を負わせるに至った動機，背景等の詳細な取調べ及び裏付け捜査が未了である。

さらに，動機，背景等とともに，犯行状況についても詳細な取調べを行った後，被疑者の供述内容の真実性を裏付けるため犯行状況の再現を予定しているほか，犯行に供した証拠品（果物ナイフ）を提示しての取調べ等，それら捜査を含めて，今後相当日数の取調べが必要となる。

しかしながら，福岡拘置所に勾留となった場合，往復に要する時間，取調室の不足など様々な制約があり，これによって捜査が遅延し，このことが勾留の長期化等被疑者に不利益を与えかねないことから，西福岡警察署留置施設にその指定を受けて継続捜査の必要がある。

　なお，当署留置施設にあっては，被疑者留置規則等の規定により運営され，日課時限，衛生管理，保安管理，弁護人との接見及び物の授受について明確に規定されており，福岡拘置所と比べても被疑者の処遇及び防御権等を妨げるものではない。

2　関係書類追送書1

（6／28）

関 係 書 類 追 送 書

平成２２年６月２８日

福 岡 地 方 検 察 庁

検 事 正 山 笠 一 好 殿

西福岡警察署

司法警察員警視 八 女 一 雄 ㊞

下記被疑事件の関係書類を追送する。

被 疑 者 の 氏 名	福 上 三 郎
送 致・付 年 月 日	平成２２年６月２３日（西福刑－○○号）
送 致・付 罪 名	殺人未遂
主 任 検 察 官	博 田 検 事

追 送 書 類 目 録

文書の標目	作成年月日	作 成 者	供 述 者	丁数	検察官備考
別紙記載のとおり					

書　類　目　録			被　疑　者		福上三郎	
文　書　の　標　題	作成年月日	作　成　者	供　述　者	丁数	備　　考	
実況見分調書 （被害状況の再現結果）	22. 6. 25	大船義弘				
実況見分調書 （目撃状況の再現結果）	22. 6. 26	田地亮介				
実況見分調書 （目撃状況の再現結果）	22. 6. 27	田地亮介				
供述調書	22. 6. 26	田地亮介	小見川　修			
供述調書	22. 6. 27	大船義弘	福上洋子			
取調べ状況報告書	22. 6. 25	実澤雄平				
供述調書	22. 6. 26	実澤雄平	福上三郎			
取調べ状況報告書	22. 6. 26	実澤雄平				
取調べ状況報告書	22. 6. 27	実澤雄平				
前科照会回答書	22. 6. 23	春本幸司				

実 況 見 分 調 書

平成２２年６月２５日

西福岡警察署長

　　司法警察員警視　　八 女 一 雄　殿

　　　　　　　　　　　西福岡警察署

　　　　　　　　　　　　司法警察員警部補　大 船 義 弘　㊞

　　被疑者　福上三郎　に対する　殺人未遂　被疑事件につき，本職は，下記のとお
り実況見分をした。

　　　　　　　　　　　　　　　　記

１　実況見分の日時

　　　　平成２２年６月２５日午後３時０５分から

　　　　　　同　　　日　　　　　午後３時３４分まで

２　実況見分の場所，身体又は物

　　　　福岡市西浜区入江１丁目５番３号

　　　　　西福岡総合病院高度救命救急センター１号室

３　実況見分の目的

　　　　被害の状況を明らかにし証拠の保全をするため

４　実況見分の立会人（住居・職業・氏名・年齢）

　　　　福岡市東浜区渚３丁目５番７号

　　　　　（被害者）　　塗装工　　橋行 久

　　　　　　　　　昭和４４年２月３日生（４１歳）

５　実況見分の経過

（１）本実況見分は，立会人である被害者橋行久の指示説明に基づいて被害の状況
　　を再現し，その状況を見分したものである。

　　　　なお，本再現に当たり

　　　　　被害者役を当署司法巡査○○○

　　　　被疑者役を当署司法警察員巡査部長〇〇〇〇

　　　　目撃者福上次夫役を当署司法巡査〇〇〇〇

　　　　目撃者橋行梓役を当署司法巡査〇〇〇

　により代役させることとした。

（２）再現場所となる病室を

　　　　福岡市西浜区灘崎町１丁目２番３号

　　　　灘崎ハイツ１号棟２０５号室福上次夫方

　居間と仮想し，同居間のテーブル及びソファを同病室備付けのテーブル及び簡

　易椅子により代用し，また現場居室の台所部分を病室内ベッドで代用すること

　とした。

（３）再現の実施状況については，別紙記載のとおり。

被害状況を再現するに当たり

（立会人）　　　　　　橋行　久（被害者）

（被疑者・福上三郎役）　当署司法警察員巡査部長　〇〇〇〇

（被害者・橋行　久役）　当署司法巡査　〇〇〇〇

（目撃者・福上次夫役）　当署司法巡査　〇〇〇〇

（目撃者・橋行　梓役）　当署司法巡査　〇〇〇〇

を撮影。

	写真番号
	1

写真省略

写真番号
2

（被疑者　福上三郎役）

（立会人）

（被害者　橋行久役）

（目撃者　橋行　梓役）

（目撃者　福上次夫役）

　　立会人（橋行久）が

　　　　福上三郎に殺されそうになる直前まで，居間のテーブルを挟んだ玄関側のソファに
　　　私と梓が並んで座り，向かいのソファ中央に福上次夫が座って飲み食いをしていたと
　　　ころ，福上三郎が奥の方から居間にやってきて，ソファに座っている私の方に真っ直
　　　ぐ向かってきました。
　　と説明したので，その状況を再現し撮影した。

立会人（橋行久）が
　　私の左横にやってきた三郎はかがんで腰を落とし，私が座ったまま三郎の方に体を向
　けると，三郎は，「何でお前に挨拶をせないかんのか。」などと文句を言ってきたので，
　私は「出て行く話はどうなっとるんか。」と言い返したりしました。
と説明したので，その状況を再現し撮影した。

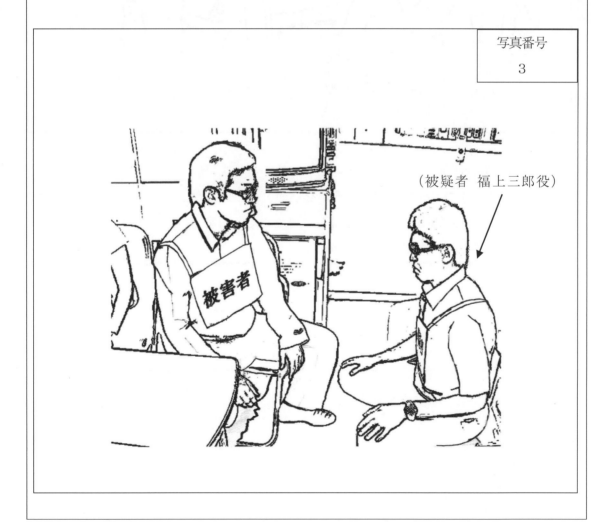

写真番号 3

（被疑者　福上三郎役）

写真番号 4

（被疑者　福上三郎役）

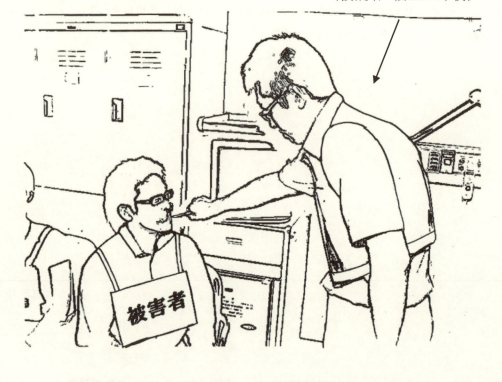

立会人（橋行久）が

　　それまでかがんで私と言い合いをしていた三郎が突然立ち上がり，立ち上がりざまに，右腕を私の左の首筋に突き出してきたので，一瞬，殴られると思った。

と説明したので，その状況を再現し撮影した。

立会人（橋行久）が

　　　三郎が殴りかかってきたと思い，とっさに自分の体を守ろうとして，上半身を後ろに

　　　倒してかわそうとした。

と説明したので，その状況を再現し撮影した。

	写真番号
	5

写真省略

	写真番号
	6

写真省略

　立会人（橋行久）が

　　　殴られたと思った直後，首筋に痛みが来たので，左首筋に左右どちらかの掌を当て，

　　　同時に目の前に立つ三郎が刃物を持っているのが分かりました。

　と説明したので，その状況を再現し撮影した。

立会人（橋行久）が
　　　三郎が続けて私の上に覆いかぶさるように迫ってきて，腹を刺されました。
と説明したので，その状況を再現し撮影した。

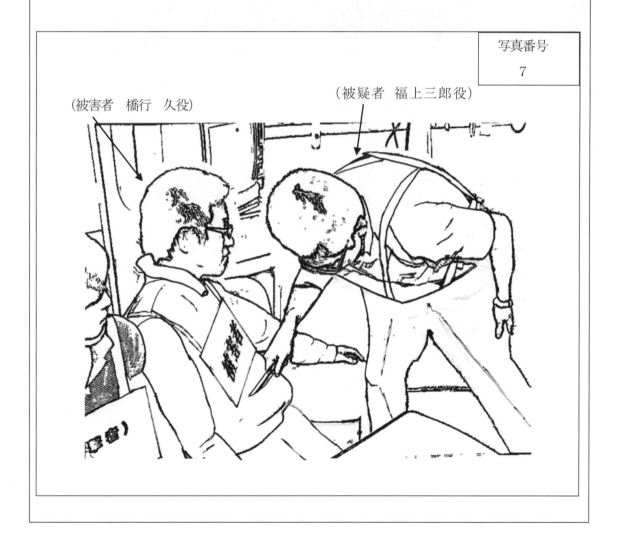

写真番号 7

（被害者　橋行　久役）　　（被疑者　福上三郎役）

写真番号 8

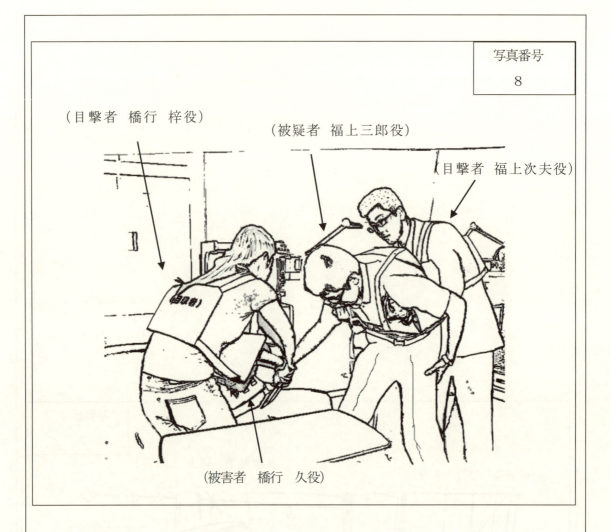

(目撃者 橋行 梓役)
(被疑者 福上三郎役)
(目撃者 福上次夫役)
(被害者 橋行 久役)

前葉の状況後，立会人（橋行久）が

　　三郎は続けて私の左太股の付け根辺りを刺してきて，そのとき私の横にいた妻がソフ
　ァとテーブルの間から三郎の右手首をつかんで三郎が更に刺そうとするのを止めよう
　とし，次夫も立ち上がって三郎を後ろから羽交い締めで押さえていました。

と説明したので，その状況を再現し撮影した。

立会人（橋行久）が

> 三郎を羽交い締めにした次夫が，そのまま台所の方まで下がって，私と三郎を引き離しました。

と説明したので，その状況を再現し撮影した。

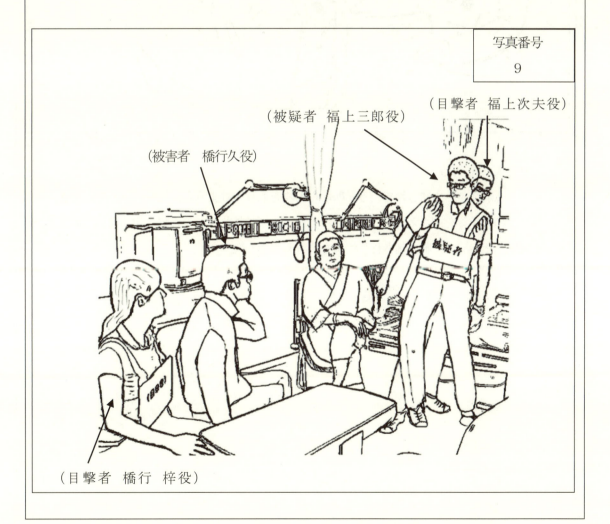

写真番号 9

（被害者　橋行久役）
（被疑者　福上三郎役）
（目撃者　福上次夫役）
（目撃者　橋行　梓役）

	写真番号
	10

（被疑者　福上三郎役）

（目撃者　福上次夫役）

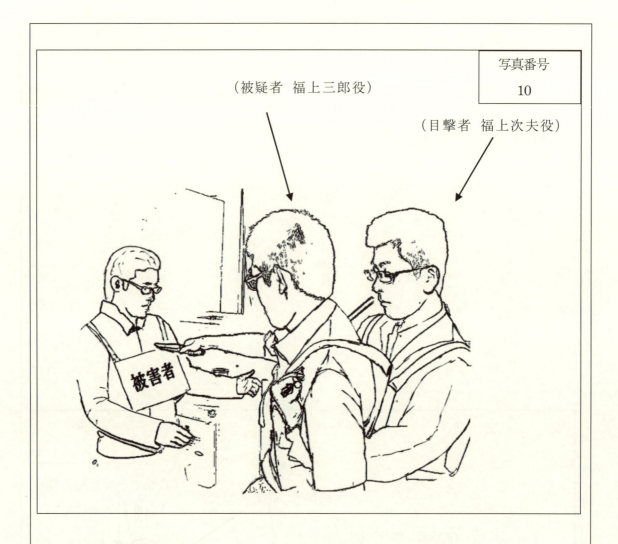

立会人（橋行久）が

　　羽交い締めにされている三郎から刃物を取り上げようと，私も台所の方に行き，三郎
　　の右手首を押さえましたが，暴れる三郎に振り払われ，その際に左胸を刺されました。
と説明したので，左胸を刺された状況を再現し撮影した。

立会人（橋行久）が

　　　左胸を刺された後，なおも暴れ続ける三郎に今度は右胸を刺されたのです。

と説明したので，その状況を再現し撮影した。

写真番号
11

（被害者　橋行　久役）　　（被疑者　福上三郎役）

　　　　　　　　　　　　　　　　　　　　　（目撃者　福上次夫役）

	写真番号
	12

写真省略

　　立会人（橋行久）が

　　　　台所にやって来た妻の梓が，私の左右のどちらかの腕を取り，私を三郎の前から引き

　　　離そうとしました。

　　と説明したので，その状況を再現し撮影した。

前葉状況に続き，立会人（橋行久）が
　　　梓に腕を引かれて三郎に背中を向けたとき，右肩付近を刺されたのです。
と説明したので，その状況を再現し撮影した。

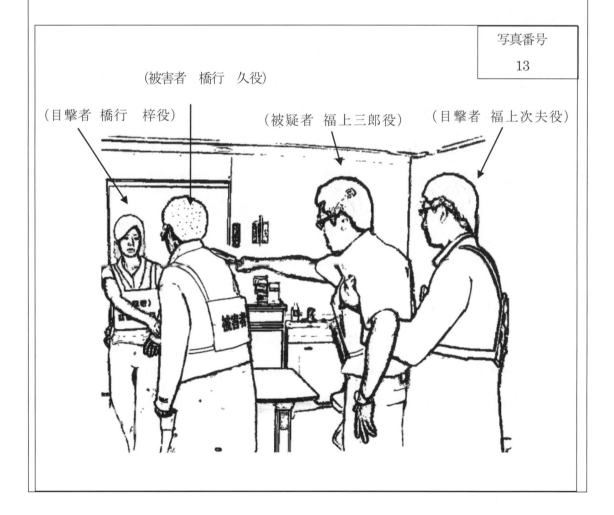

実 況 見 分 調 書

平成２２年６月２６日

西福岡警察署長

　　司法警察員警視　　八　女　一　雄　殿

　　　　　　　　　　　　　西福岡警察署

　　　　　　　　　　　　　司法警察員巡査部長　田　地　亮　介　㊞

　　被疑者 福上三郎 に対する 殺人未遂 被疑事件につき，本職は，下記のとおり実況見分をした。

　　　　　　　　　　　　　　記

１　実況見分の日時

　　　平成２２年６月２６日午後３時３９分から

　　　　　　同　　日　　　　　午後４時０５分まで

２　実況見分の場所，身体又は物

　　　福岡市西浜区入江１丁目５番３号西福岡総合病院高度救命救急センター１号室

３　実況見分の目的

　　　犯行の目撃状況を明らかにし証拠の保全をするため

４実況見分の立会人

　　　福岡市東浜区渚３丁目５番７号

　　　　（目撃者）　橋行　梓

　　　　　　　　　　昭和３６年６月６日生（４９歳）

５　実況見分の経過

（１）　本実況見分は，立会人である目撃者橋行梓の指示説明に基づいて犯行の目撃状況を再現し，その状況を見分したものである。

　　　　　なお，本再現に当たり

　　　　　　被害者役を当署司法巡査○○○

　　　　　　被疑者役を当署司法警察員巡査部長○○○○

－ 98 －

目撃者福上次夫役を当署司法巡査〇〇〇〇

　　　目撃者橋行梓役を当署司法巡査〇〇〇

により代役させることとした。

（２）再現場所となる病室を

　　　福岡市西浜区灘崎町１丁目２番３号

　　　灘崎ハイツ１号棟２０５号室福上次夫方

居間と仮想し，同居間のテーブル及びソファを同病室備付けのテーブル及び簡易椅子により代用し，また現場居室の台所部分を病室内ベッドで代用することとした。

（３）再現の実施状況については，別紙記載のとおり。

本再現を実施するに当たり

　　（立会人）　　　　　　　橋行　梓（目撃者）

　　（被疑者・福上三郎役）　当署司法警察員巡査部長　〇〇〇〇

　　（被害者・橋行　久役）　当署司法巡査　〇〇〇〇

　　（目撃者・福上次夫役）　当署司法巡査　〇〇〇〇

　　（目撃者・橋行　梓役）　当署司法巡査　〇〇〇〇

を撮影。

	写真番号 1

写真省略

立会人（橋行梓）が

　　夫が刺される直前まで，居間のテーブルを挟むように，ソファに福上次夫さん，その向かい側のソファに私と夫が並んで座っていたところ，犯人は，ソファに座っていた夫に真っ直ぐ近付いてきて，夫と向かい合うようにしゃがみ込みました。

と説明したので，被害者が被害者の向かい側にしゃがみこむ状況を再現し撮影した。

立会人（橋行梓）が

　　犯人は，いきなり立ち上がり，夫に掴みかかるように右手を出してきたので，夫は私の方に寄りかかってきました。

と説明したので，その状況について再現し撮影した。

写真番号 3

（被疑者　福上三郎役）　　（目撃者　橋行　梓役）

（被害者　橋行　久役）

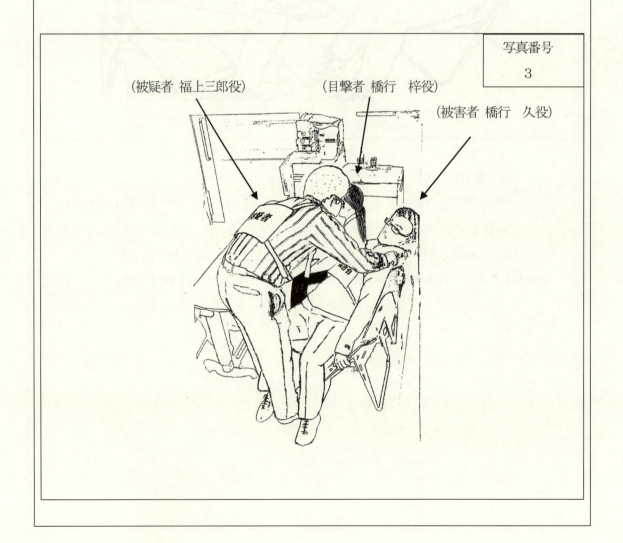

写真番号 4

（目撃者 橋行　梓役）（被害者 橋行　久役）（被疑者 福上三郎役）（目撃者 福上次夫役）

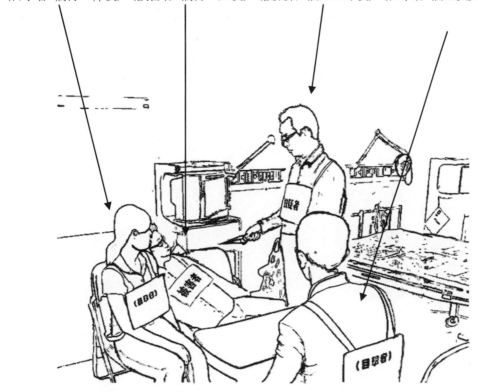

　立会人（橋行梓）が
　　　夫が私に寄りかかってきたので，夫を見たところ，左の首の辺りから大量に血が出
　　ており，犯人はその場に，右手に刃物を持ったまま立っていました。
と説明したので，その状況を再現し撮影した。

	写真番号
	5

写真省略

　立会人（橋行梓）が

　　　私はすぐに立ち上がり，犯人が刃物を持っていた右手を両手で押さえました。

と説明したので，その状況を再現し撮影した。

立会人（橋行梓）が

　　　この後，福上次夫さんが後ろから犯人の両腕を持ち上げ，犯人を制止しました。

　　　そのとき犯人は，次夫さんの制止を振り切り，夫にのしかかったような感じもする

　のですが，はっきりと思い出せません。

と説明したので，福上次夫が被疑者の両腕を持ち上げている状況を再現し撮影した。

	写真番号 6

写真省略

写真番号
7

写真省略

　立会人（橋行梓）が

　　　次夫さんが，両腕を持ったまま犯人を台所の方に連れて行ったのですが，このとき
　　夫も犯人の方に近付いていきました。

と説明したので，その状況を再現し撮影した。

　さらに，立会人（橋行梓）は

　　　すぐに私は，助けを求めるため，玄関からアパートの踊り場に出て，向かいの部屋
　　のチャイムを押しました。

と説明した。

立会人（橋行梓）が

　　　私は，また部屋に戻り，犯人の前に立っていた夫の手を引っ張り，玄関から一緒に

　　外に逃げ出しました。

と説明したので，その状況を再現し撮影した。

| 写真番号 |
| 8 |

写真省略

実 況 見 分 調 書

平成２２年６月２７日

西福岡警察署長

　　司法警察員警視　　八 女 一 雄　殿

　　　　　　　　　　　　西福岡警察署

　　　　　　　　　　　　　　司法警察員巡査部長　田 地 亮 介　㊞

　　被疑者 福上三郎 に対する 殺人未遂 被疑事件につき，本職は，下記のとおり実
況見分をした。

記

1　実況見分の日時

　　平成２２年６月２６日午前１１時５８分から

　　　　　同　　　日　　　　午後　０時３２分まで

2　実況見分の場所

　　福岡市西浜区灘崎町１丁目２番３号灘崎ハイツ１号棟２０５号室

3　実況見分の目的

　　犯行の目撃状況を明らかにし証拠を保全するため

4　実況見分の立会人

　　福岡市西浜区灘崎町１丁目２番３号灘崎ハイツ１号棟２０５号室

　　　　　（目撃者）　福上次夫

　　　　　　　　　　昭和２９年４月２６日生（５６歳）

5　実況見分の経過

（１）　本実況見分は，立会人である目撃者福上次夫の指示説明に基づいて犯行の目

　　　撃状況を再現し，その状況を見分したものである。

　　　　　なお，本再現に当たり

　　　　　　被害者役を当署司法巡査○○○

　　　　　　被疑者役を当署司法警察員巡査部長○○○○

－ 108 －

　　　　目撃者橋行梓役を当署司法巡査〇〇〇

により代役させることとした。

（2）再現の実施状況については，別紙記載のとおり。

本再現を実施するに当たり

　　（目撃者）　　　　　　　福上次夫

　　（被疑者・福上三郎役）　当署司法警察員巡査部長　〇〇〇〇

　　（被害者・橋行　久役）　当署司法巡査　〇〇〇〇

　　（目撃者・橋行　梓役）　当署司法巡査　〇〇〇〇

を撮影。

	写真番号
	1

写真省略

	写真番号
	2

（被害者 橋行 久役）（被疑者 福上三郎役）（目撃者 福上次夫）

（目撃者 橋行 梓役）

　目撃者（福上次夫）が

　　　橋行久が刺される直前まで，自分の部屋にあるソファ中央に私が座り，テーブルを

　　挟んで向かい側のソファに，橋行久と奥さんの梓が並んで座り，３人で酒を飲んでいた

　　ところ，弟の三郎が私の部屋に入ってきて，橋行久の前にしゃがむような格好になり，

　　口論を始めました。

　と説明したので，その状況を再現し撮影した。

－ 111 －

目撃者（福上次夫）が

　　三郎は，「なんでお前に言われんといかんのか。」と叫ぶと同時に，立ち上がるような格好で，右手で橋行久の首の辺りを殴りました。

と説明したので，その状況について再現し撮影した。

さらに

　　どこから刃物を出したのかも分からなかったし，このとき，三郎が刃物を持っているのは見えませんでした。

と説明した。

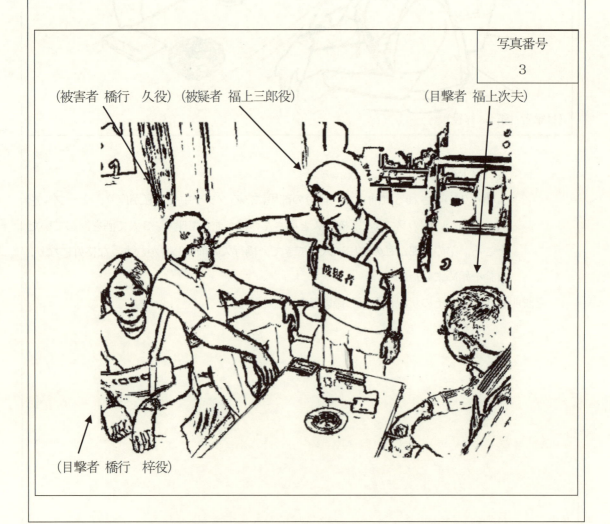

写真番号 3

（被害者　橋行　久役）（被疑者　福上三郎役）　　　　（目撃者　福上次夫）

（目撃者　橋行　梓役）

	写真番号
	4

(目撃者 橋行　梓役)（被害者 橋行　久役）（被疑者 福上三郎役）（目撃者 福上次夫）

　目撃者（福上次夫）が

　　　その直後，血しぶきが上がり，橋行久は後ろの方にのけ反る感じになりました。また，そのとき，三郎がナイフを右手に持っているのが見えました。

　と説明したので，その状況を再現し撮影した。

目撃者（福上次夫）が
　　　私はすぐに立ち上がり，三郎を制止するため，三郎の両脇を抱えました。
と説明したので，その状況を再現し撮影した。
　さらに
　　　どの場面かははっきりと思い出せないのですが，梓が三郎の刃物を押さえようと三
　　　郎に近付いていると思います。
と説明した。

写真番号
5

（目撃者 福上次夫）（被疑者 福上三郎役）（目撃者 橋行　梓役）（被害者 橋行　久役）

写真番号 6

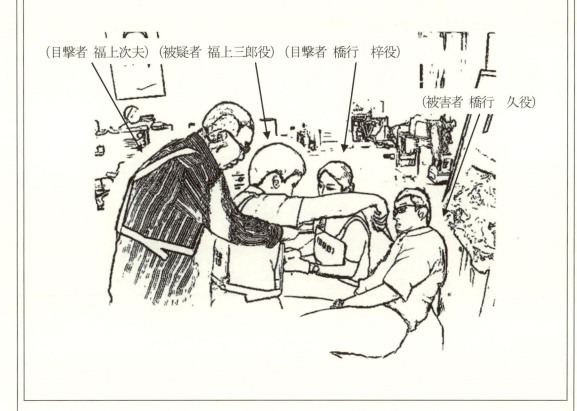

(目撃者 福上次夫) (被疑者 福上三郎役) (目撃者 橋行 梓役)
(被害者 橋行 久役)

　目撃者（福上次夫）が
　　　その後で，三郎は私の制止を振り切るように，後ろにのけ反っていた橋行久にのし
　　かかるような感じになったと思います。
と説明したので，その状況を再現し撮影した。
　さらに
　　　そのとき，胸などを刺したかどうかははっきりと思い出せません。
と説明した。

目撃者（福上次夫）が

　　　私は，三郎を橋行久から引き離すため，両脇を抱えたまま台所の方に連れて行きました。そして，橋行久と梓は外の方に逃げていったと思いますが，それがこの場面だったのかははっきりとしません。

と説明したので，福上次夫が被疑者の両腕を抱える状況及び被害者（橋行久）とその妻（橋行梓）が外に出る状況を再現し撮影した。

	写真番号
	7

写真省略

供 述 調 書

住　居　　福岡市西浜区灘崎２丁目７番９号

職　業　　医　師

氏　名　　　　　　　　　　　　　　小　見　川　　修

　　　　　　　　　　　　　　　　昭和３５年５月１３日生（５０歳）

　上記の者は，平成２２年６月２６日，福岡市西浜区入江１丁目５番３号西福岡総合病院高度救命救急センター３０号室において，本職に対し，任意次のとおり供述した。

１　　私は，平成５年から

　　　　　西福岡総合病院　高度救急救命センター

　の医師をしています。

２　　今年の６月２１日午後８時４２分に，当院の高度救命救急センターに

　　　　　　　橋　行　　　久　さん　４１歳

　という男性が，刃物で刺され，救急搬送されております。

　　　私は，橋行久さんの処置を担当した数名の医師の責任者になりますので，橋行さんが当院に搬送されたときの状態や負傷状況，当院での処置の状況等についてお話しします。

３　　まず，橋行さんが当院に搬送されたときの状態や負傷状況を説明します。

　　　６月２１日の午後８時半過ぎころ，消防局から当センターに搬送要請の電話がありました。

　　　その電話を取ったのは私で，消防局から負傷者の負傷状況等を聴取したところ

　　　　　　　４１歳の男性が頸部，胸部など数か所を刃物で刺された

　　　　　　　意識はあるも，大量の出血がある

　　　　　　　左頸部と左胸部の傷からは継続して出血状態

　との内容だったので，緊急手術が必要な患者であると判断し，直ちに当センターに搬送するよう指示しました。

４　　救急隊の電話があってから約１０分後の午後８時４２分，橋行さんを乗せた救急車が当センターに到着し，ストレッチャーに仰向けに乗せられた橋行さん

が当センター3階の処置室に入ってきました。

　橋行さんを処置室のベッドに仰向けに乗せかえ，橋行さんの様子を確認したところ，ほぼ全身血まみれであるものの，意識は鮮明で，看護師の問いかけにも，ゆっくりとした口調ではありますが，正確に答えているようでした。

　橋行さんは，顔をしかめながら

　　　　ナイフで刺された，肩が痛い

と訴えており，左頸部と左胸部に血液が多量に染みこんだガーゼを当て圧迫止血した状態でした。

5　橋行さんの負傷状況を確認したところ，負傷箇所は

　　　　左頸部の刺創

　　　　右肩から頸部にかけての刺創

　　　　右前胸部刺創

　　　　左前胸部刺創

　　　　右側腹部刺創

　　　　左そけい部刺創

の計6か所であり，どの傷の切り口も

　　　　長さが1センチメートルから3センチメートルくらい

のものでした。

　どの傷からも，微量の出血を認めましたが，特に，肩から頸部にかけての傷口から，じわじわと血が流れ出ている状態でしたので，その傷が一番深い傷だと推定しました。

6　その後すぐに，血圧，心拍数の計測と血液検査を実施したところ

　　　　血圧　　133，85

　　　　心拍数　106

という数値であったため，強いショック状態にはなく，比較的安定している状態だということが分かりました。

7　以上のように，意識もあり，ゆっくりではありますが会話もできる状態であったことや，血圧・心拍数とも安定している状態であったことから，左頸部及び右肩から頸部への刺創については，頸動脈の損傷には至っていないと考え

られました。

8　　その後，各部位の傷の深度と，内臓損傷の有無を調べるため

　　　　　胸部のレントゲン検査

　　　　　胸腹部の超音波検査

　　　　　全身のＣＴ検査

を実施した結果，臓器の損傷や胸腔・腹腔部の出血は認められなかったのです
が，右肩から頸部にかけての刺創の深度が約１０センチメートルと比較的深く，
あと１センチメートルほど深ければ，頸動脈に至り致命傷となりうる傷であっ
たことが判明し，さらに，右側腹部の刺創以外の傷口に血腫が形成されている
のが確認できました。

　　ちなみに，血腫とは，開放していない傷口の内部に血液が溜まり，凝固して
できるものです。

　　左頸部の刺創については，頸動脈付近の傷であったことから，若干ずれてい
れば，頸動脈が損傷し死に至る可能性があったものと考えられます。

9　　以上の検査結果を基に，処置室で，橋行さんの緊急手術を開始しました。

　　手術ではまず，傷が一番深く，出血が続いている

　　　　　右肩から頸部にかけての刺創

を処置しました。

　　その傷は，右肩から後部の頸部正中線方向への傷で，長さが約３センチメー
トルで，傷口は開放していないものの，深さが１０センチメートルほどあり，
右肩の筋が切れていることも検査結果から判明していました。

　　処置としては，傷口を開いて止血処理を行い，内部を生理食塩水で洗浄後，
ドレーンを挿入して傷を縫合しています。

　　ドレーンとは，傷口内部の血液を抜くための管のことです。

　　その後，他の負傷部位も随時処置しました。

　　橋行さんの傷の状況については，図面に記載しましたので，提出します。

このとき本職は，供述人が作成した図面３枚の提出を受けたことから，本調書末尾
に添付することとした。

　　橋行さんが当センターに搬送され，全ての処置が終了するまでには３時間ほ

どかかりました。

このとき本職は，平成２２年６月２１日付け司法警察員警部補塚井健太が作成した差押調書（乙）に添付された果物ナイフの写真のコピーを供述人に示し，本調書末尾に添付することとした。

　　ただいま，今回の凶器である果物ナイフの写真のコピーを見せてもらいましたが，そのナイフは

　　　　　刃の長さが約１１．５センチメートル

　　　　　刃の幅が最大で約１．９センチメートル

　　　　　刃の厚さが約０．１センチメートル

ですので，橋行さんの傷の状態から考えて，橋行さんの傷が，この果物ナイフによってできたものと考えても矛盾はないと思います。

　　なお，刃の幅が最大で約１．９センチメートルですが，刃物で刺したことにより，傷の挿入部分が開きますので，傷口の長さ，つまり幅が，その刃物の幅より大きくなることは考えられます。

10　　手術の翌日の午前１０時ころ，再度橋行さんの血液検査をしたところ

　　　　　血中ヘモグロビン濃度が９．８

であり，救急搬送時の

　　　　　ヘモグロビン濃度が１２．３

だったことから，出血量はおおむね

　　　　　５００～１０００ｃｃ程度

であったと推定されます。

　　ヘモグロビン濃度は，出血直後にはすぐに低下せず，点滴量を考慮して経時的に判断します。

11　　橋行さんの診断結果についてですが

　　　　　２週間の入院加療を必要とするが，今後の精査，経過によってはこの

　　　　　限りではない

としてあります。

　　傷口は診断書のとおり約２週間でふさがると思いますが，右肩の筋肉を損傷しているので，全治には約１か月程度かかることが予想されます。

橋行さんは現在も当センターに入院中ですが，容体も安定し，傷も順調に回
復している状態です。

小　見　川　　修　㊞

以上のとおり録取して読み聞かせた上，閲覧させたところ，誤りのないことを申
し立て，各葉の欄外に押印した上，末尾に署名押印した。

　　　　　前　同　日
　　　　　　西福岡警察署
　　　　　　　司法警察員
　　　　　　　巡査部長　田　地　亮　介　㊞
（各葉欄外の押印省略）

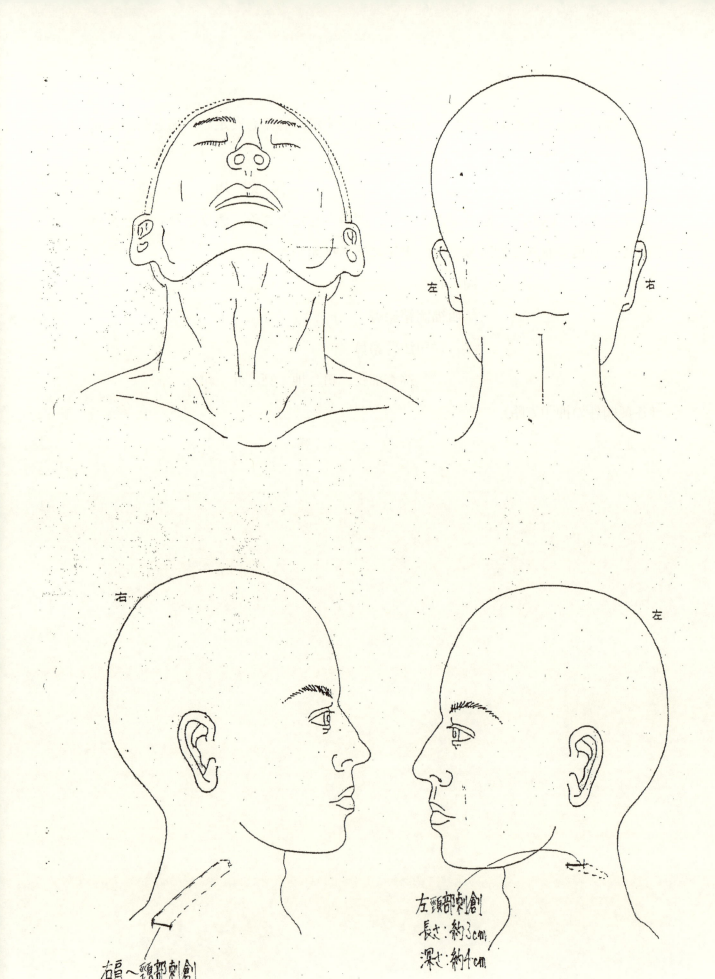

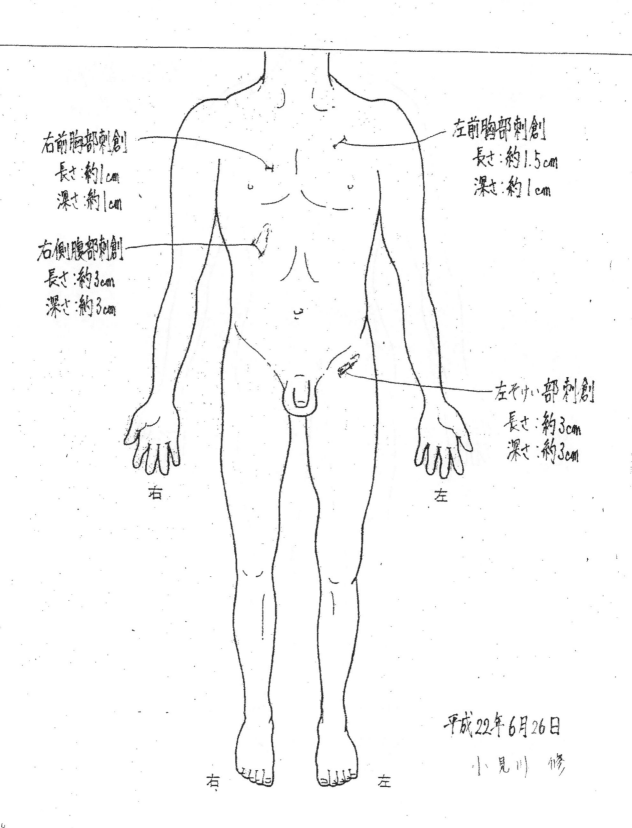

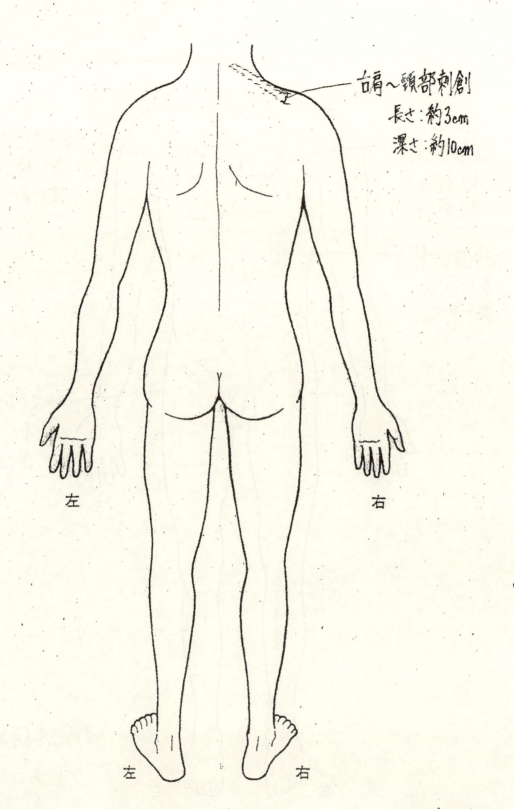

— 124 —

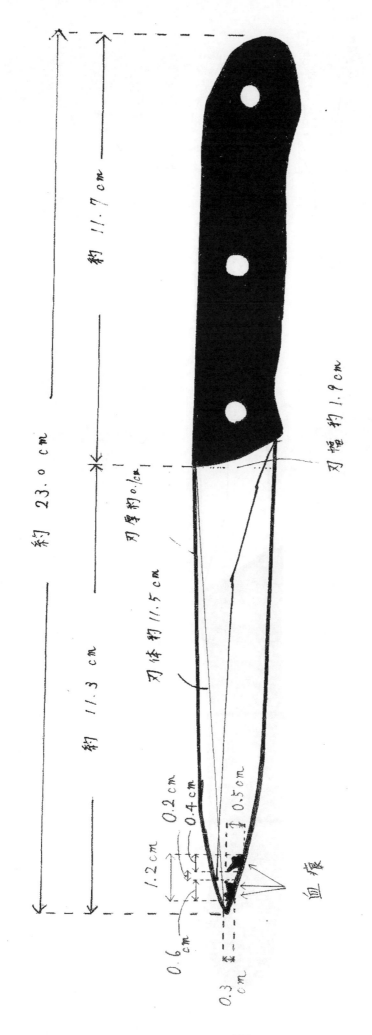

— 125 —

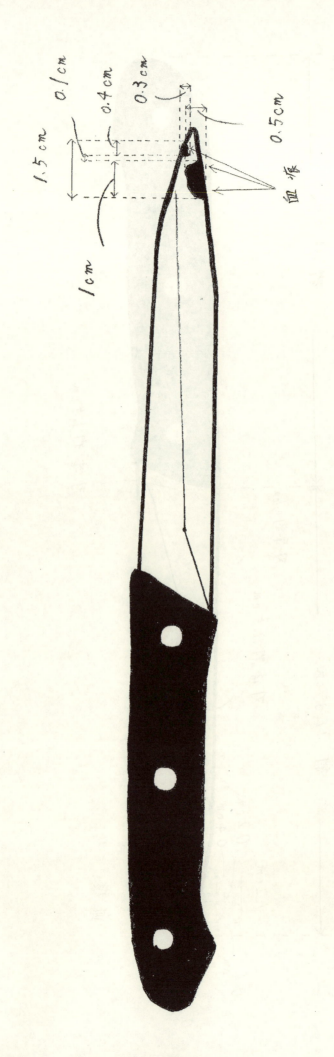

供　述　調　書

住　居　　福岡市西浜区三波町２丁目５番１０号

職　業　　会社員

氏　名　　　　　　　　　　　　　福　上　洋　子

　　　　　　　　　　　　　　　昭和３３年７月３日生（５１歳）

　上記の者は，平成２２年６月２７日，西福岡警察署において，本職に対し，任意次のとおり供述した。

1　　私は，今話した住所に

　　　　　長女　福　上　　　楓　　２８歳

と２人で暮らしています。

　　先日警察の方から，別居中の私の夫

　　　　　福　上　三　郎　　５２歳

が，夫の実の兄であります

　　　　　福　上　次　夫　さん

の自宅アパートで，次夫さんのご友人の男性を刃物で刺して大怪我を負わせる事件を起こしたと聞きました。

　　実は，私は昨年３月から，夫とは別居中でして，夫が次夫さんのアパートに居候のような状態で生活していたことは全く知りませんでした。

　　本日は，別居する前の夫のことに関して，私が知っていることをお話しします。

2　　夫と私は，福岡市立西浜中学校の先輩・後輩の関係にあり，中学時代から交際を始めました。

　　夫は西浜中学校を卒業後，西浜工業高等学校に入学し，高校卒業後は，西福岡鉄工株式会社で溶接工として働いていました。

　　その後，昭和５４年に夫と私は結婚したのですが，夫は，その翌年の３月に西福岡鉄工株式会社を辞め，株式会社九州北自動車工業に入社しました。

　　昭和５７年には長女の楓が生まれたのですが，夫は，平成２年ころに，勤務先を西亜自動車工業株式会社に変えました。

3　　その後さらに夫は，平成１２年ころ，勤務先を有限会社福北鉄工所に変えた

－ 127 －

のですが，仕事を辞めるというような，家族が生きていく上で大きな影響のある問題についても，ある日突然

　　　辞めるから

とか

　　　辞めたから

などと，決意や結果だけを伝えてくるだけで，私が，もう少し今の職場で頑張ってみたらというような話をしても，全く耳を傾けてくれませんでした。

　夫は，元々，寡黙なタイプの人であり，気軽にいろいろなことを話し合えるというわけではなかったのですが，長年連れ添ってきたのに，いつまで経っても変わらない夫の態度に段々私も愛想が尽きてきていました。

　もっとも，そうは言っても，娘もいますし，一応は仕事をして家庭にお金を入れてくれていたので，半ば諦めて夫との生活を送っていました。

4　そうしたところ，夫は，平成２０年の春になって，福北鉄工所を辞めてしまい，その後，一応仕事は探していたようですが，なかなか自分に合う会社がないなどとわがままを言って，働こうとしませんでした。

　そのため，私は，近所の大型スーパーで正社員として働くようになったのですが，いつまで経っても新しい勤務先を見つけようとしない夫の姿を見かねて，平成２１年３月の初めころ，夫に

　　　仕事もしないで，このままでいいの

と尋ねたところ，夫は

　　　俺に働けって言うんか

と，私を愕然とさせるような返答をしてきました。

　先ほどもお話ししたとおり，私と夫との関係は当時すでに冷え切っていましたが，曲がりなりにもそれまでは夫が一応働いて家計を支えてくれていましたので，私は我慢をして夫と一緒に暮らしていたのですが，夫から，このようなことを言われて，さすがに私も愛想が尽きました。

　私は，もう夫とは一緒にいられないと思い，離婚届に自分の名前を書き，印鑑を押して夫に手渡しましたところ，数日して，夫はその離婚届に署名と押印をして私に返してくれました。

5　　平成２１年３月の後半になって，夫は，家を出て行くと告げ，行き先を言わないまま夫の荷物を運び出していきました。

　　私も，夫がどこに身を寄せるのかなどについて尋ねたりすることはありませんでした。

　　以後，夫と顔を合わせたり話をしたことはありません。

6　　ところで，先ほどお話しした離婚届ですが，実はまだ役所には提出していません。

　　その理由ですが，このまま離婚して私が夫の籍を抜ければ，成人となった娘は夫の籍に残ります。

　　そうなれば，夫のことで，具体的には何がとはっきりとは言えませんが，娘にいろいろと苦労をかけるのではないかと悩んでおりました。

　　離婚後に娘が裁判所に申し立てれば独立した籍となるのでしょうが，それも娘にとって不憫であろうという理由で，結局，これまで離婚届を提出できずにいました。

　　しかし，そのような中，夫が今回の事件を起こしたと聞き，今となっては，早く離婚しておけば良かったのだろうかと悩むとともに，夫が大怪我をさせた被害者の方には本当に申し訳ない気持ちでいっぱいです。

福　上　洋　子　㊞

　以上のとおり録取して読み聞かせた上，閲覧させたところ，誤りのないことを申し立て，各葉の欄外に押印した上，末尾に署名押印した。

前　同　日

西福岡警察署

司法警察員

警部補　大　船　義　弘　㊞

（各葉欄外の押印省略）

取調べ状況報告書

平成２２年６月２５日

西福岡警察署長
　司法警察員警視　八　女　一　雄　殿

西福岡警察署
司法警察員巡査部長　実　澤　雄　平　㊞

　　取調べ状況を次のとおり報告する。

被疑者・被告人氏名等	福　上　三　郎	（昭和３３年３月２８日生）
逮捕・勾留の有無及び罪名	㊲・無	殺　人　未　遂
取調べ年月日	平成２２年６月２５日	
取調べ時間	９：１０～１１：３２ １３：１５～１６：５４ 　：　～　：	：　～　： ：　～　： ：　～　：
休憩時間	１１：３２～１３：１５ 　：　～　： 　：　～　：	：　～　： ：　～　： ：　～　：
取調べ場所	西福岡警察署刑事第一課５号取調室	
取調べ担当者氏名	西福岡警察署司法警察員巡査部長　実澤雄平	
被疑者供述調書作成事実	有・㊬	通
通訳人の有無及び通訳言語	有・㊬	
その他参考事項	有・㊬	

　　　平成２２年６月２５日　　　氏名　　福　上　三　郎　指印

供 述 調 書

本　籍　　福岡市西浜区西の浜２丁目３番

住　居　　同市西浜区灘崎町１丁目２番３号

灘崎ハイツ１号棟２０５号室　福上次夫方

職　業　　無　職

氏　名　　　　　　　　　　　　　福　上　三　郎

昭和３３年３月２８日生（５２歳）

　上記の者に対する殺人未遂被疑事件につき，平成２２年６月２６日，西福岡警察署において，本職は，あらかじめ被疑者に対し，自己の意思に反して供述をする必要がない旨を告げて取り調べたところ，任意次のとおり供述した。

1　　今日は，最近における私の生活態度や，兄の福上次夫のところにやっかいになることになったいきさつなどについて話します。

2　　私は，平成２０年３月まで溶接工として働いていたのですが，その後はなかなか思うように新しい勤務先が見つかりませんでした。

　　私自身としては，特に選り好みをしたわけではなかったのですが，家族を養っていくためにも，それなりの給料をもらえる会社を探していたのです。

　　しかし，なかなか勤務先が見つからないことから，どうして良いか分からず，次第に自分の部屋にこもることが多くなっていきました。

　　本当であれば，こうして悩んでいる胸の内を妻に相談できれば良かったのでしょうが，昔から，私も妻も変に頑固なところがあり，お互い悩みがあっても相手に言ったりすることがなかったことから，結局，妻にも相談できず，他方で，妻は，仕事もせずに閉じこもっている私に対して，嫌気が差しているようでした。

3　　そうしたところ，平成２１年の３月に入ってからのことですが，妻から突然

　　　　　　これ書いて

と言われて，離婚届を渡されたのです。

　　私は，妻が私に対して嫌気が差していることは分かっていましたし，今

更妻と話し合うという関係を持つことも難しいだろうと思ったので，離婚
に同意することにして，離婚届に自分の名前を書き，印鑑を押して妻に返
しました。

4　　こうして仕事も見つからず，妻とも離婚することとなり，途方に暮れて
いたところ，たまたま兄の次夫から私に電話がかかってきました。

　　兄に事情を説明したところ，兄は

　　　　　行くところがないんだったら，俺のところに来い

と言ってくれたので，途方に暮れていた私は，兄の言葉をとても嬉しく思
い，兄の好意に甘えることにして，平成２１年３月の後半から，兄のとこ
ろにやっかいになることにしたわけです。

　　ただ，妻や娘には，兄のところに行くとは言えませんでした。

　　というのも，兄は，昔から，まともに働いたことがほとんどなく，よく
私のところに無心に来ており，そのことは妻も娘も知っていたので，離婚
してから，そのような兄のところにやっかいになるとは言いづらかったの
です。

　　今回の事件を起こすまで，私が兄のところに転がり込んでいたことは，
妻も娘も知らなかったと思います。

5　　こうして私は兄のところに転がり込んだわけですが，兄とは昔からそれ
ほど性格が合うわけでもありませんでしたので，一緒に暮らしてもいずれ
上手くいかなくなるだろうと思って，すぐに仕事を探して何とか早く兄の
ところは出るつもりでした。

　　ただ，当初，兄からは

　　　　　仕事を見つけるなり，住むところを見つけるなりするまで，いつ
　　　　までもいてもいいんだぞ

という優しい言葉はかけてもらっており，正直この言葉にも嬉しい思いは
ありました。

　　兄と一緒に暮らすようになって最初のころは，自分がやっかいになって
いることもあって，兄の分の食事の世話もしていました。

　　ところが，そのうち兄から

— 132 —

お前，米食い過ぎじゃないか。

　　　ガスの使い方考えろ。

などと口うるさく言われるようになったので，一緒に暮らし始めて2か月
くらいすると，息苦しいと思うようになり，嫌気が差してきました。

　それからは，1日に食事をとる回数も1回や2回になり，なるべく兄と
は顔を合わせないようにしていましたし，自分で持っていた炊飯ジャーを
使って，自分の部屋でご飯を炊くなどして，おかずもスーパーで買ってき
て食べていました。

　そして，兄のいる居間や台所に行くのは，冷蔵庫やガスを使わせてもら
うときくらいで，自分の部屋からほとんど出ず，部屋に閉じこもって過ご
すようになりました。

　最初のころは

　　　　このままじゃだめだ

と常に思い直すようにし，仕事を探すことも考えていたのですが，自分の
部屋に閉じこもってしまうようになると，家族のために働く必要がないと
いうことで，一生懸命に生きようという実感も湧かず，やる気がないとい
うか，気力が薄れたのは事実で，流された生活の中で

　　　　この先俺はどうなってしまうんだろう

という気持ちになっていました。

福　上　三　郎　　指印

　以上のとおり録取して読み聞かせた上，閲覧させたところ，誤りのないことを
申し立て，各葉の欄外に指印し，末尾に署名指印した。

前　　同　　日

西福岡警察署

司法警察員

巡査部長　　実　澤　雄　平　㊞

（各葉欄外の指印省略）

取調べ状況報告書

平成２２年６月２６日

西福岡警察署長
　司法警察員警視　八　女　一　雄　殿

西福岡警察署
司法警察員巡査部長　実　澤　雄　平　㊞

取調べ状況を次のとおり報告する。

被疑者・被告人氏名等	福　上　三　郎　（昭和３３年３月２８日生）	
逮捕・勾留の有無及び罪名	㊒・無	殺人未遂
取調べ年月日	平成２２年６月２６日	
取調べ時間	９：１８～１１：４２ １３：１１～１６：３５ ：　～　：	：　～　： ：　～　： ：　～　：
休憩時間	１１：４２～１３：１１ ：　～　： ：　～　：	：　～　： ：　～　： ：　～　：
取調べ場所	西福岡警察署刑事第一課５号取調室	
取調べ担当者氏名	西福岡警察署司法警察員巡査部長　実澤雄平	
被疑者供述調書作成事実	㊒・無	１　通
通訳人の有無及び通訳言語	有・㊍	
その他参考事項	有・㊍	

平成２２年６月２６日	氏名	福　上　三　郎　指印

取調べ状況報告書

平成２２年６月２７日

西福岡警察署長
　司法警察員警視　八　女　一　雄　殿

　　　　　　　　　　　　　　　西福岡警察署
　　　　　　　　　　　　　　　司法警察員巡査部長　実　澤　雄　平　㊞

　　取調べ状況を次のとおり報告する。

被疑者・被告人氏名等	福　上　三　郎	（昭和３３年３月２８日生）
逮捕・勾留の有無及び罪名	有・無	殺　人　未　遂
取調べ年月日		平成２２年６月２７日
取調べ時間	９：５５〜１１：３５ １３：２０〜１６：５０ 　　：　〜　　：	：　〜　　： 　：　〜　　： 　：　〜　　：
休憩時間	１１：３５〜１３：２０ 　　：　〜　　： 　　：　〜　　：	：　〜　　： 　：　〜　　： 　：　〜　　：
取調べ場所	西福岡警察署刑事第一課５号取調室	
取調べ担当者氏名	西福岡警察署司法警察員巡査部長　実澤雄平	
被疑者供述調書作成事実	有・無	通
通訳人の有無及び通訳言語	有・無	
その他参考事項	有・無	

　　平成２２年６月２７日　　　　氏名　　　福　上　三　郎　指印

前 科 照 会 書

平成２２年６月２３日

福岡地方検察庁　検察事務官（犯歴採証）　殿

　　　　　　　　　西福岡警察署　司法警察員警視　八女一雄　㊞
　　　　　　　　　　　　　　　　　　　（扱い　田地亮介）
　　　　　　　　　　　　　　　　　　　　内線　００００

　次の者の前科を調査の上，回答されたく照会します。

1　氏　　名　　　　　福　上　三　郎（ふくうえ　さぶろう）

2　生年月日　　　　　昭和３３年３月２８日生（５２歳）

3　本籍又は国籍　　　福岡市西浜区灘崎町１丁目２番３号
　　　　　　　　　　　灘崎ハイツ１号棟２０５号室　福上次夫方

4　指紋分類番号

5　外国人登録番号

（福岡地方検察庁　２２．６．２３　受付第　号）

前 科 回 答 書

　　　　　　　　　　　　　　　　　　　　　　年　　月　　日

西福岡警察署長　殿

　　　　　　　　福岡地方検察庁　検察事務官　春　本　幸　司　㊞

照会書記載の者の前科につき，下記のとおり回答します。

　　　　　記

　　□　別添前科調書（　　　　）のとおり
　　□　前科不見当

（注意）　1　生年月日欄の（ ）内については，生年月日が不明の場合に記入すること。
　　　　　2　道交裁判の前科について調査を要する場合には，その旨を付記すること。
　　　　　3　□印のある欄については，当該□の中にレを付けること。
　　　　　4　写し一部を添付すること。

3　関係書類追送書2

（7／5）

関 係 書 類 追 送 書

平成２２年７月５日

福 岡 地 方 検 察 庁

検 事 正 山 笠 一 好 殿

西福岡警察署

司法警察員警視　八　女　一　雄　㊞

下記被疑事件の関係書類を追送する。

被 疑 者 の 氏 名	福 上 三 郎
送 致 ・ 付 年 月 日	平成２２年６月２３日（西福刑－〇〇号）
送 致 ・ 付 罪 名	殺人未遂
主 任 検 察 官	博 田 検 事

追 送 書 類 目 録

文書の標目	作成年月日	作 成 者	供 述 者	丁数	検察官備考
別紙記載のとおり					

書　類　目　録			被　疑　者	福上三郎		
文　書　の　標　題	作成年月日	作　成　者	供　述　者	丁数	備　　考	
実況見分調書 （犯行現場の実況見分）	22. 6. 29	玉原　匡				
実況見分調書 （被害者の着衣の実況見分）	22. 6. 30	早良香里				
実況見分調書 （果物ナイフの実況見分）	22. 7. 2	早良香里				
捜索差押調書（甲）	22. 6. 24	長川裕孝				
捜索差押許可状請求書	22. 6. 22	市山昭吾				
捜索差押許可状	22. 6. 22	山田太朗				
写真撮影報告書 （被害者の負傷部位の写真撮影）	22. 6. 30	大船義弘				
捜査報告書 （被害者の生命の危険性）	22. 7. 1	田地亮介				
捜査報告書 （被疑者の稼働状況等）	22. 6. 28	大船義弘				
取調べ状況報告書	22. 6. 28	実澤雄平				
供述調書	22. 6. 29	実澤雄平	福上三郎			
取調べ状況報告書	22. 6. 29	実澤雄平				
供述調書	22. 6. 30	実澤雄平	福上三郎			
取調べ状況報告書	22. 6. 30	実澤雄平				
取調べ状況報告書	22. 7. 1	実澤雄平				
供述調書	22. 7. 2	実澤雄平	福上三郎			
取調べ状況報告書	22. 7. 2	実澤雄平				
供述調書	22. 7. 3	実澤雄平	福上三郎			
取調べ状況報告書	22. 7. 3	実澤雄平				
供述調書	22. 7. 4	実澤雄平	福上三郎			
取調べ状況報告書	22. 7. 4	実澤雄平				
捜査関係事項照会書（謄本）	22. 6. 22	田地亮介				

書　類　目　録			被　疑　者		福上三郎	
文　書　の　標　題	作成年月日	作　成　者	供　述　者	丁数	備　　考	
戸籍謄本	22. 6. 25	福岡市西浜区長				
書　類　目　録			被　疑　者		福上三郎	

実 況 見 分 調 書

平成２２年６月２９日

西福岡警察署長

　司法警察員警視　　八　女　一　雄　殿

西福岡警察署

司法警察員警部補　　玉　原　　匡　㊞

　被疑者　福上三郎　に対する　殺人未遂　被疑事件につき，本職は，下記のとおり実況見分した。

記

１　実況見分の日時

　　　平成２２年６月２１日午後１１時３分から同月２２日午前２時５分まで

２　実況見分の場所，身体又は物

　　　福岡市西浜区灘崎町１丁目２番３号

　　　灘崎ハイツ１号棟２０５号室福上次夫方及び付近一帯

３　実況見分の目的

　　　現場の模様を明らかにし，証拠を保全するため。

４　実況見分の立会人（住居・職業・氏名・年齢）

　　　福岡市西浜区灘崎町１丁目２番３号

　　　灘崎ハイツ１号棟２０５号室

　　　　　無　職　　福上次夫（５６歳）

５　実況見分の経過

（１）現場の位置

　　　現場は，福岡市西浜区灘崎町１丁目１番１号西浜区役所からの南西方向約３００メートル，同区灘崎町１丁目１０番１０号西福岡警察署灘崎交番から北東方向約５００メートルの地点に位置する。

（現場見取図第１図（省略）参照）

（以下別紙に続く）

－ 140 －

（2）現場付近の状況

　　現場付近は，一般住宅及びマンション，アパートが建ち並ぶ住宅街であり，見分時の人及び車の通行量はいずれも少なかった。

　　現場建物の北側は，共同玄関前の幅員6メートルの道路を隔てて，一般住宅が所在する。

　　現場建物の東側は，棟続きで4階建ての「灘崎ハイツ2号棟」と称する共同住宅が所在する。

　　現場建物の南側には，コンクリート製のブロック塀が設置され，これを隔てて駐車場及び一般住宅が所在する。

　　現場建物の西側は,南北に通る幅員10メートルの市道を隔てて一般住宅及びマンションが所在する。

現場見取図第2図（省略）参照

写真番号1参照

	写真番号
	1

写真省略

	写真番号
	2

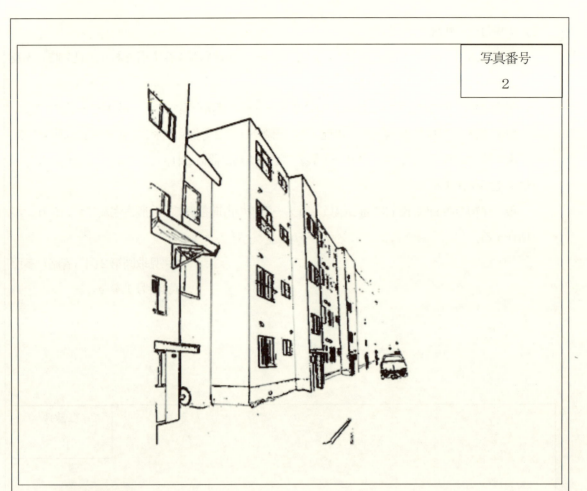

（3）現場建物の状況

　　現場建物は

　　　　　福岡市西浜区灘崎町1丁目2番3号灘崎ハイツ1号棟

で，同建物は北向きに建てられた鉄筋コンクリート造4階建て，各階6世帯の合計24世帯が入居可能な共同住宅である。

　　　　　　　　　　　　　　　　　　　　　　現場見取図第3図（省略）参照
　　　　　　　　　　　　　　　　　　　　　　写真番号2参照

（4）現場建物（灘崎ハイツ1号棟）205号室の状況

　ア　間取り

　　　205号室の室内間取りは，玄関，便所，浴室，寝室，居間，台所となっている。

　イ　玄関の状況

　　　玄関戸はチェーンロックの設備がある鉄製の片開き戸で，玄関ホールコンクリート土間の北側壁面には下駄箱が設置されている。

　　　玄関ホールコンクリート土間の中央部には，滴下した血痕様のものが付着している。

現場見取図第4図参照

写真番号3参照

写真番号
3

写真省略

写真番号
4

（立会人　福上次夫）

（3人掛け用ソファ）

（1人掛け用椅子）

ウ　居間の状況

（ア）居間は，玄関ホール上がり框の南側に位置しており，居間の西側は台所となっている。

　　居間には，北側クローゼット扉に接して3人掛け用ソファが配置され，東側壁面部分には，北方向から南方向に向かって順に，木製の棚，液晶テレビ及びテレビ台，木製の棚が配置されている。

　　また，居間南側には，東方向から西方向に向かって順に，メタル製シェルフ，木製の棚，姿見の鏡，衣服が掛けられたハンガー掛けが配置されている。

　　居間の床面はフローリング敷きであり，その中央部には紺色系のラグマットが敷かれ，同ラグマット上に,木製テーブル及び1人掛け用椅子（スツール）が配置されている。

　　上記椅子の上面及び側面には，血痕様のものが多量に付着している。

　　このとき立会人は，上記椅子を指示し，「被害者は，この椅子に座っていたときに，犯人から首の辺りを刺され，その血が付いたものです。」旨説明したことから，番号札1を付して写真撮影するとともに，血痕様のものをカタン糸で採取した。

現場見取図第5図参照

写真番号4参照

－　144　－

(イ) 1人掛け用椅子の血痕付着状況

　　上記椅子は，縦80センチメートル，横80センチメートル，高さ30センチメートル大の合皮製のものである。

　　上面の血痕様のものは飛沫したもので，その上から擦過した痕跡があり，血痕様のものの付着範囲は，南北に40センチメートル，東西に30センチメートルである。

　　さらに，上面の血痕様のものが椅子の側面を伝って，下方のフローリング及びラグマット上に垂れて付着しており，上記椅子をずらして，床面の付着範囲を計測した結果，長さ最大65センチメートル，幅最大8センチメートルであった。

現場見取図第5図参照
写真番号5参照

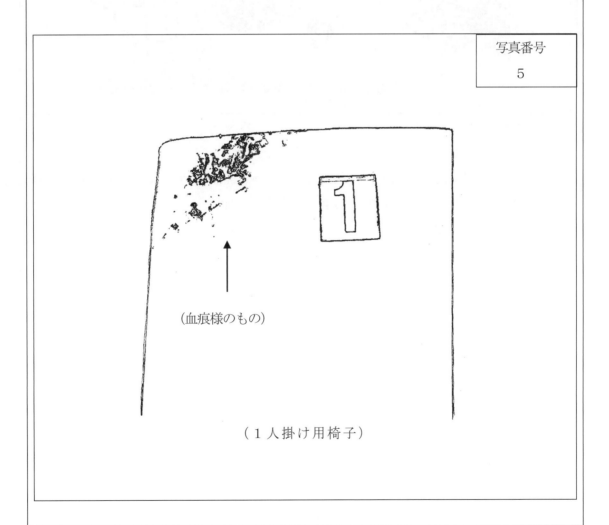

写真番号 5

（血痕様のもの）

（1人掛け用椅子）

(立会人　福上次夫)

(血痕様のもの)

エ　台所の状況

（ア）台所は，居間の西側に位置し，台所南側にはベランダ窓が設置されている。

　　台所の西側壁面には南方向から北方向に向かって順に，ガス台，流し台，洗濯機が配置され，北側壁面には西方向から東方向に向かって順に，段ボール箱，ゴミ箱，洗面台，レンジ台が配置され，レンジ台の北方向に食器棚が配置されている。

　　床面はフローリング敷きで，上記1人掛け用椅子の血痕様のもの付着箇所から続いて滴下した血痕様のものが付着している。

　　　　　　　　　　　　　　　　　　　　　　　現場見取図第5図参照
　　　　　　　　　　　　　　　　　　　　　　　写真番号6参照

（イ）居間と台所の境界付近の床面に滴下した血痕様のものの付着を認めた。

　このとき立会人は、「この血も被害者のものです。」と説明したことから、番号札2を付して写真撮影するとともに、血痕様のものをカタン糸で採取した。

　血痕様のものの付着範囲を計測したところ、縦47センチメートル、横28センチメートルであった。

現場見取図第5図参照
写真番号7参照

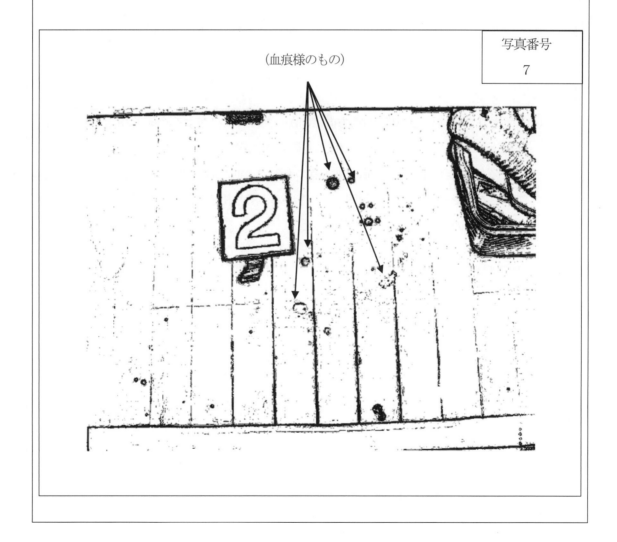

| | 写真番号 |
| | 8 |

写真省略

（ウ）番号札２を付した位置から西方向に向かった位置に存在する冷蔵庫の前から流し台の
　　下付近の床面にも，滴下した血痕様のものの付着が認められた。
　　　このとき立会人は，「この血も被害者のもので，犯人から刃物を取り上げるときに揉め
　　て，ここまで移動した。」と説明したことから，番号札３を付して写真撮影をするととも
　　に，血痕様のものをカタン糸で採取した。
　　　血痕様のものの付着範囲を計測したところ，縦７０センチメートル，横６０センチメ
　　ートルであった。

　　　　　　　　　　　　　　　　　　　　　　　　　　現場見取図第５図参照
　　　　　　　　　　　　　　　　　　　　　　　　　　写真番号８参照

(エ) 流し台の前部扉表面上には，血痕様のものが擦過した痕跡を認め，さらに，その下方には血痕様のものが線状に垂れた痕跡が認められた。

　このとき立会人は，「この血は被害者の血だが，犯人の刃物を取り上げるためにもみ合っていたので，犯人か俺か被害者の体のどこかが擦ったものと思う。」旨説明したことから，番号札4を付して写真撮影をした。

　血痕様のものの付着範囲を計測したところ，最大幅20センチメートルであった。

現場見取図第5図参照
写真番号9参照

写真番号 9

（血痕様のもの）

(写真番号10～19省略)

写真番号 20

写真省略

　オ　寝室の状況

　　寝室は，玄関ホール上がり框の東側に位置しており，寝室の南側は居間となっている。

　　寝室には，南側にクローゼットが設置されており，東側には和だんすが置かれ，寝室中央には布団が敷かれている。

　　（省略）

　　和だんす前床上には，ウイスキーの箱で作られた小物入れがあり，同小物入れの中には，全長約６０センチメートルの木刀，全長約２８センチメートルの文化包丁が入れられている。

現場見取図第４図

　第６図（省略）参照

写真番号 20 参照

(写真番号21〜30省略)

現場見取図第4図

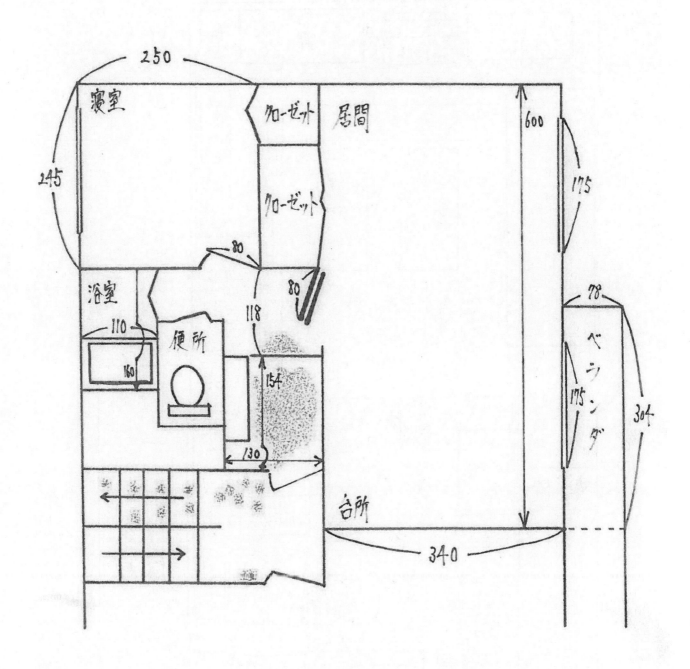

赤塗り部分が血痕様のものの付着部分

現場見取図第5図

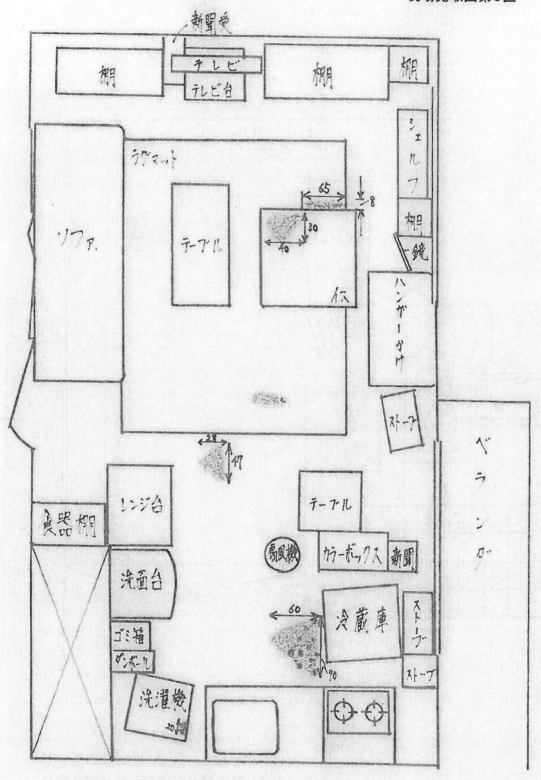

赤塗り部分が血痕様のものの付着部分

実 況 見 分 調 書

平成２２年６月３０日

西福岡警察署長

　司法警察員警視　　八　女　一　雄　殿

　　　　　　　　　　西福岡警察署

　　　　　　　　　　　司法巡査　　早　良　香　里　㊞

　被疑者　福上三郎　に対する　殺人未遂　被疑事件につき，本職は，下記のとおり実況見分した。

記

１　実況見分の日時

　　　平成２２年６月２６日午後１０時１５分から同日午後５時２０分まで

２　実況見分の場所，身体又は物

　　　福岡市西浜区西の浜１丁目１番１号

　　　　西福岡警察署２階道場

３　実況見分の目的

　　　被害者が被害当時着用していた衣類の形状，破綻及び血痕付着の状況等を明らかにし，証拠を保全するため。

４　実況見分の立会人（住居・職業・氏名・年齢）

　　　福岡市西浜区西の浜４丁目３番２号

　　　　地方公務員（福岡県警察事務職員）

　　　　○○　○○　（３０歳）

５　実況見分の経過

　　　別紙のとおり（省略）

６　参考事項

　　　別紙のとおり（省略）

－ 155 －

実 況 見 分 調 書

平成２２年７月２日

西福岡警察署長

　司法警察員警視　　八　女　一　雄　殿

西福岡警察署

　司法巡査　　早　良　香　里　㊞

　被疑者　福上三郎　に対する　殺人未遂　被疑事件につき，本職は，下記のとおり実況見分した。

記

1　実況見分の日時

　　平成２２年６月２８日午後零時４０分から同日午後２時５０分まで

2　実況見分の場所，身体又は物

　　福岡市西浜区西の浜１丁目１番１号

　　　西福岡警察署刑事第一課鑑識係

3　実況見分の目的

　　被疑者が犯行当時使用した果物ナイフの形状，血痕付着の状況等を明らかにし，証拠を保全するため。

4　実況見分の立会人（住居・職業・氏名・年齢）

　　福岡市西浜区西の浜４丁目３番２号

　　　地方公務員（福岡県警察事務職員）

　　　○○　○○　（３０歳）

5　実況見分の経過

（1）本見分は，被疑者が犯行に使用した果物ナイフの形状及び血痕様のものの付着状況等について明らかにすべく実施する。

　　なお，計測にはノギスを使用し，数値は少数第３位を四捨五入したものとする。

（2）果物ナイフの材質

　　果物ナイフは，刃体が銀色ステンレス製，柄が黒色プラスチック製である。

（以下別紙に続く）

－ 156 －

(3) 果物ナイフの寸法

　ア　全長

　　果物ナイフの全長を計測すると

　　　　　２３．０８センチメートル

　である。

　　　　　　　　　　　　　　　　　写真番号１参照

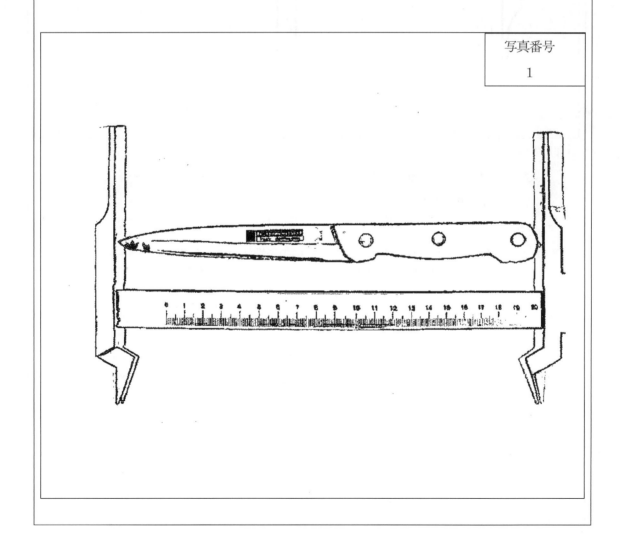

写真番号 １

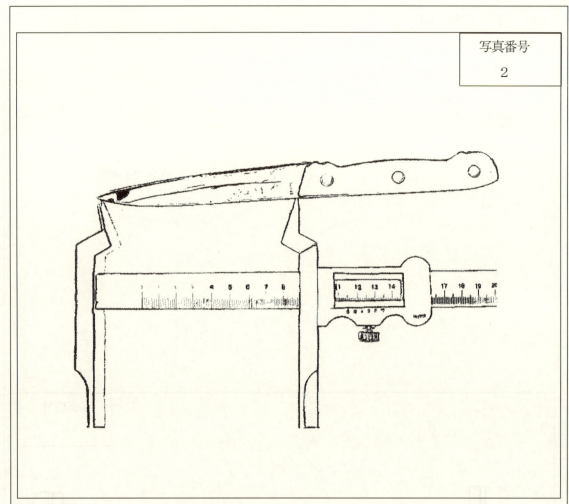

写真番号 2

（4）刃体

　果物ナイフの刃体を計測すると

　　　　11．50センチメートル

である。

　なお，刃体の長さは，切っ先から最も近い柄の先端部分までを計測した。

写真番号2参照

（以下省略）

（5）果物ナイフの血痕様のものの付着状況等
　ア　果物ナイフ左側
　　　　果物ナイフ左側の切っ先部分には，微小の傷があるが，刃こぼれ等の破損はなく
　　　　　切っ先部直近に薄い血痕様のものが1か所
　　　　　切っ先部から柄方向に濃い血痕様のものが1か所
　　　それぞれ付着しており，いずれも乾燥状態で赤褐色を呈していることを認める。
　　　なお，血痕様のものの大きさ等については別紙見取図1に記載したとおりである。

　　　　　　　　　　　　　　　　　　　　　　　　写真番号3，見取図1参照

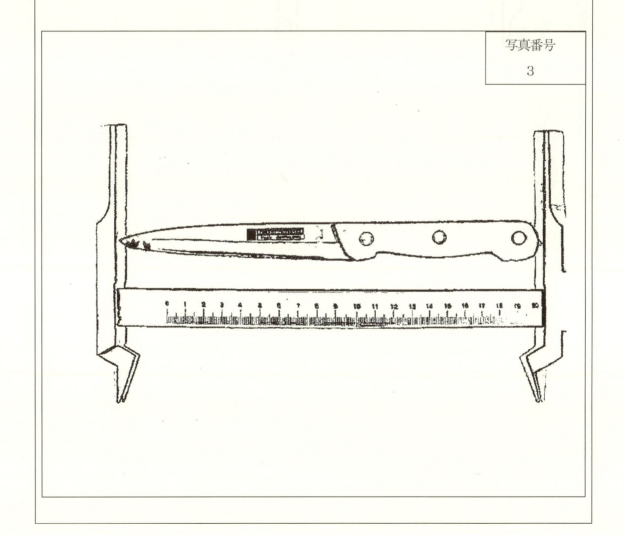

写真番号
3

写真番号 4

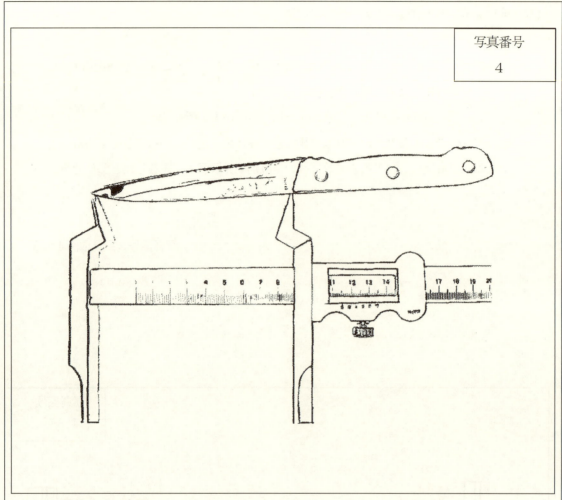

イ 果物ナイフ右側

　果物ナイフ右側の切っ先部分には，微小の傷があるが，刃こぼれ等の破損はなく，血痕様のものが

　　　切っ先部から刃体中央部付近へ向けて徐々に狭くなっていくように付着

し，さらに

　　　切っ先部直近に1か所

付着しており，いずれも乾燥状態で赤褐色を呈していることを認める。

　なお，血痕様のものの大きさ等については別紙見取図2に記載したとおりである。

写真番号4，見取図2参照

(以下省略)

見取図1

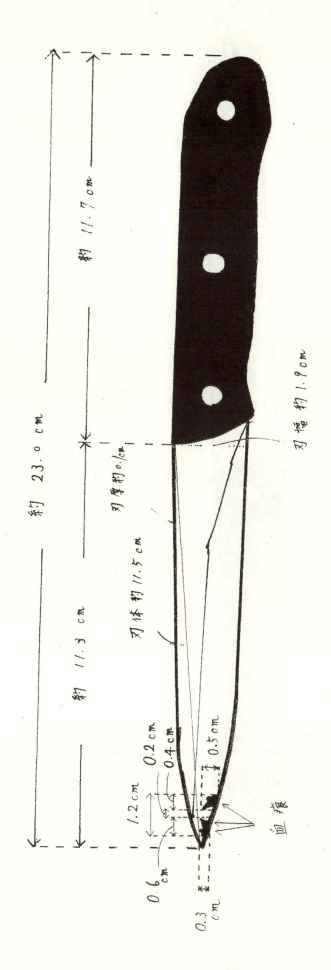

見取図 2

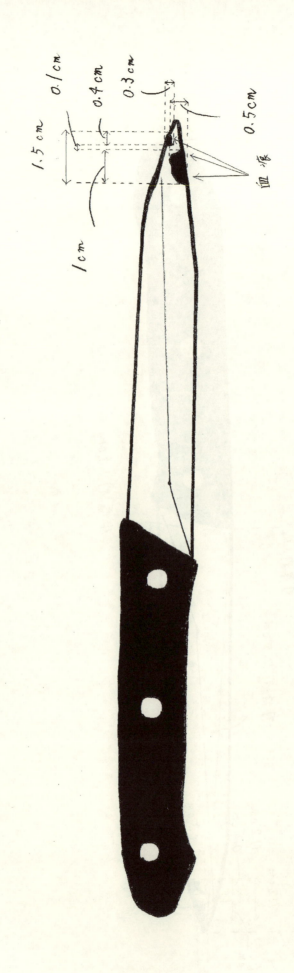

捜 索 差 押 調 書（甲）

平成２２年６月２４日

西福岡警察署

司法巡査　　長 川 裕 孝　㊞

　被疑者福上三郎に対する殺人未遂被疑事件につき，本職は，平成２２年６月２２日付け　福岡地方裁判所　裁判官　山田太朗　の発した捜索差押許可状を立会人　に示して，下記のとおり捜索差押えをした。

記

1　捜索差押えの日時

　　平成２２年６月２２日午後７時４３分から午後８時２分まで

2　捜索差押えの場所，捜索した身体又は物

　　福岡市西浜区灘崎町１丁目２番３号

　　　　　　灘崎ハイツ１号棟２０５号室　福上次夫方居室

3　捜索の目的たる人又は捜索差押えの目的たる物

　　別紙のとおり

4　捜索差押えの立会人（住居，職業，氏名，年齢）

　　住　居　福岡市西浜区灘崎町１丁目２番３号灘崎ハイツ１号棟２０５号室

　　職　業　無　職

　　氏　名　福上次夫（５６歳）

5　差押えをした物

6　捜索差押えの経過

　　当署司法警察員玉原匡指揮の下，捜査員５名で，平成２２年６月２２日付け福岡地方裁判所裁判官山田太朗の発した捜索差押許可状を，同日午後７時４３分，福岡市西浜区灘崎町１丁目２番３号灘崎ハイツ１号棟２０５号室福上次夫方において立会人である福上次夫に示し捜索を実施したが目的物の発見には至らず，同日午後８時２分，捜索を終了したものである。

（注意）　物件の所在発見場所，発見者，発見の経緯等は，できるだけ具体的に捜索差押えの経過欄に記載すること。

別　紙

（差し押さえるべき物）

・　被害者橋行久との関係を裏付けるアドレス帳等

・　本件犯行に関係ある犯行計画メモ，日記，手帳等

捜索差押検証許可状請求書

平成２２年６月２２日

福岡地方裁判所
　　　　裁判官　　殿

　　　　　　　　　西福岡警察署
　　　　　　　　　　司法警察員警部　市　山　昭　吾　㊞

　下記被疑者に対する殺人未遂被疑事件につき，捜索差押許可状の発付を請求する。

記

1　被疑者の氏名
　　　福上　三郎　　　　　昭和３３年　３月２８日生（５２歳）

2　差し押さえるべき物
　　　別紙１のとおり

3　捜索し又は検証すべき場所，身体若しくは物

　　　福岡市西浜区灘崎町１丁目２番３号
　　　　灘崎ハイツ１号棟２０５号室福上次夫方居宅

4　7日を超える有効期間を必要とするときは，その期間及び事由
　　　なし

5　日出前又は日没後に行う必要があるときは，その旨及び事由
　　　捜索すべき場所は，被疑者の実兄方居室であり，実兄又は被疑者関係者が証拠隠滅等を行う可能性があることから，捜索の実行を期すべく，早急に被疑者の実兄に立会を求めて捜索を実施する必要があり，同執行が夜間に及ぶおそれが十分予想されるため。

6　犯罪事実の要旨
　　　別紙２のとおり

（注意）　1　被疑者の氏名，年齢又は名称が明らかでないときは，不詳と記載すること。
　　　　　2　事例に応じ，不要の文字を削ること

別紙1

（差し押さえるべき物）

・　被害者橋行久との関係を裏付けるアドレス帳等

・　本件犯行に関係ある犯行計画メモ，日記，手帳等

別紙2

（犯罪事実の要旨）

　被疑者は，平成２２年６月２１日午後８時１５分ころ，福岡市西浜区灘崎町１丁目２番３号灘崎ハイツ１号棟２０５号室福上次夫方において，橋行久（当時４１歳）に対し，殺意をもって，所携の果物ナイフ（刃体の長さ約１１．５センチメートル）で同人の左頸部，右肩甲部，左右前胸部，右側腹部，左そけい部などを刺突するなどしたが，上記橋行に２週間の入院加療を要する左頸部刺創，右肩から頸部にかけての刺創，左右前胸部刺創，右側腹部刺創，左そけい部刺創の傷害を負わせたにとどまり，殺害の目的を遂げなかったものである。

捜 索 差 押 許 可 状

被 疑 者 の 氏 名 及 び 年 齢	福 上 三 郎 昭和３３年 ３月２８日 生
罪 名	殺人未遂
捜索すべき場所， 身 体 又 は 物	福岡市西浜区灘崎町１丁目２番３号 灘崎ハイツ１号棟２０５号室福上次夫方居室
差し押えるべき物	別紙のとおり
請求者の官公職氏名	西福岡警察署 司法警察員警部 市山昭吾
有 効 期 間	平成 ２２年 ６月 ２９日 まで

　有効期間経過後は，この令状により捜索又は差押えに着手することができない。この場合には，これを当裁判所に返還しなければならない。

　有効期間内であっても，捜索又は差押えの必要がなくなったときは，直ちにこれを当裁判所に返還しなければならない。

　被疑者に対する上記被疑事件について，上記のとおり捜索及び差押えをすることを許可する。

　なお，この令状は夜間でも執行することができる。

　　　　　平成２２年 ６月２２日

　　　　　福 岡 地 方 裁 判 所

　　　　　　　裁判官 山 田 太 朗 ㊞

別　紙

（差し押さえるべき物）

・　被害者橋行久との関係を裏付けるアドレス帳等

・　本件犯行に関係ある犯行計画メモ，日記，手帳等

写 真 撮 影 報 告 書

平成２２年６月３０日

西福岡警察署長

　　司法警察員警視　　八 女 一 雄　殿

　　　　　　　　　　　　　西福岡警察署

　　　　　　　　　　　　　　司法警察員警部補　　大 船 義 弘 ㊞

　　被疑者福上三郎にかかる殺人未遂被疑事件につき，被害者の負傷部位の写真撮影
を実施したので下記のとおり報告する。

　　　　　　　　　　　　　　記

１　撮影年月日

　　　平成２２年６月３０日

２　撮影場所

　　　福岡市西浜区入江１丁目５番３号

　　　西福岡総合病院高度救命救急センター１号室

３　被撮影者

　　　被害者　橋行　久　　４１歳

４　参考事項

　　　本職が撮影した写真６枚を本報告書末尾に添付する。

被害者橋行久の上半身（正面）を撮影する。

写真番号
1

写真省略

写真番号 2

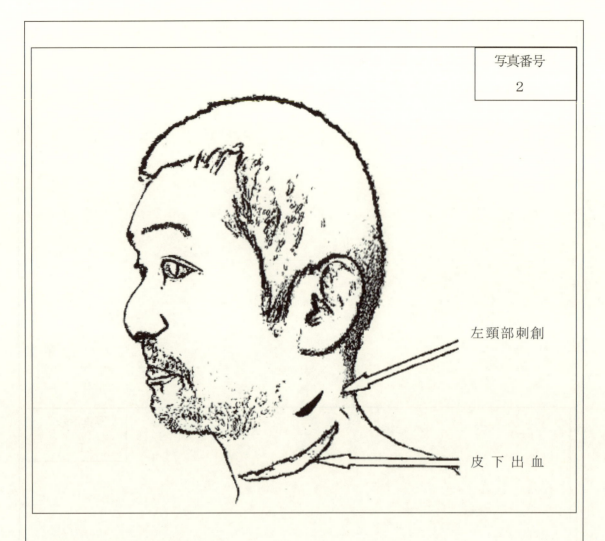

左頸部刺創

皮下出血

被害者橋行久の負傷部位である
　　　左頸部刺創
の状況を撮影する。

被害者橋行久の負傷部位である
　　　右肩から頸部にかけての刺創
を撮影する。

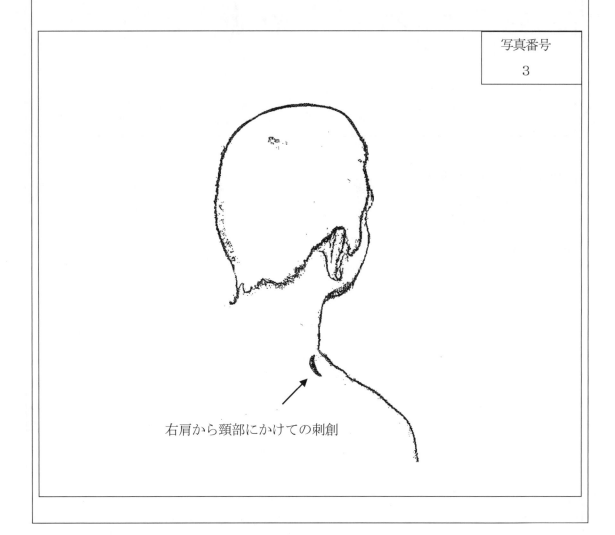

写真番号 3

右肩から頸部にかけての刺創

写真番号 4

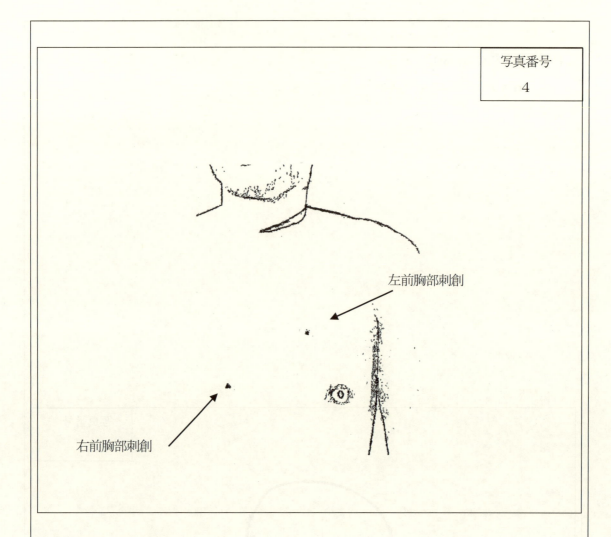

被害者橋行久の負傷部位である
　　左前胸部刺創
　　右前胸部刺創
の状況を撮影する。

被害者橋行久の負傷部位である
　　　右側腹部刺創
の状況を撮影する。

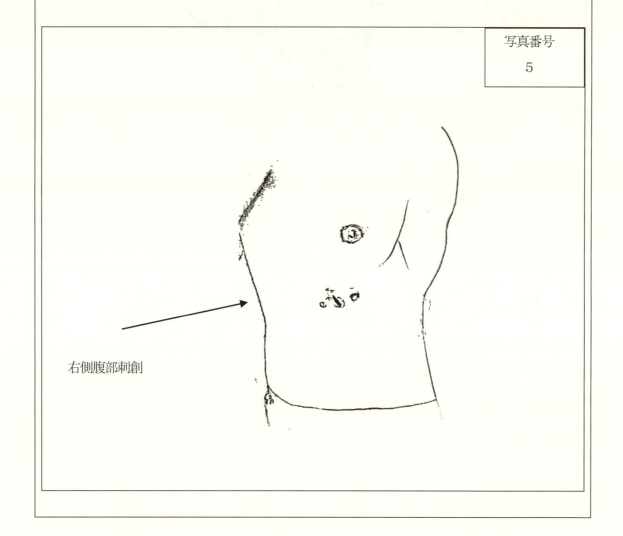

右側腹部刺創

写真番号 6

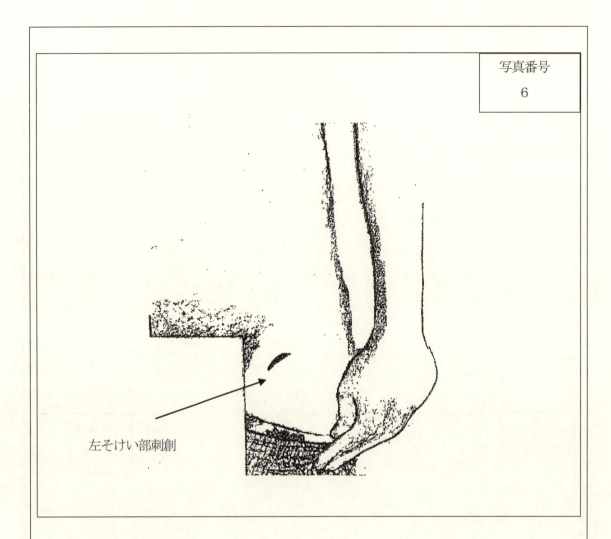

左そけい部刺創

被害者橋行久の負傷部位である
　　左そけい部刺創
の状況を撮影する。

捜 査 報 告 書

平成２２年７月１日

西福岡警察署長

　司法警察員警視　　八　女　一　雄　　殿

西福岡警察署

　　　　　　　　司法警察員巡査部長　田　地　亮　介　㊞

　被疑者福上三郎に係る殺人未遂被疑事件につき，被害者の創傷位置からの「生命
の危険性」について聴取した経過は下記のとおりであるから報告する。

記

１　捜査年月日

　　平成２２年７月１日

２　捜査先

　　福岡市西浜区入江１丁目５番３号

　　　西福岡総合病院高度救命救急センター

　　　医　師　　小見川　修　　昭和３５年５月１３日生（５０歳）

３　捜査の経過

　　被害者は，本件被害直後，西福岡総合病院高度救命救急センターに救急搬送さ
れ，治療処置の後，同院に即日入院したものである。

　　被害者を処置した上記医師に，被害者の抜糸後の負傷部位を撮影した写真を提
示の上，被害者の創傷位置からの「生命の危険性」について聴取した。

（１）左頸部刺創（写真２参照）

　　　頸部には，喉頭部から左右約２～３センチメートルの地点に「胸鎖乳突筋」
　　という幅約３～５センチメートルの筋肉がある。

　　　頸動脈は，同胸鎖乳突筋の前方を上下に流れている。

　　　今回の刺創は，同筋肉の後方（喉頭部から約８センチメートルの地点）から
　　刃物が入り，後頸部方向へ下向きの傷であることから，頸動脈とは逆方向に進

－ 177 －

行しているといえる。

　しかし，刃物があと４，５センチメートル程度，前方から入れば，同筋肉の前側を流れる頸動脈を損傷していたことになるので，大量出血によるショック死，出血死等で死に至る可能性は十分に考えられた。

　さらに，刺創下側にある皮下出血については，傷口内の血液が組織内から沈下し，創下側に貯まり色素沈着したものであり，各負傷部位にも見られるものであるが，頸部の筋肉及び皮膚が薄いため，頸部に顕著に現れている。

（２）右肩から頸部にかけての刺創（写真３参照）

　同傷は，深さが約１０センチメートルと深く，あと１センチメートル程度深ければ，右頸部を流れる頸動脈に至るところであった。

　この傷は外頸静脈を損傷していたことから，ある程度の出血量は認められたが，静脈を損傷しても致命傷には至らない。

（３）右前胸部刺創，左前胸部刺創（写真４参照）

　左右の胸部については，いずれも深さ１センチメートル程度のものであるが，どちらの部位も心臓にかかる位置にあり，あと３センチメートル程度で心臓に至り，出血死の可能性があったといえる。

（４）右側腹部刺創（写真５参照）

　右側腹部刺創は，皮下組織を貫通し，肺の胸膜先端に刃物が触れ，胸膜が若干損傷しているのが認められた。

　同部位には肺があり，胸膜先端を損傷していることから，あと１センチメートル程度深ければ肺を損傷していた。

　しかし，肺の損傷のみであれば，大量出血の可能性は少ないので，直ちに死に至ることはない。

（５）左そけい部刺創（写真６参照）

　左そけい部刺創から内側へ約２センチメートルの地点に動脈が流れている。

　同傷は，外方向への傷であることから，動脈の損傷には至っていないが，仮に刃物が内方向に向いた傷，あるいは刃物の入り口があと２センチメートル程度内側であったならば，動脈を損傷していたと考えられる。

　動脈を損傷したのであれば，大量出血によるショック死又は出血死の可能性

があったといえる。

4　捜査結果

以上のとおり，創傷位置から被害者が死に至る危険性は十分に認められた。

5　参考事項

医師小見川修に提示した平成２２年６月３０日付け当署司法警察員警部補大船義弘作成の写真撮影報告書（被害者の負傷部位の写真撮影について）に添付された写真６枚の写しを本報告書末尾に添付する。

被害者橋行久の上半身（正面）を撮影する。

写真番号
1

写真省略

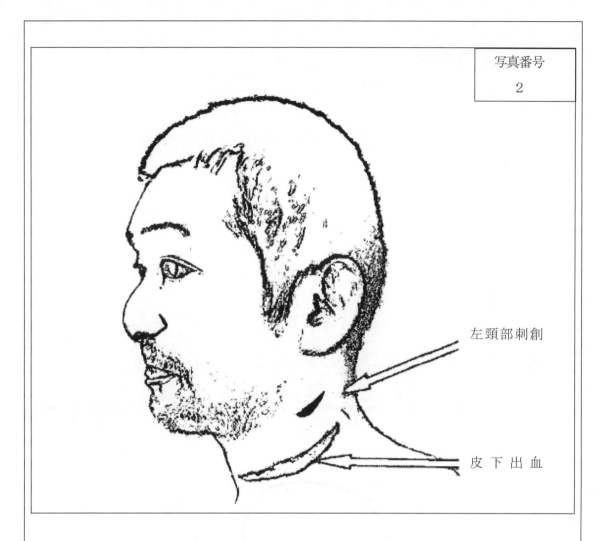

被害者橋行久の負傷部位である
　　　左頸部刺創
の状況を撮影する。

被害者橘行久の負傷部位である
　　　右肩から頸部にかけての刺創
を撮影する。

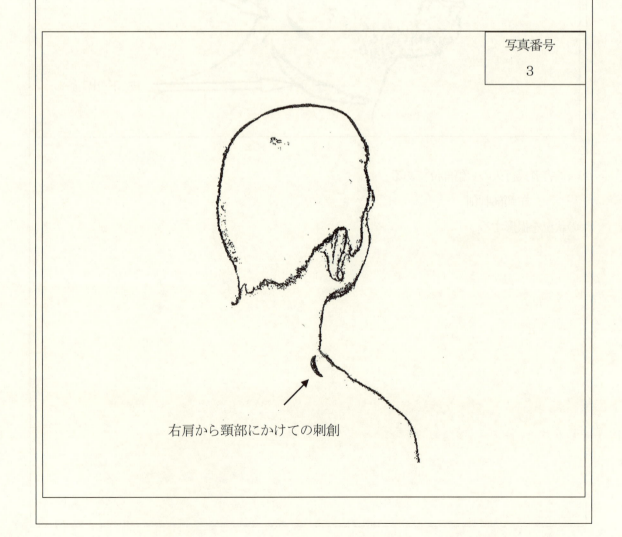

右肩から頸部にかけての刺創

写真番号
3

写真番号 4

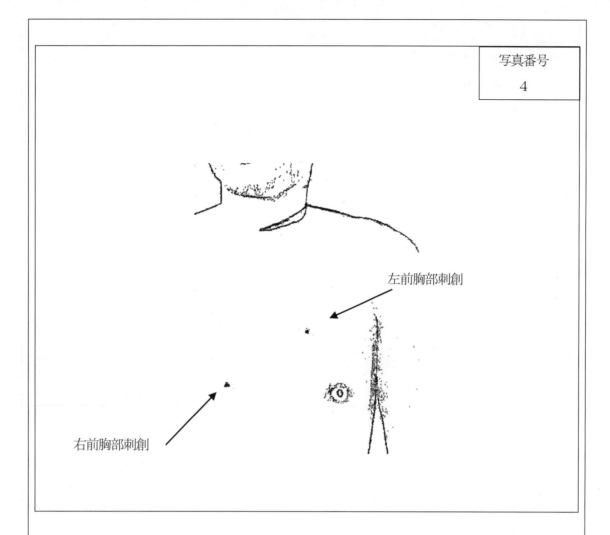

　被害者橋行久の負傷部位である
　　　左前胸部刺創
　　　右前胸部刺創
の状況を撮影する。

被害者橘行久の負傷部位である
　　　　右側腹部刺創
の状況を撮影する。

写真番号
5

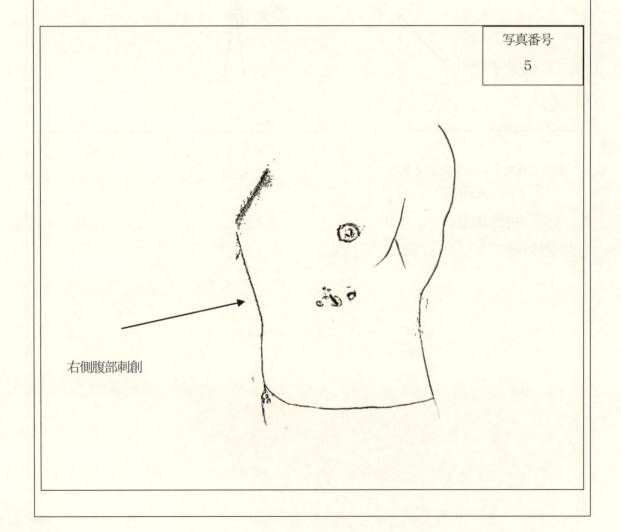

右側腹部刺創

| 写真番号 |
| 6 |

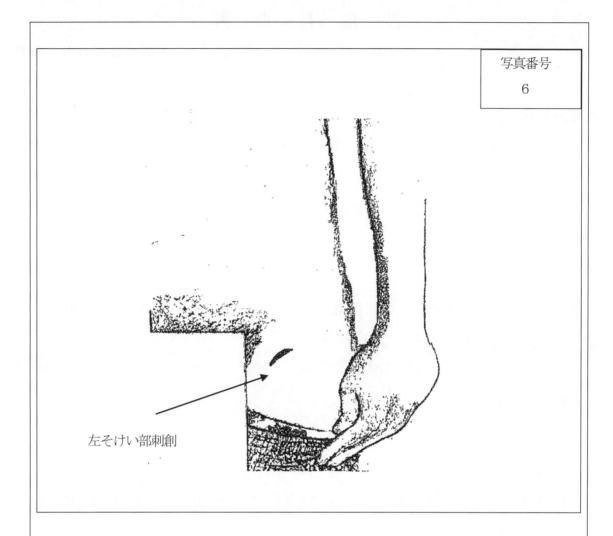

　被害者橋行久の負傷部位である
　　　　左そけい部刺創
の状況を撮影する。

捜 査 報 告 書

平成２２年６月２８日

西福岡警察署長

　　司法警察員警視　　八 女 一 雄　殿

　　　　　　　　　　西福岡警察署

　　　　　　　　　　　司法警察員警部補　大 船 義 弘　㊞

　　被疑者福上三郎に係る殺人未遂被疑事件につき，被疑者の稼働状況等を捜査した結果は下記のとおりであるから報告する。

記

１　捜査年月日

　　平成２２年６月２８日

２　捜査結果

　　被疑者福上三郎が供述する同人の元稼働先に電話をかけて，同人の稼働状況等を捜査した結果，以下の稼働状況等が明らかとなった。

（１）　西福岡鉄工株式会社（回答者：同社総務部長〇〇〇〇）

　　　　当社の記録では，福上三郎という人は，昭和５１年ころから昭和５５年ころまで，溶接工として働いていました。

　　　　退職理由は，記録によれば「解雇」ではなく「任意」となっておりますが，当時福上さんと勤務を共にした人はもう当社に残っておりませんので，福上さんの勤務態度等は分かりません。

（２）　株式会社九州北自動車工業（回答者：同社代表取締役〇〇〇〇）

　　　　会社に人事記録も残っていないため，正確な時期は分かりませんが，確かに福上三郎という人が当社で働いておりました。

　　　　当時は２２，２３歳の若者で，溶接工として働いておりました。

　　　　まだ経験も少なかったせいか，技術的にはまだ未熟だったと思います。

　　　　当社では，１０年ほど働いたと思いますが，別の会社に移るということで，

－ 186 －

当社を退職したと記憶しております。

（３）　西亜自動車工業株式会社（同社代表取締役○○○○）

福上三郎という人は，１０年ほど前まで当社で溶接工として勤務していました。

当社では，１０年ほど働いていたと思います。

しかし，当社が不景気となり，将来を見据えて賃金削減を図っていたところ，福上さんも，もっと大きい会社で働きたいとの意向があったようですので，福上さんには申し訳なかったのですが，会社を去ってもらいました。

福上さんの性格は，端的にいえば，親分肌，兄貴肌ということになると思います。

仕事はきちんとこなして，他の同僚たちにも信頼されてリーダーシップをとっていました。

ただ，ズケズケと物を言うところがあったので，上司などからは煙たがれているところはありました。

（４）　有限会社福北鉄工所（同社総務部長○○○○）

福上三郎という人は，平成１２年４月から当社で働いておりました。

福上さんは，溶接工としての腕はなかなか良かったのですが，尊大なところがあり，当社の若い従業員や，上司との関係はあまりうまくいかず，結局，一身上の都合という理由で，平成２０年３月に当社を退職しました。

取調べ状況報告書

平成２２年６月２８日

西福岡警察署長
　司法警察員警視　八　女　一　雄　殿

西福岡警察署
司法警察員巡査部長　実　澤　雄　平　㊞

　取調べ状況を次のとおり報告する。

被疑者・被告人氏名等	福　上　三　郎		（昭和３３年３月２８日生）
逮捕・勾留の有無及び罪名	㊲・無	殺　人　未　遂	
取調べ年月日	平成２２年６月２８日		
取調べ時間	９：３０〜１１：３７ １３：１９〜１６：５５ 　：　〜　：	：　〜　： ：　〜　： ：　〜　：	
休憩時間	１１：３７〜１３：１９ 　：　〜　： 　：　〜　：	：　〜　： ：　〜　： ：　〜　：	
取調べ場所	西福岡警察署刑事第一課５号取調室		
取調べ担当者氏名	西福岡警察署司法警察員巡査部長　実澤雄平		
被疑者供述調書作成事実	有・㊷	通	
通訳人の有無及び通訳言語	有・㊷		
その他参考事項	有・㊷		

　平成２２年６月２８日　　　氏名　　　福　上　三　郎　指印

供 述 調 書

本　籍　　福岡市西浜区西の浜２丁目３番

住　居　　同市西浜区灘崎町１丁目２番３号

　　　　　　　　　　　灘崎ハイツ１号棟２０５号室　福上次夫方

職　業　　無　職

氏　名　　　　　　　　　　福　上　三　郎

　　　　　　　　　　昭和３３年３月２８日生（５２歳）

　上記の者に対する殺人未遂被疑事件につき，平成２２年６月２９日，西福岡警察署において，本職は，あらかじめ被疑者に対し，自己の意思に反して供述をする必要がない旨を告げて取り調べたところ，任意次のとおり供述した。

１　　今日は，私が兄の福上次夫と一緒に住むようになってからの私の生活態
　　度のことなどについて話します。

２　　私が兄の次夫のところに住まわせてもらうようになったのは平成２１年
　　３月からでした。

　　兄は，仕事をしておらず，生活保護を受けて生活をしていました。

　　そのような兄に住まわせてもらっていたにもかかわらず恩知らずと言われるかもしれませんが，私は，元々兄と気が合う方ではありませんでしたので，一緒に暮らしていれば，いずれ兄との関係が上手くいかなくなるだろうと思っていて，できるだけ早く仕事を探して兄のところから出るつもりでいました。

　　兄自身も，当初は

　　　　仕事を見つけるなり，住むところを見つけるまで，いつまでもい
　　　ていいぞ

と言ってくれていましたが，時が経つに連れて

　　　　生活保護を受けてたら，他の人と一緒に住めんことになっとるか
　　　ら，できるだけ早う仕事を探して出て行ってもらえんやろうか

と，兄本人が生活保護を打ち切られても困るというようなことを言うようになりました。

　　そのため，私は，兄からそのように言われるようになってからは，な

－ 189 －

るべく人目に付かないように生活していたつもりですし，自分の部屋に
こもることが多くなったように思います。

3　　そのような中で，兄から，兄の担当のケースワーカーに私が生活保護
を受けることができないか相談してみたらどうかと勧められたことがあ
りました。

　　それを聞いて私も

　　　　それもそうだな，相談だけでもしてみるか

とも思ったのですが

　　　　できることなら，国に面倒は見てもらいたくない

という思いもあって，結局，もう少し自分で仕事を探してみようと考え，
兄の担当のケースワーカーに相談はしませんでした。

　　ただ，自分で積極的に仕事を探していたかというとそうではなくて，
たまに外に出掛けたついでにコンビニなどで無料の求人誌をもらって来
て見るということはしていたものの，実際に求人先へ電話をしたり，面
接を受けに行ったということは一度もありませんでした。

4　　私が兄のところに住まわせてもらうようになった平成２１年３月の時
点で，私の財産としては，現金１６０万円くらいがあるだけでした。

　　この現金のことは兄には言っていませんから，兄は知らないと思いま
すが，私から兄に借金の申込みをしたことはなかったので，兄としても，
私がある程度お金を持っていることは知っていたと思います。

　　私が持っていたお金の使い方ですが，１か月で計算すると

　　　　国民健康保険代　　２万円くらい

　　　　市民税　　　　　　７０００～８０００円くらい

　　　　たばこ代　　　　　２万円くらい

　　　　携帯電話代　　　　２０００円くらい

　　　　食費　　　　　　　５万円くらい

は必ず使っていて，これらを合計すると１０万円くらいになりました。

　　兄のところに住むようになって約１５か月経っていて，今の私の全財
産が９万円くらいですから，だいたい今話した金の使い方をしていたと

－ 190 －

いうことで計算も合うと思います。

5　次に，私の1日の生活のサイクルについて話します。

朝起きるのはだいたい午前8時から9時ころまでの間でした。

それから洗面所で顔を洗って，朝食は食べたり食べなかったりしていました。

そして日中はテレビを自分の部屋で見て過ごすことが多く，兄が出掛けるのを見計らって洗濯をしていました。

それに風呂についてもゆっくり入ることはなく，やはり兄がいないときに，シャワーでさっと身体を流す程度でした。

兄は水やガスの使い方に口うるさく，私は兄から文句を言われるのが嫌だったので，兄のいないときに洗濯をしたり，シャワーを浴びるなどしていたのです。

昼と夜の食事についても食べたり食べなかったりで，1日1～2食で済ましている状態でした。

そして夜になってもだいたいテレビを見て過ごし，午前零時から1時ころの間に寝るという生活でした。

兄のところへ来てからは，繁華街に行ったことはなく，もちろんパチンコや競馬などのギャンブルも全くしませんでした。

福　上　三　郎　指印

以上のとおり録取して読み聞かせた上，閲覧させたところ，誤りのないことを申し立て，各葉の欄外に指印し，末尾に署名指印した。

前　同　日
西福岡警察署
司法警察員
巡査部長　実　澤　雄　平　㊞

（各葉欄外の指印省略）

取調べ状況報告書

平成２２年６月２９日

西福岡警察署長
　司法警察員警視　八　女　一　雄　殿

西福岡警察署
司法警察員巡査部長　実　澤　雄　平　㊞

　取調べ状況を次のとおり報告する。

被疑者・被告人氏名等	福　上　三　郎　　　　　　（昭和３３年３月２８日生）			
逮捕・勾留の有無 及　び　罪　名	㈲・無	殺　人　未　遂		
取　調　べ　年　月　日	平成２２年６月２９日			
取　調　べ　時　間	９：１０〜１１：２０ １３：１０〜１６：４０ ：　〜　：		：　〜　： ：　〜　： ：　〜　：	
休　憩　時　間	１１：２０〜１３：１０ ：　〜　： ：　〜　：		：　〜　： ：　〜　： ：　〜　：	
取　調　べ　場　所	西福岡警察署刑事第一課５号取調室			
取調べ担当者氏名	西福岡警察署司法警察員巡査部長　実澤雄平			
被疑者供述調書作成事実	㈲・無	１　通		
通訳人の有無及び 通　訳　言　語	有・㈭			
その他参考事項	有・㈭			

　平成２２年６月２９日　　　　氏名　　　福　上　三　郎　[指印]

供　述　調　書

本　　籍　　福岡市西浜区西の浜２丁目３番

住　　居　　同市西浜区灘崎町１丁目２番３号

　　　　　　　　　　　　灘崎ハイツ１号棟２０５号室　福上次夫方

職　　業　　無　　職

氏　　名　　　　　　　　　　　福　上　三　郎

　　　　　　　　　　　昭和３３年３月２８日生（５２歳）

　上記の者に対する殺人未遂被疑事件につき，平成２２年６月３０日，西福岡警察署において，本職は，あらかじめ被疑者に対し，自己の意思に反して供述をする必要がない旨を告げて取り調べたところ，任意次のとおり供述した。

1　　今日は，今回の事件の被害者の橋行久さんと知り合った経緯等について話します。

2　　平成２１年３月に私が兄のところに住むようになってから，兄のところには全くと言っていいほど，人が訪ねて来るということはありませんでした。

　　私が外出するときには誰も来ていなかったのに，帰ってくると誰かが遊びに来ていたということもなく，本当に兄は人付き合いがない人と感じていたほどです。

3　　そんなある日のこと，橋行久さんという人が自分の奥さんと一緒に，兄を訪ねて来ました。

　　それは去年，つまり平成２１年の８月ころのことだったと思います。

　　私が橋行さんと会うのは初めてでしたが，橋行さんの奥さんには前に会ったことがありました。

　　橋行さんの奥さんである橋行梓さんは，兄の次夫と一時交際していたことがあり，１０年ほど前に兄の紹介で会ったことがあったのです。

　　話を橋行さんと初めて会ったときのことに戻しますと，その日私が自分の部屋にいたところ，橋行さん夫婦が兄の家を訪ねてきました。

　　兄のところにお客さんが来ることなどそれまでなかったことだったので，珍しいと思ったものの，私は黙って自分の部屋にいました。

するとしばらくして橋行さん夫婦から，居間の方に来るよう声をかけられたのです。

兄のところに来ているお客さんですから，私が行くと邪魔になると思い，声をかけられても最初は行くのを断っていたのですが，2度3度と声をかけられたことから，そのうち兄たちがいる居間へお邪魔したのです。

梓さんのことは顔は知っていたので軽く挨拶をし，そうすると兄が

　　　俺の友達だ

みたいなことを言って，橋行さんが

　　　橋行です，よろしく

と挨拶してきたので，私も挨拶をしました。

それから私は，橋行さんが買ってきたお寿司をごちそうになったり，橋行さんと梓さんが夫婦であることなどを聞いたりしました。

しかし，橋行さんとは初対面でしたし，梓さんとも10年くらい前に会ったことがあるという程度の付き合いでしたので，そういうよく知らない人たちから色々と私のことを聞かれるのも嫌だったので，この状態から脱しようと思いました。

私は，カラオケに行けば，余計な会話をせずに済むと思い，兄と橋行さん夫婦をカラオケに誘ったところ，3人とも賛成したので，その後4人で近くのカラオケスナックに行きました。

以上が，私が橋行さんと初めて会ったときの様子になりますが，私が橋行さんに持った印象としては，言葉遣いは穏やかだったのですが，人相が悪くて不気味だと感じました。

どこが具体的に不気味なのかうまく表現できないのですが，とにかく私とは気持ちが全然合わないと感じて，不気味だと思ってしまったのです。

4　　次に私が橋行さんと会ったのは今年5月のことだったと思います。

このときは夕方だったと思いますが，橋行さん夫婦が兄のところへやって来て，居間で兄と話している声の感じから，橋行さん夫婦であることが分かりました。

私は，確か自分の部屋でテレビを見ていたこともあって，すぐには居間

— 194 —

の方には出て行きませんでした。

　そうしているとしばらくして私の部屋のドアをコンコンとノックする音が聞こえて，私が「はい」と返事すると，梓さんの声で

　　　　ちょっといい

という言葉が聞こえてきました。

　私が「どうぞ」と言うと，ドアが開いて，梓さんと橋行さんが部屋の中に入ってきました。

　2人は私の前に座ると，最初に梓さんが

　　　　自分の経験からなんだけど，自分の部屋なのに自分の部屋じゃな
　　　　いって思うことがあるんよね

　　　　たぶん次夫さんもそう思ってると思うよ

と言ってきました。

　私はその言葉を聞いて，私が兄の部屋に居候して兄に迷惑をかけているということを言いたいのだろうと思い

　　　　俺も早く出ようと思っとる

と答えました。

　すると，梓さんは

　　　　分かっとるんやったらいいけど

と言ったのですが，それに続けて橋行さんが

　　　　もう1年もおるんやから早う出た方がいいよ

　　　　兄貴の部屋を出て一人で生活をしたら

と言ってきたのです。

　それに対して私は

　　　　俺には俺の考えがある

　　　　今仕事を探しとるから

と答えました。

　橋行さんの言うことも梓さんと一緒で，言っていることの意味はよく分かったので，それまで持っていた印象はあまりよくありませんでしたが，そのときは温厚で静かな物言いだったので，素直にその話を聞くことがで

— 195 —

き，正しいことを言われているので，そのとおりだと思いました。

5　なお，話が前後しますが，私は，今年の5月初めころに兄から，今年の6月中に部屋を出て行くように言われているのです。

　兄からは，仕事が見つかり住むところが見つかるまでいつまでもいていいと言われていましたが，私がいっこうに仕事を探している様子もないことに段々と不満を持ってきたように思いました。

　それから兄は，生活保護の関係でケースワーカーに話を通しているにもかかわらず，相談もしようとしない私の態度にいらついていたのかもしれません。

　そして，兄はそのような不満やいらつきを橋行夫婦にこぼしていたのではないかと思いました。

　それで，それを聞いた橋行夫婦がアドバイスの意味で，兄のところから早く出て行くように私に意見を言ったのだと思います。

福　上　三　郎　　指印

　以上のとおり録取して読み聞かせた上，閲覧させたところ，誤りのないことを申し立て，各葉の欄外に指印し，末尾に署名指印した。

　　　　　前　同　日

　　　　　西福岡警察署

　　　　　司法警察員

　　　　　巡査部長　　実　澤　雄　平　㊞

（各葉欄外の指印省略）

取調べ状況報告書

平成２２年６月３０日

西福岡警察署長
　司法警察員警視　八　女　一　雄　殿

　　　　　　　　　　　　西福岡警察署
　　　　　　　　　　　　司法警察員巡査部長　実　澤　雄　平　㊞

　　取調べ状況を次のとおり報告する。

被疑者・被告人氏名等	福　上　三　郎　　　　　　　　（昭和３３年３月２８日生）	
逮捕・勾留の有無 及　び　罪　名	㊲・無	殺　人　未　遂
取　調　べ　年　月　日	平成２２年６月３０日	
取　調　べ　時　間	９：０７～１１：３９ １３：１３～１６：５４ 　：　～　：	：　　～　　： ：　　～　　： ：　　～　　：
休　憩　時　間	１１：３９～１３：１３ 　：　～　： 　：　～　：	：　　～　　： ：　　～　　： ：　　～　　：
取　調　べ　場　所	西福岡警察署刑事第一課５号取調室	
取調べ担当者氏名	西福岡警察署司法警察員巡査部長　実澤雄平	
被疑者供述調書作成事実	㊲・無	１　通
通訳人の有無及び 通　訳　言　語	有・㊲	
そ　の　他　参　考　事　項	有・㊲	

平成２２年６月３０日　　　　　氏名　　　福　上　三　郎　指印

取調べ状況報告書

平成２２年７月１日

西福岡警察署長
　司法警察員警視　八　女　一　雄　殿

西福岡警察署
司法警察員巡査部長　実　澤　雄　平　㊞

　取調べ状況を次のとおり報告する。

被疑者・被告人氏名等	福　上　三　郎		（昭和３３年３月２８日生）
逮捕・勾留の有無及び罪名	有・無	殺　人　未　遂	
取調べ年月日	平成２２年７月１日		
取調べ時間	９：０５～１１：４５ ：　～　： ：　～　：	：　～　： ：　～　： ：　～　：	
休憩時間	：　～　： ：　～　： ：　～　：	：　～　： ：　～　： ：　～　：	
取調べ場所	西福岡警察署刑事第一課５号取調室		
取調べ担当者氏名	西福岡警察署司法警察員巡査部長　実澤雄平		
被疑者供述調書作成事実	有・無	通	
通訳人の有無及び通訳言語	有・無		
その他参考事項	有・無		

平成２２年７月１日　　　　氏名　　福　上　三　郎　指印

供　述　調　書

本　籍　　福岡市西浜区西の浜２丁目３番

住　居　　同市西浜区灘崎町１丁目２番３号

　　　　　　　　　　　　灘崎ハイツ１号棟２０５号室　福上次夫方

職　業　　無　職

氏　名　　　　　　　　　　　福　上　三　郎

　　　　　　　　　　　　昭和３３年３月２８日生（５２歳）

　上記の者に対する殺人未遂被疑事件につき，平成２２年７月２日，西福岡警察署において，本職は，あらかじめ被疑者に対し，自己の意思に反して供述をする必要がない旨を告げて取り調べたところ，任意次のとおり供述した。

１　　今日は，私が今回の事件を起こした当日である平成２２年６月２１日のことについて順を追って説明します。

２　　この日は確か午前９時ころに起きています。

　　　そして，朝食には，前日に買ってあったミルクパンの残りを食べました。

　　　午前１０時過ぎになると，兄がどこかに出掛けた様子がしたので，私は兄がいないすきに洗面所に行って顔を洗いました。

　　　最近は，顔を洗うときでさえ，兄から色々と文句を言われるのではないかと思い，それが嫌で兄のいないときを見計らって顔を洗うなどしていたのです。

　　　顔を洗うと自分の部屋に戻り，ずっとテレビを見て過ごしていました。

３　　昼食は食べませんでしたが，昼を過ぎると，気分転換に自転車に乗って散歩に出掛けることにしました。

　　　自転車は，自分の家から兄のところに持ってきていたので，その自転車で出掛けました。

　　　広いところへ出て，外の空気を吸えば気分もすっきりすると思い，近くの川のサイクリングロードに行きました。

　　　サイクリングロードに出てからは，川の上流方向に進んだのですが，向かい風が強く，自転車をこぐのが大変になってきたので，それ以上行

くのをやめて来た道を戻ることにしました。

　そして，その戻る途中で，一休みをするため，サイクリングロード沿いにあったベンチに腰掛けたのですが，そこでは

　　　今月いっぱいで兄のところを出て行かなければならないけれど，自分はどうしたらいいんだろう

　　　兄に言われたように，生活保護を受けるために，役所に相談に行こうかな

などと，自分のこれからの生活のことがいろいろと頭に浮かんできました。

　そして，最終的には，やはり生活保護を受けるしかないのかなと思うようになったのですが，今度はそう思ったら思ったで

　　　具体的にどうやって相談したらよいのだろう

　　　相談しに行ったはいいが，相談するケースワーカーがいなかったらどうしよう

などと余計なことを思うようになり，ますます思い悩む状態となりました。

　結局，2～3時間思い悩んでいたと思いますが，どう行動すべきか決めることができず，最終的には，兄の家に戻ることにしました。

4　私は，近くのスーパーで夕食としてお寿司とサラダを買い，午後5時半くらいに兄の家に帰り着きました。

　玄関ドアを開けようとしたところ，鍵が掛かっていなかったので，私は，兄が帰って来ていることが分かりました。

　そして，玄関内に入ったところ，兄のものではない，男物と女物のサンダルがそれぞれ1足ずつ並んでいたので，兄のところに男女の客が来ていることが分かり，そのような客として思い浮かぶのは，橋行夫婦しかなかったので，その2人が来ているのではないかと思いました。

　私はできれば橋行夫婦とは顔を合わせたくなかったので，そのまま自分の部屋に入りました。

　そして，私は自分の部屋で，買ってきた寿司とサラダをつまみに，ウ

－ 200 －

イスキーの水割りを飲みました。

　１８０ｃｃくらい入るコップに，通常でいうシングル分よりも少ない量のウイスキーを入れてから，水で割って飲みました。

　私は，ウイスキーをちびちび飲んでいるうちに眠くなってきたので，敷いてあった布団の上に横になると，パタッという感じで寝てしまいました。

5　ところが，そうやって私が寝ていたところ，私の部屋のドアをドンドンと思いっきりノックする音がして，私は目が覚めました。

　時計を見たところ，午後８時ころでした。

　そして，私が自分でドアを開けたのか，それとも向こうが開けたのかはっきりと覚えていませんが，ドアの向こう側には橋行が立っていました。

　すると，橋行は，私の顔を見るなり

　　　　俺たちが来とるのに挨拶にも来んとか

などと，ものすごい勢いで言ってきたのです。

　そして，その後も詳しい言葉の内容までは覚えていませんが，橋行はずっと私のことを罵倒し続けました。

　このときの橋行の物言いはとにかく異常なくらいの激しいもので，私としては，素直に聞けるものではなく，それで私は

　　　　橋行とはそれまで２回くらいしか会ったことがないのに，そんな人から何でそんな言葉を浴びせかけられなければならないんだ
　　　　何言ってんだ，この野郎

と思いました。

　それで私は橋行に

　　　　何でお前にそんなこと言われんといかんのか

と言ってやったのです。

　それから橋行は居間に戻ると，なおも居間の方から私に向かって

　　　　こっちに来い

などと，命令口調で怒鳴ってきたのです。

私がすぐに行かないでいると，橋行は，さらに

　　　こっち来い，こらー

と何度も怒鳴ってきました。

　それで私はもう橋行の言葉に黙っていられず，このままで収まりがつ

かないと思うと，橋行のいる居間へ行くことにしました。

　　　　　　　　　　　　　　　　　福　上　三　郎　　指印

　以上のとおり録取して読み聞かせた上，閲覧させたところ，誤りのないこと

を申し立て，各葉の欄外に指印し，末尾に署名指印した。

　　　　　前　同　日

　　　　　西福岡警察署

　　　　　司法警察員

　　　　　巡査部長　　実　澤　雄　平　㊞

（各葉欄外の指印省略）

取調べ状況報告書

平成２２年７月２日

西福岡警察署長
　司法警察員警視　八　女　一　雄　殿

西福岡警察署
司法警察員巡査部長　実　澤　雄　平　㊞

　取調べ状況を次のとおり報告する。

被疑者・被告人氏名等	福　上　三　郎	（昭和３３年３月２８日生）
逮捕・勾留の有無及び罪名	㈲・無	殺　人　未　遂
取調べ年月日	平成２２年７月２日	
取調べ時間	９：１２～１１：５４ １３：１９～１６：５６ ：　　～　　：	：　　～　　： ：　　～　　： ：　　～　　：
休憩時間	１１：５４～１３：１９ ：　　～　　： ：　　～　　：	：　　～　　： ：　　～　　： ：　　～　　：
取調べ場所	西福岡警察署刑事第一課５号取調室	
取調べ担当者氏名	西福岡警察署司法警察員巡査部長　実澤雄平	
被疑者供述調書作成事実	㈲・無	１　通
通訳人の有無及び通訳言語	有・㈱	
その他参考事項	有・㈱	

平成２２年７月２日　　　　　氏名　　　福　上　三　郎　指印

供 述 調 書

本　籍　　福岡市西浜区西の浜2丁目3番

住　居　　同市西浜区灘崎町1丁目2番3号

　　　　　　　　　　灘崎ハイツ1号棟205号室　福上次夫方

職　業　　無　職

氏　名　　　　　　　　　　　福　上　三　郎

　　　　　　　　　　昭和33年3月28日生（52歳）

　上記の者に対する殺人未遂被疑事件につき，平成22年7月3日，西福岡警察署において，本職は，あらかじめ被疑者に対し，自己の意思に反して供述をする必要がない旨を告げて取り調べたところ，任意次のとおり供述した。

1　　今日は，今回の事件当日に，橋行のいる居間に行ってから橋行を刺したときのことについて話をします。

2　　私は，橋行から

　　　　　俺たちが来ているのに挨拶にも来ないのか，この野郎

　　　　　こっち来い，こらー

などと怒鳴られ，このままでは収まりがつかないと思うと，橋行がいる居間へ行くことにしました。

　　私は，橋行の態度にかなり頭に来ていたので

　　　　　何かあったら刺してやる

と思い，布団の横の紙箱に入れていた

　　　　　果物ナイフ1本

を右手で取り上げ，はいていたズボンの右前ポケットの中に隠し入れました。

　　「何か」というのは，橋行が私に向かってきて乱暴をしてきたり，何かもっと頭に来るようなことを言ってきたりすることで，もしそのようなことになれば，この果物ナイフで橋行を刺してやろうと考えました。

　　私が手にした果物ナイフは，柄のところは黒色プラスチック製で，全体の長さが20センチメートルくらい，刃の長さが10センチメートルくらいの大きさのものであり，片刃で刃の先端が鋭く尖っているものでした。

なお，このとき果物ナイフに鞘がついていたかどうかは夢中だったので覚えていませんが，鞘がついていなければ多分自分のズボンのポケットが破れるなり切れてしまうなどしているはずで，後で考えるとズボンにそんなことがなかったことから，鞘はついていたのだと思います。

3　私は，この果物ナイフで人を刺せば死ぬようなことになることは分かっていましたが，この時点ではまだ相手を殺してやるということまでは正直考えていませんでした。

　この果物ナイフは，私が以前知り合いからもらったもので，どのような経緯でもらったのかはよく覚えていないのですが，兄のところに住むようになってから使っていたのです。

　普段は買ってきたおかずや果物を切るのに使っていたもので，果物ナイフではありますが，肉や魚でも簡単に切ることができ，切れ味が悪くなると自分で刃を研いで使っていました。

4　こうして私は自分の部屋を出て橋行のいる居間へ向かったのですが，橋行は居間に入ってまっすぐ奥にある白色の四角い背もたれのないソファに，こちらを向いて座っていたので，私はその橋行の座っている前に立ち

　　　　何で俺がお前に挨拶しなきゃならないんだ

と言ってやると，橋行は怒鳴るように

　　　　そんなの当たり前だ

　　　　お前とは2回会ってるんだぞ

と言うので，私は

　　　　2回会っていようが，何で他人のお前にそんなこと言われんといかんのか

と言い返してやりました。

　　すると，橋行は

　　　　お前のそういう態度がみんなに迷惑をかけとるんや

と怒鳴ってきたので，私は，私の左横のソファに座っていた兄を指差して

　　　　こっちに言われるなら分かるけど，お前に言われる筋合いはない

と言ったのですが，橋行は

　　　　何だとこの野郎

　　　　とにかく早くここから出て行け

などと，矢継ぎ早に私を罵倒し続けたのです。

　このとき橋行の右横，私から見て橋行の左横には，橋行の奥さんである梓が床に座っていて，薄ら笑いを浮かべて私たちの口論を黙って聞いていました。

　兄についても，ずっと私の左横のソファに座ったままでいましたが，口論を止めるわけでもなく，ただ黙っていて，会話の中には一切入ってきませんでした。

5　　それから私は，その場にしゃがみこんで

　　　　今月いっぱいで出て行くから，よかろうが

と言うと，橋行は

　　　　そんなの関係ない

　　　　すぐ出て行け

と怒鳴りながら，肩を怒らせて身を乗り出そうとしてきたのです。

　それで私も，橋行の物言いや威嚇するような態度に完全に頭に来てしまい，自分の怒りの感情を抑えることができず

　　　　刺してやる

と思ってしまうと，立ち上がりながら，ズボンの右前ポケット内に右手を入れ，果物ナイフを取り出しました。

　「刺してやる」というのは，つまり「殺してやる」ということです。

　そして私は，右手に持った果物ナイフを前に突き出し，ソファに座ったままの橋行の首付近を１回刺してやったのです。

　橋行を刺したときの様子を詳しく言うと，果物ナイフは私のズボンの右ポケット内に，ほとんど縦になった状態で先端を下にして入っていましたが，上側にあった柄の部分は少しだけポケットから出ていて簡単に掴むことができ，それをそのまま右手で取り出すと，右腰横からナイフの先端を前に向け，刃は下にした状態で，一歩踏み出すように右手をそのまま前方に伸ばして刺しました。

　このとき私は確か

　　　　ふざけるな

— 206 —

というようなことを言ったと思いますが，全く躊躇することなく，座って
いた橋行の丁度左首付近を一気に刺しています。

　私のいた位置から橋行の座っていたソファの位置までは８０センチメー
トルくらいでしたから，果物ナイフを持った右手を前に伸ばせば，簡単に
橋行の身体を刺すことはできました。

　橋行の左首付近を一気に刺したと言いましたが，はっきりと首付近を
狙って刺したというわけではなくて，私としては，とにかく身体のどこで
も良いから刺してやるという気持ちでいたのです。

　私がこうして橋行の左首付近を果物ナイフで刺したことで，果物ナイフ
を持った右手には，ズボッという感じや，グサッという感じの，明らかに
ナイフが身体に刺さった感触はなかったのですが，橋行はうわっと言いな
がら，勢い余って座っていたソファの後ろに倒れ，橋行の首付近と着てい
たシャツの肩口が見る見るうちに赤くなって血が出ているのが見えました。

6　　私はそれでも橋行に対する

　　　　ふざけるな，この野郎

という気持ちが収まらず，更に橋行を刺してやろうと，後ろに倒れた橋行
の方に向かおうとしたのですが，そのとき兄が私の身体を後ろから押さえ
込むか，左手を掴んできたのです。

　そこへ橋行も立ち上がり，ものすごい形相で私の方へ向かってきて，さ
らには梓も私の方へ来て何か叫びながら私が右手に持っていた果物ナイフ
を取り上げようとしたので，私もこれに抵抗してもつれ合うような感じと
なりましたが，私は，私の３０～４０センチメートルくらい前にいた橋行
の身体めがけて，果物ナイフで何度も刺すようなことをしたと思うのです。

　このときは後ろから身体を兄に押さえ込まれ，梓からも果物ナイフを取
り上げられそうになっていましたが，右の手首については，ぐっと掴まれ
て動かせないというような状態ではなく，果物ナイフを持った右手は前方
や上下斜めに差し出すことができ，無我夢中で橋行の身体めがけて何度も
刺したのです。

　もっとも，どこをどのように何回刺したのかはよく覚えていません。

7　　そして私が台所の方へ押し込められたところで，前にいた橋行は体勢を

崩して倒れたか倒れそうになったのですが，すぐに体勢を立て直し，私に背を向ける格好となり，居間の方へ行こうとしたのですが，そのときにも私は橋行の身体を刺しています。

　それも同じように，果物ナイフを持った右手を何度か前方や上下斜めといった方向へ差し出して，橋行の身体めがけて刺したのです。

　このときもどこをどのように何度刺したのかはよく覚えていませんが，私と橋行がそんなに離れていなかったという記憶からすると，間違いなく刺していると思います。

　ただこのときは，果物ナイフが橋行の身体に刺さっているという感触は正直言ってありませんでした。

　そうしているうちに，私は兄から果物ナイフを持った右手を押さえつけられて

　　　　　お前は何をしたのか分かってんのか

と怒鳴られたのです。

　そして気が付くと，橋行と梓は居間からいなくなっていました。

以上のとおり録取して読み聞かせた上，閲覧させたところ，次のとおり訂正を申し立てた。

　この調書の３頁２１行目に「殺してやる」という表現がありますが，そこを「死んでしまうようなことになるかもしれない」と変えてください。

　他に訂正するところはありません。

　　　　　　　　　　　　　　　　　　　福 上 三 郎　　指印

以上のとおり録取して読み聞かせた上，閲覧させたところ，誤りのないことを申し立て，各葉の欄外に指印し，末尾に署名指印した。

　　　　　　　前 同 日

　　　　　　　西福岡警察署

　　　　　　　　司法警察員

　　　　　　　　巡査部長　　実 澤 雄 平　　印

（各葉欄外の指印省略）

取調べ状況報告書

平成２２年７月３日

西福岡警察署長
司法警察員警視　八　女　一　雄　殿

西福岡警察署
司法警察員巡査部長　実　澤　雄　平　㊞

取調べ状況を次のとおり報告する。

被疑者・被告人氏名等	福　上　三　郎　（昭和３３年３月２８日生）	
逮捕・勾留の有無及び罪名	㊒・無	殺人未遂
取調べ年月日	平成２２年７月３日	
取調べ時間	９：１０～１１：４９ １３：２０～１６：４０ ：　～　：	：　～　： ：　～　： ：　～　：
休憩時間	１１：４９～１３：２０ ：　～　： ：　～　：	：　～　： ：　～　： ：　～　：
取調べ場所	西福岡警察署刑事第一課５号取調室	
取調べ担当者氏名	西福岡警察署司法警察員巡査部長　実澤雄平	
被疑者供述調書作成事実	㊒・無	１　通
通訳人の有無及び通訳言語	有・㊀無	
その他参考事項	有・㊀無	

平成２２年７月３日　　氏名　福　上　三　郎　指印

供　述　調　書

本　籍　　福岡市西浜区西の浜２丁目３番

住　居　　同市西浜区灘崎町１丁目２番３号

　　　　　　　　　灘崎ハイツ１号棟２０５号室　福上次夫方

職　業　　無　職

氏　名　　　　　　　　　　福　上　三　郎

　　　　　　　　　昭和３３年３月２８日生（５２歳）

　上記の者に対する殺人未遂被疑事件につき，平成２２年７月４日，西福岡警察署において，本職は，あらかじめ被疑者に対し，自己の意思に反して供述をする必要がない旨を告げて取り調べたところ，任意次のとおり供述した。

1　　今日も私が事件を起こしたときのことを続けて話します。

2　　私は，橋行を果物ナイフで刺してからは，兄に果物ナイフを持った右手を押さえつけられ

　　　　　お前は何をしたのか分かってんのか

と怒鳴られたのです。

　　そして気が付くと，橋行夫婦は居間からいなくなっていました。

3　　私は兄から怒鳴られたことで，自分のやったこと，つまり，橋行を果物ナイフで刺してしまったことを改めて理解したのです。

　　そして，兄に

　　　　　分かっとる，だから俺も死んでやる

と言い，さらに，自分がこんなに悩んでいることを兄が全然分かっていないため

　　　　　あんたも俺のこと何も考えとらん

と言ってやりました。

　　兄は私からそう言われても

　　　　　死ぬんやったら外でやれ，部屋が汚れる

とだけ言って，私がこんなに大変なことをしたのに，部屋が汚れることの方を心配するのかと思ってがっかりしました。

4　　そんなとき，外からパトカーのサイレンの音が聞こえてきたので，私は，

－ 210 －

私が橘行を刺したということを誰かが警察に通報したのだと思い，玄関に向かいました。

　私は，警察官が部屋に来ると思ったので，入って来れないようにするため，開いていた玄関のドアを閉めて鍵をかけました。

　それから私は死のうと思い，居間に戻って兄に

　　　　お前を殺して俺も死ぬ

と言ってやったのですが，兄は

　　　　やれるもんなら，やってみい

と言ったかと思うと，玄関へ行ってしまいました。

　そして，兄が玄関のドアを開けて出て行ったかと思うと，兄と入れ違うように警察官が３〜４人入ってきたのです。

　そこで私は，橘行が座っていた居間の四角い椅子に座りながら，右手に果物ナイフを持ち

　　　　橘行は死んだかもしれない，つまり橘行を殺してしまった

と思ったので，警察官の前で

　　　　俺は大変なことをした

と言ってやり，本当に死ぬつもりで，果物ナイフを自分の首に当てたのです。

5　　そして，果物ナイフで橘行を刺したことは事実で，取り返しのつかないことをしてしまったと思い

　　　　別れた子どもに顔向けができん

　　　　もうどうしようもない

などと言いました。

　警察官は，私が本当に自分の首を刺すと思ったようで，下手に手出しができず，すぐに私を捕まえることができませんでした。

　しかし，その後，警察官から

　　　　自分の首を刺しても何もならんぞ

とか

　　　　相手は自分の首を自分で押さえて救急車に乗ったくらいだから，

— 211 —

　　　　傷は浅いぞ

　　　　　馬鹿なことをするな

　　などと言われて，果物ナイフを手放すよう説得されました。

　　　そして私は最終的には

　　　　大変なことをして申し訳ない

　　　　このままじゃだめだ，ちゃんとしないといけない

　　と思って果物ナイフを警察官に渡し，そこで私は捕まりました。

6　　私は，全くと言ってもよいくらい付き合いのなかった橋行久という男か
　　ら，私の私生活のことにまで口に出され，罵倒されたことで，本当に頭に
　　きて，果物ナイフで橋行を刺してしまいました。

　　　果物ナイフという凶器を使って人の身体を刺すということは，その相手
　　が死んでしまうことになることが十分に分かっていてそういうことをして
　　います。

　　　実際私は，橋行を刺したことで橋行の身体からたくさんの血が流れ出た
　　ことは分かったし，そのことで橋行が死んだと思っていました。

　　　それで，私も死んでやるという気持ちになって，果物ナイフを自分の首
　　に当てたのです。

　　　　　　　　　　　　　　　　　福　上　三　郎　　指印

　　以上のとおり録取して読み聞かせた上，閲覧させたところ，誤りのないこと
　を申し立て，各葉の欄外に指印し，末尾に署名指印した。

　　　　　　　　　　前　同　日

　　　　　　　　　　西福岡警察署

　　　　　　　　　　　司法警察員

　　　　　　　　　　　巡査部長　　実　澤　雄　平　㊞

（各葉欄外の指印省略）

－ 212 －

取調べ状況報告書

平成２２年７月４日

西福岡警察署長
　司法警察員警視　八　女　一　雄　殿

　　　　　　　　　　　　西福岡警察署
　　　　　　　　　　　　司法警察員巡査部長　実　澤　雄　平　㊞

　　取調べ状況を次のとおり報告する。

被疑者・被告人氏名等	福　上　三　郎	（昭和３３年３月２８日生）
逮捕・勾留の有無 及　び　罪　名	㋲・無	殺　人　未　遂
取　調　べ　年　月　日	平成２２年７月４日	

取　調　べ　時　間	１０：１０〜１１：５９ １３：０５〜１７：００ 　：　〜　：	：　〜　： 　：　〜　： 　：　〜　：
休　憩　時　間	１１：５９〜１３：０５ 　：　〜　： 　：　〜　：	：　〜　： 　：　〜　： 　：　〜　：

取　調　べ　場　所	西福岡警察署刑事第一課５号取調室
取調べ担当者氏名	西福岡警察署司法警察員巡査部長　実澤雄平

被疑者供述調書作成事実	㋲・無	１　通
通訳人の有無及び 通　訳　言　語	有・㊋	
その他参考事項	有・㊋	

平成２２年７月４日　　　　　氏名　　　福　上　三　郎　[指印]

謄　本

捜査関係事項照会書

平成２２年６月２２日

西福刑第　１２３　号

福岡市西浜区長　　　　　殿

西福岡警察署

司法警察員警視　　八　女　一　雄　㊞

　捜査のため必要があるので，下記事項につき，至急回答願いたく，刑事訴訟法第１９７条第２項によって照会します。

記

照　会　事　項

　本　　籍　　福岡市西浜区西の浜２丁目３番

　氏　　名　　福　上　三　郎　（ふくうえ　さぶろう）

　生年月日　　昭和３３年３月２８日

上記の者について，

1　戸籍及び附票の謄本　　　　　　１通

2　改製原戸籍及び附票の謄本　　　１通

を添付の上回答願います。

取扱者　福岡県警　西福岡警察署

司法警察員巡査部長　　田地亮介　㊞

〇〇〇-〇〇〇〇番（内線〇〇〇）

以上は謄本である。

平成22年6月22日　西福岡警察署

司法警察員巡査部長　田地亮介　㊞

	公　用

（2の1）　全部事項証明

本　　籍	福岡県福岡市西浜区西の浜２丁目３番
氏　　名	福上　三郎

戸籍事項 　戸籍改製	【改製日】平成２２年４月２７日 【改製事由】平成６年法務省令第５１号附則第２条第１項による改製

戸籍に記録されている者	【名】　　三郎 【生年月日】昭和３３年３月２８日 【父】福上　肇 【母】福上八重 【続柄】三男
身分事項 　　出　　生	【出生日】昭和３３年３月２８日 【出生地】福岡市西浜町 【届出日】昭和３３年３月２８日 【届出人】父
婚　　姻	【婚姻日】昭和５４年１０月１日 【配偶者氏名】山本洋子 【送付を受けた日】昭和５４年１０月３日 【受理者】福岡市西浜区長 【従前戸籍】福岡県福岡市西浜区西の浜２丁目３番　福上　肇
戸籍に記録されている者	【名】　　洋子 【生年月日】昭和３３年７月３日 【父】山本太朗 【母】山本　恵 【続柄】長女
身分事項 　　出　　生	【出生日】昭和３３年７月３日 【出生地】福岡市西浜町 【届出日】昭和３３年７月５日 【届出人】父
婚　　姻	【婚姻日】昭和５４年１０月１日 【配偶者氏名】福上三郎 【送付を受けた日】昭和５４年１０月３日 【受理者】福岡市西浜区長 【従前戸籍】福岡県福岡市西浜区西の浜５丁目１番山本太朗

発行番号　０１２３４５６０－３３１２２１２２－０００００３－福岡市西浜区

		公　用

（2の2）　全部事項証明

戸籍に記録されている者	【名】　　楓
	【生年月日】昭和５７年１１月１１日 【父】福上三郎 【母】福上洋子 【続柄】長女
身分事項 　　　出　　生	【出生日】昭和５７年１１月１１日 【出生地】福岡市西浜区 【届出日】昭和５７年１１月１５日 【届出人】父
	以下余白

発行番号　０１２３４５６０－３３１２２１２２－０００００３－福岡市西浜区

　　これは，戸籍に記録されている事項の全部を証明した書面である。

　　　平成22年6月25日

　　　　　　　　福岡市西浜区長　　　◯　　◯　　◯　　◯　　　職印

戸籍附票　　　　　　公用

本　　　　　籍	筆　頭　者　氏　名	
福岡県福岡市西浜区西の浜2丁目3番	福上　三郎	平成22年4月27日編製

名	住　　　　　　　所	住所を定めた年月日	在外選挙人名簿登録地
三郎	（省略）		
	（省略）		
	（省略）		
	（省略）		
洋子	（省略）		
	（省略）		
	（省略）		
	（省略）		
楓	（省略）		
	（省略）		
	（省略）		
	（省略）		
【以下余白】			

発行番号　00034566

　　　　　この写しは,戸籍の附票の原本と相違ないことを証明する。
　　　　　　平成22年6月25日

　　　　　福岡市西浜区長　　〇　〇　〇　〇　　職印

改正原戸籍及び附票の謄本につき省略

－ 217 －

4 関係書類追送書3

（7／12）

関 係 書 類 追 送 書

平成２２年７月１２日

福 岡 地 方 検 察 庁

検 事 正 山 笠 一 好 殿

西福岡警察署

司法警察員警視 八 女 一 雄 ㊞

下記被疑事件の関係書類を追送する。

被 疑 者 の 氏 名	福 上 三 郎
送 致 ・ 付 年 月 日	平成２２年６月２３日（西福刑－○○号）
送 致 ・ 付 罪 名	殺人未遂
主 任 検 察 官	博 田 検 事

追 送 書 類 目 録

文書の標目	作成年月日	作 成 者	供 述 者	丁数	検察官備考
別紙記載のとおり					

書　類　目　録			被　疑　者	福上三郎		
文　書　の　標　題	作成年月日	作　成　者	供　述　者	丁数	備　　考	
実況見分調書 （果物ナイフの抜き出し状況）	22. 7. 8	大船義弘				
実況見分調書 （犯行状況の再現結果）	22. 7. 10	大船義弘				
検証調書（甲）	22. 7. 8	江木弘太朗				
検証許可状請求書	22. 6. 22	市山昭吾				
検証許可状	22. 6. 22	山田太朗				
供述調書	22. 7. 5	実澤雄平	福上三郎			
取調べ状況報告書	22. 7. 5	実澤雄平				
取調べ状況報告書	22. 7. 6	実澤雄平				
供述調書	22. 7. 11	実澤雄平	福上三郎			
取調べ状況報告書	22. 7. 11	実澤雄平				

実 況 見 分 調 書

平成２２年７月８日

西福岡警察署長

　　司法警察員警視　　八　女　一　雄　　殿

　　　　　　　　　西福岡警察署

　　　　　　　　　　司法警察員警部補　大　船　義　弘　㊞

　被疑者　福上三郎　に対する　殺人未遂　被疑事件につき，本職は，下記のとおり実況見分した。

　　　　　　　　　　　　　　記

１　実況見分の日

　　平成２２年７月５日

２　実況見分の場所

　　西福岡警察署　刑事第一課３号室

３　実況見分の目的

　　被疑者は，取調べにおいて

　　　　　はいていた短パンの右前ポケット内に入れていた果物ナイフを右手で取
　　　　　り出して，まず橋行久の左首付近を刺した

　旨供述しているところ，被害者及び目撃者はいずれも，被疑者が果物ナイフを取
　り出す状況を確認（目視）できていないため，果物ナイフの取出し状況を本見分
　によって明らかにすることを目的とする。

４　実況見分の）方法

　　被疑者が本件犯行時に着用していた紺色短パンを被疑者に着用させた上，犯行
　の用に供した果物ナイフを忠実に模した模造ナイフ，被疑者手製とされる同ナイ
　フの鞘を用意し，被疑者の紺色短パン右ポケットへのナイフ収納，鞘からのナイ
　フ抜き出し等について確認することとした。

５　実況見分の経過

　　別紙のとおり。

－ 221 －

本実験に先立ち，本件犯行当時着用していた紺色短パンを着用した

　　　被疑者福上三郎

並びに

　　　模造ナイフ及び鞘

を撮影。

NO. 1

写真省略

NO. 2

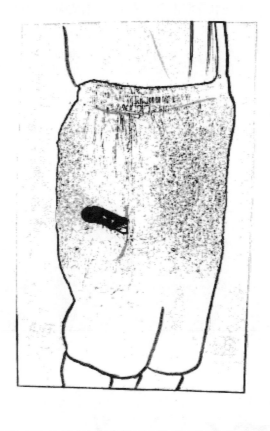

　鞘に収納した模造ナイフの柄部分を，紺色短パン右ポケットから突出させる状態で差し入れた被疑者を，被疑者の右側面から撮影。

模造ナイフを紺色短パンの右ポケット内に差し入れた上で被疑者を屈ませ，突出した柄部分を掴んで鞘から模造ナイフを抜き出す状況を，被疑者の右側面から撮影。

NO. 3

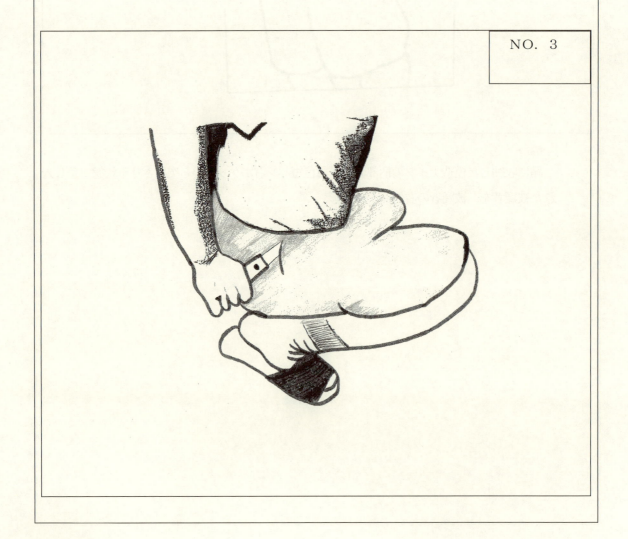

実 況 見 分 調 書

平成２２年７月１０日

西福岡警察署長

　　司法警察員警視　　八　女　一　雄　　殿

　　　　　　　　　　　　　西福岡警察署

　　　　　　　　　　　　　　司法警察員警部補　大　船　義　弘　㊞

　　被疑者　福上三郎　に対する　殺人未遂　被疑事件につき，本職は，下記のとおり実
況見分をした。

　　　　　　　　　　　　　　記

１　実況見分の日時

　　　平成２２年７月９日午前１０時５０分から

　　　　　　同　　　日　　　午後　１時３０分まで

２　実況見分の場所

　　　西福岡警察署２階道場

３　実況見分の目的

　　　犯行状況を明らかにし証拠を保全するため

４　実況見分の経過

（１）　本実況見分は，立会人である被疑者の指示説明に基づいて犯行状況を再現し，

　　　　その状況を見分したものである。

　　　　　なお，本再現に当たり

　　　　　　　被害者橋行久役を当署司法巡査○○○

　　　　　　　目撃者福上次夫役を当署司法巡査○○○○

　　　　　　　目撃者橋行梓役を当署司法巡査○○○

　　　により代役させることとした。

（２）再現場所となる当署道場一部を

　　　　　　福岡市西浜区灘崎町１丁目２番３号

－ 225 －

　　　　　灘崎ハイツ１号棟２０５号室福上次夫方

と仮想し，その居間及び被疑者使用寝室を当署備付けのホワイトボード，パー

ティション等を用いて構成した上，居間内の一部調度品についても同様に備付

けの段ボール箱，簡易椅子，長机等で代用し，その配置も現場計測値に基づき

再現することとした。

　なお，犯行時に被害者が座っていたとされるソファについては，犯行当時現

場に置かれていたものを実際に使用することとした。

　犯行に使用した果物ナイフ及び被疑者手製による専用鞘，文化包丁について

は，それぞれ模造したものを作成して代用した。

（３）再現の実施状況については，別紙記載のとおり。

本再現を実施するに当たり

(被疑者) 福上三郎

(被害者・橋行　久役) 当署司法巡査　〇〇〇〇

(目撃者・福上次夫役) 当署司法巡査　〇〇〇〇

(目撃者・橋行　梓役) 当署司法巡査　〇〇〇〇

を撮影。

	写真番号
	1

写真省略

(写真番号2〜11省略)

被疑者は，右肘を伸ばして被害者の左頸部付近を果物ナイフで刺突した旨説明したことから，左頸部における具体的刺突部位について説明を求めたところ，被害者役警察官の左頸部の一部を指示して
　　　　左の首筋を刺したのは間違いなく，この辺りを突き刺したのではないかと思う。
と説明したので，その状況を再現し撮影した。

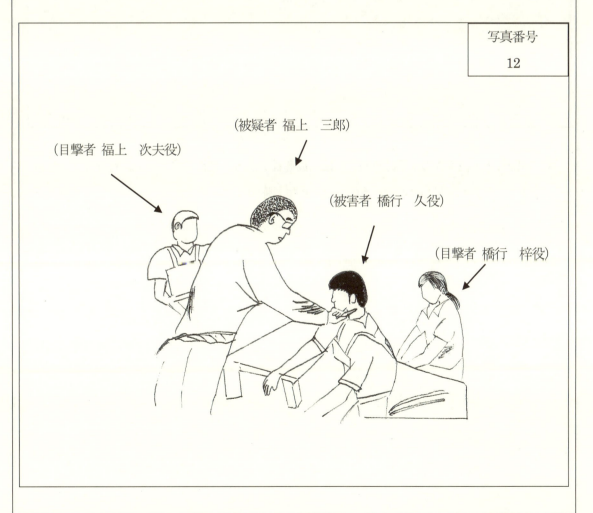

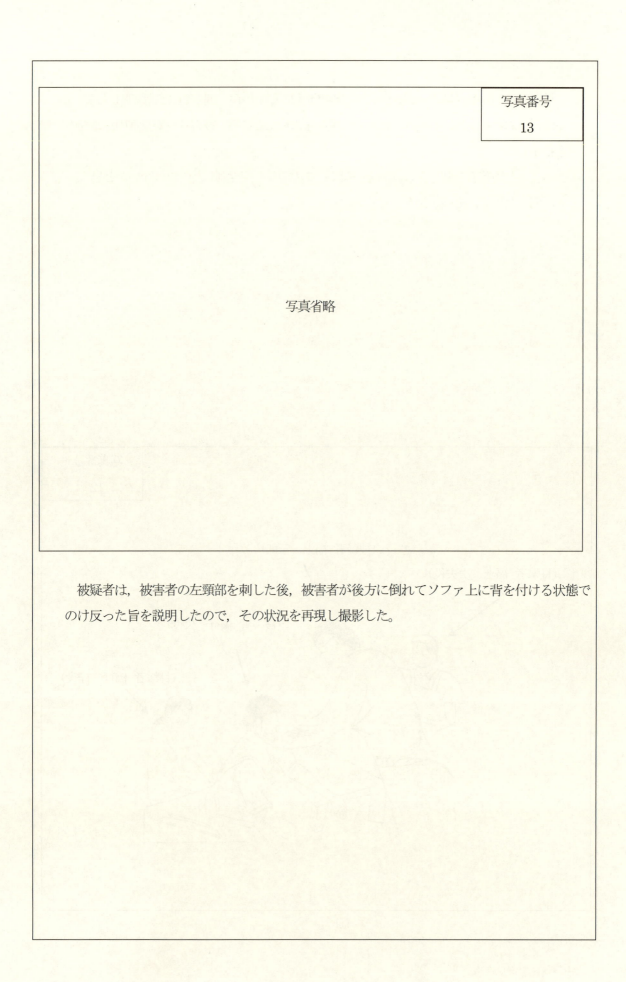

　被疑者は，被害者の左頸部を刺した後，被害者が後方に倒れてソファ上に背を付ける状態でのけ反った旨を説明したので，その状況を再現し撮影した。

被疑者は，前葉後の状況について，玄関側ソファに座っていた福上次夫が立ち上がって被疑者の後方に回り，その左腕と衣服背部をつかんで被疑者を制止しようとした旨説明したので，その状況を再現し撮影した。

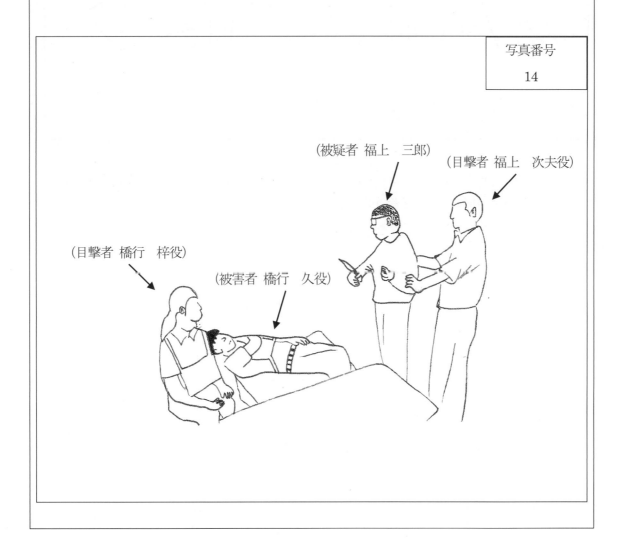

写真番号 14

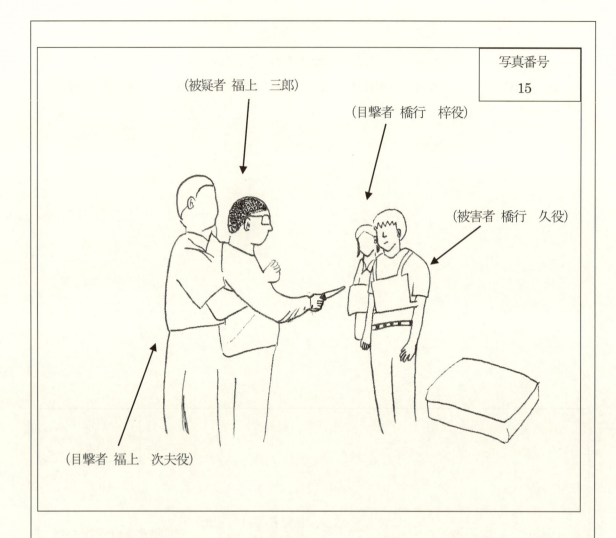

　被疑者は，福上次夫から後方の流し台方向に引きずられていき，冷蔵庫付近まで後退した位置で，被害者が接近して被疑者の正面に立ったことから，背後から福上次夫に押さえられながらも，右手に握った果物ナイフを被害者に対し突き出した旨説明したため，その状況を再現し撮影した。
　なお，被疑者は，
　　　7，8回以上連続して，橋行の身体目がけて果物ナイフを突き出したが，ナイフが橋行に刺さったかどうかは分からない。
と説明した。

被疑者は

　　　被害者が被疑者から果物ナイフを取り上げるべく接近してきたが，その際，背後から
　　被疑者を押さえていた福上次夫に後方へ引っ張られたため，被害者が肩透かしを喰う形
　　となって体勢を崩し，よろめいた。
と説明したので，その状況を再現し撮影した。

	写真番号
	16

写真省略

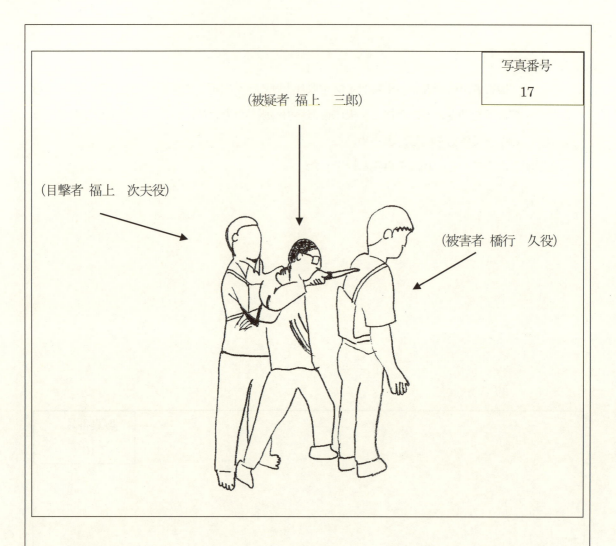

　被疑者は，体勢を崩した被害者が流し台に背を向けたときに，被害者の右肩付近を果物ナイフで刺した旨説明したので，その状況を再現し撮影した。

検 証 調 書（甲）

平成２２年７月８日

西福岡警察署

司法警察員警部補　　江　木　弘太朗　㊞

被疑者福上三郎に対する殺人未遂被疑事件につき，本職は，平成２２年６月
２２日付け　福岡地方裁判所　裁判官　山田太朗　の発した検証許可状を　立
会人　に示して，下記のとおり検証をした。

記

1　検証の日時

平成２２年６月２２日午後７時４３分から午後１０時１０分まで

2　検証の場所又は物

福岡市西浜区灘崎町１丁目２番３号

灘崎ハイツ１号棟２０５号室　福上次夫方居室

3　検証の目的

犯罪の状況を明らかにし，証拠を保全するため。

4　検証の立会人（住居，職業，氏名，年齢）

住　居　福岡市西浜区灘崎町１丁目２番３号灘崎ハイツ１号棟２０５号室

職　業　無　職

氏　名　福上次夫（５６歳）

5　検証の経過

本検証は，本件現場となった灘崎ハイツ１号棟２０５号室の契約住居人で
目撃者でもある福上次夫を立会人として実施した。

以下，別紙のとおり。

（別紙省略）

（注意）　やむを得ない理由により令状を示すことができなかったときは，その理由を付記すること。

<u>捜索</u>
<u>差押</u>　許可状請求書
検証

平成２２年６月２２日

福岡地方裁判所
　　　裁判官　殿

西福岡警察署
　　　司法警察員警部　市　山　昭　吾　㊞

　下記被疑者に対する殺人未遂被疑事件につき，検証許可状の発付を請求する。

記

1　被疑者の氏名
　　　福上　三郎　　　昭和３３年　３月２８日生（５２歳）

2　差し押さえるべき物

3　捜索し又は検証すべき場所，身体若しくは物
　　　福岡市西浜区灘崎町１丁目２番３号
　　　　　灘崎ハイツ１号棟２０５号室福上次夫方居宅

4　7日を超える有効期間を必要とするときは，その期間及び事由

5　日出前又は日没後に行う必要があるときは，その旨及び事由
　　　検証すべき場所は，被疑者の実兄方居室であり，実兄又は被疑者関係者が証拠隠滅等を行う可能性があることから，検証の実行を期すべく，早急に被疑者の実兄に立会を求めて検証を実施する必要があるところ，同執行が夜間に及ぶおそれが十分予想されるため。

6　犯罪事実の要旨
　　　別紙のとおり

（注意）　1　被疑者の氏名，年齢又は名称が明らかでないときは，不詳と記載すること。
　　　　　2　事例に応じ，不要の文字を削ること

－ 236 －

別　紙

（犯罪事実の要旨）

　被疑者は，平成２２年６月２１日午後８時１５分ころ，福岡市西浜区灘崎町１丁目２番３号灘崎ハイツ１号棟２０５号室福上次夫方において，橋行久（当時４１歳）に対し，殺意をもって，所携の果物ナイフ（刃体の長さ約１１．５センチメートル）で同人の左頸部，右肩甲部，左右前胸部，右側腹部，左そけい部などを刺突するなどしたが，上記橋行に２週間の入院加療を要する左頸部刺創，右肩から頸部にかけての刺創，左右前胸部刺創，右側腹部刺創，左そけい部刺創の傷害を負わせたにとどまり，殺害の目的を遂げなかったものである。

検 証 許 可 状

被 疑 者 の 氏 名 及 び 年 齢	福 上 三 郎 昭和３３年　３月２８日　生
罪　　　　　名	殺人未遂
検 証 す べ き 場 所 又 は 物	福岡市西浜区灘崎町１丁目２番３号 　　　灘崎ハイツ１号棟２０５号室福上次夫方居室
請求者の官公職氏名	西福岡警察署　司法警察員警部　市山昭吾
有　効　期　間	平成　２２年　　６月　　２９日　まで

　有効期間経過後は，この令状により検証に着手することができない。この場合には，これを当裁判所に返還しなければならない。

　有効期間内であっても，検証の必要がなくなったときは，直ちにこれを当裁判所に返還しなければならない。

　被疑者に対する上記被疑事件について，上記のとおり検証をすることを許可する。

　なお，この令状は夜間でも執行することができる。

　　　　平成２２年　６月２２日

　　　　福 岡 地 方 裁 判 所

　　　　　　裁判官　　山 田 太 朗　㊞

供 述 調 書

本　籍　　福岡市西浜区西の浜２丁目３番

住　居　　同市西浜区灘崎町１丁目２番３号

　　　　　　　　　　　灘崎ハイツ１号棟２０５号室　福上次夫方

職　業　　無　職

氏　名　　　　　　　　　　　福　上　三　郎

　　　　　　　　　　　昭和３３年３月２８日生（５２歳）

　上記の者に対する殺人未遂被疑事件につき，平成２２年７月５日，西福岡警察署において，本職は，あらかじめ被疑者に対し，自己の意思に反して供述をする必要がない旨を告げて取り調べたところ，任意次のとおり供述した。

1　　私が橋行を果物ナイフで刺したときのことをもう少し詳しく話します。

2　　私が自分の部屋を出て橋行がいる居間に行くと，橋行が私に罵声をあびせてきました。

　　　私は，橋行の言い方や威嚇するような態度に頭に来てしまい，自分の怒りの感情を抑えることができず

　　　　　刺してやる

と思うと，ズボンの右前ポケット内に右手を入れ，果物ナイフを取り出しました。

　　　橋行の手や足などの部分をちょっと刺す程度の死ぬようなことにならない刺し方をするというようなことを考える余裕や冷静さなどはこのときの私には全くなくて

　　　　　橋行なんてどうなってもいい

という勢いのままで刺しました。

3　　私は，果物ナイフを右手に持って一歩踏み出し，そのまま前方に右手を伸ばして，無防備の橋行の身体を刺したのであり，本当に躊躇することなく，一気に刺してやりました。

　　　私がこうして橋行の首付近を果物ナイフで刺したことで，橋行は「うわっ」と言いながら，勢い余って座っていたソファの後ろに倒れました。

　　　そのとき，橋行の首付近と着ていたシャツの肩口が見る見るうちに血で

赤くなったので，橋行が相当な怪我，つまり大きな怪我をしたことが分か
りましたが，私は，その光景を見て，一瞬

　　　　うわっ，血が出た

とは思ったものの

　　　　大変なことをしてしまった

と思うこともなく

　　　　早く傷の手当てをしなければならない

という気持ちなども全く湧いてきませんでした。

4　　それどころか，私の橋行に対する

　　　　　ふざけるな，この野郎

という憎い気持ちはどんどん高まり，更に続けて橋行を刺してやろうと，
ソファの後ろに倒れていた橋行の方へ向かおうとしたのですが，そのとき
兄が私の身体を後ろから押さえ込んできたのです。

　　そこへ橋行も立ち上がって私の方へ向かって来て，また，橋行の横にい
た梓さんも私の方へ来て何か言いながら私が右手に持っていた果物ナイフ
を取り上げようとしたので，もつれ合うような感じとなりましたが，私は
そこでも，前にいた橋行の身体めがけて果物ナイフで何度も刺すようなこ
とをしていると思うのです。

　　ここでも私は，橋行を果物ナイフで刺そうとする行為を止める気は全く
ありませんでした。

　　とにかく橋行に対する怒りと憎しみの気持ちはこの時点でも収まらず

　　　　　橋行なんかどうなってもいい

という気持ちがずっと続いていました。

5　　そうこうしているうちに私はようやく，兄から果物ナイフを持った右手
を押さえつけられ

　　　　　お前は何をしたんか分かっとうとか

と怒鳴られて，我に返るような状態となりましたが，もしこのときに兄に
止められていなかったとしたら，私はまだ橋行の身体を果物ナイフで刺す
ということを続けていたと思います。

橋行を刺すということを止められず続けていたとしたら，橋行は死んで
いたと思います。

　　　　　　　　　　　　　　　福　上　三　郎　　指印

　以上のとおり録取して読み聞かせた上，閲覧させたところ，誤りのないこと
を申し立て，各葉の欄外に指印し，末尾に署名指印した。

　　　　　　　前　同　日

　　　　　　　西福岡警察署

　　　　　　　　司法警察員

　　　　　　　　巡査部長　　実　澤　雄　平　㊞

（各葉欄外の指印省略）

取調べ状況報告書

平成２２年７月５日

西福岡警察署長
　司法警察員警視　八　女　一　雄　殿

西福岡警察署
司法警察員巡査部長　実　澤　雄　平　㊞

　　取調べ状況を次のとおり報告する。

被疑者・被告人氏名等	福　上　三　郎	（昭和３３年３月２８日生）
逮捕・勾留の有無及び罪名	㊲・無	殺　人　未　遂
取調べ年月日	平成２２年７月５日	
取調べ時間	１０：０５～１１：０２ １３：０８～１３：３２ １４：０２～１７：０８	：　～　： ：　～　： ：　～　：
休憩時間	１１：４６～１３：０８ １３：３２～１４：０２ ：　～　：	：　～　： ：　～　： ：　～　：
取調べ場所	西福岡警察署刑事第一課５号取調室	
取調べ担当者氏名	西福岡警察署司法警察員巡査部長　実澤雄平	
被疑者供述調書作成事実	㊲・無	１　通
通訳人の有無及び通訳言語	有・㊲	
その他参考事項	㊲・無	・１１：０２～１１：４６は被疑者立会の見分実施。 ・１３：３２～１４：０２は面会のため中断した。

平成２２年７月５日　　　氏名　　福　上　三　郎　指印

取調べ状況報告書

平成２２年７月６日

西福岡警察署長
　司法警察員警視　八　女　一　雄　殿

西福岡警察署
司法警察員巡査部長　実　澤　雄　平　㊞

　　取調べ状況を次のとおり報告する。

被疑者・被告人氏名等	福　上　三　郎　　　　（昭和３３年３月２８日生）	
逮捕・勾留の有無及び罪名	⓪・無	殺　人　未　遂
取調べ年月日	平成２２年７月６日	
取調べ時間	１０：０２〜１１：４４ １３：４５〜１６：１８ 　：　〜　：	：　〜　： 　：　〜　： 　：　〜　：
休憩時間	１１：４４〜１３：４５ 　：　〜　： 　：　〜　：	：　〜　： 　：　〜　： 　：　〜　：
取調べ場所	西福岡警察署刑事第一課５号取調室	
取調べ担当者氏名	西福岡警察署司法警察員巡査部長　実澤雄平	
被疑者供述調書作成事実	有・⓪	通
通訳人の有無及び通訳言語	有・⓪	
その他参考事項	有・⓪	

　　平成２２年７月６日　　　　氏名　　　福　上　三　郎　指印

供 述 調 書

本　籍　　福岡市西浜区西の浜２丁目３番

住　居　　同市西浜区灘崎町１丁目２番３号

　　　　　　　　　　灘崎ハイツ１号棟２０５号室　福上次夫方

職　業　　無　職

氏　名　　　　　　　　　　　　福　上　三　郎

　　　　　　　　　　昭和３３年３月２８日生（５２歳）

　上記の者に対する殺人未遂被疑事件につき，平成２２年７月１１日，西福岡警察署において，本職は，あらかじめ被疑者に対し，自己の意思に反して供述をする必要がない旨を告げて取り調べたところ，任意次のとおり供述した。

1　　今日は，私が橋行を刺すのに使った果物ナイフのことや，橋行に負わせた傷のことなどについて話します。

2　　私が橋行を刺すのに使った果物ナイフは，自分の部屋に敷いてあった布団横の空き箱で作った紙箱に，文化包丁，木刀，孫の手などと一緒に，立てた状態で差し込むようにして入れてあったものです。

　　　この果物ナイフは

　　　　　全体の長さが２０センチメートルくらい

　　　　　刃の長さが１０センチメートルくらい

　　　　　刃の幅が２センチメートルくらい

　　　　　刃の厚みが１ミリメートルくらい

であり，片刃で刃の先端が鋭く尖っているものです。

　　　刃の表面には，文字や何かマークのようなものが入っていて，柄は黒色です。

このとき本職は，平成２２年６月２１日付け司法警察員塚井健太差押えに係る果物ナイフ（全長約２３センチメートル，刃体の長さ約１１．５センチメートル，黒色プラスチック製柄）１丁を被疑者に示した。

　　　今刑事さんに見せてもらった果物ナイフが，今回橋行を刺すために使ったものに間違いありません。

　　　大きさや形，刃に書かれた文字やマーク，それに刃は自分で研いでいた

－ 244 －

のでその研ぎ具合の感じなどからして，間違いなく私のものです。

3　　刑事さんからは，私が果物ナイフで橋行を刺したことで橋行が

　　　　　　左頸部刺創，右肩－頸部刺創，左前胸部刺創，右前胸部刺創

　　　　　　右側腹部刺創，左そけい部刺創

という怪我を負ったことを聞きました。

　私が橋行の身体めがけて何度も果物ナイフで刺したからこそ，このように たくさんの傷を負っているのであり，これらの傷の中には，果物ナイフ の刺さった深さや角度・方向などによっては致命傷になっていたものがあ るということも刑事さんから聞いて分かりましたが，こういう死んでもお かしくない傷を私がつけたことに間違いありません。

福 上 三 郎　指印

　以上のとおり録取して読み聞かせた上，閲覧させたところ，誤りのないこと を申し立て，各葉の欄外に指印し，末尾に署名指印した。

　　　　　前 同 日

　　　　　西福岡警察署

　　　　　司法警察員

　　　　　巡査部長　実 澤 雄 平　㊞

（各葉欄外の指印省略）

取調べ状況報告書

平成２２年７月１１日

西福岡警察署長
　司法警察員警視　八　女　一　雄　殿

　　　　　　　　　　　　　西福岡警察署
　　　　　　　　　　　　　司法警察員巡査部長　実　澤　雄　平　㊞

　取調べ状況を次のとおり報告する。

被疑者・被告人氏名等	福　上　三　郎	（昭和３３年３月２８日生）	
逮捕・勾留の有無 及　び　罪　名	㊲・無	殺　人　未　遂	
取　調　べ　年　月　日	平成２２年７月１１日		
取　調　べ　時　間	９：１５～１０：４３ １１：０６～１１：４９ １３：２７～１６：２０	：　　～　　： ：　　～　　： ：　　～　　：	
休　憩　時　間	１０：４３～１１：０６ １１：４９～１３：２７ ：　　～　　：	：　　～　　： ：　　～　　： ：　　～　　：	
取　調　べ　場　所	西福岡警察署刑事第一課５号取調室		
取調べ担当者氏名	西福岡警察署司法警察員巡査部長　実澤雄平		
被疑者供述調書作成事実	㊲・無	１　通	
通訳人の有無及び 通　訳　言　語	有・㊲		
その他参考事項	㊲・無	・１０：４３～１１：０６は面会のため中断した。	

平成２２年７月１１日　　　　氏名　　　福　上　三　郎　[指印]

5 関係書類追送書4

（7／30）

関 係 書 類 追 送 書

平成２２年７月３０日

福 岡 地 方 検 察 庁

検 事 正 山 笠 一 好 殿

西福岡警察署

司法警察員警視 八 女 一 雄 ㊞

下記被疑事件の関係書類を追送する。

被 疑 者 の 氏 名	福 上 三 郎
送 致 ・ 付 年 月 日	平成２２年６月２３日（西福刑－〇〇号）
送 致 ・ 付 罪 名	殺人未遂
主 任 検 察 官	博 田 検 事

追 送 書 類 目 録

文書の標目	作成年月日	作 成 者	供 述 者	丁数	検察官備考
別紙記載のとおり					

書　類　目　録			被　疑　者	福上三郎		
文　書　の　標　題	作成年月日	作　成　者	供　述　者	丁数	備　　考	
差押調書（乙）	22. 6. 21	塚井健太				
所有権放棄書	22. 7. 12	福上三郎				
捜査報告書 （被害者の着衣の領置経過）	22. 6. 21	早良香里				
任意提出書	22. 6. 21	橋行　梓				
領置調書（甲）	22. 6. 21	早良香里				
所有権放棄書	22. 7. 22	橋行　久				
捜査報告書 （被疑者の生活原資の裏付け）	22. 7. 12	大船義弘				
捜査報告書 （鑑定資料の採取及び鑑定結果）	22. 7. 12	河勝龍二				
取調べ状況報告書	22. 7. 12	実澤雄平				

					22年　領第1500号	

証 拠 金 品 総 目 録			被疑者	福 上 三 郎		
符号	品　名	数量	被差押人，差出人又は遺留者の住居，氏名	所有者の住居，氏名	備考	
					警察	検察官
1	果物ナイフ（全長約23センチメートル，刃体約11.5センチメートル，黒色プラスチック製柄）	1丁	福岡市西浜区灘崎町1丁目2番3号灘崎ハイツ1号棟205号室福上次夫方福上三郎	左　同	添付	
2	Tシャツ（白色，半袖）	1枚	福岡市東浜区渚3丁目5番7号　橋行　久	福岡市東浜区渚3丁目5番7号　橋行　久	添付	
3	シャツ（チェック柄，半袖）	1枚	同　上	同　上	添付	
4	ズボン（ベージュ色）	1着	同　上	同　上	添付	
5	トランクス（青色）	1枚	同　上	同　上	添付	
	以下余白					

差 押 調 書（乙）

平成２２年６月２１日

西福岡警察署派遣

福岡県警察本部刑事部機動捜査隊

司法警察員警部補 塚 井 健 太 ㊞

被疑者 福上三郎 に対する 殺人未遂 被疑事件につき，本職は，刑事訴訟法第 ２１３条 の規定により被疑者を逮捕するに当たり，その現場において，下記のとおり差押えをした。

記

1 差押えの日時

平成２２年６月２１日午後９時５３分

2 差押えの場所

福岡市西浜区灘崎町１丁目２番３号

灘崎ハイツ１号棟２０５号室福上次夫方居宅内

3 差押えの目的たる物

果物ナイフ１丁（全長約２３センチメートル，刃体約１１．５センチメートル，黒色プラスチック製柄）

4 差押えの立会人（住居，職業，氏名，年齢）

被疑者

福岡市西浜区灘崎町１丁目２番３号

灘崎ハイツ１号棟２０５号室福上次夫方

無 職 福 上 三 郎 （ふくうえ さぶろう）

昭和３３年３月２８日生（５２歳）

5 差押えをした物

別紙押収品目録記載のとおり

6 差押えの経過

－ 250 －

（1）本件は，平成２２年６月２１日午後８時１５分ころ，福岡市西浜区灘崎
　　町１丁目２番３号灘崎ハイツ１号棟２０５号室福上次夫方において発生し
　　た
　　　　　　　被疑者　　福　上　三　郎　　５２歳
　　にかかる刃物使用による殺人未遂事件である。

　　　本職らが現場臨場時，被害者はすでに救急車に収容されており，被疑者
　　については，現場である福上次夫方において，自己の右頸部に果物ナイフ
　　を押し当て
　　　　　　大変なことをしてしまった，責任をとって死ぬしかない
　　などと申し立て，自殺をほのめかしている状況であった。
（2）よって，本職らは，被疑者の説得に当たったものであるが，被疑者は一
　　向に説得に応じようとしなかった。
　　　　しかし，鋭意説得したところ
　　　　　　同日午後９時４６分ころ
　　ようやく被疑者が説得に応じ，所持していた
　　　　　　果物ナイフ１丁
　　を手渡したことから，これを本職が受け取り，被疑者に対し，本件犯行に
　　使用した刃物について聴取したところ，果物ナイフを犯行に使用した旨申
　　し立てたことから，同果物ナイフを確認したところ，先端部に血痕様のも
　　のの付着が認められた。
　　　　そして，被疑者から詳細を事情聴取した結果，本件を自供するに至った
　　ことから
　　　　　　同日午後９時５２分
　　被疑者を殺人未遂の事実で現行犯逮捕し，同日午後９時５３分，本件凶器
　　と特定した同果物ナイフ１丁を差し押さえたものである。
（3）本件差押物件である果物ナイフの形状等を明らかにするため，同ナイフ
　　のコピー２枚を添付する。

（注意）　物件の所在発見場所，発見者，発見の経緯等は，できるだけ具体的に捜索差押えの経過欄に記載
　　　すること。

					22年　領第　1500　号	
押 収 品 目 録				被疑者	福上三郎	

符号	番号	品　　名	数量	被差押人,差出人又は遺留者の住居,氏名	所有者の住居，氏名	備考
1	1	果物ナイフ （全長約２３センチメートル, 刃体約１１．５センチメートル, 黒色プラスチック製柄)	1丁	福岡市西浜区灘崎町1丁目2番3号灘崎ハイツ1号棟205号室福上次夫方　福上三郎	左　　　同	

（注意）　1　符号は，証拠金品総目録によって付ける押収物の整理番号である。
　　　　　2　検察官に送らないで処分したものについては，その旨を備考欄に記載すること。
　　　　　3　上部欄外の領置番号は，検察庁で記入する。

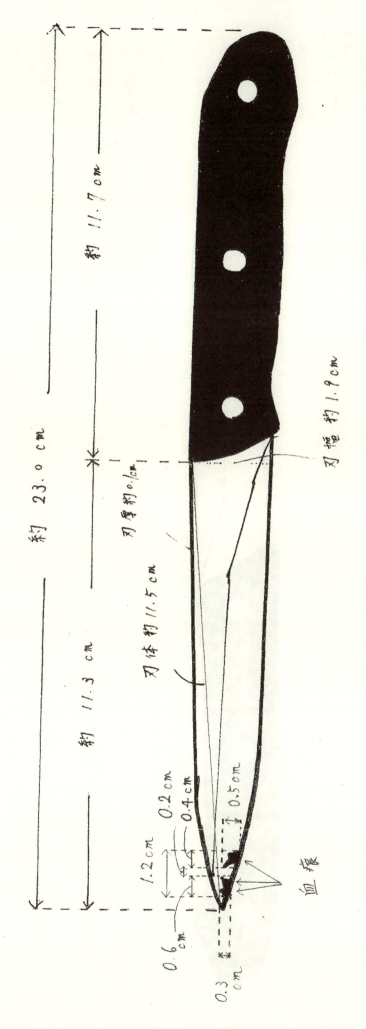

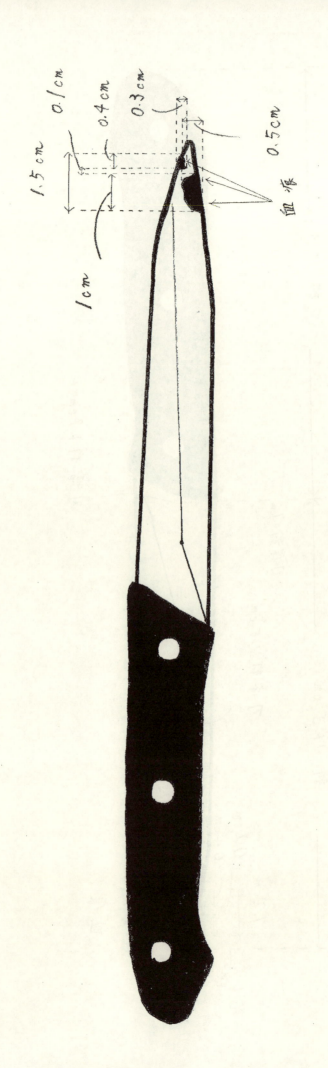

被疑者	福上三郎
罪　名	殺人未遂

所　有　権　放　棄　書

平成２２年　７月１２日

西福岡警察署長
　司法警察員警視　　八　女　一　雄　殿

　　　　　　　　住　居　　福岡市西浜区灘崎町１丁目２番３号
　　　　　　　　　　　　　灘崎ハイツ１号棟205号室福上次夫方
　　　　　　　　氏　名　　福　上　三　郎　指印

下記目録の物件について所有権を放棄します。

目　　　　　録

符号	番号	品　　　名	数量	備　考
1	1	果物ナイフ（全長約23センチメートル，刃体約11.5センチメートル，黒色プラスチック製柄）	1丁	
		印		

		取扱者印	印

捜 査 報 告 書

平成２２年６月２１日

西福岡警察署長

司法警察員警視 　八 女 一 雄 　殿

西福岡警察署

司法巡査 　早 良 香 里 　㊞

　被疑者福上三郎に係る殺人未遂被疑事件につき，被害者が被害時に着用していたシャツ等を領置した経過は下記のとおりであるから報告する。

記

1 　領置年月日

　平成２２年６月２１日

2 　領置場所

　領置調書（甲）のとおり

3 　提出者

　福岡市東浜区渚３丁目５番７号

　　　橋行 　梓 　　昭和３６年６月６日生（４９歳）

4 　領置物件

　領置調書（甲）のとおり

5 　領置経過

　平成２２年６月２１日，被疑者福上三郎に係る殺人未遂被疑事件につき，被害者橋行久が救急搬送された

　　　福岡市西浜区入江１丁目５番３号西福岡総合病院高度救急救命センターにおいて，被害者に付き添っていた同人の妻橋行梓が

　　　夫が刺されたとき着ていたものです

と任意提出したことから本職が領置したものである。

任 意 提 出 書

平成２２年６月２１日

西福岡警察署長
　　　司法警察員警視　八女一雄　殿

　　　　　　　住　居　　福岡市東浜区渚３丁目５番７号
　　　　　　　職　業　　無職　　（電話000-000-0000)
　　　　　　　氏　名　　橋行　梓　㊞　　　（４９歳）

　下記物件を任意に提出します。用済みの上は，処分意見欄記載のとおり処分してください。

提　出　物　件

番号	品　　　　名	数量	提出者処分意見	備　考
1	Ｔシャツ（白色，半袖）	1枚	用済後返却願います。	
2	シャツ（チェック柄，半袖)	1枚	同上	
3	ズボン（ベージュ色)	1着	同上	
4	トランクス（青色)	1枚	同上	
			㊞	

			22年　領第　1500　号	

領 置 調 書（甲）

差　出　人 住居，氏名	福岡市東浜区渚3丁目5番 7号　橋行　梓

平成22年6月21日

西福岡警察署
　　司法巡査　　　早 良 香 里　㊞

　被疑者　福上三郎　に対する　殺人未遂　被疑事件につき，本職は，平成
22年6月21日，福岡市西浜区入江1丁目5番3号西福岡総合病院高度救急
救命センターにおいて，差出人が任意に提出した下記目録の物件を領置した。

押 収 品 目 録

符号	番号	品　　　名	数量	所有者の住居，氏名	備考
2	1	Ｔシャツ（白色，半袖）	1枚	福岡市東浜区渚3丁目5番 7号　橋行　久	
3	2	シャツ（チェック柄，半袖）	1枚	同上	
4	3	ズボン（ベージュ色）	1着	同上	
5	4	トランクス（青色）	1枚	同上	
			㊞		

— 258 —

被疑者	福上三郎
罪　名	殺人未遂

所 有 権 放 棄 書

平成２２年　７月２２日

西福岡警察署長
　司法警察員警視　　八　女　一　雄　　殿

　　　　　　　　住　居　　福岡市東浜区渚３丁目５番７号
　　　　　　　　氏　名　　橋　行　　久　指印

　下記目録の物件について所有権を放棄します。

目　　　　　　　　録

符号	番号	品　　　　名	数量	備　　考
2	1	Ｔシャツ（白色，半袖）	1枚	
3	2	シャツ（チェック柄，半袖）	1枚	
4	3	ズボン（ベージュ色）	1着	
5	4	トランクス（青色）	1枚	
		印		

取扱者印	印

捜　査　報　告　書

平成２２年７月１２日

西福岡警察署長

　　司法警察員警視　　八　女　一　雄　殿

西福岡警察署

　　司法警察員警部補　　大　船　義　弘　㊞

　被疑者福上三郎に係る殺人未遂被疑事件につき，被疑者は取調べにおいて，実兄
方で居候を開始するに当たり生活原資として約１６０万円の現金を持参した旨供述
したことから，被疑者が金融機関に開設していた預貯金口座を精査した結果，同供
述が裏付けられたので報告する。

記

１　被疑者の供述

　　被疑者は，取調べにおいて

　　　　私は，実兄の福上次夫方で居候を開始するに当たり，生活原資として現
　　　金約１６０万円を持参し，必要時に使っていた

　　　　私が預貯金口座を開設していた金融機関は，ゆうちょ銀行，西福岡銀行
　　　の２行である

　　旨供述した。

２　捜査経過

（１）被疑者が開設していた預貯金口座について，捜査関係事項照会書をもって照
　　　会した結果

　　　　　西福岡銀行　　西浜支店
　　　　　ゆうちょ銀行　西浜支店

　　　に預貯金口座を開設していることが判明した。

（２）西福岡銀行（西浜支店）の口座について

　　　　被疑者が同支店に開設している普通預金口座（口座番号○○○○○○○）に

－ 260 －

ついては

最終残高変動日　平成２０年６月１４日（残高２３４円）

となっており，被疑者の供述を裏付ける原資を確認することはできなかった。

（３）ゆうちょ銀行（西浜支店）の口座について

　ア　被疑者が同支店に開設している通常貯金口座（記号番号○○○○○－○○○○○○○○）については，株式会社ゆうちょ銀行福岡貯金事務センターから回答を受けた郵便貯金総合サービス利用申込書及び通常貯金預払状況調書により

平成１９年８月１６日

に

現金１８０万円

を預け入れて新規開設したものであることが判明している。

　イ　被疑者は，実兄方での居候を開始した時期について，平成２１年３月ころと供述していることから，同時期付近の残高について通常貯金預払調書を確認したところ

平成２１年３月３１日

に，残高全額となる

１６４万２３１９円

を払い戻していることが確認された。

（４）以上，精査結果により，被疑者が実兄方での居候を開始した時期に，被疑者がそれまでゆうちょ銀行口座に保有していた１６０万円超の貯金を払い戻している事実が判明し，被疑者供述が裏付けられたものである。

（捜査関係事項照会書及び回答書は省略）

捜 査 報 告 書

平成２２年７月１２日

西福岡警察署長

　司法警察員警視　　八　女　一　雄　殿

　　　　　　　　　西福岡警察署

　　　　　　　　　　司法警察員警部補　　河　勝　龍　二　㊞

　被告人福上三郎に係る殺人未遂被告事件につき，発生現場及び被害者，被告人等から採取した鑑識資料の鑑定結果について次のとおり回答を得たので報告する。

　　　　　　　　　　　　　　　記

１　被害者橋行久の口腔内細胞の鑑定結果

　　平成２２年６月２５日西福岡総合病院高度救急救命センター１号室において

　　　　　　被害者　橋　行　　　久（当時４１歳）

　　から口腔内細胞の任意提出を受けてＤＮＡ型の鑑定資料とし，同日付け西刑一（鑑）第２００号の鑑定嘱託書で，福岡県警察本部刑事部科学捜査研究所へ送付した。

　　鑑定結果については，平成２２年７月２日付け福岡県警察本部刑事部科学捜査研究所技術職員〇〇〇〇作成の鑑定結果回答書のとおり。

　　（別紙「資料から検出されたＤＮＡ型」を参照）

２　被告人福上三郎の口腔内細胞の鑑定結果

　　平成２２年６月２５日西福岡警察署刑事第一課鑑識係室において

　　　　　　被告人　福　上　三　郎（当時５２歳）

　　から口腔内細胞の任意提出を受けてＤＮＡ型の鑑定資料とし，同日付け西刑一（鑑）第２０１号の鑑定嘱託書で，福岡県警察本部刑事部科学捜査研究所へ送付した。

　　鑑定結果については，平成２２年７月２日付け福岡県警察本部刑事部科学捜査研究所技術職員〇〇〇〇作成の鑑定結果回答書のとおり。

（別紙「資料から検出されたDNA型」を参照）

3 平成２２年６月２１日現場鑑識活動における鑑識資料

（１）現場指紋１９個

　　　（省略）

（２）血痕様のもの１１点

　　　採取箇所

　　　・ 居間１人掛け椅子上から採取（資料番号１）

　　　・ 居間床面から採取（資料番号２）

　　　・ 台所床面から採取（資料番号３）

　　　・ 台所流し台扉表面から採取（資料番号４）

　　　　（以下省略）

（３）現場指紋については，平成２２年６月２４日付け現場指掌紋送付書第４００
　　　号で福岡県警察本部刑事部鑑識課に送付した。

　　　対象結果については，平成２２年７月２日付け現場指掌紋対照結果通知書の
　　　とおり。（以下省略）

（４）血痕様のもの１１点のうち

　　　・ 居間１人掛け椅子上から採取（資料番号１）

　　　・ 居間床面から採取（資料番号２）

　　　・ 台所床面から採取（資料番号３）

　　　・ 台所流し台扉表面から採取（資料番号４）

　　を鑑定資料として抽出し，平成２２年６月３０日付け西刑一（鑑）第３００号
　　の鑑定嘱託書で福岡県警察本部刑事部科学捜査研究所へ送付した。

　　　鑑定結果については，平成２２年７月８日付け福岡県警察本部刑事部科学捜
　　査研究所技術職員○○○○作成の鑑定結果回答書のとおり，被害者橋行久の口
　　腔内細胞のDNA型と合致した。

4 果物ナイフから採取した血痕様のもの

　　平成２２年６月２８日，本件犯行に使用されたと認められる果物ナイフに付着
　　している血痕様のものをDNA型の鑑定資料として採取した。

　　　採取資料を平成２２年６月２８日付け西刑一（鑑）第２９０号の鑑定嘱託書で

福岡県警察本部刑事部科学捜査研究所へ送付した。

　鑑定結果については，平成２２年７月１２日付け福岡県警察本部刑事部科学捜査研究所技術職員○○○○作成の鑑定結果回答書のとおり，被害者橋行久の口腔内細胞のＤＮＡ型と合致した。

５　果物ナイフからの指紋検出

　平成２２年６月２８日，前記果物ナイフから血痕様のものの採取終了後，指紋検出を実施し，同日付け現場指掌紋送付書第４５０号で福岡県警察本部刑事部鑑識課へ送付した。

　対照結果については，平成２２年７月２日付け現場指掌紋対照結果通知書のとおり，対照不能であった。

６　被害者着衣から血痕様のもの採取

　　（省略）

７　被疑者着衣から血痕様のもの採取

　　（省略）

（別紙「資料から検出されたＤＮＡ型」は添付省略）

（鑑定嘱託書，鑑定結果回答書，現場指掌紋送付書・対照結果通知書は省略）

取調べ状況報告書

平成２２年７月１２日

西福岡警察署長
　司法警察員警視　八　女　一　雄　殿

　　　　　　　　　　　　　　　西福岡警察署
　　　　　　　　　　　　　　　司法警察員巡査部長　実　澤　雄　平　㊞

　取調べ状況を次のとおり報告する。

被疑者・被告人氏名等	福　上　三　郎　　　　　　（昭和３３年３月２８日生）		
逮捕・勾留の有無及び罪名	㊲・無	殺　人　未　遂	
取　調　べ　年　月　日	平成２２年７月１２日		
取　調　べ　時　間	９：１２～　９：５０ １０：５２～１１：４９ １３：０３～１６：２０	：　　～　　： ：　　～　　： ：　　～　　：	
休　憩　時　間	１１：４９～１３：０３ ：　　～　　： ：　　～　　：	：　　～　　： ：　　～　　： ：　　～　　：	
取　調　べ　場　所	西福岡警察署刑事第一課５号取調室		
取調べ担当者氏名	西福岡警察署司法警察員巡査部長　実澤雄平		
被疑者供述調書作成事実	有・㊣	通	
通訳人の有無及び通訳言語	有・㊣		
その他参考事項	㊲・無	・９：５０～１０：５２は弁護士接見のため中断した。	

平成２２年７月１２日　　　　氏名　　　福　上　三　郎　指印

6 検察官作成書類，勾留関係書類

書　類　目　録 （検察官作成書類, 勾留関係書類）			被　疑　者	福上三郎	
文　書　の　標　題	作成年月日	作　成　者	供　述　者	丁数	備　　考
供述調書	22. 7. 3	博田　守	橋行　久		
供述調書	22. 7. 3	博田　守	橋行　梓		
供述調書	22. 7. 5	博田　守	福上次夫		
弁解録取書	22. 6. 23	博田　守	福上三郎		
取調べ状況等報告書	22. 6. 23	桧原賢作			
取調べ状況等報告書	22. 7. 1	桧原賢作			
取調べ状況等報告書	22. 7. 8	桧原賢作			
供述調書	22. 7. 10	博田　守	福上三郎		
取調べ状況等報告書	22. 7. 10	桧原賢作			
録音・録画状況等報告書	22. 7. 10	博田　守			
勾留請求書	22. 6. 23	博田　守			
勾留状	22. 6. 24	並川平二			
勾留質問調書	22. 6. 24	並川平二			
勾留期間延長請求書	22. 7. 2	博田　守			

供 述 調 書

住 居　　福岡市東浜区渚３丁目５番７号

職 業　　塗装工

氏 名　　　　　　　　　　　　　　橋　行　久
　　　　　　　　　　　　　　　　　はし　ゆき　ひさし

　　　　　　　　　　　　昭和４４年２月３日生（４１歳）

　上記の者は，平成２２年７月３日，福岡地方検察庁において，本職に対し，任意
次のとおり供述した。

１　　私は，平成２２年６月２１日午後８時１５分ころ，福岡市西浜区内にある知
　　人の福上次夫さんの家で，福上次夫さんの弟である福上三郎から首や胸などを
　　ナイフで刺され，殺されそうになりました。

　　　これから，福上次夫さんのことは「福上さん」と，福上三郎のことは「三
　　郎」と言ってお話しします。

２　　私は，現在，塗装工として働き，自宅で妻と二人で生活しています。

　　　福上さんは，元々私の妻の知り合いでした。

　　　私は，平成２０年に妻と結婚していますが，結婚する数年前くらいに妻から
　　福上さんを紹介されて知り合い，結婚後は１～２か月に１度くらいの割合でお
　　互いの家を行き来して酒を飲んだり，食事をしたりする関係になりました。

　　　三郎は，福上さんの実の弟だと聞いています。

３　　私は，福上さんから，三郎が行き場をなくして去年の３月ころから福上さん
　　の部屋で居候を始めたと聞いていました。

　　　最初のうちは，仕事を見つけたら三郎はすぐにでも福上さんの部屋から出て
　　行くと思っていましたが，三郎はいつまでも福上さんの家に居候していました。

　　　福上さんは，三郎が居候を始めて１か月も経つと，私たちに

　　　　　俺も生活保護で暮らしとるから，あんまり長いと困るんやけど

　　　　　弟の行き先が決まるまで面倒を見ようと思っとったけど，こんな長く

　　　　おられるとは思わんかった

　　などと愚痴を言うようになりました。

４　　私が初めて三郎に会ったのは，去年の７月か８月くらいのことだったと記憶
　　しています。

私は，妻と，妻の姉と一緒に福上さんの家に遊びに行き，そのときに三郎と顔を合わせました。

　なお，この日は，三郎の誘いでみんな一緒にカラオケに行っています。

　次に私が三郎と会ったのは，去年の１１月ころのことです。

　このときも私たち夫婦と妻の姉で福上さんの家に遊びに行ったのですが，三郎が自分の部屋から出てこなかったので，私は三郎と話をしていません。

5　今年の３月か４月ころになると，福上さんは，三郎がいつまでも家にいることに困っている様子でした。

　私は，今年の５月上旬ころ，福上さんに頼まれて，三郎と今後のことについて話をしました。

　私が三郎に

　　　　いつまでもここにおるわけにはいかんでしょう

　　　　今後のことはどう考えとるんですか

　　　　仕事を探すなり，生活保護をもらうなりせんと

　　　　次夫さんとよく話した方がいいよ

などと言ったところ，三郎は

　　　　仕事は探しよる

　　　　昼に出歩くと兄貴に迷惑がかかるから，夜に出歩くようにしとる

　　　　俺だって自分なりに考えとる

などと言っていました。

　このときは，私も三郎もごく穏やかに話をしており，どちらかが怒ったり，大きな声を出すことはありませんでした。

　また，私の妻もこのとき一緒にいましたが，妻とも言い合いになるようなこともありませんでした。

　その後，私は，福上さんから，三郎が６月末までに福上さんの家を出て行くという約束をしたという話を聞きました。

6　次に私が福上さんの家に行ったのが，今回の事件があった６月２１日でした。

　この日，私は，仕事が休みで，妻と自宅にいたのですが，午後４時ころになって妻と，福上さんはどうしているだろうなどと話をしました。

福上さんとはしばらく会っていませんでしたし，三郎が出て行く時期が近付いていたので，様子を見に行くことにしました。

私たちは，福上さんの家の近くにあるスーパーでビールなどを買って，午後5時ころに福上さんの家に着きました。

福上さんの家には福上さんが一人でいて，三郎はいませんでした。

私たちが買ってきたビールなどを，福上さんと一緒に飲んでいたところ，しばらくして三郎が帰ってきました。

三郎は，開けっ放しだった玄関のドアから物音を立てずに静かに入ってきました。

私が座っていた場所からは三郎の姿が見えましたが，三郎は福上さんにも声をかけずに黙って自分の部屋に入って行きました。

その後も，私たちは，福上さんの家の居間で，焼酎の水割りなどを飲んでいました。

居間にはテーブルを挟んで，背もたれのあるソファと背もたれのない椅子が置かれていたのですが，そのうち背もたれのあるソファに福上さんが一人で座り，背もたれのない椅子に，私と妻が，福上さんと向かい合うようにして座っていました。

私たちは，しばらくの間，世間話をしたり，他愛のない話をしていました。

7　やがて私は，ふと居間の中を見回しました。

三郎は，あと10日くらいで福上さんの家を出て行くはずなのに，荷物をまとめている様子はありませんでした。

それで私は，福上さんに

　　　　三郎さんはどうなってんの

と，三郎が出て行く話はどうなったのか尋ねました。

すると，福上さんは

　　　　どうなっとるんやろう

　　　　出る気もないし，動きがないんやけど

などと困ったように言っていました。

私は，以前から私の妻が福上さんから三郎のことについて相談されていたこ

とを知っていましたので，三郎に話をしに行こうと思いました。

　本当であれば，福上さんと三郎との兄弟間の話ですが，福上さんは困っていた様子でしたし，福上さんが何回も妻に電話をして相談をしていたので，私から話をしてみようと思ったのです。

　それで私は，福上さんに

　　　　僕が行きましょうか

と，三郎に話をしようかという意味のことを言ったところ，福上さんは

　　　　あー頼む

　　　　俺が言うとけんかになるから，ここ何日かは口も聞いとらん

などと言いました。

8　　それで私は，立ち上がって一人で三郎の部屋の前へ行き，閉まっていた扉を叩いて

　　　　三郎さん

と呼びかけました。

　すると，部屋のドアが少し開き，三郎が布団の上に座って私の方を見ているのが見えました。

　私は，三郎に

　　　　おい三郎さん，挨拶くらいしてもいいんじゃない

　　　　話があるから，ちょっとこっちに来んね

などと声をかけました。

　このとき私は，別に怒鳴ったりしたわけではありませんが，私自身，三郎がいつまでも福上さんの家にいることを快く思っていなかったので，少し強めの口調になっていたと思います。

　三郎は，私に

　　　　分かった

と答えました。

　私は，三郎が居間に来ると分かり，先に居間に戻ると，元の場所に座って，福上さんに

　　　　来るって

と言いました。

9　それから1分もしないうちに三郎がゆっくりと居間に入ってきて，座っていた私の左斜め前あたりに立ち，私を見下ろしながら

　　　　何でお前に挨拶せないかんとか

などと言いました。

　　そこで私が三郎に

　　　　座って話をせんね

などと声をかけると，三郎は黙ってその場にしゃがみました。

　　この後の出来事については，先日，私が病院にいた間に警察官に説明をして，警察官が私や三郎など，その場にいた人の代役になって再現をしていますから，その写真を確認しながら説明します。

このとき本職は，供述人に対し，平成22年6月25日付け司法警察員大船義弘作成に係る実況見分調書添付の写真番号3部分について，その写しを示し，これを本調書末尾に添付することとした。

　　この写真は，三郎が私の前にしゃがんだ様子を再現したもので，写真左側に座っている男性が私の代役，その右側にしゃがんでいる男性が三郎の代役ですが，実際には，私が座っていた椅子はもっと低いものだったので，しゃがんだ三郎の目線と座っていた私の目線は同じくらいの高さでした。

　　また，写真では三郎役の両手が膝の上に置かれていますが，実際にこのとき三郎の両手がどうなっていたかははっきりと記憶していません。

　　三郎は，床に尻をつけず，キャッチャーのような姿勢でしゃがんでいました。

　　私は，しゃがんだ三郎に

　　　　人として挨拶くらいちゃんとせんね

と言いました。

　　すると，三郎は

　　　　何でいちいちお前に挨拶をせないかんのか

などと言い返してきました。

　　このとき三郎の唇は少し震えており，私は，何で三郎はこんなに怒っているのかと不思議に思った記憶があります。

私は，以前三郎に会った際には，特にけんかをしたこともなく，この日も三
　郎の悪口を言っていたわけではありませんでした。

　　　私は，三郎がけんか腰だったので，三郎に

　　　　　今月いっぱいで出るって話はどうなった

　と言い返しました。

　　　すると，三郎は，興奮したような口調で

　　　　　お前に何の関係があるんや

　　　　　お前なんかに言われる筋合いはない

　と言いました。

　　　私と三郎がこのような話をしていたとき，妻も福上さんもその場にいました
　が，口を挟んだりはしませんでした。

　　　ただいま検察官から，私が三郎に「お前のそういう態度が周りの人間に迷惑
　をかける」などと言ったことはないかと尋ねられましたが，同じような意味合
　いのことを言いました。

　　　私は，事件当時，いつまでも三郎が福上さんの家にいても何も始まらないし，
　他の人にも迷惑だという意味のことを言ったと記憶しています。

10　　そして三郎は，突然，しゃがんだ姿勢から立ち上がり，椅子に座ったまま
　　だった私の首の左側に右手を真っ直ぐ伸ばしてきました。

このとき本職は，供述人に対し，前記実況見分調書添付の写真番号４部分について，
その写しを示し，これを本調書末尾に添付することとした。

　　　この写真は，三郎が私の左首に右手を伸ばしてきた様子を再現したものです。

　　　この写真では，私の代役は，真っ直ぐ座った形になっていますが，私は三郎
　の手が伸びてきたとき，殴られると思って反射的に上半身を後ろに反らせまし
　た。

　　　私は，三郎の右手が首に伸びてきた直後に首の左側にズキッとした鋭い痛み
　を感じました。

　　　私は，反射的に，痛みを感じた場所を右手で押さえ，立っていた三郎の姿を
　見ました。

　　　三郎は，銀色に光る鋭いナイフを右手に持っていました。

－ 273 －

そのナイフの刃の長さは１０センチくらいはあったと思います。

私が痛みを感じた場所を押さえた右手には，ぬるりとした生温かい液体の感触があり，その右手を首から離して見たところ，手のひらは血で真っ赤になっていました。

それで私は，三郎が私の首をナイフで刺したことが分かりました。

私は，三郎に殺されると思いました。

三郎は，いきなりナイフで首を刺してきましたし，首からはかなりの血が出ていました。

このとき私は，もうじき私の目の前が暗くなってきて，死んでしまうのだと覚悟しました。

11　　その直後，三郎は，上半身を後ろに倒したままの状態だった私に，覆い被さるような体勢になって，私の腹の右側をナイフで刺しました。

さらに，三郎は立て続けに私の左足の付け根あたりもナイフで刺しました。
このとき本職は，供述人に対し，前記捜査報告書添付の写真番号７及び８部分について，各写しを示し，これらを本調書末尾に添付することとした。

これらの写真は，私が腹の右側と左足の付け根を刺された様子を再現したものです。

写真番号８では，私の妻役の女性や福上さん役の男性が三郎役の男性を押さえた形になっていますが，実際に妻や福上さんが三郎を押さえたのは，私が左足の付け根を刺された直後でした。

妻は，座っていた椅子から立ち上がって

　　　何やってんの，二郎さん

などと言いながら，三郎が持っていたナイフを両手で押さえようとしました。

また，福上さんは，立ち上がって三郎の背後に回り込み，三郎を両手で羽交い締めにして

　　　お前，何してんのか

などと怒鳴りながら，三郎を後ろに引っ張り，台所の方に連れて行きました。

12　　三郎は，福上さんに羽交い締めにされながらも，持っていたナイフを私に向かって突き出すような姿勢をとっていました。

－ 274 －

私は，三郎が福上さんに羽交い締めにされていながら，まだナイフを放していなかったので，このままでは妻も福上さんも三郎に刺されると思い，三郎のナイフを取り上げなければいけないと考えました。

　私は，立ち上がって，正面から三郎に近付き，三郎が持っていたナイフを取り上げようとしました。

　三郎は，ナイフを取り上げようとした私の手を振りほどいて，持っていたナイフで私の左右の胸を刺しました。

　右と左，どちらを先に刺されたかははっきり思い出せませんが，立て続けに２回刺されています。

このとき本職は，供述人に対し，前記実況見分調書添付の写真番号 10 及び 11 について，各写しを示し，これらを本調書末尾に添付することとした。

　これらの写真は，私が三郎に左右の胸を刺された様子を再現したものです。

　写真では，先に左胸を刺されたようになっていますが，実際の順序ははっきりしません。

13　福上さんは，三郎を羽交い締めにしながら，警察を呼べなどと言っており，三郎に対しては

　　　　お前自分が何をしたか分かってんのか

と叱りつけていました。

　私は，胸を刺された後も三郎のナイフを取り上げようとしましたが，やがて妻に手をつかまれ

　　　　危ないから行くよ

と声をかけられ，引っ張られました。

　私は，妻から引っ張られたことで，三郎に背中を向ける体勢になりました。

　私が三郎に背中を向けて居間を出ようとしたところ，私は，右肩にザクッという感触と激しい痛みを感じました。

　それで私は，三郎に背後からさらにナイフで刺されたのだと思いました。

このとき本職は，供述人に対し，前記実況見分調書添付の写真番号 13 部分について，その写しを示し，これを本調書末尾に添付することとした。

　この写真は，私が三郎に背後から刺されたことを再現したものですが，実際

には三郎が私を刺したときの姿勢や福上さんの姿勢は，私の位置からは見えていません。

この写真は，当時の状況や私の傷などから，福上さんや三郎の姿勢はこのようなものだっただろうと考えて再現しているものであり，私が見たままを再現しているわけではありません。

14　私は，妻に引っ張られて福上さんの家を出て，階段を降りました。

このとき妻は，持っていた携帯電話で１１０番通報をしていました。

警察の記録では，妻が１１０番通報した時間が午後８時１８分だったと聞きましたが，そうであれば，私が最初に三郎から刺されたのはその３分くらい前の午後８時１５分ころだと思います。

15　それから私は，救急車で病院に運ばれて治療を受け，そのまま７月１日まで入院しました。

お医者さんの話では，右肩から首に向かっている刺し傷は，あと１センチ深ければ頸動脈を傷つけて，私が死ぬような怪我になっていたそうですし，首の左側の傷も頸動脈に近く，少しずれていれば死にかねない傷だったと聞いています。

私は，死ぬことはありませんでしたが，それは傷の場所が大きな血管から少しずれていたという幸運による結果でした。

現在，怪我の治療は終わり，抜糸も終わっていますが，怪我が完全に治ったわけではありません。

首の左側の傷は，神経を傷つけていたようで，私の左の耳たぶから左あごにかけての部分はしびれたような感じで，感覚が戻りません。

退院はしましたが，しばらくは自宅で静養しなければならず，仕事に戻れるのがいつになるかも分かりません。

仕事は徐々に始めるつもりですが，本格的に仕事ができる時期はまだ分からないのです。

また，今でも刺されたときの場面を思い出します。

眠ろうとしたときにパッと事件の場面が頭に浮かび，飛び起きることもあります。

そういうときには動悸が激しくなっています。

　私は，元々不整脈の持病があるのですが，事件後，刺されたときのことを思い出すと，不整脈が激しくなります。

16　　三郎に対しては，正直に言えば，同じ目に遭わせてやりたいとさえ思いますが，そんなことをすれば世の中から非難されるので，そんなことを言うべきではないということも分かっています。

　しかし，私は，同じ目に遭わせてやりたいと思うほど，三郎が憎いのです。

　私は，あの日，三郎にもう一歩踏み込まれていたら，今こうして話をすることさえできなかったかもしれないのです。

　そう考えると，三郎に対しては厳しく処罰をしてもらい，やったことの償いをさせてほしいと願っています。

橋　行　　久 ㊞

供述人の目の前で，上記のとおり口述して録取し，読み聞かせ，かつ，閲読させたところ，誤りのないことを申し立て，末尾に署名押印した上，各ページ欄外に押印した。

　前　同　日

　　　福岡地方検察庁

　　　　検察官検事　博　田　　守 ㊞

　　　　検察事務官　桧　原　賢　作 ㊞

（各ページ欄外の押印省略）

－ 277 －

写真番号
3

（被疑者　福上三郎役）

被害者

写真番号 4

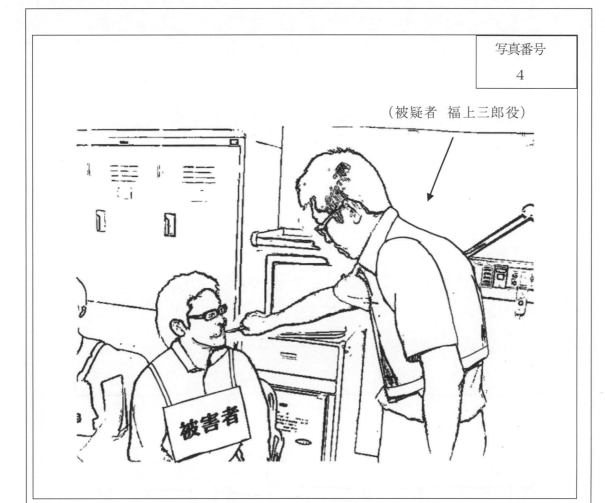

（被疑者　福上三郎役）

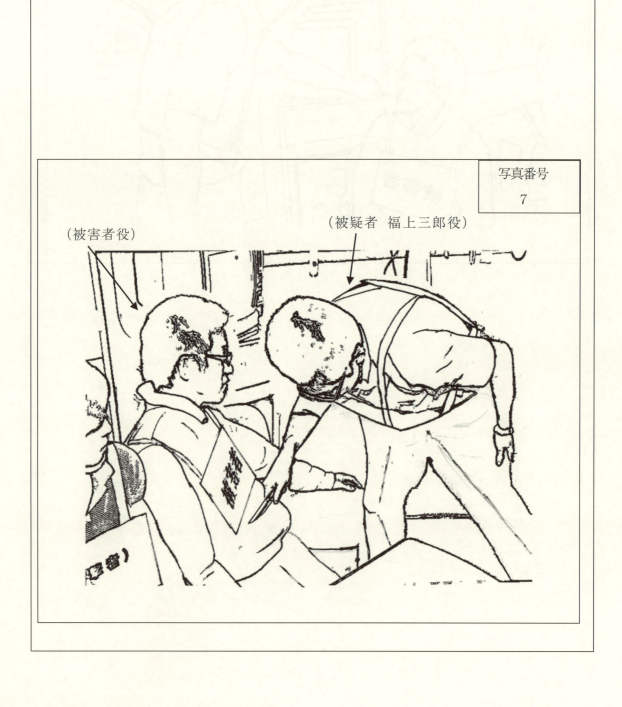

写真番号 7

（被害者役）　（被疑者　福上三郎役）

写真番号
8

（目撃者　橋行　梓役）

（被疑者　福上三郎役）

（目撃者　福上次夫役）

（被害者役）

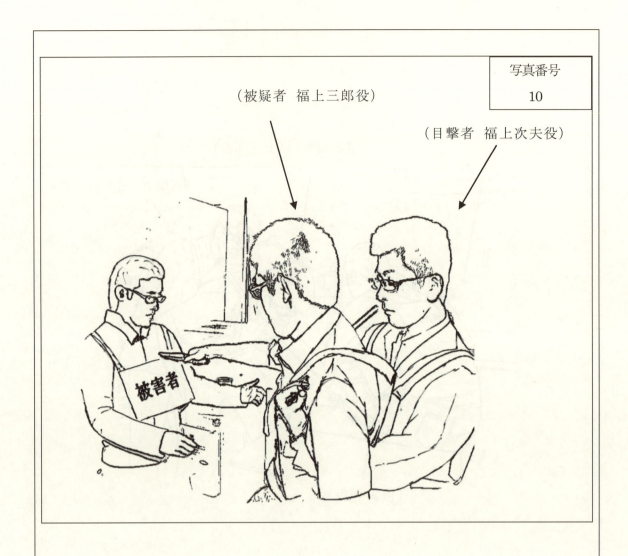

写真番号 11

（被害者役）
（被疑者 福上三郎役）
（目撃者 福上次夫役）

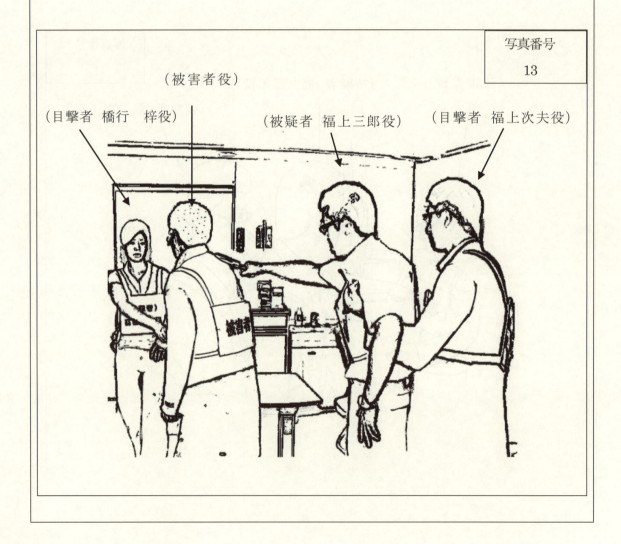

供 述 調 書

住　居　　福岡市東浜区渚３丁目５番７号

職　業　　無　職

氏　名　　　　　　　　　　　　　　橋　行　　梓
　　　　　　　　　　　　　　　　　はし　ゆき　　あずさ

　　　　　　　　　　　　昭和３６年６月６日生（４９歳）

　上記の者は，平成２２年７月３日，福岡地方検察庁において，本職に対し，任意次のとおり供述した。

１　　私は，平成２２年６月２１日に福上三郎に刺されて殺されそうになった橋行久の妻です。

　　事件があったとき，私はその場にいましたが，結論から言うと，私がいた場所からは夫が刺された様子がはっきりとは見えていません。

　　これから，私たち夫婦と福上三郎の関係や，事件当時のことをお話しします。

　　なお，福上三郎のことは夫を刺した犯人なので「犯人」と呼び，犯人の兄である福上次夫さんのことは「福上さん」と呼んでお話しします。

２　　私は，福上さんとは地元が同じで，私の姉と犯人は学校の同級生でしたが，私自身は福上さんとも犯人ともずっと面識はありませんでした。

　　私は，姉を通じて福上さんと知り合い，福上さんの家に居候していた犯人と会いました。

　　私が犯人と初めて会ったのは，去年の７月ころでした。

　　私は，福上さんから，犯人が去年の３月ころから福上さんの家で居候していると聞いていました。

　　福上さんは

　　　　　弟は行くところがないので，家に置いてやっている

　　などと言っていましたが，私は，福上さんが生活保護をもらっていることを知っていましたから，生活保護をもらいながら他人を家に住まわせるのはよくないと思い，福上さんに

　　　　　保護をもらってんだから，長い間はいかんよ

　　などと，早めに犯人に出てもらった方がいいとアドバイスをしたこともありました。

私は，去年の７月に福上さんの家で犯人と会い，去年の１１月ころには犯人
に

　　　　先のことはどう考えてんの

　　　　保護もらうなり，仕事に就くなり，早くした方がいいよ

と話したこともありました。

　このとき犯人は，先のことを考えているというようなことを言っていました
が，福上さんの話では，犯人は仕事を探している様子はなく，夜に出歩いてい
るとのことでした。

　ですから，私は，犯人が将来のことを真面目に考えているのか疑問に思って
いました。

　今年の４月か５月ころになると，福上さんは

　　　　弟が出て行かなくて困ってる

などと，犯人がいつまでも居候を続けていることがストレスになっているとい
う話をしていました。

　それで私の夫が犯人に対して，早く福上さんの家を出た方がいいと話したこ
ともありました。

　私や夫が犯人に将来のことを話した際には，特に言い合いになったり，雰囲
気が悪くなったようなことはありませんでした。

　私も夫も第三者の立場で助言をして，犯人も私たちの言うことを普通に聞い
ていたと思います。

　その後，私は，福上さんから，犯人が６月末には福上さんの家を出ると約束
したと聞きました。

3　今回の事件当日の６月２１日は，夫の仕事が休みで，夫と一緒に家にいたと
ころ，どちらからともなく

　　　　　福上さんのところはどうなったやろうか

などと話をし，犯人と同居をしてストレスがたまっているであろう福上さんの
様子を見に行くため，福上さんの家に行くことにしました。

　私と夫は，福上さんの家の近くにあるスーパーでビールなどを買って，午後
５時ころに福上さんの家に着きました。

－ 286 －

犯人は出かけていて，福上さんが一人で家にいました。

　　私たちは，福上さんと一緒に，福上さんの家の居間で，買ってきたビールなどを飲んでいました。

　　しばらくして夫が，犯人が帰ってきたという意味のことを言いましたが，そのとき私は台所に立っていたので，犯人の姿は見ていません。

　　その後，私たちは，焼酎の水割りなどを飲みました。

　　福上さんは，背もたれのあるソファに一人で座り，私と夫は，テーブルを挟んで向かい側にある背もたれのない四角い椅子に並んで座りました。

4　　しばらくして，夫は，居間の中を見回し

　　　　　出て行く様子がないね

などと言いました。

　　これは，犯人が６月末には出て行くという約束なのに，６月２１日になっても荷物をまとめている様子がないという意味でした。

　　すると福上さんは，夫に

　　　　　そうなんよ，それで困っとる

　　　　　一言言ってもらえんかね

などと，犯人が出て行かないことに困っているので，夫から犯人に福上さんの家を出るよう言ってほしいと言いました。

　　夫は，福上さんの頼みを引き受けて立ち上がると，一人で犯人の部屋に向かいました。

　　私は，そのまま居間に座っており，このとき居間では演歌のテープをかけていたので，夫と犯人の会話はよく聞こえませんでした。

　　夫は犯人に「挨拶くらいしてもいいんじゃない」などと言っていたようですが，そのほかの言葉は聞き取れませんでした。

5　　しばらくして夫が居間に戻り，元の場所に座りながら

　　　　　今来るから

と言いました。

　　それから間もなく，犯人はゆっくりと歩きながら居間に入ってきました。

　　このときの犯人の目つきは，それまで会ったときの目とは違っていて，きつ

－ 287 －

い目をしていたことが印象に残っています。

　犯人は，居間に入ると，夫が座っていた横にしゃがみました。

　犯人は，それまでに居間で話をしたときには胡座をかいて座っていたのに，この日は尻をつけずにしゃがみ込む姿勢で座りました。

　私は，犯人がしゃがんだのを見て，どうしてだろうと疑問に思った記憶があります。

　ただ，私は，正直なところ，犯人のことがあまり好きではなかったので，犯人の顔や行動などはよく見ていませんでした。

このとき本職は，供述人に対し，平成２２年６月２６日付け司法警察員田地亮介作成に係る実況見分調書添付の写真番号２部分について，その写しを示し，これを本調書末尾に添付することとした。

　この写真は，警察官に，私や夫，福上さんや犯人の代役になってもらい，私が説明をして事件が起きたときの様子を再現したときの写真で，犯人が夫の前にしゃがんだときの様子を再現したものです。

　写真の一番右側に座っている男性が福上さん役，その左にしゃがんでいる男性が犯人役，更にその左に座っている男性が夫の役，そして一番左側に座っている女性が私の役です。

　なお，私は立会人として真ん中に座っています。

　写真では，私役や夫役の人が椅子に座っていますが，実際には福上さんの家にあった四角いソファに座っており，座ったときの高さはこの写真よりも低くなります。

　犯人はこの写真のような姿勢と位置でしゃがみました。

　そして，夫と犯人が話をしました。

　話をしていた時間はそれほど長くなかったと思いますが，私は，夫が刺されたときのショックが強く，夫が刺される前に犯人とどのような会話をしていたか，全部は覚えていません。

　私が覚えているのは，夫が犯人に

　　　　　６月いっぱいで出るって聞いとるけど，それで大丈夫なんか

と言っていたことと，それに対して犯人が興奮したように

－ 288 －

　　　　　お前に何の関係があるんか

と言っていたことです。

6　　犯人は，夫に「お前に何の関係があるんか」などと言った後，夫の方につか
みかかるような感じになりました。

　　私は，その場面をはっきり見ていたわけではありませんが，犯人が動いた直
後に夫が私の方に倒れ込んできたので，夫が犯人に殴られたのかと思って，夫
の方に振り返りました。

　　そのとき夫は，身体を起こそうとしていたところで，夫が着ていたシャツの
左肩あたりが真っ赤になっていました。

　　私は，びっくりして犯人を見ました。

　　すると，犯人は，夫の目の前に立って，右手に刃物を持ち，その刃物を夫に
向けていました。

このとき本職は，供述人に対し，前記実況見分調書添付の写真番号4部分について，
その写しを示し，これを本調書末尾に添付することとした。

　　この写真は，私が夫のシャツの左肩あたりが真っ赤になっていたのと犯人が
刃物を持っていたのを見た様子を再現したものです。

　　私は，犯人が持っていた刃物を見て，夫のシャツが赤くなったのは，夫が犯
人に刺されて血を流しているからだと分かりました。

　　私は，夫のシャツがずいぶんと血で赤くなっていると思い，やばいと思って
急いで立ち上がり

　　　　　何してんの

などと言いながら，犯人の横から手を伸ばし，犯人が持っていたナイフを両手
で押し返すようにしながら取り上げようとしました。

　　私が犯人からナイフを取り上げようとする前や，取り上げようとしていたと
きに，犯人が夫に覆い被さって夫をさらに刺していたかどうかははっきりと思
い出せません。

　　私が犯人からナイフを取り上げようとしていたところ，福上さんもソファか
ら立ち上がり，犯人の後ろに回り込んで，背中から犯人を両腕で羽交い締めに
しました。

福上さんは，犯人に

　　　　何してんのか

などと言いながら，犯人を引っ張って台所の方に連れて行こうとしていました。

　すると，夫は，羽交い締めにされた犯人に近付いて行きました。

　しかし，私のいた場所からでは，夫と犯人が何をしていたのかは見えません
でした。

　私は，犯人には近付くことができず，福上さんが警察を呼べなどと言ってい
たので，急いで福上さんの家を出て，向かい側の家のチャイムを鳴らしました。

　しかし，向かいの家からは誰も出てきませんでした。

　私は，夫をいつまでも犯人の家にいさせると，夫がまた刺されるのではない
かと思い，福上さんの家に戻りました。

　そして私は，居間と台所の境目あたりに立っていた夫の腕をつかみ

　　　　ここから出なきゃいかん

などと言いながら，夫を引っ張りました。

　その際，夫は犯人に背中を向けるような姿勢になって，居間から出て行きま
した。

　このとき私は，夫を連れ出すことに夢中だったので，犯人が居間を出ようと
した夫に何かしたかどうかは分かりません。

　私は夫の腕を引っ張って，福上さんの家から連れ出し，私の携帯電話で１１
０番通報をしました。

　１１０番通報をしたのは，最初に夫が刺されてから３分くらい後のことだっ
たと思います。

　私が１１０番通報をした時間は午後８時１８分でしたから，夫は，午後８時
１５分ころに犯人から最初に刺されたことになります。

　その後，私は救急車で運ばれた夫と一緒に病院に来たので，私たちが家を出
た後，犯人と福上さんが何をしていたかは分かりません。

　夫は病院で手当を受けて一命を取り留めましたが，私は，犯人を許しません。

　そもそも，ナイフを使って人を刺すということ自体が許せないことです。

　私は，夫が刺された場面は見ていませんが，夫のシャツが血に染まった様子

を見て，夫が死んでしまうと恐ろしい思いをしました。

　事件の後，私は，よく眠れなくなりました。

　寝ようとすると，夫のシャツが血で染まっていた場面や，犯人がナイフを持っていた場面が目に浮かび，怖くて眠れないのです。

　夫が入院していたときには，夜に家に帰ると，一人だけだったので，窓を開けると誰か入ってくるのではないかと考え，不安や恐怖を感じていました。

　夫にひどい怪我をさせ，私にも怖い思いをさせた犯人のことは絶対に許しません。

　厳しい刑にしてほしいと思います。

橋　行　　梓　㊞

　供述人の目の前で，上記のとおり口述して録取し，読み聞かせ，かつ，閲読させたところ，誤りのないことを申し立て，末尾に署名押印した上，各ページ欄外に押印した。

　　前　同　日

　　　　福岡地方検察庁

　　　　　検察官検事　　博　田　　守　㊞

　　　　　検察事務官　　桧　原　賢　作　㊞

（各ページ欄外の押印省略）

写真番号
2

（被疑者 福上三郎役）

（目撃者 橋行　梓役）（被害者 橋行　久役）（立会人）　　　　　　（目撃者 福上次夫役）

写真番号
4

（目撃者 橋行　梓役）（被害者 橋行　久役）（被疑者 福上三郎役）（目撃者 福上次夫役）

供　述　調　書

住　居　　福岡市西浜区灘崎町1丁目2番3号灘崎ハイツ1号棟205号室

職　業　　無職

氏　名　　　　　　　　　　　　　福　上　次　夫
　　　　　　　　　　　　　　　　（ふく　うえ　つぎ　お）
　　　　　　　　　　　　　　　昭和29年4月26日生（56歳）

　上記の者は，平成22年7月5日，福岡地方検察庁において，本職に対し，任意
次のとおり供述した。

1　　私は，平成22年6月21日に，私の弟である福上三郎が，私の家の居間で，
私の知人である橋行久の首などをナイフで刺したとき，その場にいました。

　　これから，福上三郎のことは「三郎」と，橋行久のことは「橋行」と，橋行
の妻の橋行梓のことは「梓」と言って説明します。

2　　初めに，三郎が私の家に居候していたことを話します。

　　三郎は，地元の高校を卒業後，溶接工として働いていましたが，今は仕事を
していません。

　　三郎は，福岡市西浜区内で妻子と暮らしていましたが，仕事をしなかったた
めに妻とうまくいかず，行き場をなくして去年の3月ころに私の家で居候を始
めました。

　　私は，三郎から家族とうまくいっていないと聞いて，三郎に

　　　　　仕事が見つかるまでうちに来い

と言ってやりました。

　　私も以前自分が自立できるまでの間，知り合いの家で居候させてもらったこ
とがあり，そのときの経験から，三郎は2，3か月もすれば仕事を見つけて自
立するだろうと思っていました。

　　ところが，三郎は，私の家で居候を始めても，なかなか出て行きませんでし
た。

　　ハローワークに行ったという話は聞いたことがありませんし，夜になると毎
晩のように飲み歩いていました。

　　三郎が私の家に居候を始めたころは，私も三郎が寂しいだろうと思い，話し
かけたり，一緒に食事をしたりしていましたが，三郎が私に「よくしゃべる

な」などと言うので，そのうち同じ家にいても顔を合わせたり，話をすること
もほとんどなくなりました。

　私は，仕事をするにしても，しないにしても，三郎に金が残っているうちに
どこか部屋を借りて自立した方がいいと思っていました。

　また，私は，今年の４月ころからは，三郎に

　　　　　　仕事が見つからんなら，生活保護をもらったらどうや

などとアドバイスをしたり，私が世話になっているケースワーカーを三郎に教
えたりもしましたが，三郎は自分からは何もしている様子はありませんでした。

　私は，正直なところ，三郎がいつまでも私の家から出て行かないことに困っ
ていました。

　私は，生活保護をもらっていたので，三郎を住まわせていることがばれると，
生活保護を打ち切られるかもしれないと思っていました。

　それで，私は，三郎のことについて，私の知り合いである橋行夫婦に相談し
ていました。

　私は，元々，梓と知り合いで，梓が結婚するときに紹介されて橋行と知り合
いました。

　私は，橋行夫婦とは時々会って，一緒に食事をしたり，酒を飲んだりする関
係でした。

　三郎が居候を始めた後，橋行夫婦が私の家に遊びに来たことがあり，三郎は
橋行夫婦と一緒に食事をしたり，カラオケに行ったこともありました。

　また，三郎は，今回の事件までは，橋行夫婦とけんかをしたことはなく，仲
が悪いようには見えませんでした。

　私は，今年５月ころ，橋行夫婦に，早く自立するよう三郎に注意してもらっ
たことがありました。

　橋行夫婦は，三郎に

　　　　　　早く出て行った方がいい

と言ってくれたようですが，そのときも三郎と橋行夫婦がけんかになるような
ことはありませんでした。

　私は，このままでは三郎が自立しないと思い，三郎が私の家を出る期限を

切った方がいいと思いました。

　それで私は，三郎と話し合って，６月中には三郎に出て行ってもらうことにしました。

3　　事件があった６月２１日のことを話します。

　この日の午後に梓から電話があって，橋行夫婦が遊びに来ることになり，午後５時ころ，二人が酒を持って私の家に来てくれました。

　橋行夫婦が来たとき，三郎はどこかに出かけていて留守でした。

　私が橋行夫婦と居間で飲み始めてしばらくすると，橋行が

　　　　　三郎さん帰ってきたよ

などと言いました。

　しかし，三郎は，居間にいた私たちには何も声をかけずに黙って自分の部屋に入りました。

　その後も，私と橋行夫婦は，居間で酒を飲んでいました。

　私は，背もたれのあるソファに座り，橋行夫婦はテーブルを挟んで向かい側の背もたれのない四角い椅子に並んで座っていました。

　そのうち，何がきっかけとなったかは覚えていないのですが，三郎の話題になりました。

　私は，橋行夫婦に

　　　　　三郎は６月中に出るって言っとたけど，出て行く様子がないんやけど

　　　　　どうしたらよかろうか

などと言いました。

　すると，橋行は

　　　　　僕が話してきましょうか

などと，三郎に家を出るよう話をしてくれると言いました。

　私は，自分が言いに行けばまたけんかになると思ったので，橋行夫婦が来ている今回がいい機会だと思い，橋行に

　　　　　頼む

と言いました。

　橋行は，立ち上がって，一人で三郎の部屋に行きました。

橋行と三郎が何か話している声は聞こえましたが，私がいた場所からだと，二人が何を話していたかまでは聞き取れませんでした。

その後すぐに橋行が戻ってきて

今来るって

などと言って，元の場所に座りました。

4　それから少しして，三郎が黙って居間に入ってきて，橋行の前で座ったか，しゃがんだかしました。

この後のことは，先日私の家で，私が警察官に事件のときのことを説明して，警察官に三郎や橋行夫婦の代役をしてもらって撮った写真を見ながら説明します。

このとき本職は，供述人に対し，平成２２年６月２７日付け司法警察員田地亮介作成に係る実況見分調書添付の写真のうち，供述人の説明に使用したものの写しを示し，これらを本調書末尾に添付することとした。

写真番号２は，三郎が橋行の前で座ったかしゃがんだかした様子を再現したもので，写真の右端に座っているのが私で，その左に座っているのが三郎の代役，三郎と向かい合っているのが橋行の代役，手前の女が梓の代役です。

三郎が床に膝をつくように座ったのか，しゃがんだだけだったのかは覚えていませんし，三郎の手がどうなっていたのかもよく分かりません。

三郎と橋行は，三郎が座るかしゃがむかした直前ころから言い合いを始めました。

二人がそれぞれ何を言っていたか詳しいところは覚えていませんが，言い合いの内容は三郎が６月中に私の家を出るということについてでした。

６月中に私の家を出る話について，橋行が三郎を追及し，それに三郎が言い返すような感じでした。

私と梓は，二人の口論に口を出していません。

そのうち私は，二人を止めようと思い，三郎に声をかけようとしました。

そのとき三郎が，橋行に

お前に何で言われんといかんのか

つまり，家を出ることについて，橋行からいろいろと言われる筋合いはないと

－ 297 －

いう意味のことを言って，立ち上がりながら右手を真っ直ぐ橋行の首の方に伸ばしました。

　その様子を再現したのが写真番号3です。

　このとき三郎が伸ばした右手の先に銀色に光る物が見えました。

　一瞬のことではっきりとは見えませんでしたが，それは三郎が持っていた刃物だと思います。

　橋行は，三郎の手が伸びてくると同時くらいに後ろに倒れました。

　写真番号4は，橋行が後ろに倒れたのを再現したものです。

　橋行が後ろに倒れたのとほぼ同時に，橋行の首の左側からパッと血しぶきが飛びました。

　また，橋行が倒れたことで三郎の手元がはっきりと見え，三郎が右手に細い刃物を順手に握っているのが分かりました。

　私は，三郎が橋行の首を刃物で刺したことが分かり，橋行の命が危ないと思って，直ぐにソファから立ち上がると，三郎の後ろに回り込んで，両腕で三郎を背後から羽交い締めにしました。

　その様子を再現したのが，写真番号5です。

　私は，三郎を力いっぱい押さえようとしましたが，三郎は私を振り切って橋行の方に向かおうとしました。

　三郎は私に羽交い締めにされたまま，橋行に覆い被さるような姿勢になりました。

　その様子を再現したのが，写真番号6です。

　三郎がこのときに橋行を更に刺していたかどうかは私のいた場所からは見えませんでした。

　ちょうど私の目の前に三郎の頭が来るような状態だったからです。

　私は，とにかく三郎を橋行から引き離そうと思い，力いっぱい三郎を後ろの方に引っ張りました。

　三郎は，橋行の方に向かおうとしていたので，私は必死でした。

　そして私は，三郎を台所の方に引っ張りながら，橋行と梓に

　　　　１１０番しろ

－ 298 －

　　　　早く部屋から出ろ

などと言いました。

　ただ，私は，このとき三郎を押さえて後ろに引っ張ることで精一杯だったので，三郎が何か言っていたかどうかも記憶にないのですが，三郎は私に羽交い締めにされながらも前に行こうとしていました。

　その後，橋行夫婦の気配がなくなったので，二人が居間から出て行ったことが分かりました。

　ところで，橋行は，右肩の後ろにも刺し傷があったと聞いており，三郎が居間を出ようとした橋行を背後から刺したと思いますが，私はその様子は見ていません。

5　私は，橋行夫婦が居間を出た後で三郎を放しました。

　そして三郎と向かい合って立つと，三郎に

　　　　お前，何したか分かってんのか

と言いました。

　それに対し，三郎は，言葉は正確ではないかもしれませんが

　　　　私が言われてんのに，止めてくれんかったから

などと，三郎が橋行から私の家を出るよう言われたときに私が橋行を止めなかったのが原因だというような意味のことを言っていました。

　さらに三郎は，私に向かって

　　　　死んでやる

などと言いながら，橋行を刺した刃物を自分の首にあてました。

　三郎は，刃物を首に当てて，とんでもないことをしたというような表情をしていました。

　ですから私は，三郎が自分でも橋行にひどい怪我をさせたということは分かっているのだと思いました。

　三郎は，口では「死んでやる」と言っていましたが，私は三郎が本当に死ぬとは思いませんでした。

　本当に死ぬ気があるなら，「死んでやる」などと言わずに，黙って自分の首を刺すだろうと思ったのです。

ですから，私は三郎に

　　　死ねるんやったら死ね

などと言ってやりました。

　そのうちに玄関から

　　　警察だ

という声が聞こえてきたので，警察官が来たと分かり，三郎に背を向けて家を出ると，外にいた警察官に三郎が橋行を刺したことを説明しました。

6　三郎からは橋行を刺した理由を聞いていませんが，私なりに考えると，以前はきちんと仕事をしていた三郎が，仕事をなくし，住む場所までなくなってしまうと思っていたところに，赤の他人の橋行から私の家を出るように言われたので，プライドが傷ついて怒りを爆発させたのかなと思います。

　もちろん，やったことは許されることではありませんし，三郎が事件を起こしたせいで，私までアパートを出るように言われて困っています。

　三郎には自分のしたことの責任は当然取ってほしいと言いたいですが，その一方で，これまで犯罪歴もなく，私の弟であることには変わりはないので，三郎の処罰についてはそれ以上のことは言えません。

　また，三郎が早く立ち直ってほしいという気持ちもありますが，今回の事件では被害者が私の知り合いだという事情もあるので，社会復帰した後に私が三郎のために何かできるかと言われると，正直なところ，できることはないとしか言えません。

　　　　　　　　　　　　　　　　　　　　　　　　福　上　次　夫　㊞

　供述人の目の前で，上記のとおり口述して録取し，読み聞かせ，かつ，閲読させたところ，誤りのないことを申し立て，末尾に署名押印した上，各ページ欄外に押印した。

　　　前　同　日

　　　　　　　福岡地方検察庁

　　　　　　　　検察官検事　　博　田　　守　㊞

　　　　　　　　検察事務官　　桧　原　賢　作　㊞

（各ページ欄外の押印省略）

写真番号 2

(被害者 橋行 久役) (被疑者 福上三郎役) (目撃者 福上次夫)

(目撃者 橋行 梓役)

写真番号 3

(被害者 橋行 久役) (被疑者 福上三郎役)　　　　(目撃者 福上次夫)

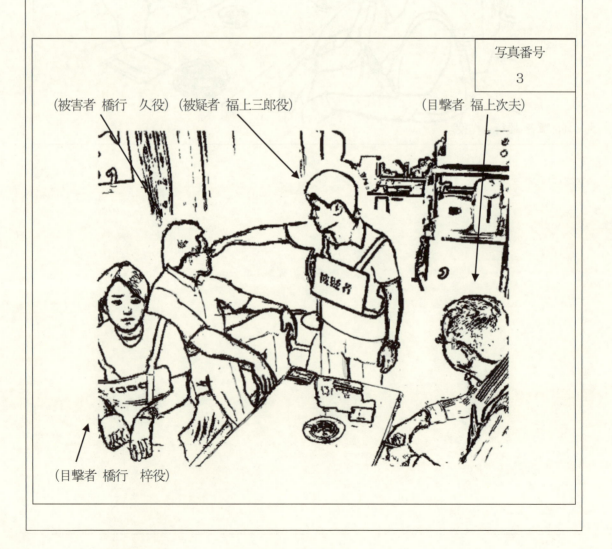

(目撃者 橋行 梓役)

写真番号 4

(目撃者 橋行 梓役)(被害者 橋行 久役)(被疑者 福上三郎役)(目撃者 福上次夫)

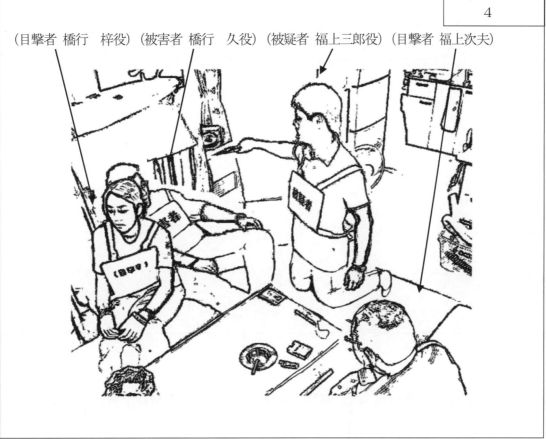

— 303 —

写真番号 5

(目撃者 福上次夫)(被疑者 福上三郎役)(目撃者 橋行 梓役)(被害者 橋行 久役)

写真番号 6

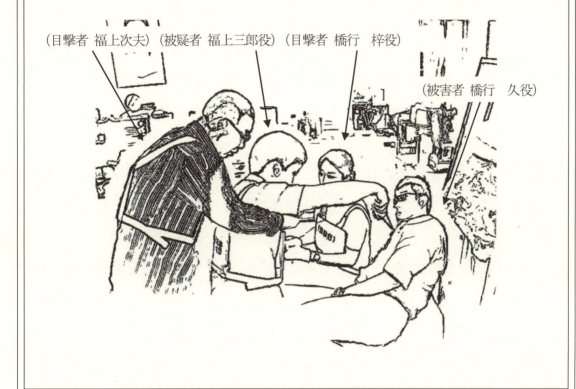

（目撃者 福上次夫）（被疑者 福上三郎役）（目撃者 橋行 梓役）
（被害者 橋行 久役）

弁 解 録 取 書

住　居　　福岡市西浜区灘崎町1丁目2番3号

　　　　　　灘崎ハイツ1号棟205号室　福上次夫方

職　業　　無　職

氏　名　　　　　　　　　　　　福　上　三　郎

　　　　　　　　　　　　昭和33年3月28日生（52歳）

　本職は，平成22年6月23日午前11時2分ころ，福岡地方検察庁において，上記の者に対し，司法警察員事件送致書記載の犯罪事実の要旨及び弁護人を選任することができる旨を告げるとともに

1．　引き続き勾留を請求された場合において貧困等の事由により自ら弁護人を選任することができないときは，裁判官に対して弁護人の選任を請求できる旨

2．　裁判官に対して弁護人の選任を請求するには資力申告書を提出しなければならない旨

3．　その資力が50万円以上であるときは，あらかじめ，弁護士会に弁護人の選任の申出をしていなければならない旨

を教示し，さらに，弁護人又は弁護人となろうとする弁護士と接見したいことを申し出れば，直ちにその旨をこれらの者に連絡する旨を告げた上，弁解の機会を与えたところ，任意次のとおり供述した。

1　　事実は今読んでもらったとおりで間違いありません。

　　　私は兄の福上次夫の家で居候させてもらっていましたが，いつまでも迷惑をかけるわけにもいかず，今月中には家を出ることになっていました。

　　　ただ，転居するあてもなく，市役所などに相談に行くつもりでした。

　　　事件の当日ですが，兄の友人である橋行久さんが兄の家に遊びに来ました。

　　　私は橋行さんから乱暴な口調で

　　　　　なんで挨拶に来んのか

　　　などと一方的に怒鳴られました。

　　　さらに橋行さんから，私が兄の家で居候していることについて

　　　　　お前のその態度がみんなに迷惑をかけとるんや

　　　　　今すぐ出て行け

— 306 —

などと怒鳴られました。

　私は，自分が一番気にかけている兄の家で居候していることについて，赤の他人の橋行さんから一方的に怒鳴られたことで，一気に頭に血が上ってしまいました。

　それでカッとなり，持っていたナイフを，橋行さんの首めがけて，いきなり突き刺しました。

　首に深く刺されば橋行さんが死ぬことは分かっていました。

　一番気にかけていたことを一方的に怒鳴られたことで逆上し，橋行さんを殺そうと思ってナイフを突き刺しました。

　その後，橋行さんの身体めがけてナイフを振り回したことは覚えていますが，どこを刺したのかははっきりと思い出せません。

　橋行さんが首から大量の血を流していることに気が付いてから，我に返りました。

　自分は大変なことをしてしまったと思いました。

　橋行さんは死ぬだろうと思いました。

　それで自分がやったことを後悔し，自分も死のうと思ったのですが，その後，警察官の説得を受けてナイフを渡し，逮捕されたのです。

　橋行さんを殺そうと恐ろしい考えをしたことについては，深く反省していますし，後悔しています。

2　弁護人を頼む権利があることは分かっていますので，これから考えようと思います。

福　上　三　郎　指印

　供述人の目の前で，上記のとおり口述して録取し，読み聞かせ，かつ，閲読させたところ，誤りのないことを申し立て，末尾に署名指印した上，各ページの欄外に指印した。

　　　　前　同　日
　　　　福岡地方検察庁
　　　　　検察官検事　　博　田　　　守　㊞
　　　　　検察事務官　　桧　原　賢　作　㊞

（各ページ欄外の指印省略）

取 調 べ 状 況 等 報 告 書

平成２２年６月２３日

福岡地方検察庁
　刑事部長　○　○　○　○　殿

福岡地方検察庁
　　検察事務官　　桧　原　賢　作　㊞

取調べ状況等について，次のとおり，記録を作成したので報告します。

取 調 べ 状 況 等 に 関 す る 記 録			
取調べ年月日	平成２２年６月２３日		
取り調べ担当者 氏　　　　名	検察官検事　　博　田　　　守 検察事務官　　桧　原　賢　作		
通　訳　人	有・無	通訳を行った言語	
取調べ場所	福岡地方検察庁第３検察官室		
取調べ時間	１１：０２～１１：５５ ：　～　： ：　～　： ：　～　： ：　～　：	：　～　： ：　～　： ：　～　： ：　～　： ：　～　：	
被疑者・被告人 氏　　　　名	福上三郎（昭和３３年３月２８日生）		
逮捕・勾留罪名	殺人未遂		
逮 捕 ・ 勾 留 事 実 に 係 る 被 疑 者 供 述 調 書 等 作 成 の 事 実	有・無	１	通
そ　　　の　　　他　　　の 被 疑 者 供 述 調 書 等 作 成 の 事 実	有・無	０	通
そ　の　他 参　考　事　項	弁解録取		

氏　名　　福　上　三　郎　指印

午前・午前１１時５７分退出

－ 308 －

取 調 べ 状 況 等 報 告 書

平成２２年７月１日

福岡地方検察庁
　　刑事部長　〇　〇　〇　〇　殿

福岡地方検察庁
　　検察事務官　　桧　原　賢　作　㊞

取調べ状況等について，次のとおり，記録を作成したので報告します。

取 調 べ 状 況 等 に 関 す る 記 録			
取調べ年月日	平成２２年７月１日		
取り調べ担当者 氏　　名	検察官検事　　博　田　　　守 検察事務官　　桧　原　賢　作		
通　訳　人	有・⦿無	通訳を行った言語	
取調べ場所	福岡地方検察庁第３検察官室		
取調べ時間	１４：１１〜１５：４４ 　：　〜　： 　：　〜　： 　：　〜　： 　：　〜　：	：　〜　： 　：　〜　： 　：　〜　： 　：　〜　： 　：　〜　：	
被疑者・被告人 氏　　名	福上三郎（昭和３３年３月２８日生）		
逮捕・勾留罪名	殺人未遂		
逮 捕 ・ 勾 留 事 実 に 係 る 被疑者供述調書等作成の事実	有・⦿無		０　　通
そ　　　の　　　他　　　の 被疑者供述調書等作成の事実	有・⦿無		０　　通
そ　の　他 参 考 事 項			

氏　名　　福　上　三　郎　指印

午前・午後 ３時４６分退出

取 調 べ 状 況 等 報 告 書

平成２２年７月８日

福岡地方検察庁
　刑事部長　○　○　○　○　殿

福岡地方検察庁
　検察事務官　　桧　原　賢　作　㊞

取調べ状況等について，次のとおり，記録を作成したので報告します。

取 調 べ 状 況 等 に 関 す る 記 録			
取調べ年月日	平成２２年７月８日		
取り調べ担当者 氏　　　名	検察官検事　　　博　田　　　守 検察事務官　　　桧　原　賢　作		
通　訳　人	有・㊜	通訳を行った言語	
取調べ場所	福岡地方検察庁第３検察官室		
取調べ時間	１４：０８〜１５：５５ 　：　〜　： 　：　〜　： 　：　〜　： 　：　〜　：ǀ	：　〜　： ：　〜　： ：　〜　： ：　〜　： ：　〜　：	
被疑者・被告人 氏　　　名	福上三郎（昭和３３年３月２８日生）		
逮捕・勾留罪名	殺人未遂		
逮 捕・勾 留 事 実 に 係 る 被 疑 者 供 述 調 書 等 作 成 の 事 実	有・㊜		０　　通
そ　　　の　　　他　　　の 被 疑 者 供 述 調 書 等 作 成 の 事 実	有・㊜		０　　通
そ　の　他 参　考　事　項			

氏　名　　福　上　三　郎　指印

午前・午後 ３時５７分退出

供　述　調　書

本　籍　　福岡市西浜区西の浜２丁目３番

住　居　　同市西浜区灘崎町１丁目２番３号

　　　　　　灘崎ハイツ１号棟２０５号室　福上三郎方

職　業　　無　職

氏　名　　　　　　　　　福 上 三 郎

　　　　　　昭和３３年３月２８日生（５２歳）

　上記の者に対する殺人未遂被疑事件につき，平成２２年７月１０日，福岡地方検察庁において，本職は，あらかじめ被疑者に対し，自己の意思に反して供述をする必要がない旨を告げて取り調べたところ，任意次のとおり供述した。

1　　私は，平成２２年６月２１日の夜，居候していた兄の家で，兄の知人である橋行久さんの首などを自分のナイフで何回か刺して，橋行さんに怪我をさせました。

2　　私は，平成２１年３月ころから，兄の福上次夫の家に居候しています。

　　　私が兄の家に居候することになったのは，私が仕事をせず，妻がそんな私に離婚を申し入れたからでした。

　　　私は，平成２０年３月に有限会社福北鉄工所を退職して以降は働いていませんでした。

　　　私は，妻から離婚を申し入れられたために行き場を失い，兄の家に行きました。

3　　兄は最初のころは，仕事が見つかるまで兄の家に置いてくれると言ってくれていましたが，２，３か月も経つと，「いつまでいるのか」とか「食費がかかる，ガス代もかかる」などと文句を言うようになりました。

　　　それで私は，そのうち兄とも話をせず，同じ家にいても別々に食事をするようになりました。

　　　私は，兄の家を出ようと思い，まず仕事を見つけようと考えました。

　　　私は，無料の求人誌や，街角の求人の張り紙を見たりしました。

　　　しかし，年齢や仕事の内容などで，私に合う条件の仕事は見つかりませんでした。

ハローワークに行ったことはありません。

平成２２年に入ってからは，兄から生活保護を受けることを考えてはどうかと言われるようになりました。

しかし，私は，できれば国のお世話にはなりたくないと思っていたので，生活保護の申請をする決心がつきませんでした。

兄は私に，仕事を見つけるか，生活保護を受けるかして，兄の家を出るように言ってきました。

4　今年の５月ころには，兄の友人の橋行さんとその妻の梓さんからも，いつまでも兄の家にいるのはよくないので早く出た方がいいと言われました。

そのとき私は，橋行さんや梓さんの言うことももっともだと思いながら，二人の話を聞きました。

私が橋行さんに初めて会ったのは，去年の夏ころだったと思います。

私は，橋行さんと兄の家で食事をしたり，カラオケに行ったこともありましたが，正直なところ，橋行さんとは性格が合わないと思っていました。

ただ，橋行さんが大嫌いだとか，恨みがあるということはありません。

5　その後，私は兄から，今年の６月末までに家を出るように言われました。

私は，その時期までに兄の家を出られるよう仕事を探しましたが，見つかりませんでした。

私が兄の家で居候を始めたときには，１６０万円くらいの現金を持っていましたが，手持ちの金も少なくなり，６月２１日ころには残りが１０万円を切り，自分で部屋を借りられるかどうか分からなくなっていました。

私は，６月２１日の昼間に近くの川原まで散歩に行き，これからどうしようかと考えました。

考えた末，このまま仕事が見つからないなら生活保護を受けるしかないと思い，役所に相談に行くことにしました。

しかし，生活保護を受けようと決めたものの，すぐにお金をもらえるかどうか分かりませんでしたし，自分の生活がこの先どうなるかという不安は消えませんでした。

6　私は，そんな不安を抱えながら，午後５時半ころに兄の家に帰りました。

玄関には男物と女物のサンダルがあり，私はそれを見て橋行夫妻が遊び
に来ていると分かりました。

　私は橋行夫妻と顔を合わせたくなかったので，黙って部屋に入りました。

　私は，部屋で食事をし，少しウイスキーの水割りを飲んでから横になり，
そのまま寝入りました。

7　　どれくらい寝たかは分かりませんが，私は，誰かが私の部屋のドアをド
ンドンと叩く音で目を覚ましました。

　時計を見たところ，午後8時ころでした。

　ドアを叩いていたのは橋行さんで，橋行さんは私に

　　　　俺たちが来とるのに挨拶にも来んのか

などと荒っぽい口調で言いました。

　私は，橋行さんから頭ごなしに「挨拶にも来んのか」と言われて，その
勢いが怖いと思うと同時に，何で橋行さんに挨拶しなければならないのだ
と思い，カチンときました。

　それで私は，橋行さんに

　　　　何でお前にそんなこと言われんといかんのか

と言い返しました。

　橋行さんは，居間に戻りながら，私に

　　　　こっちに来い，この野郎

などと言っていました。

　私は，橋行さんが居間に行ったので，終わったのかと思いましたが，橋
行さんが何度も「こっちに来い，この野郎」と言っていたので，このまま
では橋行さんが収まらないと思いましたし，頭ごなしの言い方に腹も立っ
たので，居間に向かうことにしました。

8　　私は，部屋を出るとき，部屋に置いてあった箱の中から刃の長さが１０
センチくらいの果物ナイフを１本手に取り，ズボンの右ポケットに入れま
した。

　この果物ナイフは，私が普段から研いで使っていたものであり，私のも
のです。

— 313 —

ナイフの近くには木刀や包丁もありましたが，一番手前にあった果物ナイフを持ちました。

　果物ナイフには私が作った紙製のさやを付けており，私は果物ナイフをさやごとズボンの右前ポケットに入れたと思います。

　果物ナイフを手に取ったのは，橋行さんから何かされたときのためでした。

　橋行さんが何をするかは予想していませんでしたが，橋行さんの勢いから殴られるかもしれないと思っていました。

問　最初から橋行さんを刺すつもりでナイフを持って行ったのではないのか

答　いいえ，違います

問　では，持っていたナイフはどのように使うつもりだったのか

答　何かされたら傷つけてやろうと思っていました

9　私は，自分の部屋を出て居間へ行きました。

　橋行さんは，背もたれのない四角い椅子の前に立っていたと思います。

　私は，橋行さんと向かい合って立ち，橋行さんに

　　　　何で俺がお前に挨拶しなきゃならないんだ

などと言いました。

　すると，橋行さんはすごい勢いで私に

　　　　そんなの当たり前だ

　　　　お前のそういう態度がみんなに迷惑をかけとるんや

などと言いました。

　私は，兄には迷惑をかけているかもしれないけれども，橋行さんに迷惑をかけた覚えはないと思い，ソファに座っていた兄を指差して

　　　　こっちに言われんなら分かるけど，お前に言われる筋合いはない

と言いました。

　すると，橋行さんは，怒ったように

　　　　早くここから出て行け

などと言ったので，私が

　　　　今月いっぱいで出て行くから，よかろうが

— 314 —

と言うと，橋行さんは

　　　　そんなの関係ない

　　　　すぐ出て行け

と言ってきました。

　橋行さんと私がこのような言い合いをしていたとき，どこかの時点で橋行さんが四角い椅子に座り，同時に私も橋行さんの前にしゃがみましたが，いつ橋行さんが座ったかは思い出せません。

　また，橋行さんは，他にも私に，「前に来たときもこそこそ出て行きやがって」と言っていました。

　これは，以前に橋行さんたちが遊びに来たとき，私が黙って外出したことを言っていたのだと思います。

　また，私と橋行さんが言い合いをしていた際，兄と梓さんはその場にいましたが，黙っていました。

10　私は，橋行さんから挨拶がないとか私の態度が周りに迷惑をかけているとか兄の家を出ろとか言われて腹が立ちました。

　確かに私は1年以上兄の家に居候をして，兄には迷惑をかけていました。

　しかし，私は，私なりに仕事を探していたつもりですし，兄の家を出ようと考えていました。

　そして私は，この日自分の力ではどうにもならないので，生活保護を受けるしかないと決めたところでした。

　生活保護を受けることについては，自分の中で迷いがありましたし，自分の力ではどうにもならなかったという悔しさもありました。

　しかも，実際に生活保護を受けられるかどうかもまだ分からず，私はこの先どうなるのか不安に思っていました。

　それなのに橋行さんは，私の悩みも不安も知らないくせに一方的に私に言いたい放題言いました。

　それで私は，橋行さんに対して

　　　　うるさい

　　　　俺の気持ちも何も分からんくせに言いたい放題言いやがって

— 315 —

という気持ちになりました。

　私は，橋行さんに対する怒りがこみ上げてきて，橋行さんを持っていた
果物ナイフで刺そうと決めました。

　橋行さんは，私に殴りかかったりしたわけではありませんでしたが，私
としては思っていた以上に好き放題言われ，橋行さんに対する怒りを抑え
られませんでした。

11　私は，しゃがんだままズボンの右ポケットあたりに右手を伸ばし，ポ
ケットから出ていたナイフの柄をつかんで，ナイフを抜き取りました。

　私は，ナイフの刃が下になるように右手でナイフを持ち，立ち上がって
橋行さんの方に一歩踏み出しながら，椅子に座っていた橋行さん目がけて
ナイフを真っ直ぐ突き出しました。

　私は，座っていた橋行さんの上半身目がけてナイフを突き出しました。

　どこを狙ったというよりも，橋行さんの上半身であればどこに刺さって
もいいと思っていました。

　ナイフを突き出したところ，橋行さんは，「うわっ」などと言いながら，
後ろに倒れました。

　私の手には橋行さんにナイフが刺さったという感触はありませんでした
が，私のナイフが橋行さんの肩から首のあたりに行ったのは見えました。

　そして，倒れた橋行さんの首の左側からは血が出てきて，橋行さんが着
ていたシャツはみるみるうちに赤くなりました。

　ですから，私は，ナイフが橋行さんの首に刺さったと分かりました。

　私が橋行さんの首を刺した直後くらいに兄が立ち上がり，私を押さえよ
うとしました。

　兄は，私の左側から左腕をつかみ，右手を背後から回して，私の右肩を
押さえました。

　また，橋行さんも椅子から起き上がって正面から私に近付いてきました。

　私は，兄に押さえられながらも橋行さんへの怒りは収まっておらず，橋
行さんの上半身目がけて右手に持っていたナイフを何回か突き出しました。

　私と橋行さんとの距離からして，何度かナイフが橋行さんの身体に刺

— 316 —

さったと思いますが，どこに何回刺さったかは覚えていません。

問　あなたは，後ろに倒れた橋行さんが起き上がる前にさらに橋行さんをナイフで刺していないか

答　刺していないと思います

問　刺していないというはっきりとした記憶があるのか

答　はっきりとした記憶はありません

問　何回か刺している可能性はあるのか

答　橋行さんが倒れている間は，刺してないっていう記憶ですね

　　私は，兄に背後から羽交い締めにされて引っ張られて，台所へ連れて行かれました。

　　台所では，橋行さんがバランスを崩すようにして私に背中を向け，私がその背中に向かってナイフを突き出したことを覚えています。

　　そのときもナイフが刺さったかどうかははっきり覚えていませんが，橋行さんは私のすぐ近くにいたので刺さっていてもおかしくないと思います。

問　あなたはどういう気持ちで橋行さんをナイフで刺したのか

答　腹が立って，カッとなって刺したと思います。

問　殺してやると思っていたのではないか

答　それはありません

問　では，橋行さんを殺さないように考えていたのか

答　そこまでも考えてなかったように思います

問　橋行さんがどうなってもいいと思っていたのか

答　そこも考えてないです

問　橋行さんが首から血を流しているのを見たときに，これ以上刺してはいけないと思わなかったのか

答　そのときは思いませんでした

問　それはなぜか

答　怒りが収まっていなかったのだと思います

12　　橋行さんは私に背を向けてそのまま台所から出て行き，兄は，私の前に回って，私の腕を下ろさせると，私に

— 317 —

　　　　　お前何したか分かってんのか

と一喝しました。

　そのとき私はようやく我に返りました。

　私は，首から血を流していた橋行さんのことを思い出し，橋行さんが死んでしまうようなとんでもないことをしたと思いました。

　それで私は，兄に

　　　　分かっとる

　　　　だから俺も死んでやる

などと言いましたが，兄は私に

　　　　死ぬなら外で死ね

などと言って取り合わず，家から出て行きました。

　その後私は，駆けつけた警察官にも

　　　　大変なことをした

　　　　娘に顔向けできん

などと言って，自分の首に果物ナイフを突き付けましたが，自殺することができず，警察官に説得されて自分のしたことの責任を取るために逮捕されました。

13　　橋行さんを傷つけたことについては申し訳ないと思っています。

　　また，兄にも迷惑をかけました。

　　　　　　　　　　　　　　　　福　上　三　郎　　指印

　供述人の目の前で，上記のとおり口述して録取し，読み聞かせ，かつ，閲読させたところ，誤りのないことを申し立て，末尾に署名指印した上，各ページの欄外に指印した。

　　　　　　　　前　同　日

　　　　　　　　福岡地方検察庁

　　　　　　　　検察官検事　　博　田　　　守　㊞

　　　　　　　　検察事務官　　桧　原　賢　作　㊞

（各ページ欄外の指印省略）

－ 318 －

取 調 べ 状 況 等 報 告 書

平成２２年７月１０日

福岡地方検察庁
　　刑事部長　〇　〇　〇　〇　殿

　　　　　　　　　　　　　　　　　　　　　福岡地方検察庁
　　　　　　　　　　　　　　　　　　　　　　検察事務官　　桧　原　賢　作　㊞

取調べ状況等について，次のとおり，記録を作成したので報告します。

取 調 べ 状 況 等 に 関 す る 記 録		
取調べ年月日	平成２２年７月１０日	
取り調べ担当者 氏　　　　名	検察官検事　　博　田　　守 検察事務官　　桧　原　賢　作	
通　訳　人	有・㊾　　通訳を行った言語	
取調べ場所	福岡地方検察庁第３検察官室	
取調べ時間	９：５５〜１１：１０ １１：１５〜１２：１０ 　：　〜　： 　：　〜　： 　：　〜　：	：　〜　： 　：　〜　： 　：　〜　： 　：　〜　： 　：　〜　：
被疑者・被告人 氏　　　　名	福上三郎（昭和３３年３月２８日生）	
逮捕・勾留罪名	殺人未遂	
逮 捕 ・ 勾 留 事 実 に 係 る 被 疑 者 供 述 調 書 等 作 成 の 事 実	㊲・無	１　　　　　通
そ　　　の　　　他　　　の 被 疑 者 供 述 調 書 等 作 成 の 事 実	有・㊾	０　　　　　通
そ　　の　　他 参　考　事　項	１１：１１〜１１：１４　休憩	

　　　　　　　　　　　　　　　　　　　　　氏　名　福　上　三　郎　指印

　　　　　　　　　　　　　　　　　　午前・午後０時１３分退出

録音・録画状況等報告書

平成２２年７月１０日

福岡地方検察庁

　検事正　　山　笠　一　好　殿

　　　　　　　　　　　福岡地方検察庁

　　　　　　　　　　　　　検察官検事　　博　田　　守　㊞

　（被疑罪名）　殺人未遂　　　　　（被疑者氏名）　福　上　三　郎

　上記の者に対する頭書被疑事件に関して，同被疑者の取調べを行った際に録音・録画をした状況は，以下のとおりであるので報告する。

1　録音・録画年月日　　　　　平成２２年７月１０日

2　録音・録画担当捜査官　　　検察官検事　博　田　　守
　　　　　　　　　　　　　　　検察事務官　桧　原　賢　作

3　録音・録画場所　　　　　　福岡地方検察庁第３検察官室

4　録音・録画時間　　　　　　１１：３０～１２：０２

5　その他参考事項　　　　　　本件録音・録画に係るＤＶＤは別添のとおり
　　　　　　　　　　　　　　　（添付省略）

勾 留 請 求 書

平成２２年６月２３日

福 岡 地 方 裁 判 所
　　　　裁 判 官　殿

福 岡 地 方 検 察 庁
　　　検 察 官 検 事　　　博 田　　守　㊞

　下記被疑者に対する殺人未遂被疑事件につき，被疑者の勾留を請求する。
　なお，被疑者欄中年齢，職業若しくは住居又は被疑事実の要旨欄のうち空欄は，逮捕状請求書記載のとおりである。

記

1　被 疑 者
　　　　氏　名　　　福上三郎
　　　　年　齢　　　昭和３３年３月２８日生（５２歳）
　　　　職　業　　　無職
　　　　住　居　　　福岡市西浜区灘崎町１丁目２番３号
　　　　　　　　　　灘崎ハイツ１号棟２０５号室福上次夫方

2　被疑事実の要旨
　　　　司法警察員作成事件送致書記載の犯罪事実のとおり

3　勾留すべき刑事施設
　　　　西福岡警察署留置施設

4　被疑者に弁護人があるときは，その氏名

5　被疑者が現行犯人として逮捕された者であるときは，罪を犯したことを疑うに足りる相当な理由
　　　　現行犯人逮捕手続書記載のとおり

6　刑事訴訟法第６０条第１項各号に定める事由
　　　刑事訴訟法第６０条第１項第　２，３　号

7　検察官又は司法警察員がやむを得ない事情によって刑事訴訟法に定める時間の制限に従うことができなかったときは，その事由

（印影）
福岡地方裁判所
受　付
22 .6. 23
午後2時50分
（む）第500号

勾 留 状

指揮印
㊞
延　長
㊞
延　長

被 疑 者	氏　　名	福上三郎
	年　　齢	昭和３３年３月２８日生
	住　　居	福岡市西浜区灘崎町１丁目２番３号
		灘崎ハイツ１号棟２０５号室福上次夫方
	職　　業	無　職

　被疑者に対する　　　　　　　　　殺人未遂　　　　　　　　　被疑事件
について，同人を　　　　　西福岡警察署留置施設　　　　　　に勾留する。

被 疑 事 実 の 要 旨	別紙のとおり
刑事訴訟法６０条１項 各 号 に 定 め る 事 由	次葉のとおり
有　　効　　期　　間	平成　２２　年　　７　月　　１　日まで

　　この令状は，有効期間経過後は，その執行に着手することができない。この場合には，
これを当裁判所に返還しなければならない。

　　　　　平成　２２　年　６　月　２４　日
　　　　　福　岡　地　方　裁　判　所
　　　　　　　裁　判　官　　　　　並　川　平　二　　㊞

勾 留 請 求 の 年 月 日	平成　２２　年　　６　月　２３　日
執 行 し た 年 月 日 時 及　　び　　場　　所	平成　２２　年　　６　月　２４　日　午後　　４　時　２８　分 　　西福岡警察署
記　　名　　押　　印	西福岡警察署 　　　司法警察員警部補　　　大　船　義　弘　㊞
執 行 す る こ と が で き な か っ た と き は そ の 事 由	
記　　名　　押　　印	平成　　　年　　　月　　　日
勾 留 し た 年 月 日 時 及　び　取　扱　者	平成　２２　年　　６　月　２４　日　午後　　４　時　２８　分 　　西福岡警察署 　　　司法警察員警部補　　　大　船　義　弘　㊞

（被疑者用）

（注意　本様式は，実際の様式とは若干異なります。）

刑事訴訟法６０条１項各号に定める事由

下記の　２，３　号に当たる。
1　被疑者が定まった住居を有しない。
2　被疑者が罪証を隠滅すると疑うに足りる相当な理由がある。
3　被疑者が逃亡し又は逃亡すると疑うに足りる相当な理由がある。

勾　留　期　間　の　延　長

延　長　期　間　　平成２２年　　７月　１２日まで	延　長　期　間　　平成　年　　月　　日まで
理　　　　　　由　　鑑定未了　　目撃者取調未了　　被疑者取調未了	理　　　　　　由
平成２２年　　７月　　２日　　福岡地方裁判所　　　　裁判官　　並　川　平　二　㊞	平成　年　　月　　日　　　　裁判所　　　　裁判官
勾留状を検察官に交付した年月日	勾留状を検察官に交付した年月日
平成２２年　　７月　　２日　　　裁判所書記官　　○○　　○○　㊞	平成　年　　月　　日　　　裁判所書記官
勾留状を被疑者に示した年月日時	勾留状を被疑者に示した年月日時
平成２２年　　７月　　２日午後５時４４分　刑事施設職員　　西福岡警察署　　警部補　大船義弘　㊞	平成　年　　月　　日午　時　　分　刑事施設職員

別　紙

被疑事実の要旨

　被疑者は，平成２２年６月２１日午後８時１５分ころ，福岡市西浜区灘崎町１丁目２番３号灘崎ハイツ１号棟２０５号室福上次夫方居室において，橋行久（当時４１歳）に対し，殺意をもって，所携の果物ナイフ（刃体の長さ約１１．５センチメートル）で同人の左頸部，右肩甲部，左右前胸部，右側腹部，左そけい部などを刺突するなどしたが，上記橋行に２週間の入院加療を要する左頸部刺創，右肩から頸部にかけての刺創，左右前胸部刺創，右側腹部刺創，左そけい部刺創の傷害を負わせるにとどまり，殺害の目的を遂げなかったものである。

以　上

（被疑者国選弁護対象事件用）

裁判官認印　　　㊞

勾　留　質　問　調　書

被疑者　　　　　　福上三郎

被疑事件　　　　　殺人未遂

質問をした年月日　平成２２年６月２４日

質問をした場所　　福岡地方裁判所

裁判官　　　　　　並川平二

裁判所書記官　　　○○○○

人定質問　　　　　氏名，生年月日，職業，住居は，勾留請求書記載のとおり

告知した事項　　　黙秘権，弁護人選任権，国選弁護人選任請求権

教示した事項　　　刑事訴訟法２０７条３項の事項

告知した被疑事件　勾留請求書記載の被疑事実

被疑事件に対する陳述

　　　　　　　　　検察庁で述べたとおりです。

勾留通知について　　１　次の者に通知してください。

(番号に○を付したもの)　　　住居

　　　　　　　　　　　氏名(被疑者との関係)

　　　②　通知は不要です。

　以上のとおり読み聞かせたところ，相違ない旨申し立て署名指印した。

　　　　　　　　　　　　　　被　疑　者　　福上三郎　指印

　　平成２２年６月２４日

　　　福岡地方裁判所

　　　　　　　　　　　裁判所書記官　　○○○○　㊞

　　同日同庁　裁判所書記官　㊞

－ 325 －

勾留期間延長請求書

平成22年7月2日

福岡地方裁判所

　　裁判官　殿

　　　　　　　福岡地方検察庁

　　　　　　　　　検察官検事　博　田　　守　㊞

　被疑者　福上三郎　に対する　殺人未遂　被疑事件につき，下記のとおり勾留期間の延長を請求する。

　　　　　　　　　　　　　記

1　勾留請求の年月日　　　　平成22年　6月23日
2　前に延長された期間　　始期　　　　年　　月　　日
　　　　　　　　　　　　終期　　　　年　　月　　日　（　　日間）
3　延長を求める期間　　　始期　平成22年　7月　3日
　　　　　　　　　　　　終期　平成22年　7月12日　（10日間）
4　やむを得ない事由
　　別紙記載のとおり

別　　紙

　本件は，被疑者が，実兄の知人に対し，首や胸部を果物ナイフで数回突き刺して殺害しようとした殺人未遂の事案である。

　被疑者は，被害者を刺した事実は認めているが，動機や殺意については曖昧な供述をするにとどまっていることなどから，本件について適切な処分を決するには，なお以下の捜査を要する。

　1　鑑定

　　被疑者は，警察官に逮捕された際，血痕が付着した果物ナイフを所持していたことから，この血痕についてＤＮＡ型を鑑定するとともに，被害者の協力を得てＤＮＡサンプルを採取して鑑定する必要がある。

　2　参考人聴取

　　本件犯行時，現場となった被疑者の実兄方には，被疑者，被害者のほかに，被疑者の実兄，被害者の妻がいたことから，これらの者から聴取して，犯行の経緯や犯行状況を明らかにする必要があるところ，被害者が入院しているため，検察官においては，被害者及びその妻からは1回聴取するも，検察官調書作成に至らず，再度の聴取を要する。

　　また，本件は，被疑者が実兄方に長期間居候していたことを，被害者からとがめられたことが犯行の契機となったものと認められるため，実兄からは，犯行前の生活状況を含めて詳細な聴取を要する。

　3　裏付け捜査

　　被疑者の生活状況を明らかにするため，被疑者の預貯金の状況について捜査を要するが未了である。

　4　実況見分

　　犯行状況につき，被疑者の聴取を進めた上，再現見分を行う必要がある。

　5　被疑者取調べ

　　被疑者から，犯行の経緯，動機，犯行状況の詳細等につき，さらに聴取する必要がある。

以上を完遂し，検察官として被疑者に対する適切な処分を決するためには，10日間の勾留延長を要する。

7　証拠開示関係書類

平成２２年（わ）第５０１号　殺人未遂被告事件

被告人　福上三郎

類型証拠開示請求書

平成２２年８月１６日

福岡地方検察庁　御中

主任弁護人　大牟田　孝　典㊞

弁　護　人　飯　元　浩　子㊞

　頭書被告事件について，刑事訴訟法第３１６条の１５第１項に基づき，下記の各証拠の開示を請求する。

　なお，開示を求めた証拠のうち一部だけを開示する場合には，開示しないものについて，刑事訴訟規則第２１７条の２４により必ず不開示理由を告知されたい。

　また，「不存在である。」旨の回答をされる場合は，それが，①開示を求める証拠が検察官の手元には存在しないという趣旨であるのか（他には存在するという趣旨であるのか），②その証拠が警察官の手元にもなく証拠自体が物理的に一切存在しないとの趣旨であるのか，③証拠自体は存在するが要件を充たさないとの趣旨であるのかを明らかにされたい。

記

１　被害者の受傷状況に関する鑑定書ないしこれに準ずる診断書，意見書，供述録取書，捜査報告書，検証調書等（既に開示されているものを除く）

　　類型：刑事訴訟法第３１６条の１５第１項第３号，第４号，第５号ロ，第６号

　　理由：甲３号証（小見川修の供述調書）及び甲４号証（捜査報告書）は，被害者の負傷状況及び全治期間等と被害者の受傷がその生命に及ぼす危険性について証明するものとされているところ，その証明力を判断するためには，上記以外の鑑定書ないしこれに準ずる書面のすべてを検討し，上記供述調書等との矛盾，齟齬等の有無及びその内容を確認することが重要である。

　　　　上記供述調書等は，被害者の負傷状況等を証明しようとするものであるから，その証明力の判断に当たって標記証拠の開示を受けることは，被告人の防御の準備のために必要性が高い。

２　橋行久の供述録取書等（既に開示されているものを除く）

類型：刑事訴訟法第３１６条の１５第１項第５号ロ，第６号

理由：甲５号証（橋行久の供述調書）は，被害状況及び被告人に対する処罰感
　　　情等を証明しようとするものとされているところ，その証明力を判断する
　　　には，橋行久の未開示の供述録取書等の開示を受けて，供述経過及び内容
　　　を比較検討し，上記供述調書との矛盾，齟齬等の有無及びその内容を確認
　　　することが重要である。

　　　　上記供述調書は，被害状況及び被告人に対する処罰感情等を証明するも
　　　のとされており，その証明力の判断に当たって標記証拠の開示を受けるこ
　　　とは，被告人の防御の準備のために必要性が高い。

3　福上次夫の供述録取書等（既に開示されているものを除く）

　　類型：刑事訴訟法第３１６条の１５第１項第５号ロ，第６号

　　理由：甲６号証（福上次夫の供述調書）は，被告人の生活状況及び犯行目撃状
　　　　況等を証明しようとするものとされているところ，その証明力を判断する
　　　　には，福上次夫の未開示の供述録取書等の開示を受けて，供述経過及び内
　　　　容を比較検討し，上記供述調書との矛盾，齟齬等の有無及びその内容を確
　　　　認することが重要である。

　　　　　上記供述調書は，被告人の生活状況及び犯行目撃状況等を証明するもの
　　　　とされており，その証明力の判断に当たって標記証拠の開示を受けること
　　　　は，被告人の防御の準備のために必要性が高い。

4　橋行梓の供述録取書等（既に開示されているものを除く）

　　類型：刑事訴訟法第３１６条の１５第１項第５号ロ，第６号

　　理由：甲７号証（橋行梓の供述調書）は，犯行目撃状況等を証明しようとする
　　　　ものとされているところ，その証明力を判断するには，橋行梓の未開示の
　　　　供述録取書等の開示を受けて，供述経過及び内容を比較検討し，上記供述
　　　　調書との矛盾，齟齬等の有無及びその内容を確認することが重要である。

　　　　　上記供述調書は，犯行目撃状況等を証明するものとされており，その証
　　　　明力の判断に当たって標記証拠の開示を受けることは，被告人の防御の準
　　　　備のために必要性が高い。

5　福上洋子の供述録取書等（既に開示されているものを除く）

　　類型：刑事訴訟法第３１６条の１５第１項第５号ロ，第６号

理由：甲１０号証（福上洋子の供述調書）は，被告人の生活状況等を証明しようとするものとされているところ，その証明力を判断するには，福上洋子の未開示の供述録取書等の開示を受けて，供述経過及び内容を比較検討し，上記供述調書との矛盾，齟齬等の有無及びその内容を確認することが重要である。

　　　　上記供述調書は，被告人の生活状況等を証明するものとされており，その証明力の判断に当たって標記証拠の開示を受けることは，被告人の防御の準備のために必要性が高い。

6　被告人の供述録取書等（既に開示されているものを除く）

　　類型：刑事訴訟法第３１６条の１５第１項第７号

　　理由：乙１，２号証（被告人の供述調書）は，被告人の身上経歴，犯行に至る経緯，犯行状況等を証明しようとするものとされているところ，その証明力を判断するには，被告人の供述録取書等のすべての開示を受けた上で，それを基に被告人の供述経過を検証することが重要である。

　　　　上記供述調書は，被告人の身上経歴，犯行に至る経緯，犯行状況等を証明しようとするものであるから，その証明力の判断に当たって標記証拠の開示を受けることは，被告人の防御の準備のために必要性が高い。

7　被告人の再現見分調書等（既に開示されているものを除く）

　　類型：刑事訴訟法第３１６条の１５第１項第３号，第５号，第６号，第７号

　　理由：乙２号証（被告人の供述調書）は，犯行に至る経緯及び犯行状況等を証明しようとするものとされているところ，その証明力を判断するには，被告人の再現見分調書等のすべての開示を受けた上で，それを基に被告人の供述を検証することが重要である。

　　　　上記供述調書は，犯行に至る経緯及び犯行状況等を証明しようとするものであるから，その証明力の判断に当たって標記証拠の開示を受けることは，被告人の防御の準備のために必要性が高い。

8　被告人について作成された取調状況記録書面

　　類型：刑事訴訟法第３１６条の１５第１項第８号

　　理由：乙１，２号証（被告人の供述調書）は，被告人の身上経歴，犯行に至る経緯，犯行状況等を証明しようとするものとされているところ，その証明

力を判断するには，かかる供述調書が作成されるに至った被告人に対する取調状況を検証することが重要である。

　上記供述調書は，被告人の身上経歴，犯行に至る経緯，犯行状況等を証明しようとするものであるから，その証明力の判断に当たって標記証拠の開示を受けることは，被告人の防御の準備のために必要性が高い。

　　　　　　　　　　　　　　　　　　　　　　　　　　　以　上

証拠開示請求に対する回答書

平成２２年８月２３日

主任弁護人　大牟田　孝　典　殿

福岡地方検察庁

検察官　検事　博　田　　守　㊞

　被告人　福上三郎　に対する殺人未遂被告事件について，平成２２年８月１６日付け類型証拠開示請求書による開示請求に対する検察官の回答は，下記のとおりである。

記

第１　上記類型証拠開示請求書１について
- 　平成２２年６月２１日付け診断書
- 　同月２２日付け捜査報告書（医師からの負傷部位の聴取結果）
- 　同月２１日付け写真撮影報告書（被害者の受傷状況の写真撮影）
- 　同月３０日付け実況見分調書（被害者の着衣の実況見分）

を開示する。

第２　上記類型証拠開示請求書２について
- 　平成２２年６月２２日付け被害届
- 　同日付け橋行久の供述調書
- 　同月２５日付け実況見分調書（被害状況の再現結果）

を開示する。

第３　上記類型証拠開示請求書３について
- 　平成２２年６月２１日付け福上次夫の供述調書
- 　同月２７日付け実況見分調書（目撃状況の再現結果）

を開示する。

第４　上記類型証拠開示請求書４について
- 　平成２２年６月２２日付け橋行梓の供述調書
- 　同月２６日付け実況見分調書（目撃状況の再現結果）

を開示する。

第5　上記類型証拠開示請求書5について

　　　存在しない。

第6　上記類型証拠開示請求書6及び7について

　　・　平成22年6月22日付け，26日付け，29日付け，30日付け，同年

　　　　7月2日付け，3日付け，4日付け，5日付け及び11日付け被告人の警

　　　　察官調書

　　・　同年6月23日付け弁解録取書

　　・　同月24日付け勾留質問調書

　　・　同年7月10日付け録音・録画のDVD

　　・　平成22年7月8日付け実況見分調書（果物ナイフの抜き出し状況）

　　・　同月10日付け実況見分調書（犯行状況の再現結果）

　　を開示する。

第7　上記類型証拠開示請求書8について

　　・　平成22年6月21日付け，22日付け，25日付け，26日付け，27

　　　　日付け，28日付け，29日付け，30日付け，同年7月1日付け，2日

　　　　付け，3日付け，4日付け，5日付け，6日付け，11日付け及び12日

　　　　付け司法警察員作成に係る取調べ状況報告書

　　・　同年6月23日付け，同年7月1日付け，8日付け及び10日付け検察事

　　　　務官作成に係る取調べ状況報告書

　　を開示する。

以　上

8　公判記録

☑ 合　議	押　収　番　号	保　管　物	訴　訟　費　用
☐ 単　独			
☐ 即決申立	平成　　年押第　号	平成　　年度第　　号	有・無

刑事第一審事件記録　　全2冊のうち第1冊

裁判所名	福岡地方裁判所刑事第5部

事　件　番　号	起　訴	謄本送達済	勾　留	釈　放	第1回公判済
平成22年（わ）第501号	22・7・12	☑	22・6・24	・・	☑
平成　年（　）第　号	・・		・・	・・	
平成　年（　）第　号	・・		・・	・・	
平成　年（　）第　号	・・		・・	・・	

事件名	殺　人　未　遂		上訴 ・・	期　日	
				月日	時分
				7・20	15:00
				8・17	15:00
			確定 23・3・11	9・3	9:30
				9・17	15:00
被告人	勾留	福　上　三　郎		9・29	9:40
				10・12	14:00
	保釈			11・10	10:00
				11・29	10:00
	在宅			12・8	9:30
				12・20	9:45
裁判官（主任）	綿　波　孝　平	書記官　和　元　一　成		2・14	16:30
				2・21	13:10
				2・22	9:40
検察官	博　田　　守, 久　留　明日香			2・23	9:40
				2・24	15:30
弁護人	要・否　国・否	（主任）大牟田孝典　　　飯元浩子		・・	：
				・・	：
				・・	：
					：

平成２２年検第１２３４号

起　訴　状

平成２２年７月１２日

福岡地方裁判所　殿

福岡地方検察庁

検察官検事　博　田　　守　㊞

下記被告事件につき公訴を提起する。

記

本籍　福岡市西浜区西の浜２丁目３番

住居　同市西浜区灘崎町１丁目２番３号灘崎ハイツ１号棟２０５号室

職業　無　職

勾留中　福　上　三　郎

昭和３３年　３月２８日　生

公　訴　事　実

　被告人は，平成２２年６月２１日午後８時１５分ころ，福岡市西浜区灘崎町１丁目２番３号灘崎ハイツ１号棟２０５号室福上次夫方において，橋行久（当時４１歳）に対し，殺意をもって，所携の果物ナイフ（刃体の長さ約１１．５センチメートル）で同人の左頸部等を数回突き刺すなどしたが，福上次夫から制止されたため，上記橋行に全治約１か月間を要する左頸部刺創等の傷害を負わせたにとどまり，殺害の目的を遂げなかったものである。

罪　名　及　び　罰　条

殺人未遂　　　　　　　　　　刑法第２０３条，第１９９条

郵 便 送 達 報 告 書 (住所，居所等用)		発送 年月日	平成２２年　７月１６日	

事件 番号	平成２２年（わ）第５０１号			
送 達 書 類	書類の名称	☑　　被告人　福上三郎 ☑１　起訴状謄本（平成２２年　７月１２日付け） □２　弁論併合決定謄本（平成　　年　　月　　日付け） □３　弁護人選任に関する通知及び照会書 □４　国選弁護人選任通知書 □５　公判期日召喚状（平成　　年　　月　　日午　　時　　分） □６		
	差 出 人	所在地	郵便番号　○○○－○○○○ 　　　福岡市中区城内１丁目１番１号	
		名称	福岡地方裁判所刑事第５部	
	受送達者 本人氏名		□　福岡刑務所長　　　　　☑　西福岡警察署長 □	

受領者の押印又 は署名	㊞

送達の場所	郵便番号　○○○－○○○○ 福岡市西浜区西の浜１丁目１番１号　　西福岡警察署

送達年月日時	平成２２年　７月１７日１１時

送 達 方 法	1	受送達者本人に渡した。
	②	受送達者本人に出会わなかったので，書類の受領について相当のわきまえがあると認められる次の者に渡した。 ㋐　使用人・従業者　　イ　同居者 　　　　　　　　　　　　　　（氏名：○○○○）
	3	次の者が正当な理由なく受取りを拒んだので，その場に差し置いた。 ア　受送達者本人　イ　使用人・従業者　ウ　同居者 　　　　　　　　　　　　　　（氏名：　　　　　）
	4	営業所に出向いた書類の受領について相当のわきまえがあると認められる次の者に渡した。 ア　使用人・従業者　　　　イ　同居者 　　　　　　　　　　　　　　（氏名：　　　　　）

上記のとおり送達しました。　　　平成２２年　７月１７日 (所属)　　　　　　　　　　　　配達担当者 ㋐　郵便事業(株)　西浜　支店　　　　　○○　○○　㊞ イ　郵便局(株)　　　　郵便局

上記送達に係る郵便物が適正に送達されたこと及びその送達に関する事項が適正に記載されていることを確認しました。 　　　　　　　　　　　　平成２２年　７月１７日 (所属)　　　　　　　　　郵便認証司 ㋐　郵便事業(株)　西浜　支店　　　　○○　○○　㊞ イ　郵便局(株)　　　　郵便局	差出人記入欄

福岡地方裁判所
22. 7.19
（　）第　　号
受付

平成２２年(わ)第５０１号

決 定

被告人 福 上 三 郎

上記の者に対する殺人未遂被告事件について，当裁判所は，次のとおり決定する。

本件を公判前整理手続に付する。

平成２２年７月１６日
　福岡地方裁判所刑事第５部
　　裁判長裁判官 綿 波 孝 平 ㊞

　　裁判官 柄 田 智 規 ㊞

　　裁判官 直 川 俊 二 ㊞

平成２２年７月１６日
　検察官，弁護人両名，被告人に通知済 裁判所書記官 ㊞

裁判長認印　㊞

平成２２年(わ)第５０１号

進行に関する打合せメモ

被　告　人　氏　名	福　上　三　郎
被　告　事　件　名	殺　人　未　遂
打合せをした年月日	平成２２年７月２０日
打合せをした場所	福岡地方裁判所７０１号公判前整理手続室
出　席　者	
裁　判　長　裁　判　官	綿　波　孝　平
裁　　判　　官	柄　田　智　規
裁　　判　　官	直　川　俊　二
裁　判　所　書　記　官	和　元　一　成
検　　察　　官	博　田　　守
同	久　留　明日香
弁　　護　　人（主任）	大牟田　孝　典
同	飯　元　浩　子

書面提出等の期限について

　　　博田検察官

　　　　　　証明予定事実記載書面の提出及び証拠調べ請求については，期限を
　　　　　　８月２日とされたい。

　　　主任弁護人

　　　　　　異議はない。

証拠の開示について

　　　博田検察官

　　　　　　上記請求予定証拠については，８月２日以降開示できるように準備
　　　　　　をしたい。

　　　裁　判　長

　　　　　　弁護人らは，早めに類型証拠の開示請求をされたい。また，検察官

は，これに迅速に対応していただきたい。

　博田検察官及び主任弁護人

　　　できる限りそのようにする。

今後の進行について

　裁　判　長

　　　第1回公判前整理手続期日を8月17日午後3時00分と指定する

　　　こととしたい。

　博田検察官及び主任弁護人

　　　了解した。

　裁　判　長

　　　第1回公判前整理手続期日において，弁護人予定主張書面の提出見

　　　込みを確認することとしたい。

　主任弁護人

　　　了解した。

　　　平成22年7月21日

　　　　　　福岡地方裁判所刑事第5部

　　　　　　　裁判所書記官　　　和　元　一　成　㊞

平成２２年(わ)第５０１号

決　　定

被告人　　福　上　三　郎

　上記の者に対する殺人未遂被告事件について，当裁判所は，検察官及び主任弁護人の意見を聴いた上，次のとおり決定する。

　検察官の証明予定事実記載書面の提出期限及び証拠調べ請求の期限をいずれも平成２２年８月２日と定める。

　　　　平成２２年７月２１日
　　　　　福岡地方裁判所刑事第５部
　　　　　　　裁判長裁判官　　綿　波　孝　平　㊞

　　　　　　　　　裁判官　　柄　田　智　規　㊞

　　　　　　　　　裁判官　　直　川　俊　二　㊞

　　　　平成２２年７月２１日
　　　　　検察官，主任弁護人に通知済　　　裁判所書記官　　㊞

証明予定事実記載書

殺人未遂　　　　　　　　　　　　　　　　　　　　被告人　福　上　三　郎

　上記被告人に対する頭書被告事件について，検察官が証拠により証明しようとする事実は，以下のとおりである。

　平成２２年８月２日

　　　　　　　　　　　　　　福岡地方検察庁
　　　　　　　　　　　　　　　　検察官　検事　博　田　　守　㊞
福岡地方裁判所刑事第５部　殿

	（主な証拠関係）
第１　犯行に至る経緯等	
１　被告人が実兄福上次夫（以下「次夫」という。）方に居候するに至った経緯等	
被告人は，工業高校卒業後，溶接工として勤務先を転々とし，平成２０年３月ころ，無職となった。	甲1, 6, 10 乙1, 2
その後，被告人は，全く仕事をせず，平成２１年３月ころ，妻から離婚を申し入れられたため，妻子方を出て，福岡市西浜区内の１ＤＫのアパートで一人暮らしをしていた次夫方に居候を始めた。	
同年５月ころ以降，次夫は，一向に仕事をしようとしない被告人に嫌気が差し，被告人に何度も仕事をするように言ったが，被告人は，気に入った仕事がなかったため，形ばかりの求職活動をした程度で次夫方に１年間以上居座り続けた。	
２　被告人と被害者の関係等	
被害者橋行久（以下「被害者」という。）は，その妻である橋行梓（以下「梓」という。）が次夫の友人であったことから，梓とともに次夫方を訪れて，被告人と知り合い，本件の前	甲5～7 乙2

－ 342 －

に一緒に飲酒したことがあった。

　被害者は，平成２２年３月ころ，被告人が次夫方から退去しないことに困っていた同人から，被告人に早く退去するよう言ってほしいなどと頼まれ，同年５月ころ，梓とともに被告人に対し，次夫方を早く退去した方がいいなどと助言した。

3　犯行当日の被告人と被害者の行動等

（１）被告人は，次夫に対し，同年６月末ころまでに同人方を退去する旨約束していたが，同月２１日に至っても，職や住む場所の当てがなく，所持金も１０万円を切っていたため，自分の生活がこの先どうなるのかという不安を抱いていた。

甲1,5～9
乙2

（２）被害者は，同日午後５時ころ，約１か月ぶりに梓とともに次夫方を訪れて，同人方の居間で，同人及び梓とともに飲酒を始めた。

　被告人は，同日午後５時半ころ，次夫方に戻ってきたが，居間にいた被害者らには声をかけずに自己の部屋に入った。

　同日午後８時ころ，被害者は，次夫から頼まれて，被告人の退去の話の進行具合を聞くため，被告人の部屋に行き，被告人に対し，「俺たちが来とるのに挨拶にも来んのか。こっちに来い。」と強い口調で言って，被告人を居間に呼び出した。

　被告人は，さして親しくもない被害者から，強い口調で文句を言われ，一方的に呼びつけられたことに憤激し，被害者の態度次第では，同人を刃物で刺そうと考え，自己の部屋に置いていた果物ナイフ（刃体の長さ約１１．５センチメートル）を自己のズボンの右ポケットに入れて部屋を出た。

第2　犯行状況

1　被告人は，居間に行き，ソファに座っていた被害者の前に立って，同人に対し，「何でお前に挨拶しなきゃならないんだ。」などと文句を言いながら，その場にしゃがみ込んだとこ

甲1,5
乙2

－ 343 －

ろ，逆に被害者から，「そんなの当たり前だ。お前のそういう態度がみんなに迷惑をかけとるんや。」「早くここから出て行け。」などと言い返され，激しい口論となった。

被告人は，次夫に迷惑をかけ続けているとの引け目があり，また，今後の生活についても不安を抱いていたところ，このような被告人の状況を全く知らないはずの被害者から，一方的になじられ，次夫方を退去するよう強く言われたことに激高し，被害者に対し，殺意を抱いた。

2　そこで，被告人は，果物ナイフの柄を右手で順手に持ちながら立ち上がり，座っていた被害者に向かって一歩踏み出して，同人の首筋めがけて果物ナイフをまっすぐ突き出し，頸部の左側面を果物ナイフで1回突き刺した。　　　　　　　　　　甲1，2，5〜9
乙2

続けて，被告人は，仰向けに倒れた被害者に対し，その右腹部と左太股の付け根（左そけい部）を果物ナイフで1回ずつ突き刺した。

その後，被告人は，次夫から羽交い締めにされるなどして制止されたが，被害者に対する怒りが収まらなかったため，立ち上がって果物ナイフを取り上げようとしてきた同人に対し，その左右胸部を正面から1回ずつ果物ナイフで突き刺した。

さらに，被告人は，梓が被害者を次夫方から逃そうとして被害者が被告人に背を向ける姿勢となった際，被害者の背後からその右肩から頸部を果物ナイフで1回突き刺した。

その後，被害者は次夫方から逃げ出したが，被告人は，次夫に羽交い締めにされていたため，それ以上被害者を刺すことができなかった。

梓は，被害者を次夫方から連れ出した後の同日午後8時18分に110番通報をした。

3　被告人は，被害者が居間から逃げた後，次夫から「お前，何　　甲1，6
したか分かってんのか。」などと一喝され，「俺も死んでや　　乙2

— 344 —

る。」などと言いながら，果物ナイフを自分の首に当てていた
ところ，臨場した警察官に説得されて，逮捕された。

4　被害者は，被告人に果物ナイフで刺されたことにより，全治　　甲2〜5
約1か月を要する左頸部刺創等の傷害を負った。

被害者の傷害は，いずれも刺創で，6か所あり，その深さ
は，左頸部の刺創が約4センチメートル，右腹部及び左そけい
部の刺創がいずれも約3センチメートル，左右胸部の刺創がい
ずれも約1センチメートル，右肩から頸部に向かう刺創が約1
0センチメートルであった。

第3　その他

以上の事実のほか，被告人の身上経歴，被害者の処罰感情等　　甲5,7
についても立証する。　　　　　　　　　　　　　　　　　　　　　乙1,3

以　上

裁判長認印　㊞

平成２２年(わ)第５０１号

第１回公判前整理手続調書（手続）

被 告 人 氏 名	福 上 三 郎（不出頭）
被 告 事 件 名	殺 人 未 遂
公判前整理手続をした年月日	平成２２年８月１７日
公判前整理手続をした場所	福岡地方裁判所７０１号公判前整理手続室
公判前整理手続をした裁判所	福岡地方裁判所刑事第５部
裁 判 長 裁 判 官	綿 波 孝 平
裁 判 官	柄 田 智 規
裁 判 官	直 川 俊 二
裁 判 所 書 記 官	和 元 一 成
出 頭 し た 検 察 官	博 田 　 守
同	久 留 明日香
出 頭 し た 弁 護 人（主任）	大牟田 孝 典
同	飯 元 浩 子

証明予定事実等

（主張に関する事項）

　　　主任弁護人

　　　　　平成２２年８月２日付け証明予定事実記載書記載の事実について，現時点で釈明を求める事項はない。

証拠の開示について

　　　主任弁護人

　　　　　昨日，類型証拠の開示請求を行った。

　　　博田検察官

　　　　　同年８月２３日までに，弁護人に対して類型証拠の開示を行う。

証拠の厳選について

　　　博田検察官

実況見分調書等については，統合することを考えている。統合した書証については，速やかに弁護人に開示し，弁護人と内容について調整を行う予定である。

今後の進行等

主任弁護人

同年９月３日までに，弁護人予定主張書面の提出見込みを明らかにする。

博田検察官

起訴後の経過を踏まえ，起訴状記載の公訴事実の「全治約１か月間」について訴因変更の要否を検討し，変更を要する場合は早めに変更請求を行うものとする。

次回期日

追って指定

（進行に関する打合せ期日　同年９月３日午前９時３０分）

平成２２年８月１８日

福岡地方裁判所刑事第５部

裁判所書記官　　和　元　一　成　㊞

被害者参加の申出に関する通知書

平成２２年８月２７日

福 岡 地 方 裁 判 所 　殿

福 岡 地 方 検 察 庁
検 察 官 検 事 　博 田 　守 ㊞

　被告人　福上三郎　に対する　殺人未遂　被告事件につき，平成２２年８月２３日，次の者から被害者参加の申出があったので，下記のとおり意見を付して通知します。

被害者参加人になろうとする者の氏名　　橋 行 　久

上記の者と被害者の関係　　　　　　　　本 人

連 　絡 　　　先　　　　　　　住所　福岡市東浜区渚３丁目５番７号

　　　　　　　　　　　　　　　　電話　○○○−○○○−○○○○

委託を受けた弁護士の氏名

上記の弁護士の連絡先

記

　　　当該被告事件への参加を許すのが相当と思料する。

裁判長認印　㊞

平成２２年(わ)第５０１号

進行に関する打合せメモ

被 告 人 氏 名　　　福 上 三 郎

被 告 事 件 名　　　殺 人 未 遂

打合せをした年月日　　平成２２年９月３日

打合せをした場所　　　福岡地方裁判所７０１号公判前整理手続室

出席者

裁 判 長 裁 判 官　　綿 波 孝 平

裁　　判　　官　　　柄 田 智 規

裁　　判　　官　　　直 川 俊 二

裁 判 所 書 記 官　　和 元 一 成

検　　察　　官　　　博 田　　守

同　　　　　　　　　久 留 明日香

弁　護　人（主任）　大牟田 孝 典

同　　　　　　　　　飯 元 浩 子

主張予定等

　　　博田検察官

　　　　　　起訴状記載の公訴事実の「全治約１か月間」については，被害者が

　　　　　　現在も通院中とのことなので，症状が固定したか否かを確認の上，

　　　　　　訴因の変更の要否を検討する予定である。

書面提出等の期限について

　　　主任弁護人

　　　　　　弁護人の検察官請求証拠についての意見を明らかにすべき期限，予

　　　　　　定主張を明らかにすべき期限及び証拠調べ請求の期限をいずれも９

　　　　　　月１０日とされたい。

　　　博田検察官

　　　　　　異議はない。

－ 349 －

証拠の開示について

　　博田検察官

　　　　　弁護人に対して類型証拠を開示済みである。

　　裁　判　長

　　　　　弁護人は，主張関連証拠の開示請求予定があれば，上記の書面の提
　　　　　出と併せて検察官に開示請求をしていただきたい。検察官は，９月
　　　　　中には開示を済ませるようご準備願いたい。

　　博田検察官及び主任弁護人

　　　　　了解した。

今後の進行について

　　裁　判　長

　　　　　弁護人は，第２回公判整理手続期日において，被害者参加の申出に
　　　　　対する意見を明らかにできるよう準備されたい。

　　主任弁護人

　　　　　了解した。

　　裁　判　長

　　　　　第２回公判前整理手続期日を９月１７日午後３時と指定すること
　　　　　としたい。

　　博田検察官及び主任弁護人

　　　　　了解した。

　　　　平成２２年９月３日

　　　　　　　福岡地方裁判所刑事第５部

　　　　　　　裁判所書記官　　　和　元　一　成　　㊞

平成２２年(わ)第５０１号

決　　定

被告人　　福　上　三　郎

　上記の者に対する殺人未遂被告事件について，当裁判所は，検察官及び弁護人の意見を聴いた上，次のとおり決定する。

　弁護人の検察官請求証拠についての意見を明らかにすべき期限，予定主張を明らかにすべき期限及び証拠調べ請求の期限をいずれも平成２２年９月１０日と定める。

　　　　　平成２２年９月３日
　　　　　福岡地方裁判所刑事第５部
　　　　　　　裁判長裁判官　　綿　波　孝　平　㊞

　　　　　　　裁判官　　柄　田　智　規　㊞

　　　　　　　裁判官　　直　川　俊　二　㊞

　　　　　平成２２年９月３日
　　　　　検察官，主任弁護人に通知済　　　裁判所書記官　　㊞

平成２２年（わ）第５０１号　殺人未遂被告事件
被告人　福上三郎

予定主張記載書面

平成２２年９月１０日

福岡地方裁判所刑事第５部　御中

主任弁護人　　大牟田　孝　典　㊞
弁　護　人　　飯　元　浩　子　㊞

第１　訴因に関する主張
　　被告人には，殺人の故意，すなわち殺意はなかった。

第２　事実主張
　１　被告人は，平成２０年３月に退職後も勤労の意欲を持ち続けていたもの
　　で，兄方に転居してからもこれに変わりはなかった。
　２　事件当日，被害者は，被告人のいる部屋に来て，被告人に対し，いきな
　　り「この野郎」などと激しく怒鳴りつけた。
　３　被告人は，被害者に居間に出てくるように一方的に言われ，被害者のあ
　　まりの勢いに，暴力を振るわれたら使おうと考えてナイフを持ち出した。
　４　被害者は，被告人を激しく罵倒し，さらには乞食呼ばわりした。被告人
　　は，被害者の言葉に憤激し，被害者と被告人は一瞬にらみ合った。そして，
　　被害者が動いたため，「やられる」と思い，とっさにナイフを突き出した。
　　被告人は，被害者を殺してやると思ってナイフを突き出したものではない。
　５　被告人は，被害者の首筋をめがけてナイフを突き出したものではない。
　　また，被害者の急所をめがけてナイフを突き刺したこともない。
　６　その他情状等

裁判長認印　印

平成２２年(わ)第５０１号

第２回公判前整理手続調書（手続）

被　告　人　氏　名	福　上　三　郎　（不出頭）
被　告　事　件　名	殺　人　未　遂
公判前整理手続をした年月日	平成２２年９月１７日
公判前整理手続をした場所	福岡地方裁判所７０１号公判前整理手続室
公判前整理手続をした裁判所	福岡地方裁判所刑事第５部
裁　判　長　裁　判　官	綿　波　孝　平
裁　　判　　官	柄　田　智　規
裁　　判　　官	直　川　俊　二
裁　判　所　書　記　官	和　元　一　成
出　頭　し　た　検　察　官	博　田　　　守
同	久　留　明日香
出頭した弁護人（主任）	大牟田　孝　典
同	飯　元　浩　子

証拠調べ等

　　　　証拠等関係カード記載のとおり

証明予定事実等

（主張に関する事項）

　　　主任弁護人

　　１　平成２２年９月１０日付け予定主張記載書面について，次のとおり補足
　　　する。
　　　　被告人が，被害者に対し，攻撃をする意図で頸部を含めた各部位を果物
　　　ナイフで突き刺したという外形的事実は争わない。しかし，被告人はそ
　　　れぞれの部位を狙って攻撃したわけではない。

　　２　検察官作成の同年８月２日付け証明予定事実記載書について，同書面の
　　　第２の３記載の，犯行後の状況に関する事実は争わない。

－ 353 －

飯元弁護人

　　上記2の検察官作成書面の就労に関する主張については，被告人の認識
　　と異なるが，それぞれの立場から見た評価の違いにすぎないので，これ
　　に対して別途反論の主張は行わない。

証拠の厳選について

　博田検察官

　　1　実況見分調書等を統合したものについては，まもなく弁護人に開示でき
　　　る見込みである。

　　2　乙号証の身上及び経歴に関する部分は抄本化した上，弁護人に開示し，
　　　弁護人と内容について調整を行う予定である。

今後の進行等

　主任弁護人

　　1　同年9月24日までに，甲第5ないし7号証及び乙第2号証に関し，犯
　　　行に至るまでの経緯にわたる部分等について，一部同意が可能か否かを
　　　検討する。

　　2　証拠調べ請求をする予定はない。

　博田検察官

　　1　同年9月24日までに，次のとおり書面等を提出する。

　（1）甲第10号証により立証しようとする事実を具体的に明らかにする。

　（2）被害者，被害者の妻及び被告人の兄の人証請求を行う。

　　2　起訴状記載の公訴事実の「全治約1か月間」については，訴因変更の要
　　　否を検討し，変更を要する場合は早めに変更請求を行うものとする。

指定した次回期日

　　　　平成22年9月29日午前9時40分

　　　　平成22年9月17日

　　　　　　　福岡地方裁判所刑事第5部

　　　　　　　　裁判所書記官　　和　元　一　成　㊞

平成２２年(わ)第５０１号

求　意　見

被告事件名　　殺人未遂

被告人　　福　上　三　郎

　上記被告事件について，検察官　博田守　から，別紙のとおり申出人からの被害者参加の申出に関する通知があったので，裁判所の命により意見を求めます。

　なお，不相当とするときは，具体的な理由を記載してください。

平成２２年８月３０日

福岡地方裁判所刑事第５部合議係

裁判所書記官　　和　元　一　成

主任弁護人　　大牟田　孝　典　殿

弁護人　　飯　元　浩　子　殿

意　見

上記申出は，　　　　しかるべく　　　　　と考える。

理　由

平成２２年９月１７日

主任弁護人　　大牟田　孝　典　㊞

弁護人　　飯　元　浩　子　㊞

福岡地方裁判所刑事第５部合議係　　御中

平成22年(わ)第501号　殺人未遂被告事件

被告人　福　上　三　郎

決　定

申出人　橋　行　　久

　上記被告事件につき，申出人から手続への参加の申出があったので，検察官及び弁護人の意見を聴いた上，当裁判所は，次のとおり決定する。

　申出人橋行久に対し，上記被告事件の手続への参加を許可する。

　　　平成22年9月21日

　　　福岡地方裁判所刑事第5部

　　　　　裁判長裁判官　　綿　波　孝　平　㊞

　　　　　　裁判官　　柄　田　智　規　㊞

　　　　　　裁判官　　直　川　俊　二　㊞

即日，通知書を申出人及び被告人に対し，普通郵便で送付する方法により，検察官に対し，ファクシミリで送信する方法により，弁護人に対し，交付する方法により各通知済み

　　　　　　　　　　　　　　　　　　　　　　裁判所書記官　　㊞

裁判長認印　㊞

平成２２年(わ)第５０１号

第３回公判前整理手続調書（手続）

被 告 人 氏 名	福 上 三 郎（不出頭）
被 告 事 件 名	殺 人 未 遂
公判前整理手続をした年月日	平成２２年９月２９日
公判前整理手続をした場所	福岡地方裁判所７０１号公判前整理手続室
公判前整理手続をした裁判所	福岡地方裁判所刑事第５部
裁 判 長 裁 判 官	綿 波 孝 平
裁 判 官	柄 田 智 規
裁 判 官	直 川 俊 二
裁 判 所 書 記 官	和 元 一 成
出 頭 し た 検 察 官	博 田 　 守
同	久 留 明日香
出 頭 し た 弁 護 人（主任）	大牟田 孝 典
同	飯 元 浩 子

証拠調べ等

　　　　証拠等関係カード記載のとおり

証明予定事実等

　　博田検察官及び主任弁護人

　　　　本件の争点は殺意の有無である。

　　主任弁護人

　　1　被告人が被害者に対し，証明予定事実第２の２記載の各部位を果物ナイ
　　　フで突き刺したという外形的事実は争わない。

　　2　最初に被害者の頸部の左側面を突き刺したとき，被告人は被害者の身体
　　　を刺すという認識は持っていたが，頸部を狙って刺したわけではない。

　　3　その後に各部位を刺したときには，被害者の身体を刺すという認識すら
　　　なかった。その事情は，憤激して頭に血が昇っていたということであり，

それ以外に例えばアルコールの影響下にあった等，被告人の当時の認識状況を制限するような事情を主張する予定はない。

4 犯行直前の被害者と被告人との口論の際，被害者は，証明予定事実に記載があるよりも激しく被告人を罵倒した。その余の犯行に至るまでの経緯にわたる部分については，それぞれの立場から見た評価の違いはあるものの，事実経過として積極的に争う点はない。

証拠の厳選について

博田検察官

実況見分調書等のうち，甲1及び8号証は統合した報告書をまもなく弁護人に開示する予定であるが，甲2ないし4号証については，統合せずに従前の請求を維持する可能性がある。

今後の進行等

主任弁護人

被害者の頸部を刺した後，各部位を刺すときの被告人の認識については，改めて検討して，予定主張を明らかにする書面を平成22年10月7日までに提出する。

博田検察官

1 人証として橋行久，福上次夫及び橋行梓の証拠調べを請求する予定である。なお，橋行梓に関しては，証拠調べの必要性を具体的に明らかにすべく準備する。

2 福上洋子に関しては，証拠調べを請求しない。

指定した次回期日

平成22年10月12日午後2時

平成22年9月29日

福岡地方裁判所刑事第5部

裁判所書記官　　和　元　一　成　㊞

平成22年（わ）第501号　殺人未遂被告事件
被告人　福上三郎

予定主張記載書面（2）

平成22年10月7日

福岡地方裁判所刑事第5部　御中

主任弁護人　大牟田　孝　典　㊞
弁　護　人　飯　元　浩　子　㊞

第1　被告人の認識について

1　頸部の左側面

　被告人は，被害者を刺すことの認識はあったが，頸部の左側面を狙った
ものではなく，頸部の左側面を刺すことの認識はなかった。

2　右腹部，左太股の付け根

　被告人は，仰向けに倒れた被害者の右腹部と左太股の付け根を刺したこ
とについて記憶していない。したがって，右腹部と左太股の付け根を刺す
という認識はなく，被害者を刺すという認識もない。

3　左右胸部

　被告人は，羽交い締めにされながら，接近する被害者を威嚇するために
ナイフを振り回したが，具体的に被害者に刺さった際の記憶はない。した
がって，左右胸部を刺すことの認識はなく，被害者に刺すことの認識もな
いが，被害者が近づいてきた場合には，被害者に刺さる可能性があるとい
う限度の認識はあった。

4　右肩

　被告人は，被害者の背後からナイフで刺すことの認識はない。羽交い締
めにされ，ふりほどこうとした際に，手に持っていたナイフが被害者の右
肩に刺さったことは争わないが，右肩を刺すことの認識はなく，被害者を

刺すという認識もない。また，被害者に刺さる可能性があるという限度の
認識もない。

第2　殺意がないことの間接事実

　1　創傷の部位，状態

　2　動機の不存在

裁判長認印　㊞

平成２２年(わ)第５０１号

第４回公判前整理手続調書（手続）

被 告 人 氏 名　　　　福 上 三 郎（不出頭）

被 告 事 件 名　　　　殺 人 未 遂

公判前整理手続をした年月日　　平成２２年１０月１２日

公判前整理手続をした場所　　　福岡地方裁判所７０１号公判前整理手続室

公判前整理手続をした裁判所　　福岡地方裁判所刑事第５部

裁 判 長 裁 判 官　　　綿 波 孝 平

裁 　 判 　 官　　　　柄 田 智 規

裁 　 判 　 官　　　　直 川 俊 二

裁 判 所 書 記 官　　　和 元 一 成

出 頭 し た 検 察 官　　博 田 　 守

同　　　　　　　　　　久 留 明日香

出 頭 し た 弁 護 人 （主任）大牟田 孝 典

同　　　　　　　　　　飯 元 浩 子

証明予定事実等

　　主任弁護人

　　１　被告人が，被害者に傷害を負わせる攻撃をする意思を有して被害者を刺
　　　したことについては争わない。

　　２　平成２２年１０月２５日までに，弁護人ら作成の同月７日付け予定主張
　　　記載書面（２）に係る主張について，被告人が被害者に対し，果物ナイ
　　　フを突き刺したのか，振り回していたのかという点を含め，行為態様に
　　　ついて争いの有無を明らかにする。

証拠の厳選について

　　博田検察官

　　１　実況見分調書等のうち，甲１，２及び８号証は統合した報告書をまもな
　　　く弁護人に開示する予定である。これに対する弁護人らの同意が得られ

－ 361 －

れば，上記甲号証は撤回する予定である。

2　甲3及び4号証については，弁護人らの上記2項の予定主張の内容を踏まえて，統合するか否かを検討する。

今後の進行等

　　博田検察官

　　　同年11月8日までに，（1）起訴状記載の公訴事実の「全治約1か月間」の訴因変更の要否を検討し，（2）被告人に殺意があったことの間接事実を明らかにする。

指定した次回期日

　　平成22年11月10日午前10時

　　平成22年10月15日

　　　　福岡地方裁判所刑事第5部

　　　　　裁判所書記官　　和　元　一　成　㊞

平成22年（わ）第501号　殺人未遂被告事件
被告人　福上三郎

予定主張記載書面（3）

平成22年10月25日

福岡地方裁判所刑事第5部　御中

主任弁護人　　大牟田　孝　典　㊞
弁　護　人　　飯　元　浩　子　㊞

第1　行為態様について

1　頸部の左側面

頸部の左側面の傷については，被害者に向かってナイフを突き出したものである。

2　右腹部，左太股の付け根

被告人は，仰向けに倒れた被害者の右腹部と左太股の付け根を刺したことについて記憶していない。したがって，右腹部と左太股の付け根の傷については，どのように生じたのかを具体的に説明することができない。

3　左右胸部

被告人は，羽交い締めにされながら，接近する被害者を威嚇するためにナイフを振り回したが，具体的に被害者に刺さった際の記憶はない。したがって，左右胸部の傷がどのように生じたのかを具体的に説明することはできない。

なお，ナイフを振り回したのは，被害者を刺そうとしたものではないが，被害者に向かってナイフを突き出す動作があったことは認める。

4　右肩

被告人は，羽交い締めにされ，これをふりほどこうとして暴れた際に，手に持っていたナイフが被害者の右肩に刺さったものであるが，被害者に向けてナイフを突き出す動作はしていない。

追加証明予定事実記載書

殺人未遂　　　　　　　　　　　　　　　　　　被告人　福　上　三　郎

　　上記被告人に対する頭書被告事件について，被告人に殺意があったことにつき，検察官が証拠により証明しようとする事実は，以下のとおりである。

　　平成２２年１１月８日

　　　　　　　　　　　　　　福岡地方検察庁
　　　　　　　　　　　　　　　　検察官　検事　　博　田　　　守　㊞
　福岡地方裁判所刑事第５部　殿

	（主な証拠関係）
第１　被告人が犯行に使用した果物ナイフの形状等	
１　被告人が犯行に使用した果物ナイフは，刃体の長さ約１１．５センチメートル，片刃で先端部が鋭利な刃物である。	甲8，9
２　同ナイフは，被告人が以前から使用していた被告人の所有物であり，被告人はその形状を知っていた。	乙2
第２　被告人が被害者の身体の枢要部を続けざまに合計６回，実兄福上次夫（以下「次夫」という。）に制止されながらも果物ナイフで突き刺したこと	甲2〜7 乙2
１　被告人は，上記果物ナイフをズボンの右ポケットに入れて自室から持ち出し，居間のソファに座っていた被害者の前にしゃがんだ状態から，同ナイフの柄を右手で順手に持って立ち上がり，座っていた被害者に向かって一歩踏み出しながら，その首筋めがけて同ナイフを真っ直ぐ突き出し，被害者が後ろにのけぞってこれをかわそうとしたものの，その頸部の左側面を１回突き刺した（刺創１）。	
そして，被告人は，被害者の頸部からの出血を目の当たりにしながらも，同ナイフを仰向けに倒れた被害者に向けて何度も突き出し，その右腹部を１回突き刺し（刺創２），続けて左太股の付け根（左そけい部）を１回突き刺した（刺創３）。	

－ 364 －

その後，被告人は，次夫に背後から羽交い締めにされ，立ち上がった被害者からも右手首をつかまれるなどして制止されたにもかかわらず，「邪魔すんな。」などと言いながら，被害者の手をふりほどき，次夫に羽交い締めにされたまま，被害者の左右胸部を正面から1回ずつ同ナイフで突き刺した（刺創4，5）。

　さらに，被告人は，被害者の妻橋行梓が被害者を次夫方から連れ出そうとして被害者が被告人に背中を向ける姿勢となった際，次夫に羽交い締めにされたまま，被害者の背後からその右肩から頸部を同ナイフで1回突き刺した（刺創6）。

2　刺創1は，深さ約4センチメートル，刺創2及び刺創3は深さ約3センチメートル，刺創4及び刺創5は，深さ約1センチメートル，刺創6は，深さ約10センチメートルであった。

第3　被告人が被害者に対して殺意を抱くに足りる動機を有していたこと

甲5～7
乙2

　被告人は，平成21年3月ころから，次夫方に居候を続けており，同年5月ころ以降，次夫から仕事を探して同人方から退去するよう言われ，平成22年6月末までには同人方から退去すると約束していたが，同月21日に至っても気に入った仕事がなく，職の当ても，住む場所の当てもなく，所持金も10万円を切っていたことから，自分の生活がこの先どうなるのかという不安を抱いていたところ，被害者から強い口調で呼び出され，居間で被害者と口論となった。

　被告人は，次夫に迷惑をかけ続けている引け目があった一方，今後の生活にも不安を抱いていたところ，このような被告人の状況を全く知らないはずの被害者から，次夫方を退去するよう強く言われたため，激高し，被害者に対する殺意を抱くに至った。

以　上

裁判長認印　㊞

平成２２年(わ)第５０１号

第５回公判前整理手続調書（手続）

被 告 人 氏 名　　　　福 上 三 郎（不出頭）

被 告 事 件 名　　　　殺 人 未 遂

公判前整理手続をした年月日　　平成２２年１１月１０日

公判前整理手続をした場所　　　福岡地方裁判所７０１号公判前整理手続室

公判前整理手続をした裁判所　　福岡地方裁判所刑事第５部

裁 判 長 裁 判 官　　　綿 波 孝 平

裁 　 判 　 官　　　柄 田 智 規

裁 　 判 　 官　　　直 川 俊 二

裁 判 所 書 記 官　　　和 元 一 成

出 頭 し た 検 察 官　　　博 田 　 守

同　　　　　　　　久 留 明日香

出 頭 し た 弁 護 人（主任）大牟田 孝 典

同　　　　　　　　飯 元 浩 子

証明予定事実等

　　主任弁護人

　　　1　弁護人ら作成の平成２２年１０月２５日付け予定主張記載書面（3）の
　　　　第1の3について，被告人の，被害者に向けた果物ナイフを突き出す動
　　　　作により被害者の左右胸部の傷が生じたことは争わない。

　　　2　同4については，被告人が羽交い締めにされ，これをふりほどこうとし
　　　　て暴れた際に手に持っていたナイフがたまたま被害者の右肩に刺さった
　　　　にすぎず，被害者に向けた暴行ではない。

　　博田検察官

　　　　被害者の全治期間について今週中に医師と打合せを行い，起訴状記載の
　　　　公訴事実の「全治約１か月間」の訴因変更の要否を確定する予定である。
　　　　なお，その際，全治期間の判然としない傷害結果について，後遺障害に

類するものがあり，情状事実として主張することを検討している。

証拠の厳選について

　　博田検察官

　　　　上記の打合せ結果を踏まえ，甲３及び４号証を統合するか否かを検討する。

今後の進行等

　　主任弁護人

　　　１　平成２２年１１月２２日までに，（１）検察官ら作成の同月８日付け追加証明予定事実記載書に係る殺意の根拠に関する主張についての争いの有無及び（２）重要情状事実についての予定主張記載書面を提出する。

　　　２　人証の請求予定はない。

　　博田検察官

　　　１　同月２２日までに，（１）起訴状記載の公訴事実の「全治約１か月間」の訴因変更の要否及び（２）重要情状事実についての予定主張記載書面を提出する。

　　　２　人証として橋行久及び福上次夫の証拠調べを請求する予定である。なお，従前検討していた橋行梓に関しては請求を行わない。

指定した次回期日

　　　　平成２２年１１月２９日午前１０時

　　　　平成２２年１１月１７日

　　　　　　　　福岡地方裁判所刑事第５部

　　　　　　　　　　裁判所書記官　　　和　元　一　成　　㊞

追加証明予定事実記載書

殺人未遂　　　　　　　　　　　　　　　　　被告人　福　上　三　郎

　　上記被告人に対する頭書被告事件について，重要情状事実につき，検察官が証拠により証明しようとする事実は，以下のとおりである。

　　平成２２年１１月２２日

　　　　　　　　　　　　　　福岡地方検察庁

　　　　　　　　　　　　　　検察官　検事　博　田　　守　㊞

福岡地方裁判所刑事第５部　　殿

	（主な証拠関係）
第１　動機が短絡的で理不尽であることを基礎付ける事実	
１　被告人が被害者に対する殺意を抱いたのは，被告人が無職で実兄福上次夫（以下「次夫」という。）方に居候を続けていて，真摯な求職活動をせず，行く当ても見つからない状態であったところ，次夫と約束した退去期限が迫っていた時期に，次夫の友人である被害者から，次夫方を退去するよう強く言われたことが原因であった。	甲５,６ 乙２
第２　犯行態様が執拗かつ危険であることを基礎付ける事実	
１　ナイフの形状	
被告人が犯行に使用した果物ナイフは，刃体の長さ約１１.５センチメートル，片刃で先端部が鋭利な刃物である。	甲８,９
２　刺突の部位及び回数	
被告人は，いずれも被害者の身体の枢要部である，頸部左側面，右腹部，左そけい部，左胸部，右胸部及び右肩から頸部を各１回，合計６回，前記果物ナイフで突き刺した。	甲２〜５
３　制止を振り切り，刺突し続けたこと	
被告人は，被害者の左そけい部を刺突した後，次夫に背後か	甲５,６ 乙２

ら羽交い締めにされて制止されたが，これを振り切って，被害者の左右胸部を刺突し，さらに同人が被告人に背を向けた際に右肩から頸部を刺突した。

第3　犯行による結果が重大であることを基礎付ける事実

　　1　各刺創の深さ，全治期間等

　　　(1)　被害者の各刺創の深さは，頸部左側が約4センチメート｜甲3，4，11
　　　　　ル，右腹部及び左そけい部が約3センチメートル，左右胸部
　　　　　が約1センチメートル，右肩が約10センチメートルであっ
　　　　　た。

　　　　　　これらの刺創は，傷がふさがるまで約1か月間を要した。

　　　(2)　頸部左側の刺創は，左大耳介神経を切断しており，被害者｜甲11
　　　　　は左顔面の神経が鈍麻した状態が続いている。

　　　　　　これは，後遺障害となる可能性がある。

　　2　生命の危険性

　　　　被害者の刺創は，刺突の部位，深さが少し違えば，被害者を｜甲4
　　　死亡させる可能性があった。

　　　　すなわち，頸部左側面の刺創は，刺突の部位が4ないし5セ
　　　ンチメートル前方であれば，左頸動脈を損傷していた可能性
　　　が，右肩の刺創は，1センチメートル深ければ，右頸動脈を損
　　　傷した可能性が，左そけい部の刺創は，より内向きのものであ
　　　れば，あるいは刺突の部位が2センチメートル内側であれば，
　　　動脈を損傷した可能性があり，それぞれ，多量出血等により被
　　　害者を死亡させる可能性があった。

　　　　また，左右胸部の刺創は，いずれも心臓にかかる位置にあ
　　　り，3センチメートル程度深ければ，心臓に至り，出血により
　　　被害者を死亡させる可能性があった。

第4　被害者の処罰感情が厳しいこと

　　　　被害者は，被告人に対して厳しい処罰感情を抱いている。　　｜甲5

　　　　　　　　　　　　　　　　　　　　　　　　　　　　　以　上

平成２２年（わ）第５０１号　殺人未遂被告事件
被告人　福上三郎

予定主張記載書面（４）

平成２２年１１月２２日

福岡地方裁判所刑事第５部　御中

主任弁護人　　大牟田　孝　典　㊞
弁　護　人　　飯　元　浩　子　㊞

第１　検察官の追加証明予定事実について

　　従前の主張のとおりである。なお，被告人は，続けざまに６回被害者を
　突き刺したものではない。

第２　情状事実

１　被告人は，被害者に傷害を負わせたことを深く反省している。

２　本件は，いわゆる激情犯であり，計画性はない。

３　被告人は，被害者に対し，執拗に攻撃を加えたものではない。

４　被告人は，被害者の言動に憤激して本件犯行に及んだものであり，被害
　者が本件犯行を誘発した側面がある。

５　被告人には，前科前歴がない。

６　被告人は，すでに相当長期間勾留されている。

以　上

裁判長認印　㊞

平成２２年(わ)第５０１号

第６回公判前整理手続調書（手続）

被 告 人 氏 名　　　福 上 三 郎（不出頭）

被 告 事 件 名　　　殺 人 未 遂

公判前整理手続をした年月日　　平成２２年１１月２９日

公判前整理手続をした場所　　福岡地方裁判所７０１号公判前整理手続室

公判前整理手続をした裁判所　　福岡地方裁判所刑事第５部

裁 判 長 裁 判 官　　綿 波 孝 平

裁 　 判 　 官　　柄 田 智 規

裁 　 判 　 官　　直 川 俊 二

裁 判 所 書 記 官　　和 元 一 成

出 頭 し た 検 察 官　　博 田 　 守

同　　　　　　　　久 留 明日香

出 頭 し た 弁 護 人（主任）大牟田 孝 典

同　　　　　　　　飯 元 浩 子

証明予定事実等

　　博田検察官

　　　　被害者の全治期間については，起訴状記載の公訴事実の「全治約１か月

　　　　間」のとおりであり，訴因変更請求はしない。

　　主任弁護人

　　　　検察官作成の平成２２年１１月２２日付け証明予定事実記載書について，

　　　　弁護人の主張は従前どおりであり，行為態様以外には積極的に争う点は

　　　　ない。

　　裁判長

　　　　検察官及び弁護人は，別紙行為態様とその認識についての主張対照表に

　　　　ついて，双方の主張と記載内容に齟齬があるなど，加除訂正すべき部分

　　　　があるかどうか検討されたい。

－ 371 －

証拠の開示について

　　博田検察官

　　　　甲１，２，８号証を統合した書証については，既に弁護人に開示してお
　　　　り，１２月６日までに証拠調べ請求する。

　　主任弁護人

　　　　検察官から受け取った統合した書証の内容については同意する見込みで
　　　　ある。

証拠調べ等

　　　　証拠等関係カード記載のとおり

証拠請求について

　　博田検察官

　　　　甲１ないし４，８号証は撤回予定である。甲１０号証は撤回し別途抄本
　　　　を請求する予定である。甲５，６号証も撤回し，同意部分を誘導しつつ
　　　　証人尋問を行う予定である。甲７号証も撤回予定であるが，同意部分に
　　　　ついては抄本あるいは捜査報告書といった形での立証を検討する。

今後の進行等

　　博田検察官

　　　　証人２名の尋問時間はそれぞれ主尋問６０分を考えている。

　　主任弁護人

　　　　尋問予定時間はまだ検討していない。なお，被告人質問と乙号証の取調
　　　　べについては被告人質問を先行されたい。ただし，当日より前の経緯部
　　　　分については乙号証を先行することも考えられるので検討する。

次回期日等までに準備する事項

　　裁判長

　　　　訴訟関係人は，次回期日までに証人尋問や書証の取調べに必要な時間等
　　　　について検討されたい。

指定した次回期日

　　　　平成２２年１２月８日午前９時３０分

　　　　平成２２年１１月３０日

　　　　　　福岡地方裁判所刑事第５部

　　　　　　　裁判所書記官　　　和　元　一　成　　㊞

（別紙）　　　　　　　行為態様とその認識についての主張対照表

順序	傷の部位	検察官	弁護人
1	頸部の左側面 （刺創1）	被告人は, 果物ナイフの柄を右手で順手に持ち, 立ち上がって, 座っていた被害者に向かって一歩踏み出しながら, 被害者の首筋目掛けて果物ナイフをまっすぐ突き出し, 被害者が後ろにのけぞってこれをかわそうとしたものの, その頸部の左側面を果物ナイフで1回突き刺した。	被告人が, 被害者に向かって果物ナイフを突き出し, これが頸部の左側面に突き刺さったことについては争わない。 この際, 被告人は, 被害者に傷害を負わせる攻撃をする意思を有していたが, 頸部の左側面を狙ったものではなく, そこを刺すことの認識はなかった。
2	右腹部 （刺創2） 左太股の付け根 （刺創3）	被告人は, 被害者の頸部からの出血を目の当たりにしながらも, なお同ナイフを仰向けに倒れていた被害者に向けて何度も突き出し, その右腹部を1回突き刺し, 続けて左太股の付け根（左そけい部）を1回突き刺した。	被告人の所持していた果物ナイフが被害者の右腹部と左太股の付け根に突き刺さったことについては争わない。 被告人は, 仰向けに倒れた被害者の右腹部と左太股を刺したことについて記憶していないため, その際の被告人の行為や認識は分からない。
3	左右胸部 （刺創4, 5）	被告人は, 次夫に後ろから羽交い締めにされ, 立ち上がった被害者に右手首をつかまれるなどして制止されたにもかかわらず, 被害者の手を振りほどき, 次夫に羽交い締めにされたまま, 被害者の左右胸部を正面から1回ずつ果物ナイフで突き刺した。	被告人が, 被害者に向けて果物ナイフを突き出す動作があり, その動作により被告人の所持していた果物ナイフが被害者の左右胸部に突き刺さり, 傷が生じたことについては争わない。 被告人は, 羽交い締めにされながら, 接近する被害者を威嚇するために果物ナイフを振り回したが, 具体的に被害者に刺さった際の記憶はないため, その際の被告人の行為や認識は分からない。
4	右肩 （刺創6）	被害者が被告人に背を向ける姿勢となった際, 次夫に羽交い締めにされたまま, 被告人は, 被害者の背後からその右肩から頸部を果物ナイフで1回突き刺した。	被告人の所持していた果物ナイフが被害者の背後から右肩に突き刺さったことについては争わない。 被告人は, 羽交い締めにされ, これを振りほどこうとして暴れた際に, 手に持っていた果物ナイフが被害者の右肩に刺さったものであるが, 被害者に向けて果物ナイフを突き出す動作はしていない。

裁判長認印　㊞

平成２２年(わ)第５０１号

第７回公判前整理手続調書（手続）

被 告 人 氏 名	福 上 三 郎（不出頭）
被 告 事 件 名	殺 人 未 遂
公判前整理手続をした年月日	平成２２年１２月８日
公判前整理手続をした場所	福岡地方裁判所７０１号公判前整理手続室
公判前整理手続をした裁判所	福岡地方裁判所刑事第５部
裁 判 長 裁 判 官	綿 波 孝 平
裁 判 官	柄 田 智 規
裁 判 官	直 川 俊 二
裁 判 所 書 記 官	和 元 一 成
出 頭 し た 検 察 官	博 田 守
同	久 留 明日香
出頭した弁護人（主任）	大牟田 孝 典
同	飯 元 浩 子

証明予定事実等

　　　検察官及び弁護人

　　　　第６回公判前整理手続調書（手続）別紙行為態様とその認識についての

　　　　主張対照表について確認したが，記載内容に間違いない。

　　　博田検察官

　　　　弁護人主張の重要情状事実につき，評価はともかく事実として争う点は

　　　　ない。

証拠調べ等

　　　証拠等関係カード記載のとおり

争点の整理に関する事項

　　　検察官及び弁護人

　　１　犯罪事実の成否についての争点としては，殺意の有無である。

－ 374 －

2 殺意にかかわる行為態様についての主張は，第6回公判前整理手続調書
（手続）別紙行為態様とその認識についての主張対照表のとおりである。

今後の進行等

博田検察官

次回公判前整理手続期日までに，本件犯行当時の被害者等の座り位置関
係や犯行再現写真について弁護人と協議した上で，必要なものについて
証拠調べ請求をする。

主任弁護人

乙3及び4号証については被告人質問より先に取り調べることで異論は
ないが，乙2号証については，直接被告人からその内容について話を聞
いた方が理解に資すると思料するので，被告人質問を先行した上で必要
性を判断されたい。

指定した次回期日

平成22年12月20日午前9時45分

平成22年12月10日

福岡地方裁判所刑事第5部

裁判所書記官　　　和　元　一　成　㊞

裁判長認印　㊞

平成２２年(わ)第５０１号

第８回公判前整理手続調書（手続）

被 告 人 氏 名　　　福 上 三 郎 （出頭）

被 告 事 件 名　　　殺 人 未 遂

公判前整理手続をした年月日　　平成２２年１２月２０日

公判前整理手続をした場所　　　福岡地方裁判所５０１号法廷

公判前整理手続をした裁判所　　福岡地方裁判所刑事第５部

裁 判 長 裁 判 官　　　綿 波 孝 平

裁 　判 　官　　　柄 田 智 規

裁 　判 　官　　　直 川 俊 二

裁 判 所 書 記 官　　　和 元 一 成

出 頭 し た 検 察 官　　　博 田 　守

同　　　　　　　　　　　久 留 明日香

出 頭 し た 弁 護 人 （主任）　大牟田 孝 典

同　　　　　　　　　　　飯 元 浩 子

人定質問

　　　　住居　なし

　　　　氏名，生年月日，職業及び本籍は起訴状記載のとおり

証拠調べ等

　　　　証拠等関係カード記載のとおり

争点及び証拠の整理の結果の確認

　　裁判長

　　1　本件の争点について

　（1）犯罪事実の成否についての争点としては，殺意の有無である。

　（2）殺意にかかわる行為態様についての主張は，別紙行為態様とその認識
　　　についての主張対照表のとおりである。

　　2　証拠整理の結果

－ 376 －

証拠等関係カードに記載したとおりである。

　　　検察官及び弁護人

　　　　　上記の結果で相違ない。

公判の審理予定

　　　博田検察官

　　　　　被害者は，法３１６条の３７の被告人質問と法３１６条の３８の事実・

　　　　　法律適用に関する意見陳述を希望しており，次回打合せ期日までにその

　　　　　申出に関する通知書を裁判所に提出したい。また，証人の旅費日当請求

　　　　　予定については確認の上通知する。

　　　裁判長

　　　１　博田検察官及び主任弁護人の意見を聴いた上，裁判員法６５条１項本文

　　　　　により，証人尋問及び被告人質問について，訴訟関係人の尋問及び供述

　　　　　等を記録媒体に記録する旨決定

　　　２　別紙「公判期日進行予定表」のとおり審理予定を定める。

被告人の着席位置及び手錠・腰縄の解錠について

　　　主任弁護人

　　　　　手錠・腰縄については，裁判員の目に触れさせないため開廷前の解錠を

　　　　　要望する。被告人の着席位置や服装については検討する。

特別傍聴席について

　　　博田検察官及び主任弁護人

　　　　　必要ない。

裁判員等選任手続に関する決定

　　　裁判長

　　　　　本件について，２人の補充裁判員を置く。

　　　　　本件について，呼び出すべき裁判員候補者の員数を８０人と定める。

指定した裁判員等選任手続期日

　　　　　平成２３年２月２１日午前９時１５分

裁判長

　　　　　公判前整理手続終了

— 377 —

なお，公判の前に，各手続における所要時間の変更の有無を確認したり，IT機器の使用方法や裁判員等への書面配布等について打ち合わせるための期日を次のとおり設ける。

　　　　平成２３年２月１４日午後４時３０分

指定告知した公判期日

　　　　平成２３年２月２１日午後１時１０分

　　　　平成２３年２月２２日午前９時４０分

　　　　平成２３年２月２３日午前９時４０分

　　　平成２２年１２月２２日

　　　　　　福岡地方裁判所刑事第５部

　　　　　　裁判所書記官　　　和　元　一　成　　㊞

（別紙）　　　　　　　行為態様とその認識についての主張対照表

順序	傷の部位	検察官	弁護人
1	頸部の左側面 （刺創1）	被告人は，果物ナイフの柄を右手で順手に持ち，立ち上がって，座っていた被害者に向かって一歩踏み出しながら，被害者の首筋目掛けて果物ナイフをまっすぐ突き出し，被害者が後ろにのけぞってこれをかわそうとしたものの，その頸部の左側面を果物ナイフで1回突き刺した。	被告人が，被害者に向かって果物ナイフを突き出し，これが頸部の左側面に突き刺さったことについては争わない。 この際，被告人は，被害者に傷害を負わせる攻撃をする意思を有していたが，頸部の左側面を狙ったものではなく，そこを刺すことの認識はなかった。
2	右腹部 （刺創2） 左太股の付け根 （刺創3）	被告人は，被害者の頸部からの出血を目の当たりにしながらも，なお同ナイフを仰向けに倒れていた被害者に向けて何度も突き出し，その右腹部を1回突き刺し，続けて左太股の付け根（左そけい部）を1回突き刺した。	被告人の所持していた果物ナイフが被害者の右腹部と左太股の付け根に突き刺さったことについては争わない。 被告人は，仰向けに倒れた被害者の右腹部と左太股を刺したことについて記憶していないため，その際の被告人の行為や認識は分からない。
3	左右胸部 （刺創4，5）	被告人は，次夫に後ろから羽交い締めにされ，立ち上がった被害者に右手首をつかまれるなどして制止されたにもかかわらず，被害者の手を振りほどき，次夫に羽交い締めにされたまま，被害者の左右胸部を正面から1回ずつ果物ナイフで突き刺した。	被告人が，被害者に向けて果物ナイフを突き出す動作があり，その動作により被告人の所持していた果物ナイフが被害者の左右胸部に突き刺さり，傷が生じたことについては争わない。 被告人は，羽交い締めにされながら，接近する被害者を威嚇するために果物ナイフを振り回したが，具体的に被害者に刺さった際の記憶はないため，その際の被告人の行為や認識は分からない。
4	右肩 （刺創6）	被害者が被告人に背を向ける姿勢となった際，次夫に羽交い締めにされたまま，被告人は，被害者の背後からその右肩から頸部を果物ナイフで1回突き刺した。	被告人の所持していた果物ナイフが被害者の背後から右肩に突き刺さったことについては争わない。 被告人は，羽交い締めにされ，これを振りほどこうとして暴れた際に，手に持っていた果物ナイフが被害者の右肩に刺さったものであるが，被害者に向けて果物ナイフを突き出す動作はしていない。

（別紙）

公判期日進行予定表（被告人　福上三郎）

公判	期日	開始	終了	時間	内容
第1回	2月21日	13：10	13：15	5分	冒頭手続
		13：15	13：35	20分	検察官の冒頭陳述
		13：35	14：05	30分	弁護人の冒頭陳述
		14：05	14：07	2分	公判前整理手続結果顕出
		14：07	14：30	23分	休廷
		14：30	15：30	60分	甲号証の取調べ（検察官）
		15：30	15：50	20分	休廷
		15：50	16：50	60分	被害者の証人尋問（検察官）
第2回	2月22日	9：40	10：20	40分	被害者の証人尋問（弁護人）
		10：20	10：35	15分	休廷
		10：35	10：40	5分	被害者の証人尋問（裁判所）
		10：40	11：20	40分	被告人の兄の証人尋問（検察官）
		11：20	12：00	40分	被告人の兄の証人尋問（弁護人）
		12：00	13：10	70分	休廷（昼休み）
		13：10	13：15	5分	被告人の兄の証人尋問（裁判所）
		13：15	13：25	10分	乙3，4号証の取調べ（検察官）
		13：25	14：00	35分	被告人質問（弁護人）
		14：00	14：15	15分	休廷
		14：15	15：10	55分	被告人質問（弁護人）
		15：10	15：30	20分	休廷
		15：30	16：20	50分	被告人質問（検察官）
		16：20	16：30	10分	被告人質問（被害者参加人）
		16：30	16：40	10分	被告人質問（裁判所）
		16：40	17：00	20分	乙2号証の取調べ（検察官）
第3回	2月23日	9：40			被害者の意見陳述
				30分	論告
				30分	弁論
				5分	被告人の最終陳述
第4回	2月24日	15：30			判決宣告
第5回	2月25日	予備日（評議が長引けば，11：00ころに判決もあり得る。）			

－ 380 －

意見陳述の申出に関する通知書

平成２２年１２月２２日

福岡地方裁判所　殿

福岡地方検察庁

検察官検事　博田　　守㊞

被告人　福上三郎　に対する　殺人未遂　被告事件につき
平成２２年１２月２０日　次の者から意見陳述の申出があったので，下記のとおり
意見を付して通知します。

被害者との関係　　本　　人
氏　　名　橋行　久
連　絡　先　福岡市東浜区渚３丁目５番７号

記

相　当

平成２２年１２月２７日，陳述申出人及び訴訟関係人に対して意見の陳述をさせる公判期日
（平成２３年２月２３日午前９時４０分）を通知済み　㊞

意見陳述等の申出に関する通知書

平成２３年２月１４日

福岡地方裁判所　殿

福岡地方検察庁

検察官検事　博田　守　㊞

被告人　福上三郎　に対する　殺人未遂　被告事件につき

平成２２年２月１４日　次の者から刑事訴訟法第316条の37の被告人質問及び同

法316条の38の事実・法適用に関する意見陳述の申出があったので，下記のとおり

意見を付して通知します。

被害者との関係　　被害者参加弁護士

氏　　　名　　　波越　明

連　絡　先　　　福岡市中区もみの木通り３丁目１番８号
　　　　　　　　　波越法律事務所

被告人質問及び事実・法適用に関する意見陳述の要旨　　別添のとおり

記

相　当

別添

1 被告人質問事項の要旨

（1） 本件犯行に対する反省状況等

（2） 本件犯行により被害者やその家族が受けた身体的・精神的被害についての
被告人の認識状況

（3） 本件犯行の原因及びその責任についての被告人の考え

（4） 被告人の被害者に対する謝罪の意思等，これまでの被告人の謝罪に向けた
行動及び今後の謝罪行為について

（5） 被害者の被害に対する弁償状況及び今後の被害弁償についての考え

2 参加人意見陳述の要旨

（1） 被告人に確定的な殺意があったこと

（2） 被害者の被害の状況

（3） 被害者やその家族の心情

（4） 被害回復に向けた行動がないこと

（5） 被告人に反省の態度が見られないこと

（6） 量刑についての意見

裁判長認印　㊞

平成２２年(わ)第５０１号

進行に関する打合せメモ

被 告 人 氏 名	福 上 三 郎
被 告 事 件 名	殺 人 未 遂
打合せをした年月日	平成２３年２月１４日
打合せをした場所	福岡地方裁判所７０１号公判前整理手続室

出席者

裁 判 長 裁 判 官	綿 波 孝 平
裁 判 官	柄 田 智 規
裁 判 官	直 川 俊 二
裁 判 所 書 記 官	和 元 一 成
検 察 官	博 田 守
同	久 留 明日香
弁 護 人（主任）	大牟田 孝 典
同	飯 元 浩 子

裁判員等選任手続について

　　裁判長

　　1　呼び出した裁判員候補者の氏名を記載した名簿は，検察官及び主任弁護
　　　　人に対し，２月１７日午前８時３０分から刑事訟廷事務室で交付する。

　　2　裁判員等選任手続については，被告人の出頭が必要であるとは認めない
　　　　ので，被告人不出頭で行うこととする。

　　3　裁判員等選任手続の進行については，別紙1「（選任手続における動線）」
　　　　記載のとおりとする。

　　　　（添付省略）

　　4　別紙2「起訴された事件の概要」及び別紙3「質問票（当日用）」につ
　　　　いて，付加訂正等の意見があるかお伺いしたい。

　　　　（添付省略）

博田検察官及び主任弁護人

上記1ないし3について了解した。

上記4について，特に付加訂正等を求めたい事項はない。

被告人の着席位置及び手錠，腰縄の解錠等について

主任弁護人

法廷における被告人の着席位置は弁護人の前側の席とされたい。

被告人の服装については，フック式ネクタイや革靴風サンダルの着用を

希望している。

裁判長

公判廷における被告人の着席位置は弁護人の前側の席とし，手錠及び腰

縄は，裁判官が入廷する前に解錠し，裁判員が在廷中は施錠しないこと

とする。被告人の服装については，弁護人は拘置支所と調整されたい。

被害者参加人について

博田検察官及び主任弁護人

被害者参加人及び被害者参加弁護士は検察官と並んで，その横側に着席

することで差し支えない。

特別傍聴席について

主任弁護人

必要ない。

博田検察官

特別傍聴席を2席お願いしたい。

裁判長

上記特別傍聴席を確保することとする。

公判の審理予定について

主任弁護人

各手続の所要見込み時間は第8回公判前整理手続調書別紙の公判期日進

行予定表のとおりで，現時点で変更はない。

博田検察官

法292条の2の被害者の意見陳述及び法316条の38の被害者代理

人の意見陳述の所要見込み時間は，最大各１０分ずつである。その他については，第８回公判前整理手続調書別紙の公判期日進行予定表のとおりで，現時点で変更はない。

裁判長

法３１６条の３７の被告人質問及び法３１６条の３８の事実・法律適用に関する意見陳述の申出については，必要に応じ公判当日において判断することとしたい。

博田検察官及び主任弁護人

了解した。

博田検察官

証人の旅費日当請求予定については，２月１５日に確認次第，早急に書記官室に連絡する。

裁判員への書面の配布，機材の使用等について

博田検察官及び久留検察官

1 冒頭陳述の前にＡ３版１枚，同時に証拠対応表Ａ４版１枚，論告の後にＡ３版１枚の書面を配布させていただきたい。

2 証拠調べ及び論告の際に，パワーポイントを使用する予定である。

3 被告人質問時に，写真をモニターに表示させて行う予定である。

4 大型モニターについて一部オフをお願いする場面も検討しており，その際は公判期日前に書記官室に連絡する。

5 論告時，凶器の写真と傷の人体図を入れ込んだ形のものを考えている。

主任弁護人及び飯元弁護人

1 予定であるが弁論の前に，Ａ４版１枚を配布させていただきたい。

2 冒頭陳述及び弁論の際に，パワーポイントを使用する予定である。

3 尋問時に，書画カメラを使用する予定である。

評議において使用する量刑資料について

裁判長

最終的には評議の内容次第ではあるが，殺意があると認めた場合には，裁判員量刑検索システムから，検索条件を「（処断罪）殺人未遂，（共

犯関係等）単独犯，組織的以外，（凶器等）あり，刃物類，（処断罪名と同じ罪の件数）１件，（傷害の程度）２週間以内～３か月以内，（殺意）突発的だが強固な殺意ｏｒ偶発的・一般的，（処断罪名と異なる主要な罪の有無）なし」として出力した量刑分布表を使用することを考えているので，お知らせしておく。

博田検察官及び主任弁護人

　　了解した。

主任弁護人

　　弁論時に，上記殺人未遂の量刑資料をパワーポイントを使用して表示したいと考えている。

　　平成２３年２月１５日

　　　　　　　福岡地方裁判所刑事第５部

　　　　　　　裁判所書記官　　　和　元　一　成　㊞

裁判長認印　㊞

平成２２年(わ)第５０１号

第１回公判調書（手続）

被 告 人 氏 名	福 上 三 郎 （出頭）
被 告 事 件 名	殺 人 未 遂
公 判 を し た 年 月 日	平成２３年２月２１日
公 判 を し た 裁 判 所	福岡地方裁判所刑事第５部
裁 判 長 裁 判 官	綿 波 孝 平
裁 判 官	柄 田 智 規
裁 判 官	直 川 俊 二
裁 判 員	１ないし６
補 充 裁 判 員	１及び２
裁 判 所 書 記 官	和 元 一 成
裁 判 所 速 記 官	廣 元 あかり
検 察 官	博 田 守
同	久 留 明日香
出 頭 し た 弁 護 人 （主任）	大牟田 孝 典
出 頭 し た 弁 護 人	飯 元 浩 子
出頭した被害者参加人	橋 行 久
出頭した被害者参加弁護士	波 越 明
出 頭 し た 証 人	橋 行 久
人 定 質 問	

　　　　　　住所　なし

　　　　　　氏名，生年月日，本籍及び職業は，起訴状記載のとおり

被告事件に関する陳述

　　　被告人

　　　　　　殺意をもって，という部分は，私は殺意は一切もっていませんでした。

　　　　　　その他の公訴事実については間違いありません。

－ 388 －

　　　　主任弁護人

　　　　　　被告人は殺意がありませんでしたので殺人未遂罪は成立せず，傷害罪に

　　　　　止まります。

検 察 官 の 冒 頭 陳 述

　　　　久留検察官

　　　　　　別紙「冒頭陳述メモ」記載のとおり

弁 護 人 の 冒 頭 陳 述

　　　　飯元弁護人

　　　　　　別紙「冒頭陳述要旨」記載のとおり

公判前整理手続の結果を明らかにする手続

　　　　直川裁判官

　　　　　　第8回公判前整理手続調書の要旨を告げた。

証 　 拠 　 調 　 べ 　 等

　　　　　　証拠等関係カード記載のとおり

次 　 回 　 期 　 日 （指定済み）

　　　　　　平成23年2月22日午前9時40分

　　　　　平成23年2月22日

　　　　　　　　　福岡地方裁判所刑事第5部

　　　　　　　　　　裁判所書記官　　　和　元　一　成　　㊞

－ 389 －

証拠対応表　　　　罪名:殺人未遂　被告人:福上三郎の取調証拠

証拠番号	請求番号		標目	作成者,供述者等	立証趣旨
①	甲	12	捜査報告書	検事　博田　守	犯行現場の特定及び状況等
②	甲	14	捜査報告書	検事　博田　守	被告人が犯行に使用した果物ナイフの形状等
③	甲	9	証拠物（果物ナイフ）	平成22年領第1500号符号1	上記果物ナイフの存在及び形状
④	甲	13	捜査報告書	検事　博田　守	被害者の受傷状況，各刺創の状況及び各刺創の位置から判断される生命に対する危険性等
⑤	甲	11	捜査報告書	検事　博田　守	被害者が受けた各刺創の治療期間及び刺創の一部には後遺障害となる可能性が認められること
⑥	甲	15	供述調書	福上洋子	被告人の生活状況等
⑦	甲	16	供述調書	橋行　梓	犯行現場の状況等
⑧	甲	17	捜査報告書	検事　博田　守	被害再現状況
⑨	乙	4	供述調書	被告人	身上経歴等
⑩	乙	3	戸籍謄本等	福岡市西浜区長	身上関係

（別紙）

冒頭陳述メモ：罪名 殺人未遂 被告人 福上三郎

①事件の概要

兄の家に居候していた無職の被告人が、兄の友人である橋行久さんから、仕事を見つけて出て行くように言われたことなどに腹を立て、橋行さんの首や胸などを果物ナイフで6回突き刺して殺害しようとした殺人未遂事件

②事件の関係者

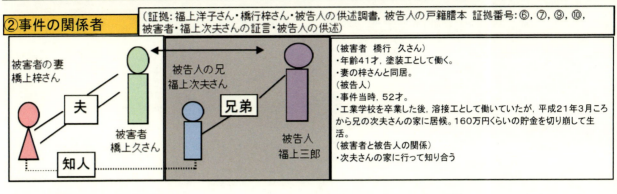

③犯行に至る経緯

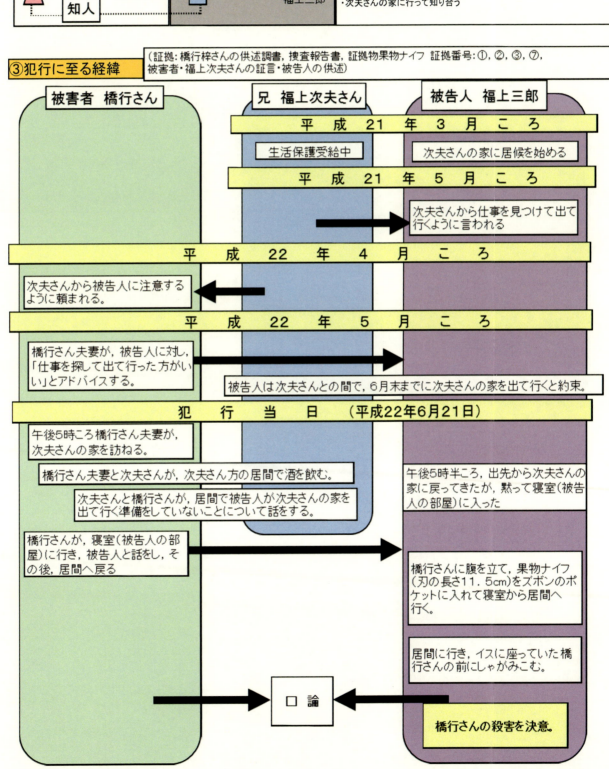

④犯行状況

(証拠：橋行梓さんの供述調書，捜査報告書，証拠物果物ナイフ　証拠番号：①，②，③，④，⑤，⑦，⑧，被害者・福上次夫さんの証言・被告人の供述)

午後8時15分ころ

被告人	ズボンのポケットから果物ナイフの柄を右手で握り，取り出す。立ち上がりながら，橋行さんの①首の左側を果物ナイフで1回突き刺す（大耳介神経切断）。
橋行さん	仰向けに倒れる
被告人	橋行さんの②右腹部と③左太ももの付け根を1回ずつ突き刺す。
次夫さん	被告人を背後から羽交い締めにして制止して，台所の方に引っ張る。
被告人	「邪魔するな」などと言いながら，橋行さんの方に行こうとする。
橋行さん	被告人の果物ナイフを取り上げるため，近づく。
被告人	橋行さんの④⑤右胸，左胸を1回ずつ果物ナイフで刺す。
梓さん	橋行さんを部屋から逃がすため，腕をつかんで引っ張る。
橋行さん	被告人に背中を向ける。
被告人	背後から橋行さんの⑥右肩（あと約1cm深ければ頸動脈切断）を果物ナイフで突き刺す。

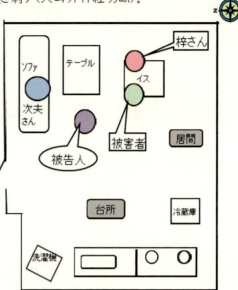

⑤犯行後の状況

(証拠：橋行梓さんの供述調書，捜査報告書，証拠物果物ナイフ　証拠番号：①，②，③，④，⑤，⑦，⑧，被害者・福上次夫さんの証言・被告人の供述)

梓さん	橋行さんを連れて，次夫さんの家から逃げる。110番通報する（午後8時18分ころ）。
被告人	「死んでやる」などと言って，台所にあった包丁と果物ナイフを自分の首筋に当てる。駆けつけた警察官に説得され，逮捕される。
橋行さん	6か所の刺し傷，500～1000ccの出血。全治1か月程度の加療を要する怪我を負う。救急車で病院に運ばれ，手術を受け，一命をとりとめる。

⑥争点（殺意があったか）

(証拠：橋行梓さんの供述調書，捜査報告書，証拠物果物ナイフ　証拠番号：②，③，④，⑤，⑦，⑧，被害者・福上次夫さんの証言・被告人の供述)

殺意とは　[殺そう　死んでもかまわない]　本件は　[殺そう]　という殺意あり

殺意が認められる場合

①被告人の行為が客観的に見て人を死亡させる危険性が高い行為で
- 凶器は，先がとがった11.5センチメートルの果物ナイフ
- 橋行さんの体に向かって，少なくとも6回果物ナイフを突き出した
- 刺した部分6か所は，全て体の重要部分で，死ぬ危険性があった

②被告人がそのような危険な行為であると分かって行った場合
- 果物ナイフは使い慣れたもの。あえて持って行った。
- 狙って首を刺した。
- 首を刺したのに，攻撃の手をゆるめず
- 次夫さんに羽交い締めにされ，後ろに引っ張られてもなお攻撃を続け，更に3回突き刺した
- 次夫さんに止められ，かつ橋行さんが逃げ出したことからようやく攻撃が終了した
- 橋行さんを殺そうとする動機があった

⑦刑を決めるための重要な事実

- 犯行のやり方が危険でしつこいことを根拠づける事実
- 被害が重大であることと被害者橋行さんの厳しい処罰感情を根拠づける事実
- 本件犯行が，被告人の自分勝手さが招いたことを根拠づける事実

（別　紙）

冒頭陳述要旨

弁護人がこの裁判で明らかにしようとする事実

①　福上さんのこれまでの人生は，犯罪や暴力とは無縁だった

　　福上さんは，犯罪や暴力とは無縁の人生を歩んできました。仕事を何度か変えたり，家族とうまくいかなくなったということはあったものの，警察に捕まったことはなく，かっとなって人に暴力をふるったこともありません。ごく普通に就職し，結婚し，社会生活を営んでいました。

②　福上さんが本件のような事件を起こしてしまった事情

　　福上さんは，家族と別れてから，兄の次夫さんの家で生活していました。兄とはずっと別々に生活していたので，生活時間帯の違いなどから，関係は徐々に悪化していきました。

　　本件当日，福上さんは，兄の知人である橋行さんから，一方的に怒鳴りつけられ，腹を立てると同時に，被害者の勢いから恐怖感を抱いてナイフを持ち出しました。さらに，面と向かって激しく罵倒され，かっとなった福上さんは，思わずナイフを突き出してしまったのです。

③　福上さんには橋行さんを殺そうという気持ちはなかった

　　福上さんは，橋行さんの言動に腹を立てていましたが，橋行さんを殺すつもりまではありませんでした。

　　福上さんが突き出したナイフは，橋行さんの首の左側に刺さり，その後も橋行さんを数回刺しましたが，いずれも，橋行さんの急所を狙って刺したわけではありませんでした。次夫さんに羽交い締めにされてからは，逆にナイフをとられてやり返されるのではないかと思い，無我夢中でナイフを振り回したのです。

　　福上さんは，次夫さんに怒鳴られて我に返り，自分も死ぬしかないと考えました。しかし，駆けつけた警察官に説得され，きちんと責任をとらなければならないと考え直し，そのまま現行犯逮捕されたのです。

以　上

裁判長認印　㊞

平成２２年(わ)第５０１号

第２回公判調書（手続）

被 告 人 氏 名　　　　福 上 三 郎（出頭）

被 告 事 件 名　　　　殺 人 未 遂

公 判 を し た 年 月 日　　平成２３年２月２２日

公 判 を し た 裁 判 所　　福岡地方裁判所刑事第５部

裁 判 長 裁 判 官　　　綿 波 孝 平

裁 　 判 　 官　　　　柄 田 智 規

裁 　 判 　 官　　　　直 川 俊 二

裁 　 判 　 員　　　　１ないし６

補 充 裁 判 員　　　　１及び２

裁 判 所 書 記 官　　　和 元 一 成

裁 判 所 速 記 官　　　廣 元 あかり

検 　 察 　 官　　　　博 田 　 守

同　　　　　　　　　　久 留 明日香

出 頭 し た 弁 護 人（主任）　大牟田 孝 典

出 頭 し た 弁 護 人　　飯 元 浩 子

出頭した被害者参加人　　橋 行 　 久

出頭した被害者参加弁護士　波 越 　 明

出 頭 し た 証 人　　　橋 行 　 久

同　　　　　　　　　　福 上 次 夫

証 拠 調 べ 等

　　　　　証拠等関係カード記載のとおり

次 　 回 　 期 　 日（指定済み）

　　　　　平成２３年２月２３日午前９時４０分

　　　　　平成２３年２月２３日

　　　　　福岡地方裁判所刑事第５部

　　　　　　　裁判所書記官　　　和 元 一 成　㊞

裁判長認印　㊞

平成２２年(わ)第５０１号

第３回公判調書（手続）

被 告 人 氏 名	福 上 三 郎 （出頭）
被 告 事 件 名	殺 人 未 遂
公 判 を し た 年 月 日	平成２３年２月２３日
公 判 を し た 裁 判 所	福岡地方裁判所刑事第５部
裁 判 長 裁 判 官	綿 波 孝 平
裁 判 官	柄 田 智 規
裁 判 官	直 川 俊 二
裁 判 員	１ないし６
補 充 裁 判 員	１及び２
裁 判 所 書 記 官	和 元 一 成
裁 判 所 速 記 官	廣 元 あかり
検 察 官	博 田 守
同	久 留 明日香
出 頭 し た 弁 護 人 （主任）	大牟田 孝 典
出 頭 し た 弁 護 人	飯 元 浩 子
出頭した被害者参加人	橋 行 久
出頭した被害者参加弁護士	波 越 明

被害者の意見陳述

　　　　被害者

　　　　　　　被害者作成の「被害者の意見陳述」記載のとおり

検察官の意見

　　　　久留検察官

　　　　　　　別紙「論告メモ」記載のとおり

被害者参加人等の意見陳述の許可

　　　　裁判長

被害者参加弁護士波越明が事実又は法律の適用について意見を陳述する

　　ことを許可する。

被害者参加人等の意見

　　　被害者参加弁護士

　　　被害者参加弁護士作成の別紙「最終意見陳述」記載のとおり

弁護人の意見

　　　主任弁護人

　　　別紙弁論要旨記載のとおり

被告人の最終陳述

　　　被害者の橋行さんには，本当に申し訳なく思っておりますし，奥様の梓

　　さんにも精神的なご苦労をかけたり，いろんな面で迷惑をかけたことを

　　本当に申し訳ないと思っています。本当にすいませんでした。

指定告知した次回期日（判決宣告）

　　　平成２３年２月２４日午後３時３０分

　　　平成２３年２月２３日

　　　　　福岡地方裁判所刑事第５部

　　　　　裁判所書記官　　和　元　一　成　㊞

（別　紙）

被害者の意見陳述

作成者　橋行　久

1　私は，平成２２年６月２１日の夜，知人の福上次夫さんのお宅で，その実弟である被告人福上三郎から，いきなり彼が隠し持っていたナイフ（刃体の長さ１１．５センチメートル）で，左頸部，そして右肩から頸部，また，左前胸部，右前胸部，右側腹部，さらに左そけい部などを刺され，大怪我をさせられました。

　特に，左頸部の刺創は，あと４，５センチ程度前方から入れば，頸動脈を損傷し，大量出血によるショック死，出血死で死に至る可能性があり，また，右肩から頸部の刺創は，深さ約１０センチにもおよび，あと１センチ程度深ければ，右頸部の頸動脈を損傷し，死に至る可能性があったと聞いております。

　幸い，現場に居合わせた私の妻や被告人の兄がさらに刺そうとしてきた被告人を制止してくれたこともあり，私はまさに九死に一生を得ましたが，一歩間違えば確実に被告人に殺されていました。

　このように，被告人は，明らかに私を殺そうと何度もナイフで刺してきたのですが，今，こうして改めて被告人の言い分を聞いても，ここに至ってもまだ自分の犯した殺人行為を認めようとせず，また，自分の犯した罪の重大さにも向き合おうとせず，不合理な弁解を繰り返している態度には，本当に強い憤りを感じますし，非常に残念でなりません。

2　このように，私は，被告人にほとんど殺されかけましたが，被告人を制止してくれた私の妻，被告人の兄，また，病院に運んでいただいた救急隊の方々，病院の先生，看護師，見ず知らずの近所の方々などたくさんの人たちのお陰で，本当に運よく殺されずにすみました。だから私はこうして生きています。

　被告人は，私を殺すつもりはなかったと言っているようですが，被告人は，先に述べたとおり私の中枢部に向けて力一杯何度も刺してきました。その後も被告人は執拗に私を刺してきました。それを見た次夫さんが被告人を後ろから羽交い締めして制止してくれましたが，あのまま被告人から刺されていれば間違いなく殺されていました。また，被告人は私をナイフで刺した後も何らの救助行動もとってくれませんでした。

3　私は，本当に一歩のところで助かりましたが，このような悪夢のような事件を１日も忘れることなく，これまで妻と暮らしてきました。

再度言いますが，あのとき止めて助けを呼んでくれた妻，被告人の兄，また，救急隊，病院，近所の方々，今こうして私が生きていて，被告人が人殺しにならなかったのは，こうした周りのたくさんの方々のお陰です。私はその方々に心から感謝しています。

　私としては，被告人にもそのことに気付いて，感謝の念を持ってほしいと思います。

　私は，この事件によって，身体の怪我はもちろんですが，それ以上に精神的にも相当傷つき不安定となりました。その間，本来被告人にぶつけるべき怒りをそばにいた妻にぶつけてしまったこともあり，妻には大変苦労をかけてしまいました。命を助けてくれた妻に対する言動ではなかったと反省しています。妻もこの事件のために，精神的に大きなショックを受け，また，私を支えるために大変な苦労をしてきました。

4　被告人は，この事件を心から反省しているのでしょうか。

　被告人の言い分や態度を見ていると，私には到底反省しているようには見えません。

　人を殺そうとして，やる気はなかった，殺すつもりはなかったなどと全く通らない言い訳をしている被告人からは，何も伝わってきません。

　そして，被告人は，私たちが受けた身体的・精神的被害について，真剣に考えているとも思われません。実際，私がこれまで被告人から受けたのは，ほんの手紙1通だけです。そのほかは何もありません。もちろん被害弁償も一銭もありません。こんなことが許されるでしょうか。

5　私が被告人からいきなりナイフで刺されなければならない理由は全くありません。

　私は，被告人の仕事や妻へのうっぷんがたまたま被告人に意見した私に向けられたものと思っています。本当にとんだ災難としか言いようがありません。

　私は，きっと被告人が事件当時，「自分は悪くない。周りが悪い。」と考えていたのではないかと思います。そのとき，兄から相談された私がたまたま被告人の生活態度に意見をしたことから刺されたのですが，被告人は自分に意見する人は誰でも殺そうとしたのではないでしょうか。その被害を受けたのが不幸にも私でした。私の意見に被告人から返された言葉は，「何でお前にそんなことを言われないかんとか」です。全く聞く耳を持ちませんでした。その結果，いきなりナイフで執拗に刺され，死にかけたのです。

6　被告人は，このような事件を起こしたのですから，もう二度と同じような犯罪を犯してほしくありませんが，自分の犯した罪を直視せず，逃げている被告人の態度をみると，憤りはもちろん，不安や心配が残ったままです。また自分のうっぷんや不満を

他人への加害行為で晴らそうとするならば，そのような人物はもはや人としての価値はありません。そのことを被告人に十分理解してもらいたいと思います。

　私の妻は，事件当時も今も私を守ってくれています。私も妻を守っています。強い絆で結ばれています。

　その絆を被告人は切ろうとした。被告人に私たち夫婦の絆を切ったり壊したりする権利はないはずです。誰も人の命を奪うことは許されないし，できない。被告人はそれをしようとしました。その責任はしっかり償ってもらいたい。また，被告人がこの先，私や妻にどのような被害の回復をしていくのかも心から知りたい。

　最後になりますが，私は，今の被告人の態度では到底今回の件を許すことはできません。今後，被告人がこの事件に正面から向き合ってその責任に気付き，深く反省してくれる日を待っています。

以　上

(別紙)
論告メモ：罪名 殺人未遂 被告人 福上三郎

争点 「殺意があったか」について

1 殺意とは

殺意 → 殺そう／死んでもかまわない

殺意があったと判断される場合→ 客観的に見て人を死亡させる危険性が高い行為だと分かって行った

→被告人が、どうやって橋行さんを刺したかを認定する必要あり

2 刺した状況

被告人の話
- 果物ナイフを振り回したと供述するが、傷は全て刺し傷。切り傷はない。また、肩の傷は、深さ10センチメートル
- 乳房の上か肩口辺りから刺してでも良いと思ったが、狙っていない→不自然
- 橋行さんから何かかぶされたことを使うためナイフを持っていった→不自然
- 1撃目の時は、橋行さんの言葉にカッとして、橋行さんを殺したいと思って刺した→不自然

橋行さん、次夫さんのけがの状況
- 具体的で、傷とも合致
- 橋行さん、次夫さんの話と符合
- 橋行さん、次夫さんに嘘をつく理由もなく、証言態度も誠実

→ 被告人の話は、客観的証拠に反している 不自然・不合理 → 信用できない

被告人は、わざと次夫さんを6回刺した

→ 橋行さん、次夫さんの話から認定 → 高く信用できる

事件の真相（客観証拠から認定）
- 橋行さんの首の左側（①）に果物ナイフを突き刺す
- 仰向けに倒されて橋行さんに覆いかぶさるようにして、右腹部（②）、太もも付け根（③）を刺す
- それと前後して、次夫さんから羽交い締めにされる
- 次夫さんに羽交い締めにされながら、橋行さんに果物ナイフを突き出す動作「邪魔するなよ」などと言う
- 羽交い締めにされたまま、左右の胸（④⑤）を刺す
- 橋行さんの背後から右肩（⑥）を刺す

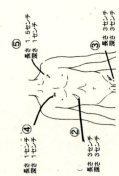

果物ナイフ

① 長さ3センチ 深さ4センチ
② 長さ3センチ 深さ3センチ
③ 長さ1センチ 深さ1センチ
④ 長さ1.5センチ 深さ1センチ
⑤ 長さ3センチ 深さ3センチ
⑥ 長さ3センチ 深さ10センチ

3 殺意はあった

客観的に見て人を死亡させる危険性が高い
- 先のとがった刃の長さ11.5センチメートルの果物ナイフを使った
- 橋行さんの体に向かって果物ナイフを突き刺した
- 6つの傷は、刺した部分が6か所中5か所まで死ぬ危険性があった
- 特に、左首の傷（①）は、あと4.5センチメートル前方から刺さっていれば、左の頸動脈、右肩の傷（⑥）、深さ10センチメートルは、あと1センチメートル程度深ければ右の頸動脈を傷つけ、出血死に至る危険性があった

危険な行為だと分かって行った
- 使い慣れ、自分で研いでいたナイフをあえて持って行った
- 首辺りを狙って刺した
- 羽交い締めにされて同も回っても回らないような危険な状態でも、攻撃を続けた
- 羽交い締めにされ、後ろに引っ張られても攻撃を続けた
- 橋行さんが逃げ、兄に止められ、攻撃終了
- 犯行の動機がある

→ 「殺そう」殺意はあった

刑を決めるに当たって重要な事実（情状）

犯行のやり方は危険でしつこいもの
- 体の重要部分を6か所突き刺す
- 素手の橋行さんに対し、一方的に攻撃し続ける
- 出血を見たり、羽交い締めにされても攻撃を止めず、刺す一方で、橋行さんが厳しい処分を望んでいる

被害が重大で、橋行さんが厳しい処分を望んでいる
- 体の重要部分に6か所の刺し傷
- 命を奪う可能性ある危険な傷
- 傷は全治約1か月
- 首の傷は、神経を傷つけ、頭に麻痺が残る後遺症
- 精神的ショックのため通院中
- 妻も精神的損害の回復の見込みなし
- 橋行さんに落ち度はない
- 強い処罰感情は当然

被告人の自分勝手が招いた犯行
- 1年以上、真剣には仕事も探さず居候、現実逃避の生活
- 居候の間、生活費を一切出さなかった
- 当然のことを注意され、橋行さんを殺しかけた

犯した罪に見合う責任を取るべき
再犯防止のためにもある程度の期間の服役が必要
被告人には短期間の実刑では足りない

刑罰の範囲

原則として 死刑 無期懲役
懲役5年〜20年
未遂減刑した場合…懲役2年6月〜
酌量減刑した場合…懲役1年3月〜

求刑

懲役8年
果物ナイフ没収

(別　紙)

最終意見陳述

第1　公訴事実について

　　以下のとおり，被告人には確定的な殺意があったことは明らか

1　刺創の部位がいずれも身体の枢要部

2　刺創の程度

（1）　いずれの刺創ももう少しで致命傷となっていたもの

（2）　刺創の数は，兄の羽交い締めや被害者の回避行動等があったにもかかわらず6

　　　か所にも及んでいる

（3）　攻撃の程度は強くて手加減なく，その回数も執拗で容赦ない

3　凶器の種類は，鋭利な果物ナイフ（刃の長さ11．5センチメートル）で，致命

　　傷を負わせるに十分な凶器

4　動機も十分に認められる

　　被害者から注意されたことに腹を立て，「何でお前にそんなことを言われないか

んとか」という思いから激高して被害者を殺そうと考え，怒りにまかせて突き刺し，

その後も執拗に攻撃。

　　被告人がいう，恐怖心があった，罵倒されたとの供述は，信用できないし，弁解

にならない。

5　犯行後の行動

　　犯行後，台所から包丁を取り出して首に当て「俺も死ぬ」と発言。

6　被告人は，全て認識した上で，自らの意思で本件犯行に及んでいること

－ 401 －

第2　情状について

1　被告人に反省の態度が見られないこと

（1）　殺意がないと不合理な弁解を繰り返していること

（2）　被害者の発言に本件犯行の原因の一端があるような理不尽な言い分を述べて
　　　いること

（3）　本件犯行に向き合って真剣に考えておらず，その重大な責任を自覚していない
　　　こと

2　被害回復に向けた行動がないこと

（1）　しばらくして一度だけの謝罪文。その内容も真摯に謝罪しているとは受け取れ
　　　ない。

（2）　被害弁償が全くなく，提示も全くない。

（3）　被害者は損害賠償訴訟を申し立てているが，被告人から損害の賠償を受け取れ
　　　る見込みもない。

3　被害者の被害の状況

（1）　被害者の身体的被害は甚大。まさに九死に一生を得たもので，一歩間違えば死
　　　亡していた可能性は高い。

（2）　後遺障害

（3）　被害者夫婦ともに本件事故により精神的にも大きな傷を負った。

以　上

(別　紙)

弁論要旨

「殺意」のない人を「殺人未遂」で裁いてしまったらそれは冤罪
　　　　　　↓
冤罪はあってはならない＝常識で考えて疑問が残ってはいけない

三つの疑問
① 傷の場所と深さは殺意と矛盾するのではないか
　　殺意があるなら，倒れている被害者の上からナイフを突き刺すとき
　　ア　心臓を狙い
　　イ　思い切り突き刺す＝ナイフの根元まで刺す　のではないか
　　このとき被告人を阻むものはなく，これはやろうと思えばできた
　　それなのに，被告人は，急所を外して浅く刺した
　　ということは，首も狙ったわけではないはず
　　首を狙ったのなら次はとどめを刺すはず⇔とどめを刺さなかった
　　上半身の全てが死の危険性大ではない
② その後の傷は，被害者の逆襲が怖くて近づけないと暴れていただけではないか
　　→被害者を攻撃しようと暴れていたわけではない
　　　だから被害者がいなくなるとおとなしくなった→意図した傷ではない
③ 殺すほどの動機は見出せないのではないか
　　ほとんど付き合いのない人に罵倒されたくらいで殺すか
　　もっとも世の中にはすぐに見境のつかなくなる人もいるが
　　被告人がそういう人間だったら，５２年の人生で片鱗が見えているはず

量刑
　　(参考) 殺人未遂の場合
　　被害者１名，他の罪なし，非暴力団，非計画的，２週間～３か月のケガ
　　→執行猶予が一番多いが，それは弁償や許しのある場合
　　→それ以外では４年超５年以下が多い。
　　再度罪を犯す可能性低，１０か月以上の拘束→４年６か月

　　本件は傷害なので，それより刑は軽くなる
　　　５２歳→刑務所に長く入ると再就職困難
　　　　　　　　↓
　　被害弁償ができなくなる→執行猶予にして早く働かせる
　　　　　　　　　　　　　　　↑
　　　　　　　　　　　保護観察で監督

裁判長認印　㊞

平成２２年(わ)第５０１号

第４回公判調書（手続）

被 告 人 氏 名　　　福 上 三 郎 （出頭）

被 告 事 件 名　　　殺 人 未 遂

公 判 を し た 年 月 日　　平成２３年２月２４日

公 判 を し た 裁 判 所　　福岡地方裁判所刑事第５部

裁 判 長 裁 判 官　　綿 波 孝 平

裁 判 官　　柄 田 智 規

裁 判 官　　直 川 俊 二

裁 判 員　　１ないし６

補 充 裁 判 員　　１及び２

裁 判 所 書 記 官　　和 元 一 成

検 察 官　　博 田 守

同　　久 留 明日香

出 頭 し た 弁 護 人 （主任）　大牟田 孝 典

出 頭 し た 弁 護 人　　飯 元 浩 子

出頭した被害者参加人　　橋 行 久

出頭した被害者参加弁護士　　波 越 明

裁 判 長

判決宣告

平成２３年２月２４日

福岡地方裁判所刑事第５部

裁判所書記官　　和 元 一 成　㊞

平成２３年２月２４日宣告　裁判所書記官　甲　野　一　郎　㊞

平成２２年（わ）第５０１号

判　　　　　決

本籍　福岡市西浜区西の浜２丁目３番

住居　不　定

職業　無　職

福　　上　　三　　郎

昭和３３年３月２８日生

（合議体の構成）　裁判官３人，裁判員６人

（出　席　検　察　官）　博田守，久留明日香

（出　席　弁　護　人）　大牟田孝典（主任），飯元浩子（各国選）

主　　　　　文

被告人を懲役５年６月に処する。

未決勾留日数中１１０日をその刑に算入する。

福岡地方検察庁で保管中の果物ナイフ１丁（同庁平成２２年領第１５００号符号１）を没収する。

理　　　　　由

（罪となるべき事実）

　被告人は，平成２２年６月２１日午後８時１５分ころ，福岡市西浜区灘崎町１丁目２番３号灘崎ハイツ１号棟２０５号室福上次夫方において，橋行久（当時４１歳）に対し，殺意をもって，右手に持っていた果物ナイフ（刃体の長さ１１．５センチメートル，福岡地方検察庁平成２２年領第１５００号符号１）で同人の左頸部等を数回突き刺したが，福上次夫から制止されたため，上記橋行に全治約１か月間を要する左頸部刺創等の傷害を負わせたにとどまり，殺害の目的を遂げなかった（ただし，その「殺意」及び「殺害の目的」の程度は，「死んでもかまわない」というものである。）。

（証拠の標目）

　括弧内の甲乙の番号は証拠等関係カードの検察官請求証拠番号を示す。

・被告人の公判供述

・証人橋行久及び同福上次夫の各公判供述

・橋行梓の検察官調書抄本（甲１６）

・捜査報告書５通（甲１１，１２，１３，１４，１７）

・果物ナイフ１丁（福岡地方検察庁平成２２年領第１５００号符号１）（甲
　９）

（事実認定の補足説明）

1　本件では，被告人が，橋行久（以下「被害者」という。）に対し，右手に
　持っていた果物ナイフ（以下「本件ナイフ」という。）でその左頸部等を数
　回突き刺し，左頸部刺創等の傷害を負わせたことについては，当事者間に争
　いがなく，関係証拠からも十分認められる。

　　そして，検察官は，被告人は，殺意をもって，本件ナイフで被害者の左頸部
　等を数回突き刺したものであり，本件犯行については殺人未遂罪が成立する
　と主張しているのに対し，弁護人は，被告人には殺意がなく，傷害罪が成立
　するにとどまると主張し，被告人も，これに沿う供述をしている。

2　まず，関係証拠（甲９，１３及び１４並びに福上次夫，被害者及び被告人の
　各公判供述）によれば，本件について，以下の各事実が認められる。

　①　本件ナイフは，刃体の長さが約１１．５センチメートルの先端が鋭利な果
　　物ナイフであり，人を殺傷するのに十分な性能を備えたものであって，そ
　　れを普段から使っていた被告人も，そのことを十分に認識していた。

　②　被害者は，本件犯行により，左頸部刺創（胸鎖乳突筋の後方から後頸部方
　　向への下向きの傷で，長さ（幅）約３センチメートル，深さ約４セン
　　チメートルのもの。刃物が四，五センチメートル程度前方から刺さっていれ
　　ば，頸動脈を損傷して，大量出血によるショック死又は出血死の可能性が
　　あった。），右側腹部刺創（長さ・深さともに約３センチメートルのもの。
　　創があと１センチメートル程度深ければ，肺を損傷していた。），左そけ
　　い部刺創（長さ・深さともに約３センチメートルのもの。刃物が内側に入
　　るか，刃物の入り口が約２センチメートル程度内側であれば，動脈を損傷
　　し，大量出血によるショック死又は出血死の可能性があった。），左前胸
　　部刺創及び右前胸部刺創（いずれも長さ・深さともに約１センチメートル
　　のもの。）並びに右肩から頸部に向かう刺創（長さ約３センチメートル，
　　深さ約１０センチメートルのもの。創があと１センチメートル程度深けれ

ば，頸動脈を損傷して死亡する可能性があった。）の各傷害を負った。

③　被告人は，被害者と向かい合ってしゃがんだ状態から立ち上がりながら，ズボンのポケット内に隠して利き手である右手に持っていた本件ナイフを取り出し，これをいすに座っている被害者の左胸の上辺りに向けて１回突き出し，これを避けようとした被害者の左首筋を突き刺して，上記②の左頸部刺創の傷害を負わせた。

　　（なお，検察官は，この行為について，被告人は被害者の首をねらったと主張するが，被害者の左胸の上辺りを刺そうとしたところ，結果的に首に刺さってしまったという被告人の弁解は，それ自体で不自然であるとか不合理であるとはいえず，これを退けて，被告人が被害者の首をねらって本件ナイフを突き出したとまでは認められない。）

④　被告人は，引き続き，いすの上にあお向けに倒れた被害者の上から，その右わき腹及び左足の付け根（左そけい部）を本件ナイフで１回ずつ突き刺した。

⑤　その後，被告人は，兄の福上次夫に羽交い締めにされて制止されたが，その状態で，本件ナイフを取り上げようとして被告人に近づいてきた被害者の左胸部及び右胸部を本件ナイフで１回ずつ突き刺した上，その場から立ち去るために自分に背中を向けた被害者に対し，その右肩を１回本件ナイフで突き刺した。

　　（なお，弁護人は，これらの傷は，福上次夫に羽交い締めにされた被告人が，被害者に本件ナイフを取り上げられてやり返されるのではないかと思い，無我夢中で本件ナイフを振り回したことにより生じたものにすぎない旨主張する。この点，本件ナイフを取り上げられることを避けようとしたということが信用できないとはいえないが，それらの傷が切り傷ではなく，刺し傷であることからすると，被告人が突き刺す行為をしたこと自体は明らかである。）

3　以上によれば，被告人は，刃体の長さが約１１．５センチメートルの先端が鋭利な本件ナイフを，被害者の左胸の上辺りという人間の生命維持にかかわる重要な部分に向けて突き出し，結果的には被害者の左首筋を突き刺したものである。しかも，被害者が被告人の刺突行為を避けようとしたにもかかわ

らず，被害者の左頸部刺創は，深さが約４センチメートルにも達したのであって，このことを考えると，被告人は相当な強さで本件ナイフを被害者に向けて突き出したものと推認できる。

　このような被告人の刺突行為は，人を死亡させる危険性が高いものであったといえるし，被告人自身も，そのような刺突行為を自ら行っている以上，その危険性を十分に認識していたものと推認できるから，その行為の際，被告人に「相手が死んでもかまわない」という程度の殺意があったことは，十分に認定できる。

　なお，被告人は，公判廷で，「心臓とか首とかというのが急所だというのは分かりますけど，それ以外は，どこにどういうものがあるかということは全然私には分からないですから，動脈がどうの，静脈がどうのといわれても分かりません。」と供述しているが，左胸上部という部位は，左肺があり，心臓や首にも近いのであるから，攻撃時の相手方の動き次第では人間の生命維持にかかわる傷を与えることは十分にあり得ることであり，そのことは，被告人としても，常識的に分かるはずのことである。被告人の上記供述は，自らの刺突行為の危険性を十分認識していたとの認定に疑いを差し挟むに足りるものではない。

4　なお，検察官は，被告人には「殺そう」という強い殺意があった旨主張している。この点，仮に，被告人が被害者を殺そうと考えていたのであれば，被告人は，被害者が最初の刺突行為により左首筋を刺されていすの上にあお向けに倒れた際，容易に致命傷を与えることができたはずであるのに，実際には，被告人は，被害者に対して，いずれも深さが約３センチメートルの右側腹部刺創及び左そけい部刺創の各傷害を負わせたにすぎなかった。また，被告人が被害者に対して最後に負わせた右肩から頸部に向かう刺創は，約１０センチメートルもの深さのものであったが，この傷については，何らかの事情により，被告人が羽交い締めをふりほどこうとした力が併せ加わってできた可能性があり，被告人は被害者に対して意図的にそのような深い刺し傷を負わせようとしたのではなかったのではないかという疑いが残る。

　そうすると，本件犯行の際，被告人が，被害者に対して，殺そうという強い殺意を有していたとまでは認められず，被害者が死んでもかまわないという

弱い殺意を有していたにすぎないものと認めるのが相当である。

5　他方，弁護人は，次のとおり主張して，被告人に殺意があったと認めるには合理的な疑いが残ると主張する。

①　仮に被告人に殺意があったのであれば，倒れている被害者を上から本件ナイフで突き刺した際に，心臓をねらって，本件ナイフの根本まで強く突き刺したはずであり，かつ，その際に被告人を阻むものはなかったから，やろうと思えばそのようにできたはずである。ところが，実際には，被告人は，被害者の急所を外したばかりか，その刺し傷の深さも浅かった。つまり，被告人は，倒れている被害者を本件ナイフで突き刺した際にとどめを刺そうとしなかった。

②　被告人には，被害者を殺害する動機を見いだせない。

　しかしながら，①の点についてみると，被告人が，被害者を積極的に殺そうという強い意欲を有していたのであれば，とどめを刺すのが自然であるといえるであろうが，上記のとおり被害者が死んでもかまわないという程度の気持ちで本件ナイフで被害者を突き刺した被告人が，倒れている被害者に対してとどめを刺そうとしなかったとしても，何ら不自然ではない。また，②の点についても，被告人の公判供述によれば，被告人は，本件当時収入や住居の当てがなく，兄の居宅に身を寄せて肩身の狭い思いをしていたところ，年下である被害者から厳しく責められて兄宅から出て行くように言われ，感情が高ぶったというのであって，このような経緯からすれば，被告人が，とっさに，上記3で認定したような認識をしつつ，被害者に攻撃を加えたとしても，何ら不自然ではない。したがって，弁護人の上記主張は，採用しない。

6　以上のとおりであるから，被告人に殺意があったことが認められる。

（法令の適用）

罰　　　　　条	刑法２０３条，１９９条
刑 種 の 選 択	有期懲役刑を選択
未決勾留日数の算入	刑法２１条
没　　　　　収	刑法１９条１項２号，２項本文
訴 訟 費 用 の 処 理	刑事訴訟法１８１条１項ただし書（不負担）

（量刑の理由）

1　本件は，被告人が，兄の友人である被害者に対し，持っていた果物ナイフでその左頸部等を数回突き刺して殺害しようとしたが，その場にいた兄に制止されるなどしたため，被害者にけがを負わせるにとどまったという事案である。

2　まず，被告人は，被害者に対し，刃体の長さが約１１．５センチメートルの先端が鋭利な果物ナイフでその左頸部をいきなり突き刺したものであり，事の次第によっては，被害者に致命傷を与えていた可能性があって，危険な犯行である。また，あお向けに倒れた被害者に対し，さらにその側腹部やそけい部を突き刺したり，兄から羽交い締めにされた後も，果物ナイフを取られまいという気持ちが加わっているとはいえ，攻撃を続けている。このような本件の犯行態様は悪質なものである。

　　そして，被害者は，本件犯行により，直ちに生命への危険があるものではなかったものの，全治約１か月間を要する左頸部刺創等の重いけがを負った。さらに，被害者には，神経が切断されたことにより，現在も，左耳から左あご，首の左側面辺りの感覚が鈍麻しているなどの症状が残っている。加えて，被害者は，現在でも事件のことを思い出したりすると，いらいらしたり心が沈み込んだりして，精神科を受診して投薬治療を受けているというのであって，被害者が大きな精神的苦痛を被ったことも明らかである。本件犯行の結果は重大である。

　　ところが，その被害の弁償は，一切なされていない。

　　被害者は，被告人を許すことはできない旨の意見を述べているが，その心情は十分に理解できる。また，現場に居合わせ，夫が被告人に刃物で突き刺される事態を目の当たりにした被害者の妻も精神的な苦痛を受けている。

　　なお，検察官は，これらに加えて，被告人が，１年以上真剣に仕事も探さず兄宅に居候し，現実逃避の生活を送っていたことや，その間，生活費を一切出さなかったことなど，本件が，被告人の自分勝手さが招いた犯行であることも，被告人の刑を決めるに当たって重要な事実であると主張しているが，そのような生活状況は，被告人の本件犯罪行為にふさわしい刑事責任の程度を判断するに当たって考慮に値する事情とは言えない。

3　他方，兄が制止したことなどによるとはいえ，本件は未遂に終わっている。

　　また，本件は，被告人の感情が高ぶったことによる突発的な犯行であり，計画的なものではない。そして，その殺意の程度は，殺そうという強いものではなく，死

んでもかまわないという程度のものであった。

　次に，本件に至る経緯等についてみると，被告人は，仕事がなく，妻子との関係が険悪になったことから，平成21年3月に，兄宅に居候するようになったものの，平成22年5月末ころ，兄から，同年6月末までには仕事を見つけるなり，生活保護を受けるなりして家を出るように言われたが，仕事や住居の当てがないまま，肩身の狭い思いをしていたところ，本件犯行の当日，従前2回ほどしか会ったことがなかった被害者から厳しく責められて兄宅から出て行くように言われ，とっさに感情が高ぶり，本件犯行に及んだものである。このような経緯や動機は，短絡的なものではあるとはいえ，被害者の対応にも，本件犯行を誘発した側面があることは否定できない。

　このほか，被告人には前科や犯罪歴がなく，その他その犯罪傾向が進んでいるとみるべき事情もないことからすると，その再犯のおそれが高いとはいえない。

　さらに，被告人は，被害者やその妻に対しては，本当に申し訳なく思っていると述べるなど，反省の態度を示している。

　これらは，被告人のために有利に考慮すべき事情ということができる。

4　以上を踏まえ，同種事案における量刑の傾向も勘案して，被告人に科すべき刑を検討する。

　まず，前記2の諸事情，特に本件の犯行態様の悪質さや，結果の重大性に照らせば，被告人の刑事責任の程度は重い。そうすると，前記3の被告人に有利な諸事情を十分に考慮しても，本件は弁護人が主張するような，刑の執行を猶予すべき事案ではなく，刑務所で服役することにより責任を果たさせるべき事案であるし，未遂減軽をして法定刑を下回る刑で処断すべき事案であるともいえない。もっとも，被告人に有利な諸事情に照らせば，検察官の求める懲役8年という刑は重すぎるというべきであり，被告人に対しては，法定刑の下限に近い刑を科すことが相当であると判断した。

（求刑　懲役8年　果物ナイフ1丁の没収）

　平成23年2月24日

　　福岡地方裁判所刑事第5部

　　　　裁判長裁判官　　　綿　波　孝　平　㊞

裁判官　　柄　田　智　規　㊞

裁判官　　直　川　俊　二　㊞

略　語　表

1，2…	第1回公判，第2回公判……〔「期日」欄のみ〕	捜　押	捜索差押調書
前1，前2…	第1回公判前整理手続，第2回公判前整理手続…	任	任意提出書
間1，間2…	第1回期日間整理手続，第2回期日間整理手続…	領	領置調書
※1，※2…	証拠等関係カード(続)「※」欄の番号1，2……の記載に続く	仮　還	仮還付請書
決　定	証拠調べをする旨の決定	還	還付請書
済	取調べ済み	害	被害届，被害てん末書，被害始末書，被害上申書
裁	裁判官に対する供述調書	追　害	追加被害届，追加被害てん末書，追加被害始末書，追加被害上申書
検	検察官に対する供述調書	答	答申書
検　取	検察官事務取扱検察事務官に対する供述調書	質	質取てん末書，質取始末書，質受始末書，質取上申書，質受上申書
事	検察事務官に対する供述調書	買	買受始末書，買受上申書
員	司法警察員に対する供述調書	始　末	始末書
巡	司法巡査に対する供述調書	害　確	被害品確認書，被害確認書
麻	麻薬取締官に対する供述調書	放　棄	所有権放棄書
大	大蔵事務官に対する質問てん末書	返　還	協議返還書
財	財務事務官に対する質問てん末書	上	上申書
郵	郵政監察官に対する供述調書	報	捜査報告書，捜査状況報告書，捜査復命書
海	海上保安官に対する供述調書	発　見	遺留品発見報告書，置去品発見報告書
弁　録	弁解録取書	現　認	犯罪事実現認報告書
逆　送	家庭裁判所の検察官に対する送致決定書	写　報	写真撮影報告書，現場写真撮影報告書
告　訴	告訴状	交　原	交通事件原票
告　調	告訴調書	交原（報）	交通事件原票中の捜査報告書部分
告　発	告発状，告発書	交原（供）	交通事件原票中の供述書部分
自　首	自首調書	検　調	検証調書
通　逮	通常逮捕手続書	実	実況見分調書
緊　逮	緊急逮捕手続書	捜　照	捜査関係事項照会回答書，捜査関係事項照会書，捜査関係事項回答書
現　逮	現行犯人逮捕手続書	免　照	運転免許等の有無に関する照会結果書，運転免許等の有無に関する照会回答書，運転免許調査結果報告書
捜	捜索調書	速　カ	速度違反認知カード
押	差押調書	選　権	選挙権の有無に関する照会回答書

診	診断書	嘆	嘆願書
治 照	交通事故受傷者の症状照会について，交通事故負傷者の治療状況照会，診療状況照会回答書，治療状況照会回答書	（謄）	謄本
検 視	検視調書	（抄）	抄本
死	死亡診断書，死体検案書	（検）	検察官
酒 カ	酒酔い酒気帯び鑑識カード	（検取）	検察官事務取扱検察事務官
鑑 嘱	鑑定嘱託書	（事）	検察事務官
鑑	鑑定書	（員）	司法警察員
電 話	電話聴取書，電話報告書	（巡）	司法巡査
身	身上照会回答書，身上調査照会回答書，身上調査票，身上調査回答	（大）	大蔵事務官
戸	戸籍謄本，戸籍抄本，戸籍（全部・一部・個人）事項証明書	（財）	財務事務官
戸 附	戸籍の附票の写し	（被）	被告人
登 記	不動産登記簿謄本，不動産登記簿抄本，登記（全部・一部）事項証明書		
商登記	商業登記簿謄本，商業登記簿抄本，登記（全部・一部）事項証明書		
指	指紋照会回答票，指紋照会書回答票，指紋照会書通知書，指紋照会回答，指紋照会書回答，指紋照会回答書		
現 指	現場指紋による被疑者確認回答書，現場指紋等確認報告書		
氏 照	氏名照会回答書，氏名照会票，氏名照会記録書		
前 科	前科調書，前科照会（回答）書，前科照会書回答		
前 歴	前歴照会（回答）書		
犯 歴	犯罪経歴回答書，犯罪経歴電話照会回答書		
外 調	外国人登録（出入国）記録調査書		
判	判決書謄本，判決書抄本，調書判決謄本，調書判決抄本		
決	決定書謄本，決定書抄本		
略	略式命令謄本，略式命令抄本		
示	示談書，和解書		
受	受領書，受領証，領収書，領収証，受取書，受取証		
現 受	現金書留受領証，現金書留引受証		
振 受	振込金兼手数料受領書，振込金受領書		
寄 附	贖罪寄附を受けたことの証明		

請求者等　検察官				平成22年（わ）第501号	

証 拠 等 関 係 カ ー ド（甲）　　（No. 1）

（このカードは，公判期日，公判前整理手続又は期日間整理手続期日においてされた事項については，各期日の調書と一体となるものである。）

番号　標目 (供述者・作成年月日，住居・尋問時間等) 立 証 趣 旨 （公訴事実の別）	請求 期日	意見		結果		取調順序	備考 編てつ箇所
		期日	内容	期日	内容		
1　実 〔(員)玉原 匡　　22.6.29〕 犯行現場の状況等 （　　　　　　　　　）	22.8.2　番号1ないし10請求	前2	同意	前7	撤回		
2　写報 〔(員)大船義弘　　22.6.30〕 被害者の受傷の部位，その程度等 （　　　　　　　　）		前2	同意	前7	撤回		
3　員 〔小見川 修　　22.6.26〕 被害者の負傷状況及び全治期間等 （　　　　　　　）		前2	同意	前7	撤回		
4　報 〔(員)田地亮介　　22.7.1〕 被害者の受傷が被害者の生命に及ぼす危険性について （　　　　　　　）		前2	同意	前7	撤回		
5　検 〔橋行 久　　22.7.3〕 被害状況及び被告人に対する処罰感情等 （　　　　　　　）		前2	不同意	前7	撤回		

（被告人一名用）

（被告人　福上三郎　　　　　　　）

請求者等　検察官						平成22年（わ）第501号	

証　拠　等　関　係　カ　ー　ド　（甲）　　　（No. 2）

（このカードは，公判期日，公判前整理手続又は期日間整理手続期日においてされた事項については，各期日の調書と一体となるものである。）

番号　標目 （供述者・作成年月日，住居・尋問時間等） 立証趣旨 （公訴事実の別）	請求 期日	意見		結果		取調順序	備考 編てつ箇所
		期日	内容	期日	内容		
6　検 〔福上次夫　　22.7.5〕 被告人の生活状況及び犯行目撃状況等 （　　　　　　）	請求は甲（No.1）に記載済	前2	不同意	前7	撤回		
7　検 〔橋行　梓　　22.7.3〕 犯行目撃状況等 （　　　　　　）		前2	不同意	前7	撤回		
		前3	不同意一部撤回 一部同意 ※1				
8　実 〔(巡)早良香里　22.7.2〕 被告人が犯行に使用した果物ナイフの形状等 （　　　　　　）		前2	同意	前7	撤回		
9　果物ナイフ　1丁 〔平成22年領第1500号符号1〕 上記果物ナイフの存在及び形状 （　　　　　　）		前2	異議なし	前8	決定		即日検察官に返還
				1	済	3	
10　員 〔福上洋子　　22.6.27〕 被告人の生活状況等 （　　　　　　）		前2	不同意	前7	撤回		
		前3	不同意一部撤回 一部同意 ※1				

（被告人一名用）

（被告人　福上三郎　　　　　）

請求者等 検察官　　　　　　　　　　　　　　　　　　平成22年(わ)第501号

証 拠 等 関 係 カ ー ド (甲)　　　　　　　　(No. 3)

（このカードは，公判期日，公判前整理手続又は期日間整理手続期日においてされた事項については，各期日の調書と一体となるものである。）

番号 標 目 (供述者・作成年月日，住居・尋問時間等) 立 証 趣 旨 （公訴事実の別）	請求 期日	意 見		結 果			備 考
		期日	内 容	期日	内 容	取調順序	編てつ箇所
11　報 〔(検)博田 守　22.11.22〕 被害者が受けた各刺創の治療期間及び刺創の一部には後遺障害となる可能性が認められること （　　　　　　　　）	22. 11. 22	前 6	同意	前 8	決定		
				1	済	6	
〔　　　　　　　〕 （　　　　　　　　）							
〔　　　　　　　〕 （　　　　　　　　）							
〔　　　　　　　〕 （　　　　　　　　）							
〔　　　　　　　〕 （　　　　　　　　）							

（被告人　福上三郎　　　　　　　）

（被告人一名用）

請求者等　検察官						平成22年（わ）第501号			

証　拠　等　関　係　カ　ー　ド　（甲）　　　　　　　　　　　　　　　（No. 4）

（このカードは，公判期日，公判前整理手続又は期日間整理手続期日においてされた事項については，各期日の調書と一体となるものである。）

番号　標目 (供述者・作成年月日，住居・尋問時間等) 立証趣旨 （公訴事実の別）	請求 期日	意見		結果		取調順序	備考 編てつ箇所
		期日	内容	期日	内容		
12　報 〔(検)博田 守　　22.11.26〕 犯行現場の特定及び犯行現場の状況等 （　　　　　　　　）	22.12.6 番号12ないし15請求		第7回公判前整理手続 番号12ないし15同意	1	前8 番号12ないし15決定 済	1	
13　報 〔(検)博田 守　　22.11.26〕 被害者の受傷状況，各刺創の状況及び各刺創の位置から判断される生命に対する危険性等 （　　　　　　　　）				1	済	5	
14　報 〔(検)博田 守　　22.11.26〕 被告人が犯行に使用した果物ナイフの形状等 （　　　　　　　　）				1	済	2	
15　員(抄) 〔福上洋子　　22.6.27〕 被告人の生活状況等 （　　　　　　　　）				1	済	7	
〔　　　　　　　　〕 （　　　　　　　　）							

（被告人　福上三郎　　　　　）

請求者等 検察官					平成22年(わ)第501号	

証 拠 等 関 係 カ ー ド (甲)　　(No. 5)

(このカードは，公判期日，公判前整理手続又は期日間整理手続期日においてされた事項については，各期日の調書と一体となるものである。)

番号 標　目 (供述者・作成年月日，住居・尋問時間等) 立 証 趣 旨 (公訴事実の別)	請求 期日	意　見		結　果		取調順序	備　考 編てつ箇所
		期日	内　容	期日	内　容		
16　検(抄) 〔橋行 梓　　　22.7.3〕 犯行現場の状況等 (　　　　　　　　　)	前7	前7	しかるべく	前8	決定		
				1	済	8	
〔　　　　　　　〕 (　　　　　　　　　)							
〔　　　　　　　〕 (　　　　　　　　　)							
〔　　　　　　　〕 (　　　　　　　　　)							
〔　　　　　　　〕 (　　　　　　　　　)							

(被告人一名用)

(被告人　福上三郎　　　　　　　)

| 請求者等　検察官 | | | | | 平成22年(わ)第501号 | |

証 拠 等 関 係 カ ー ド (甲)　　(No. 6)

(このカードは，公判期日，公判前整理手続又は期日間整理手続期日においてされた事項については，各期日の調書と一体となるものである。)

番号 標　目 (供述者・作成年月日, 住居・尋問時間等) 立 証 趣 旨 （公訴事実の別）	請求 期日	意　見		結　果			備　考
		期日	内　容	期日	内　容	取調順序	編てつ箇所
17　報 〔(検)博田 守　　22.12.13〕 被害再現状況 （　　　　　　　）	22. 12. 14	前8	同意	前8 1	決定 済	 9	
〔　　　　　　　〕 （　　　　　　　）							
〔　　　　　　　〕 （　　　　　　　）							
〔　　　　　　　〕 （　　　　　　　）							
〔　　　　　　　〕 （　　　　　　　）							

(被告人　福上三郎　　　　　)

請求者等　検察官								平成22年(わ)第501号

証　拠　等　関　係　カ　ー　ド　(人)　　　(No. 1)

(このカードは，公判期日，公判前整理手続又は期日間整理手続期日においてされた事項については，各期日の調書と一体となるものである。)

番号　標　目 (供述者・作成年月日，住居・尋問時間等) 立　証　趣　旨 (公訴事実の別)	請求 期日	意　見		結　果		取調順序	備　考 編てつ箇所
		期日	内　容	期日	内　容		
1　証人　橋行久 〔福岡市東浜区渚3丁目5番7号　60分〕 被告人との関係，被害状況及び処罰感情等 (　　　　　　　　　)	前7	前7	しかるべく	前8	決定 (第1回公判及び第2回公判同行)		
				1	続行	10	
				2	済	1	
2　証人　福上次夫 〔福岡市西浜区灘崎町1丁目2番3号灘崎ハイツ1号棟205号室　40分〕 被告人の生活状況及び犯行目撃状況等 (　　　　　　　　　)	前7	前7	しかるべく	前8	決定 (第2回公判同行)		
				2	済	2	
〔　　　　　　　　　〕 (　　　　　　　　　)							
〔　　　　　　　　　〕 (　　　　　　　　　)							
〔　　　　　　　　　〕 (　　　　　　　　　)							

(被告人一名用)

(被告人　福上三郎　　　　　　　)

— 421 —

請求者等 検察官　　　　　　　　　　　　　　　　　　　平成22年(わ)第501号

証 拠 等 関 係 カ ー ド （乙）　　　　　　　　（No. 1）

（このカードは，公判期日，公判前整理手続又は期日間整理手続期日においてされた事項については，各期日の調書と一体となるものである。）

番号　標 目 (供述者・作成年月日，住居・尋問時間等) 立 証 趣 旨 （公訴事実の別）	請求 期日	意 見		結 果		取調順序	備 考 編てつ箇所
		期日	内 容	期日	内 容		
1　員 〔(被)　　　　22.6.22〕 身上，経歴等 （　　　　　　　　）	22.8.2 番号1ないし3請求	前2	同意	前7	撤回		
2　検 〔(被)　　　　22.7.10〕 犯行に至る経緯及び犯行状況等 （　　　　　　　　）		前2	不同意	前8	決定		前6検察官 「法322Ⅰにより取り調べられたい。」 弁護人 「異議なし」
				2	撤回・取消		
3　戸 〔福岡市西浜区長　22.6.25〕 身上関係 （　　　　　　　　）		前2	同意	前8	決定		
				2	済	4	
〔　　　　　　　　〕 （　　　　　　　　）							
〔　　　　　　　　〕 （　　　　　　　　）							

（被告人一名用）

（被告人　福上三郎　　　　　　　　　）

| 請求者等　検察官 | | | | | 平成22年(わ)第501号 |

証 拠 等 関 係 カ ー ド（乙）　　(No. 2)

（このカードは，公判期日，公判前整理手続又は期日間整理手続期日においてされた事項については，各期日の調書と一体となるものである。）

番号 標目 (供述者・作成年月日，住居・尋問時間等) 立証趣旨 （公訴事実の別）	請求 期日	意見		結果			備考 編てつ箇所
		期日	内容	期日	内容	取調順序	
4　員(抄) 〔(被)　　　　22.6.22〕 身上，経歴等 （　　　　　　　　）	22. 12. 6	前7	同意	前8	決定		
				2	済	3	
 〔　　　　　　　　〕 （　　　　　　　　）							
 〔　　　　　　　　〕 （　　　　　　　　）							
 〔　　　　　　　　〕 （　　　　　　　　）							
 〔　　　　　　　　〕 （　　　　　　　　）							

（被告人一名用）

（被告人　福上三郎　　　　　）

請求者等　職権							平成22年（わ）第501号	

証 拠 等 関 係 カ ー ド　　　（No. 1）

（このカードは，公判期日，公判前整理手続又は期日間整理手続期日においてされた事項については，各期日の調書と一体となるものである。）

番号　標　目 （供述者・作成年月日, 住居・尋問時間等） 立 証 趣 旨 （公訴事実の別）	請求 期日	意　見		結　果		取調順序	備　考 編てつ箇所
		期日	内　容	期日	内　容		
1　（被） 〔　　　　　　　〕 （　　　　　　　）				1	施　行	4	
2　（被） 〔　　　　　　　〕 （　　　　　　　）				2	施　行	5	
3　証人　橋行 久（在廷） 〔　　　　　　　〕 被告人供述と証人橋行久の供述との相違点の確認 （　　　　　　　）		2	双方 　しかるべく	2	決定・済	6	
〔　　　　　　　〕 （　　　　　　　）							
〔　　　　　　　〕 （　　　　　　　）							

（被告人一名用）

（被告人　福上三郎　　　　　）

平成22年(わ)第501号

証 拠 等 関 係 カ ー ド （続）　　(No. 1)

（このカードは，公判期日，公判前整理手続又は期日間整理手続期日においてされた事項については，各期日の調書と一体となるものである。）

※	期日	請 求 ・ 意 見 ・ 結 果 等
1	前3	不同意一部撤回・一部同意(甲7, 10) 主任弁護人 平成22年9月24日付け弁護人ら作成の「検察官請求証拠認否変更書」記載 のとおり

（補 充 用）

証 拠 調 べ 請 求 書

平成２２年８月２日

福岡地方裁判所刑事第５部　殿

福岡地方検察庁
　　検察官　検事　博　田　　守　㊞

　被告人　福上三郎　に対する　殺人未遂　被告事件につき，別紙証拠等関係カード記載の証拠の取調べを請求する。

請求者等 検察官						平成　年(わ)第　号		

証 拠 等 関 係 カ ー ド (甲)　　　(No. 1)

（このカードは，公判期日，公判前整理手続又は期日間整理手続期日においてされた事項については，各期日の調書と一体となるものである。）

番号 標 目 (供述者・作成年月日，住居・尋問時間等) 立 証 趣 旨 （公 訴 事 実 の 別）	請求 期日	意 見		結 果		取調順序	備 考 編てつ箇所
		期日	内 容	期日	内 容		
1　実　〔(員)玉原 匡　　22.6.29〕　犯行現場の状況等　（　　　　　　　　）							
2　写報　〔(員)大船義弘　　22.6.30〕　被害者の受傷の部位，その程度等　（　　　　　　　　）							
3　員　〔小見川 修　　22.6.26〕　被害者の負傷状況及び全治期間等　（　　　　　　　　）							
4　報　〔(員)田地亮介　　22.7.1〕　被害者の受傷が被害者の生命に及ぼす危険性について　（　　　　　　　　）							
5　検　〔橋行 久　　22.7.3〕　被害状況及び被告人に対する処罰感情等　（　　　　　　　　）							

（被告人一名用）

（被告人　福上三郎　　　　　　）

請求者等 検察官				平成　年(わ)第　号	

証 拠 等 関 係 カ ー ド (甲)

(No. 2)

（このカードは，公判期日，公判前整理手続又は期日間整理手続期日においてされた事項については，各期日の調書と一体となるものである。）

番号 標　目 (供述者・作成年月日, 住居・尋問時間等) 立 証 趣 旨 （公訴事実の別）	請求 期日	意 見		結 果		取調順序	備 考 編てつ箇所
		期日	内 容	期日	内 容		
6　検 〔福上次夫　　　22.7.5〕 被告人の生活状況及び犯行目撃状況等 （　　　　　　　　）							
7　検 〔橋行 梓　　　22.7.3〕 犯行目撃状況等 （　　　　　　　　）							
8　実 〔(巡)早良香里　　22.7.2〕 被告人が犯行に使用した果物ナイフの形状等 （　　　　　　　　）							
9　果物ナイフ　1丁 〔平成22年領第1500号符号1〕 上記果物ナイフの存在及び形状 （　　　　　　　　）							
10　員 〔福上洋子　　　22.6.27〕 被告人の生活状況等 （　　　　　　　　）							

（被告人一名用）

（被告人　福上三郎　　　　　　）

－ 428 －

請求者等 検察官							平成　年(わ)第　号	

証 拠 等 関 係 カ ー ド（乙）

(No. 1)

（このカードは，公判期日，公判前整理手続又は期日間整理手続期日においてされた事項については，各期日の調書と一体となるものである。）

番号 標 目 （供述者・作成年月日，住居・尋問時間等） 立 証 趣 旨 （公訴事実の別）	請求 期日	意 見		結 果		取調順序	備 考 編てつ箇所
		期日	内 容	期日	内 容		
1 員 〔(被)　　　　　22.6.22〕 身上，経歴等 （　　　　　　　　）							
2 検 〔(被)　　　　　22.7.10〕 犯行に至る経緯及び犯行状況 等 （　　　　　　　　）							
3 戸 〔福岡市西浜区長　22.6.25〕 身上関係 （　　　　　　　　）							
〔　　　　　　　〕 （　　　　　　　　）							
〔　　　　　　　〕 （　　　　　　　　）							

（被告人一名用）

（被告人　福上三郎　　　　　　　　　）

平成２２年（わ）第５０１号　殺人未遂被告事件
被告人　福上三郎

検察官請求証拠認否書

平成２２年９月１０日

福岡地方裁判所　刑事第５部　殿

主任弁護人　　大牟田　孝　典　㊞
弁　護　人　飯　元　浩　子　㊞

　上記被告人に対する殺人未遂被告事件につき，検察官が取調請求する証拠に
対する弁護人の意見は，以下のとおりである。

記

第１　甲号証
　１　甲１ないし４号証
　　　同意
　２　甲５ないし７号証
　　　不同意
　３　甲８号証
　　　同意
　４　甲９号証
　　　異議なし
　５　甲１０号証
　　　不同意
第２　乙号証
　１　乙１号証
　　　同意
　２　乙２号証
　　　不同意
　３　乙３号証
　　　同意

平成２２年（わ）第５０１号　殺人未遂被告事件
被告人　福上三郎

検察官請求証拠認否変更書

平成２２年９月２４日

福岡地方裁判所　刑事第５部　殿

主任弁護人　　大牟田　孝　典　㊞
弁　護　人　　飯　元　浩　子　㊞

　上記被告人に対する殺人未遂被告事件につき，検察官が取調請求する証拠に
対する弁護人の意見を，以下のとおり変更する。

記

　１　甲７号証（橋行梓検察官面前調書）
　（１）１ページ８行目から１８行目，２０行目から最後まで同意。
　（２）２ページ１５行目から２２行目，２８行目から最後まで同意。
　（３）３ページ１行目から８行目まで同意。
　（４）４ページ２３行目から２６行目まで同意。
　（５）５ページ５行目から１２行目，２４行目から最後まで同意。
　（６）６ページ１行目から２６行目まで同意。
　２　甲１０号証（司法警察員面前調書）
　（１）１ページ８行目から１０行目，１７行目から最後まで同意。
　（２）２ページ１３行目，２７行目から最後まで同意。
　（３）３ページ全て同意。

証 拠 調 べ 請 求 書

平成２２年１１月２２日

福岡地方裁判所刑事第５部　殿

　　　　　福岡地方検察庁
　　　　　　　検察官　検事　博　田　　守　㊞

　被告人　福上三郎　に対する　殺人未遂　被告事件につき，別紙証拠等関係カード記載の証拠の取調べを請求する。

| 請求者等　検察官 | | | | | | | | 平成　年(わ)第　号 |

証　拠　等　関　係　カ　ー　ド　(甲)　　(No. 3)

（このカードは，公判期日，公判前整理手続又は期日間整理手続期日においてされた事項については，各期日の調書と一体となるものである。）

番号 標　目 (供述者・作成年月日, 住居・尋問時間等) 立　証　趣　旨 （公訴事実の別）	請求 期日	意　見		結　果		取調順序	備　考 編てつ箇所
		期日	内　容	期日	内　容		
11 報 〔(検)博田　守　　22.11.22〕 被害者が受けた各刺創の治療期間及び刺創の一部には後遺障害となる可能性が認められること （　　　　　　　　　　）							
〔　　　　　　　　　〕 （　　　　　　　　　　）							
〔　　　　　　　　　〕 （　　　　　　　　　　）							
〔　　　　　　　　　〕 （　　　　　　　　　　）							
〔　　　　　　　　　〕 （　　　　　　　　　　）							

（被告人一名用）

（被告人　福上三郎　　　　　　　　）

証 拠 調 べ 請 求 書

平成２２年１２月６日

福岡地方裁判所刑事第５部　殿

福岡地方検察庁
検察官　検事　博　田　　守　㊞

　被告人　福上三郎　に対する　殺人未遂　被告事件につき，別紙証拠等関係カード記載の証拠の取調べを請求する。

請求者等　検察官							平成　年(わ)第　号		

証 拠 等 関 係 カ ー ド （甲）　　　　(No. 4)

（このカードは，公判期日，公判前整理手続又は期日間整理手続期日においてされた事項については，各期日の調書と一体となるものである。）

番号 標 目 (供述者・作成年月日, 住居・尋問時間等) 立 証 趣 旨 （公 訴 事 実 の 別）	請求 期日	意 見		結 果		取調順序	備 考 編てつ箇所
		期日	内 容	期日	内 容		
12　報 〔(検)博田 守　　22.11.26〕 犯行現場の特定及び犯行現場の状況等 （　　　　　　　　）							
13　報 〔(検)博田 守　　22.11.26〕 被害者の受傷状況，各刺創の状況及び各刺創の位置から判断される生命に対する危険性等 （　　　　　　　　）							
14　報 〔(検)博田 守　　22.11.26〕 被告人が犯行に使用した果物ナイフの形状等 （　　　　　　　　）							
15　員(抄) 〔福上洋子　　22.6.27〕 被告人の生活状況等 （　　　　　　　　）							
〔　　　　　　　　〕 （　　　　　　　　）							

（被告人一名用）

（被告人　福上三郎　　　　　　　）

－ 435 －

請求者等　検察官		平成　年(わ)第　号					

証 拠 等 関 係 カ ー ド （乙）　　　　(No. 2)

（このカードは，公判期日，公判前整理手続又は期日間整理手続期日においてされた事項については，各期日の調書と一体となるものである。）

番号　標　目 (供述者・作成年月日，住居・尋問時間等) 立 証 趣 旨 （公訴事実の別）	請求 期日	意　見		結　果		取調順序	備　考 編てつ箇所
		期日	内　容	期日	内　容		
4 員（抄） 〔(被)　　　　22.6.22〕 身上，経歴等 （　　　　　　　　）							
〔　　　　　　　　〕 （　　　　　　　　）							
〔　　　　　　　　〕 （　　　　　　　　）							
〔　　　　　　　　〕 （　　　　　　　　）							
〔　　　　　　　　〕 （　　　　　　　　）							

（被告人　福上三郎　　　　　　）

証 拠 調 べ 請 求 書

平成２２年１２月８日

福岡地方裁判所刑事第５部　殿

　　　　　福岡地方検察庁
　　　　　　　　検察官　検事　博　田　　守　㊞

　被告人　福上三郎　に対する　殺人未遂　被告事件につき，別紙証拠等関係カード記載の証拠の取調べを請求する。

請求者等 検察官						平成　年(わ)第　号		

証 拠 等 関 係 カ ー ド （甲）　　(No. 5)

（このカードは，公判期日，公判前整理手続又は期日間整理手続期日においてされた事項については，各期日の調書と一体となるものである。）

番号　標目 (供述者・作成年月日, 住居・尋問時間等) 立 証 趣 旨 （公訴事実の別）	請求 期日	意見		結果		取調順序	備考 編てつ箇所
		期日	内　容	期日	内　容		
16　検(抄) 〔橋行 梓　　　22.7.3〕 犯行現場の状況等 （　　　　　　　　）							
〔　　　　　　　　　〕 （　　　　　　　　）							
〔　　　　　　　　　〕 （　　　　　　　　）							
〔　　　　　　　　　〕 （　　　　　　　　）							
〔　　　　　　　　　〕 （　　　　　　　　）							

（被告人　福上三郎　　　　　　）

請求者等　検察官				平成　年(わ)第　号			

証 拠 等 関 係 カ ー ド （人）　(No. 1)

(このカードは，公判期日，公判前整理手続又は期日間整理手続期日においてされた事項については，各期日の調書と一体となるものである。)

番号 標目 (供述者・作成年月日, 住居・尋問時間等) 立証趣旨 (公訴事実の別)	請求 期日	意見 期日	内容	結果 期日	内容	取調順序	備考 編てつ箇所
1　証人　橋行久 〔福岡市東浜区渚3丁目5番7号　60分〕 被告人との関係, 被害状況及び処罰感情等 （　　　　　）							
2　証人　福上次夫 〔福岡市西浜区灘崎町1丁目2番3号灘崎ハイツ1号棟205号室　40分〕 被告人の生活状況及び犯行目撃状況等 （　　　　　）							
〔　　　　　〕 （　　　　　）							
〔　　　　　〕 （　　　　　）							
〔　　　　　〕 （　　　　　）							

（被告人一名用）

（被告人　福上三郎　　　　　）

証 拠 調 べ 請 求 書

平成２２年１２月１４日

福岡地方裁判所刑事第５部　殿

福岡地方検察庁

検察官　検事　博　田　　守　㊞

被告人　福上三郎　に対する　殺人未遂　被告事件につき，別紙証拠等関係カード記載の証拠の取調べを請求する。

請求者等 検察官						平成　年(わ)第　号		

証 拠 等 関 係 カ ー ド （甲）　　(No. 6)

（このカードは，公判期日，公判前整理手続又は期日間整理手続期日においてされた事項については，各期日の調書と一体となるものである。）

番号　標　目 （供述者・作成年月日，住居・尋問時間等） 立　証　趣　旨 （公訴事実の別）	請求 期日	意　見		結　果		取調順序	備　考 編てつ箇所
		期日	内　容	期日	内　容		
17　報 〔(検)博田 守　　22.12.13〕 被害再現状況 （　　　　　　　　）							
〔　　　　　　　〕 （　　　　　　　　）							
〔　　　　　　　〕 （　　　　　　　　）							
〔　　　　　　　〕 （　　　　　　　　）							
〔　　　　　　　〕 （　　　　　　　　）							

（被告人　福上三郎　　　　　　）

甲１２

捜 査 報 告 書

平成２２年１１月２６日

福岡地方検察庁

　公判部長　　堀　下　源　蔵　　殿

福岡地方検察庁

　　　検察官　検事　博　田　　守　㊞

　被告人福上三郎に係る殺人未遂被告事件につき，犯行現場の特定及び状況等に関し，下記のとおりとりまとめたので報告します。

記

１　犯行現場の特定

　　福岡市西浜区灘崎町１丁目２番３号灘崎ハイツ１号棟２０５号室福上次夫方

２　犯行現場の状況等

　　犯行現場の見分は，被告人の実兄である福上次夫立会の上，犯行日当日である平成２２年６月２１日午後１１時３分ころから翌２２日午前２時５分ころまでの間，実施した。

　　現場の状況については，写真１ないし６，現場見取図第１図ないし第５図のとおり。

　※　上記内容は

　　　・平成２２年６月２９日付け司法警察員玉原匡作成の実況見分調書

　　　・平成２２年７月１２日付け司法警察員河勝龍二作成の捜査報告書

　　から抜粋した。

（現場見取図第１図ないし第３図省略）

－ 442 －

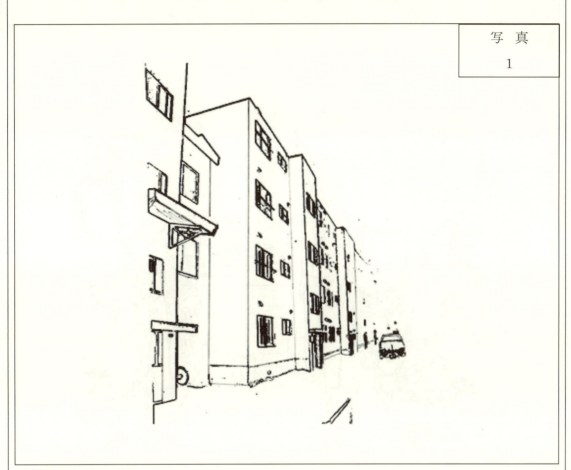

写真 1

（１）現場建物の状況

　　現場建物は

　　　　　　福岡市西浜区灘崎町１丁目２番３号灘崎ハイツ１号棟

で，同建物は北向きに建てられた鉄筋コンクリート造４階建て，各階６世帯の合計２４世帯が入居可能な共同住宅である。

写真 2

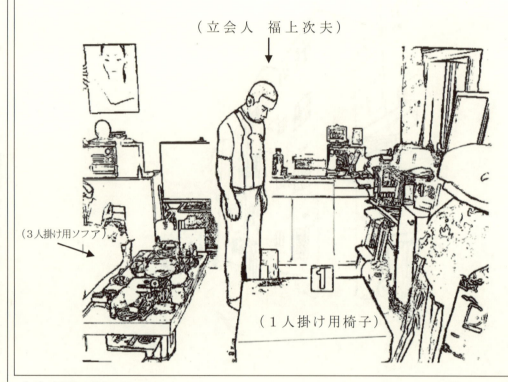

(2) 居間の状況

　居間の床面はフローリングであり，その中央部に紺色系のラグマットが敷かれ，同マット上にテーブルが配置されている。

　居間北側には3人掛けのソファが配置され，上記テーブルを挟んで向かい側に縦横いずれも約80センチメートル，高さ約30センチメートルの1人掛け用椅子（スツール）が配置されている。

　居間東側には，テレビ台，木製の棚等が配置され，南側には，姿見の鏡，ハンガー掛け等が配置されている。

　上記1人掛け用椅子の上面及び側面には，血痕様のものが多量に付着しており，その上から擦過した痕跡が認められる。

　また，同椅子の側面を伝い，下方のフローリング及びラグマットにも血痕様のものが付着している。

　同椅子に付着した血痕様のもののDNA型検査を行った結果，人血と認められ，被害者橋行久から採取した口腔内細胞のDNA型と一致した。

― 444 ―

(2) 居間の状況
　　同上

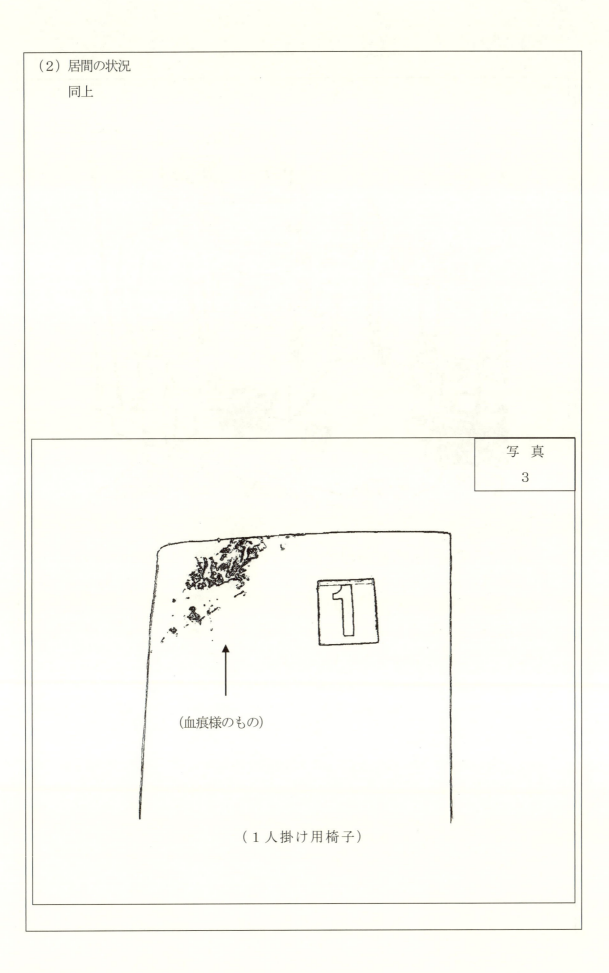

写真 3

（血痕様のもの）

（1人掛け用椅子）

（立会人　福上次夫）

（血痕様のもの）

（3）台所の状況

　　台所は，居間の西側にフロア続きに位置し，ガス台，流し台，洗濯機等が配置されている。

　　床面はフローリング敷きであるが，居間にある1人掛け用椅子の血痕様のもの付着箇所から続いて滴下した血痕様のものが付着している。

　　同床面に付着した血痕様のもののDNA型検査を行った結果，人血と認められ，被害者橋行久から採取した口腔内細胞のDNA型と一致した。

(3) 台所の状況
　　同上

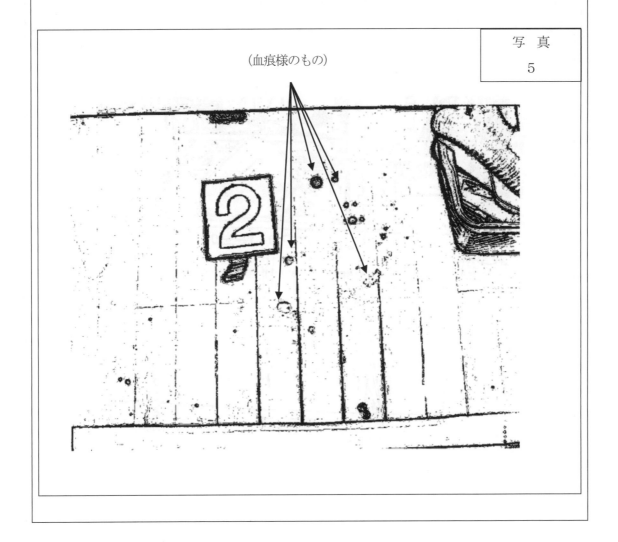

（血痕様のもの）

写真 5

（4） 流し台の状況

　流し台前部扉表面上には，血痕様のものが擦過した痕跡が認められる。

　さらに，その下方には血痕様のものが線状に垂れた痕跡が認められ，以上の擦過痕跡等の血痕様のもの付着箇所の幅は，最大で幅２０センチメートルであった。

　流し台扉表面に付着した血痕様のもののＤＮＡ型検査を行った結果，人血と認められ，被害者橘行久から採取した口腔内細胞のＤＮＡ型と一致した。

写真番号
6

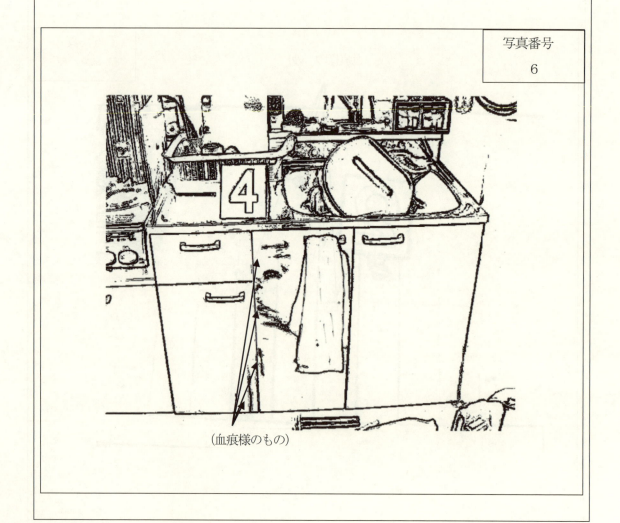

（血痕様のもの）

現場見取図第4図

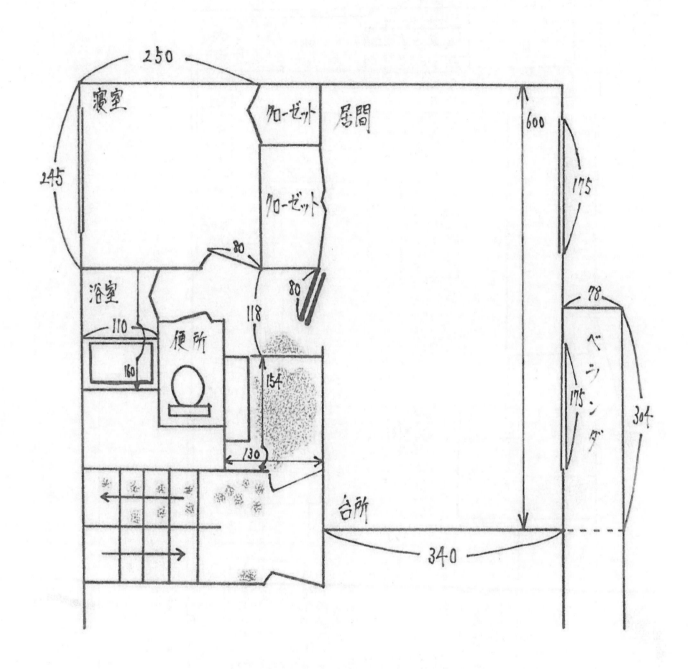

赤塗り部分が血痕様のものの付着部分

現場見取図第5図

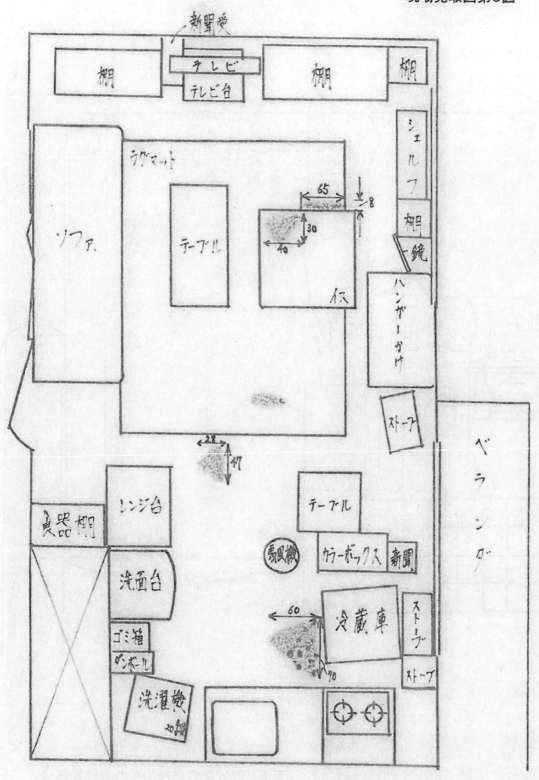

赤塗り部分が血痕様のものの付着部分

甲14

捜　査　報　告　書

平成２２年１１月２６日

福岡地方検察庁

公判部長　　　堀　下　源　蔵　殿

福岡地方検察庁

検察官　検事　博　田　　守　㊞

　被告人福上三郎に係る殺人未遂被告事件につき，犯行に使用された果物ナイフの形状等を下記のとおり取りまとめたので報告します。

記

1　全長：約２３センチメートル

2　刃体の長さ：約１１．５センチメートル

3　形状及び血痕様の付着状況：写真番号１ないし４及び見取図１及び２のとおり。

　※　上記内容及び写真は

　　　・平成２２年７月２日付け司法巡査早良香里作成の実況見分調書（果物ナイフの実況見分）

　から抜粋した。

（3）果物ナイフの寸法
　ア　全長
　　　果物ナイフの全長を計測すると
　　　　　　２３．０８センチメートル
　　である。

　　　　　　　　　　　　　　　　　　写真番号１参照

写真番号
１

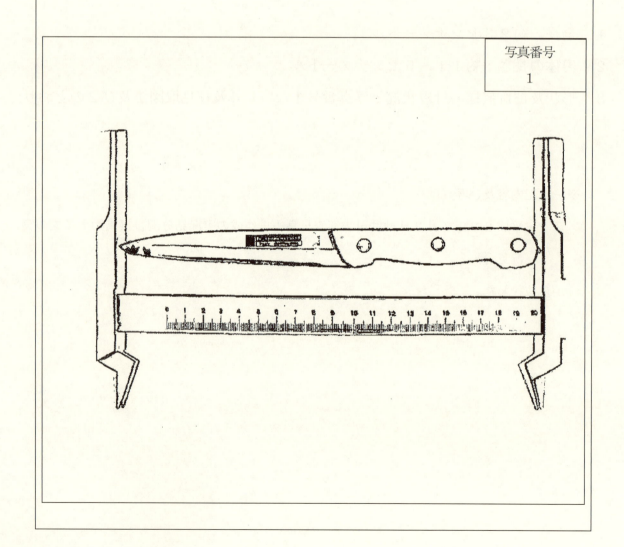

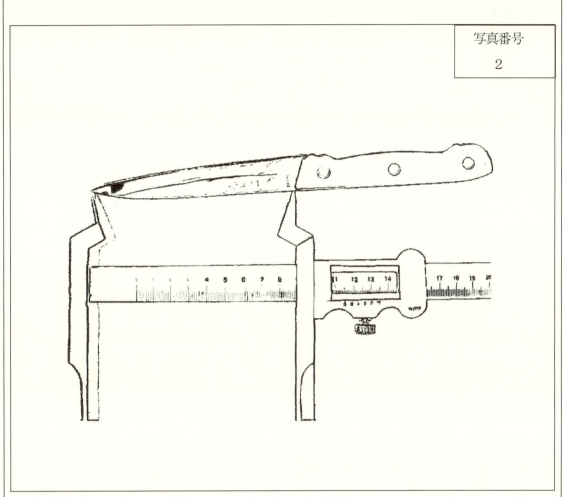

写真番号 2

(4) 刃体

　　果物ナイフの刃体を計測すると

　　　　　11.50センチメートル

　である。

　　なお，刃体の長さは，切っ先から最も近い柄の先端部分までを計測した。

　　　　　　　　　　　　　　　　　　　　　　　　写真番号2参照

　　　　　　　(以下省略)

（5）果物ナイフの血痕様のものの付着状況等

　ア　果物ナイフ左側

　　　　果物ナイフ左側の切っ先部分には，微小の傷があるが，刃こぼれ等の破損はなく

　　　　　切っ先部直近に薄い血痕様のものが1か所

　　　　　切っ先部から柄方向に濃い血痕様のものが1か所

　　　それぞれ付着しており，いずれも乾燥状態で赤褐色を呈していることを認める。

　　　　なお，血痕様のものの大きさ等については別紙見取図1に記載したとおりである。

　　　　　　　　　　　　　　　　　　　　　　　　　　写真番号3，見取図1参照

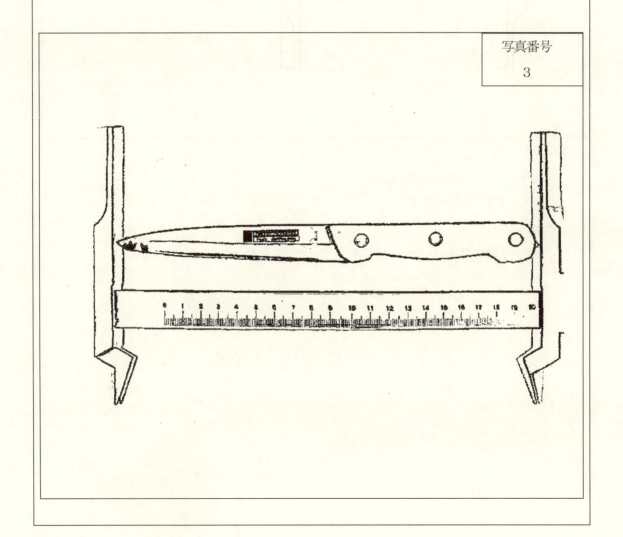

写真番号3

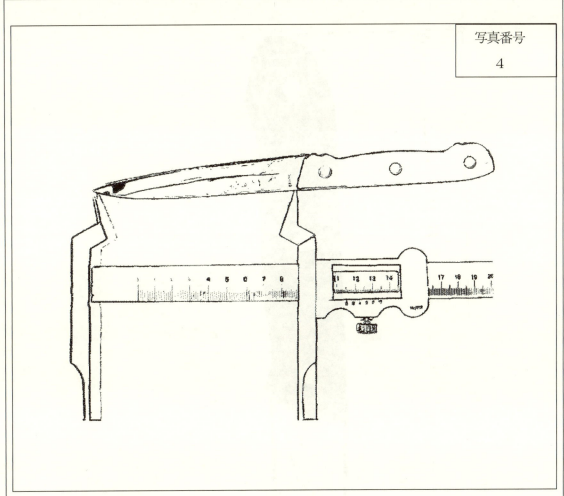

イ 果物ナイフ右側

　　果物ナイフ右側の切っ先部分には，微小の傷があるが，刃こぼれ等の破損はなく，血痕様のものが

　　　　切っ先部から刃体中央部付近へ向けて徐々に狭くなっていくように付着

し，さらに

　　　　切っ先部直近に１か所

付着しており，いずれも乾燥状態で赤褐色を呈していることを認める。

　　なお，血痕様のものの大きさ等については別紙見取図２に記載したとおりである。

　　　　　　　　　　　　　　　　　　　　　　　　写真番号４，見取図２参照

　　　　　　　（以下省略）

見取図1

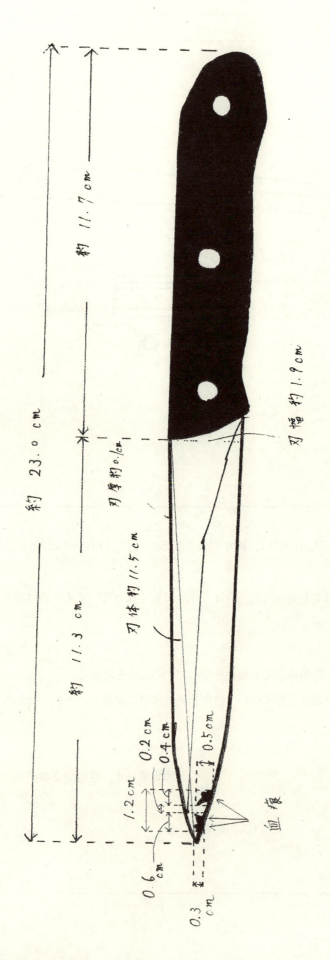

見取図 2

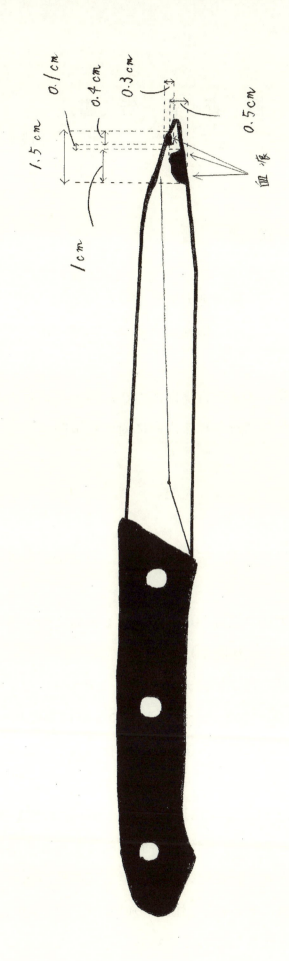

甲13

捜　査　報　告　書

平成２２年１１月２６日

福岡地方検察庁

　公判部長　　　堀　下　源　蔵　殿

　　　　　　　　福岡地方検察庁

　　　　　　　　　検察官　検事　博　田　　守　㊞

　被告人福上三郎に係る殺人未遂被告事件につき，被害者橋行久の診断名，各刺創
の状況及び各刺創の位置から判断される生命に対する危険性等を下記のとおり取り
まとめたので報告します。

　　　　　　　　　　　　　　　　記

１　診断名

　　左頸部刺創，右肩－頸部刺創，左前胸部刺創，右前胸部刺創，右側腹部刺創，
　左そけい部刺創

２　各刺創の状況及び各刺創の位置から判断される生命に対する危険性

（１）左頸部刺創（写真１，人体図１）

　　　同刺創は，長さ（幅）約３センチメートル，深さ約４センチメートルである。

　　　喉頭部から左右約２～３センチメートルの地点にある胸鎖乳突筋という約
　　３～５センチメートル幅の筋肉の後方から刃物が入り，後頸部方向に向かう下
　　向きの傷である。

　　　同刺創は，頸動脈とは逆方向に進行しているが，刃物があと４，５センチ
　　メートル程度前方から入れば，胸鎖乳突筋の前側を流れる頸動脈を損傷し，大
　　量出血によるショック死，出血死等で死に至る可能性があった。

　　　また，同刺創の下側にある皮下出血については，傷口内の血液が沈下して傷
　　の下側に溜まって色素沈着したものである。

　　　各負傷部位に見られるものだが，頸部の筋肉及び皮膚が薄いため，頸部に顕
　　著に現れている。

－ 458 －

甲１３

（２）右肩－頸部刺創（右肩から頸部に向かう刺創）（写真２，人体図１，２）

同刺創は，長さ約３センチメートル，深さ約１０センチメートルである。

あと１センチメートル程度深ければ，右頸部の頸動脈を損傷し，死に至る可能性があった。

同刺創は，外頸静脈を損傷していたため，ある程度の出血量が認められたが，静脈損傷のみでは致命傷とはならない。

（３）左前胸部刺創及び右前胸部刺創（写真３，人体図２）

両刺創はいずれも，長さ・深さが約１センチメートルである。

どちらの部位も心臓にかかる位置にあり，あと３センチメートル程度深ければ傷が心臓に至り，出血死の可能性があった。

（４）右側腹部刺創（写真４，人体図２）

同刺創は，長さ・深さとも約３センチメートルである。

同刺創は，皮下組織を貫通し，肺の胸膜先端に刃物が触れ，胸膜が若干損傷している。

あと１センチメートル程度傷が深ければ，肺を損傷していた。

（５）左そけい部刺創（写真５，人体図２）

同刺創は，長さ・深さとも約３センチメートルである。

同刺創から内側約２センチメートルの地点に動脈が流れている。

同刺創は外方向への傷であるため動脈の損傷には至っていないが，刃物が内側に入るか，あるいは刃物の入り口が約２センチメートル内側であれば動脈を損傷していたと考えられる。

動脈を損傷すれば，大量出血によるショック死又は出血死の可能性があった。

3　救急搬送時の状況等

被害者は，平成２２年６月２１日午後８時４２分ころ，西福岡総合病院高度救急救命センターに搬送された。

同日，同センターにおいて，止血処理，傷口内部の血を抜くためのドレーン挿入，縫合処置等の手術を実施した。

救急搬送時の血中ヘモグロビン濃度から推定される出血量は，概ね５００ないし１０００ｃｃであった。

甲13

4 各刺創と成傷器の関係

被害者の治療にあたった医師によれば，被害者の各刺創は，被告人が犯行に使用した果物ナイフにより生じたものと考えて矛盾がない。

なお，果物ナイフの刃幅が最大約1．9センチメートルであるのに対し傷口の長さが最大約3センチメートルとなっており，刃幅を上回っているが，これは刺されたことで傷の挿入部分が開いたことによると考えられるので，矛盾するものではない。

5 添付資料

受傷状況等を明らかにするため，被害者の受傷部位が撮影された写真1ないし5（平成22年6月30日撮影），被害者の診断書の写し及び人体図2葉を本報告書に添付する。

※ 上記内容は

・平成22年7月1日付け司法警察員田地亮介作成の捜査報告書（被害者の生命の危険性）

・同年6月26日付け医師小見川修の司法警察員に対する供述調書

・同月21日付け医師潮沢明作成の診断書

の内容を取りまとめたものであり，上記写真1ないし5は

・同月30日付け司法警察員大船義弘作成の写真撮影報告書（被害者の負傷部位の写真撮影）

から，上記人体図2葉は

・上記小見川修の司法警察員に対する供述調書

からそれぞれ抜粋したものである。

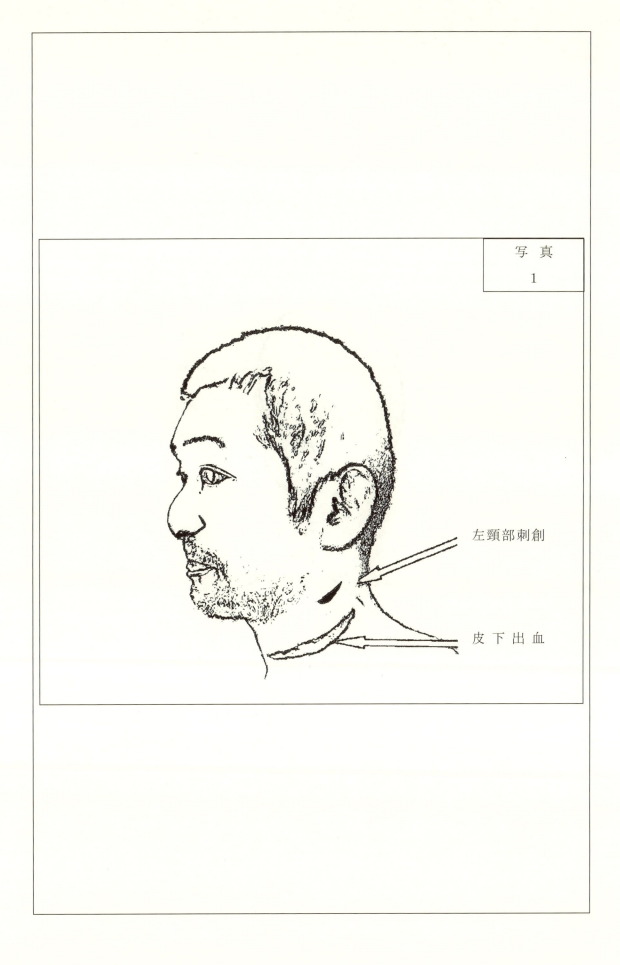

写真 1

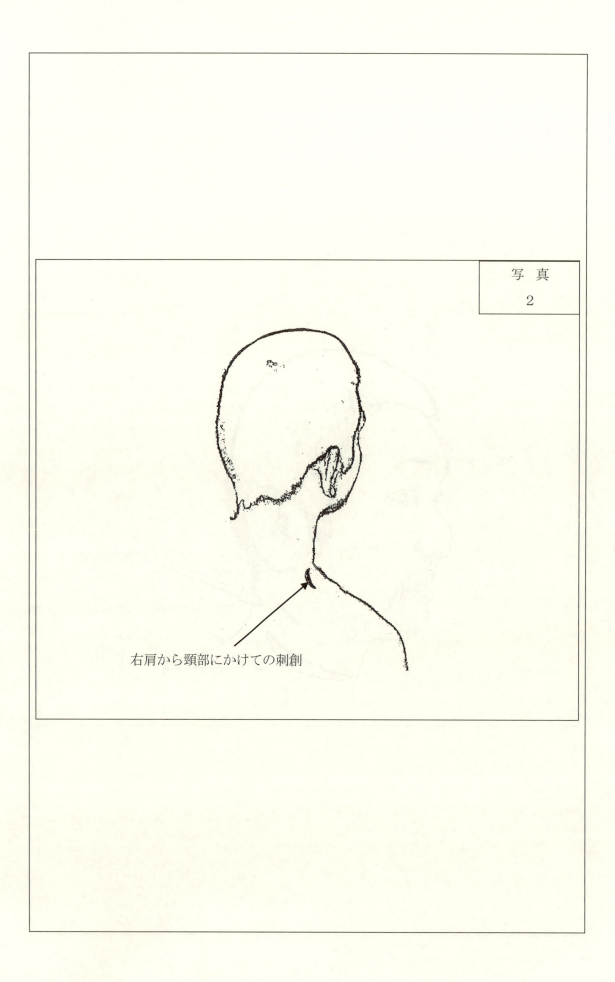

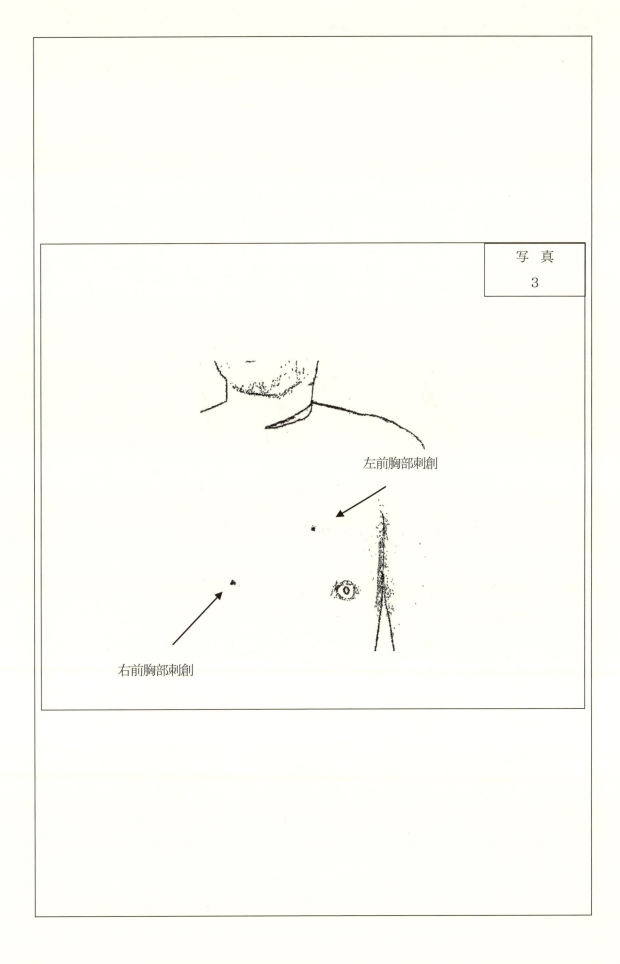

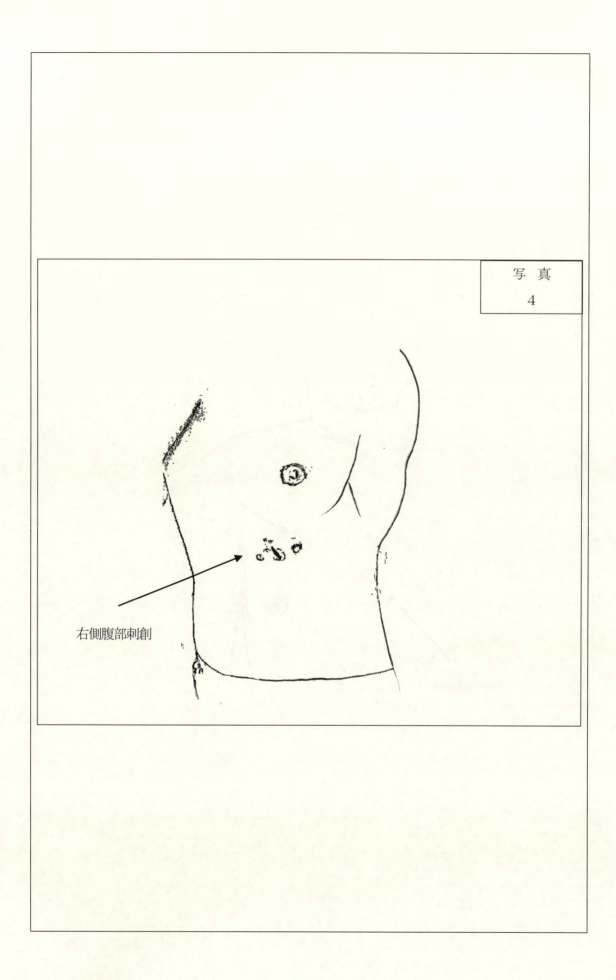

写真 5

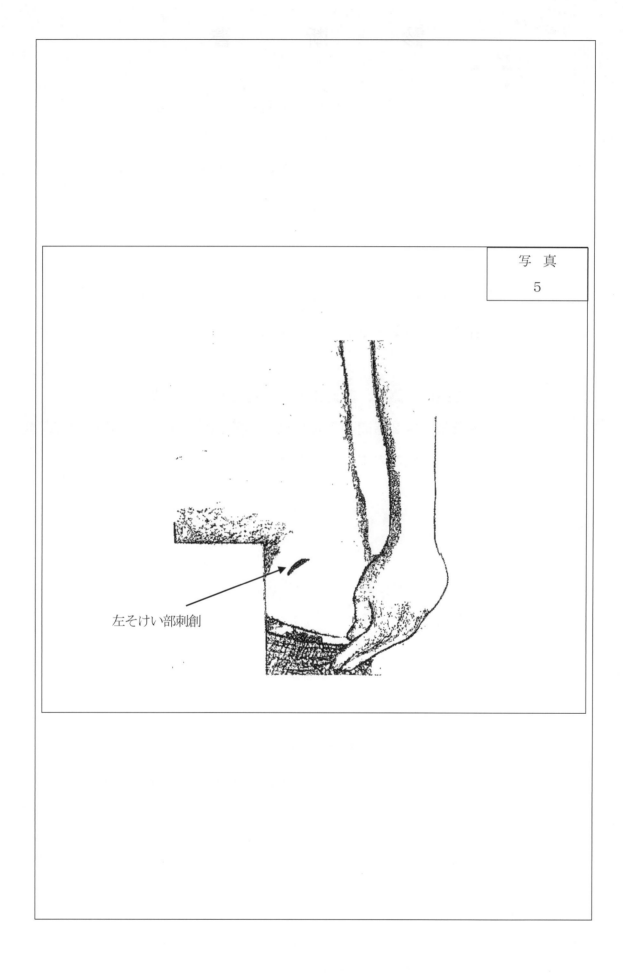

診　断　書

住所　福岡市東浜区渚３丁目５番７号

氏名　橋行久　　殿

昭和４４年２月３日　生

性別　男性

診断名　左頸部刺創　右肩－頸部刺創　左前胸部刺創　右前胸部刺創

右側腹部刺創　左そけい部刺創

上記外傷を認め，緊急止血術を施行しております。

現段階では２週間の入院加療を必要としますが，今後の精査，経過によってはこの限りではありません。

上記のとおり診断する。

平成２２年６月２１日

西福岡総合病院

福岡市西浜区入江１丁目５番３号

TEL.　○○○－○○○○番

医師　潮沢　明　㊞

人体図1

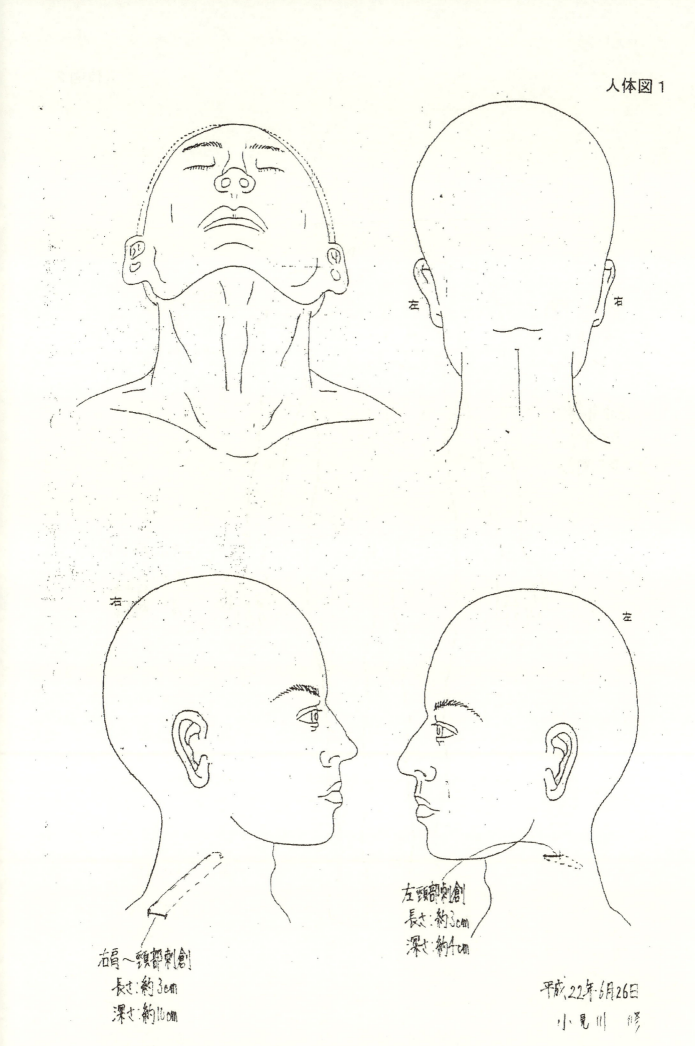

人体図2

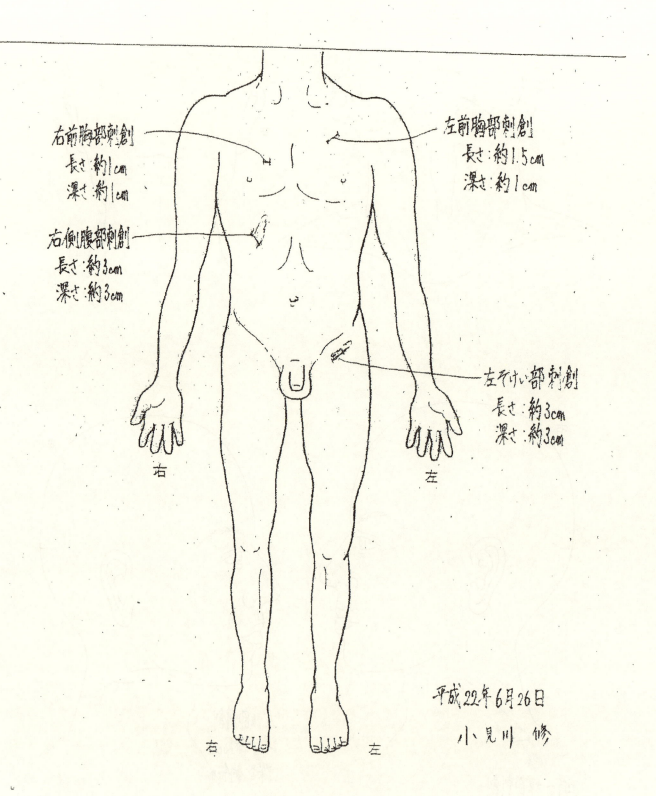

甲１１

捜 査 報 告 書

平成２２年１１月２２日

福岡地方検察庁

　公判部長　　　堀　下　源　蔵　殿

福岡地方検察庁

検察官　検事　博　田　守　㊞

　被告人福上三郎に係る殺人未遂被告事件につき，被害者橋行久が受けた刺創の治療期間及び現在の被害者の状況等を，同人が通院している西福岡総合病院医師立科悠人から聴取した結果を下記のとおり報告します。

記

１　聴取日時，場所

　　日時：平成２２年１１月１９日午後５時から午後５時３０分

　　場所：西福岡総合病院形成外科診療室

２　刺創の治療期間及び現在の被害者の状況等

　　刺創の治療期間については，皮膚や筋肉が接合するまでの期間と考えれば，全治１か月程度であったと考えられる。

　　しかし，橋行さんの場合，傷口はふさがっているが，左耳の下にある大耳介神経という神経が切れている。

　　大耳介神経は，首の左側を刺された際に切れたと考えられる。

　　これにより，橋行さんは，左大耳介神経がつかさどる，左耳から左あご，首の左側面付近の感覚が鈍麻した状態となっている。

　　切れた神経については，手術では治せない状態なので，現在は，神経の再生を促進する薬を処方して，経過観察をしている状況にあるが，実際に神経が再生するか否かは分からない。

　　つまり，今後，感覚が鈍麻している範囲が縮小するなど，症状が改善する可能性もあるが，このまま症状が固定して後遺症となる可能性もある。

甲１１

　現時点でどちらの可能性が高いかは断言できないが，初診から約５か月が経過しても症状が改善する様子がないことからすると，このまま後遺症となる可能性も十分に認められる。

甲15

供述調書

住　居　　　　[黒塗り]
職　業　　　　[黒塗り]
氏　名　　　　　　　　　　　　　福　上　洋　子
　　　　　　　　　　　　　　　　昭和33年7月3日生（51歳）

　上記の者は，平成22年6月27日，西福岡警察署において，本職に対し，任意次のとおり供述した。

1　私は，今話した住所に

　　　　長女　福上　　楓　28歳

と2人で暮らしています。

　実は，私は昨年3月から，夫とは別居中でして，夫が次夫さんのアパートに居候のような状態で生活していたことは全く知りませんでした。

　本日は，別居する前の夫のことに関して，私が知っていることをお話しします。

2　夫と私は，福岡市立西浜中学校の先輩・後輩の関係にあり，中学時代から交際を始めました。

　夫は西浜中学校を卒業後，西浜工業高等学校に入学し，高校卒業後は，西福岡鉄工株式会社で溶接工として働いていました。

　その後，昭和54年に夫と私は結婚したのですが，夫は，その翌年の3月に西福岡鉄工株式会社を辞め，株式会社九州北自動車工業に入社しました。

　昭和57年には長女の楓が生まれたのですが，夫は，平成2年ころに，勤務先を西亜自動車工業株式会社に変えました。

3　その後さらに夫は，平成12年ころ，勤務先を有限会社福北鉄工所に変えた

― 471 ―

甲15

4　そうしたところ，夫は，平成20年の春になって福北鉄工所を辞めてしまい，

　　私は，もう夫とは一緒にいられないと思い，離婚届に自分の名前を書き，印鑑を押して夫に手渡しましたところ，数日して，夫はその離婚届に署名と押印をして私に返してくれました。

甲１５

5　平成２１年３月の後半になって，夫は，家を出て行くと告げ，行き先を言わないまま夫の荷物を運び出していきました。

　私も，夫がどこに身を寄せるのかなどについて尋ねたりすることはありませんでした。

　以後，夫と顔を合わせたり話をしたことはありません。

6　ところで，先ほどお話しした離婚届ですが，実はまだ役所には提出していません。

　その理由ですが，このまま離婚して私が夫の籍を抜ければ，成人となった娘は夫の籍に残ります。

　そうなれば，夫のことで，具体的には何がとはっきりとは言えませんが，娘にいろいろと苦労をかけるのではないかと悩んでおりました。

　離婚後に娘が裁判所に申し立てれば独立した籍となるのでしょうが，それも娘にとって不憫であろうという理由で，結局，これまで離婚届を提出できずにいました。

　しかし，そのような中，夫が今回の事件を起こしたと聞き，今となっては，早く離婚しておけば良かったのだろうかと悩むとともに，夫が大怪我をさせた被害者の方には本当に申し訳ない気持ちでいっぱいです。

福　上　洋　子　押印

　以上のとおり録取して読み聞かせた上，閲覧させたところ，誤りのないことを申し立て，各葉の欄外に押印した上，末尾に署名押印した。

前　同　日

西福岡警察署

司法警察員

警部補　大　船　義　弘　印

（各葉欄外の押印省略）

甲16

供　述　調　書

住　居　　福岡市東浜区渚3丁目5番7号

職　業　　無　職

氏　名　　　　　　　　　　橋　行　梓
　　　　　　　　　　　　　　はし　ゆき　あずさ

　　　　　　　　　　昭和36年6月6日生（49歳）

　上記の者は，平成22年7月3日，福岡地方検察庁において，本職に対し，任意
次のとおり供述した。

1　　私は，平成22年6月21日に福上三郎に刺されて殺されそうになった橋行
　久の妻です。

　　　事件があったとき，私はその場にいましたが，結論から言うと，私がいた場
　所からは夫が刺された様子がはっきりとは見えていません。

　　　これから，私たち夫婦と福上三郎の関係や，事件当時のことをお話しします。

　　　なお，福上三郎のことは夫を刺した犯人なので「犯人」と呼び，犯人の兄で
　ある福上次夫さんのことは「福上さん」と呼んでお話しします。

2　　私は，福上さんとは地元が同じで，私の姉と犯人は学校の同級生でしたが，
　私自身は福上さんとも犯人ともずっと面識はありませんでした。

　　　私は，姉を通じて福上さんと知り合い，福上さんの家に居候していた犯人と
　会いました。

　　　■■■■■■■■■■■■■■■■■■■■■■■■■■■■■■

　　　私は，福上さんから，犯人が去年の3月ころから福上さんの家で居候してい
　ると聞いていました。

　　　福上さんは

　　　　　　弟は行くところがないので，家に置いてやっている

　などと言っていましたが，私は，福上さんが生活保護をもらっていることを知
　っていましたから，生活保護をもらいながら他人を家に住まわせるのはよくな
　いと思い，福上さんに

　　　　　　保護をもらってんだから，長い間はいかんよ

　などと，早めに犯人に出てもらった方がいいとアドバイスをしたこともありま
　した。

甲16

　それで私の夫が犯人に対して，早く福上さんの家を出た方がいいと話したこともありました。

　私や夫が犯人に将来のことを話した際には，特に言い合いになったり，雰囲気が悪くなったようなことはありませんでした。

　私も夫も第三者の立場で助言をして，犯人も私たちの言うことを普通に聞いていたと思います。

　その後，私は，福上さんから，犯人が6月末には福上さんの家を出ると約束したと聞きました。

3

　私と夫は，福上さんの家の近くにあるスーパーでビールなどを買って，午後5時ころに福上さんの家に着きました。

— 475 —

甲１６

　　犯人は出かけていて，福上さんが一人で家にいました。

　　私たちは，福上さんと一緒に，福上さんの家の居間で，買ってきたビールなどを飲んでいました。

　　しばらくして夫が，犯人が帰ってきたという意味のことを言いましたが，そのとき私は台所に立っていたので，犯人の姿は見ていません。

　　その後，私たちは，焼酎の水割りなどを飲みました。

　　福上さんは，背もたれのあるソファに一人で座り，私と夫は，テーブルを挟んで向かい側にある背もたれのない四角い椅子に並んで座りました。

4

5

甲16

　そして，夫と犯人が話をしました。
　話をしていた時間はそれほど長くなかったと思いますが，私は，夫が刺されたときのショックが強く，夫が刺される前に犯人とどのような会話をしていたか，全部は覚えていません。

甲16

6

　私は，その場面をはっきり見ていたわけではありませんが，犯人が動いた直後に夫が私の方に倒れ込んできたので，夫が犯人に殴られたのかと思って，夫の方に振り返りました。
　そのとき夫は，身体を起こそうとしていたところで，夫が着ていたシャツの左肩あたりが真っ赤になっていました。
　私は，びっくりして犯人を見ました。
　すると，犯人は，夫の目の前に立って，右手に刃物を持ち，その刃物を夫に向けていました。

　私が犯人からナイフを取り上げようとする前や，取り上げようとしていたときに，犯人が夫に覆い被さって夫をさらに刺していたかどうかははっきりと思い出せません。
　私が犯人からナイフを取り上げようとしていたところ，福上さんもソファから立ち上がり，犯人の後ろに回り込んで，背中から犯人を両腕で羽交い締めにしました。

甲１６

　　福上さんは，犯人に

　　　　何してんのか

などと言いながら，犯人を引っ張って台所の方に連れて行こうとしていました。

　　すると，夫は，羽交い締めにされた犯人に近付いて行きました。

　　しかし，私のいた場所からでは，夫と犯人が何をしていたのかは見えません

でした。

　　私は，犯人には近付くことができず，福上さんが警察を呼べなどと言ってい

たので，急いで福上さんの家を出て，向かい側の家のチャイムを鳴らしました。

　　しかし，向かいの家からは誰も出てきませんでした。

　　私は，夫をいつまでも犯人の家にいさせると，夫がまた刺されるのではない

かと思い，福上さんの家に戻りました。

　　そして私は，居間と台所の境目あたりに立っていた夫の腕をつかみ

　　　　ここから出なきゃいかん

などと言いながら，夫を引っ張りました。

　　その際，夫は犯人に背中を向けるような姿勢になって，居間から出て行きま

した。

　　このとき私は，夫を連れ出すことに夢中だったので，犯人が居間を出ようと

した夫に何かしたかどうかは分かりません。

　　私は夫の腕を引っ張って，福上さんの家から連れ出し，私の携帯電話で１１

０番通報をしました。

　　１１０番通報をしたのは，最初に夫が刺されてから３分くらい後のことだっ

たと思います。

　　私が１１０番通報をした時間は午後８時１８分でしたから，夫は，午後８時

１５分ころに犯人から最初に刺されたことになります。

　　その後，私は救急車で運ばれた夫と一緒に病院に来たので，私たちが家を出

た後，犯人と福上さんが何をしていたかは分かりません。

－　479　－

甲１６

　　　　　　　　　　　　　　　　　　　　　橋　行　　梓　㊞

　　供述人の目の前で，上記のとおり口述して録取し，読み聞かせ，かつ，閲読させ
たところ，誤りのないことを申し立て，末尾に署名押印した上，各ページ欄外に押
印した。

　　　　前　同　日

　　　　　　　　福岡地方検察庁

　　　　　　　　　検察官検事　　博　田　　守　㊞

　　　　　　　　　検察事務官　　桧　原　賢　作　㊞

（各ページ欄外の押印省略）

甲１７

捜　査　報　告　書

平成２２年１２月１３日

福岡地方検察庁

　公判部長　　　堀　下　源　蔵　　殿

福岡地方検察庁

　　検察官　検事　博　田　　守　㊞

　被告人福上三郎に係る殺人未遂被告事件につき，被害者の指示説明による被害再現状況を下記のとおり取りまとめたので報告します。

記

１　再現の場所

　　福岡市西浜区入江１丁目５番３号西福岡総合病院高度救急救命センター１号室

２　再現及び写真撮影の日時

　　平成２２年６月２５日午後３時５分から午後３時３４分までの間

３　再現の立会人

　　被害者橋行久

４　再現の経過等

　　上記立会人の指示説明に基づき，被害状況を再現した。

５　添付資料

　　写真３枚を添付する。

　※　上記内容及び写真は，平成２２年６月２５日付け司法警察員大船義弘作成の実況見分

　　調書（被害状況の再現結果）から抜粋した。

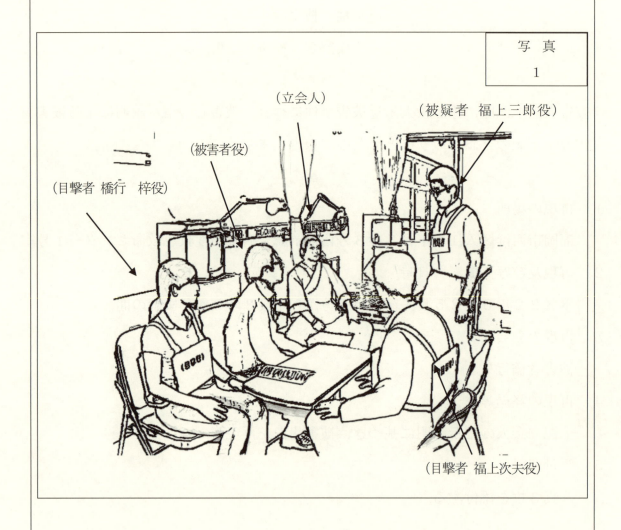

写 真
2

（被疑者　福上三郎役）

写真
3

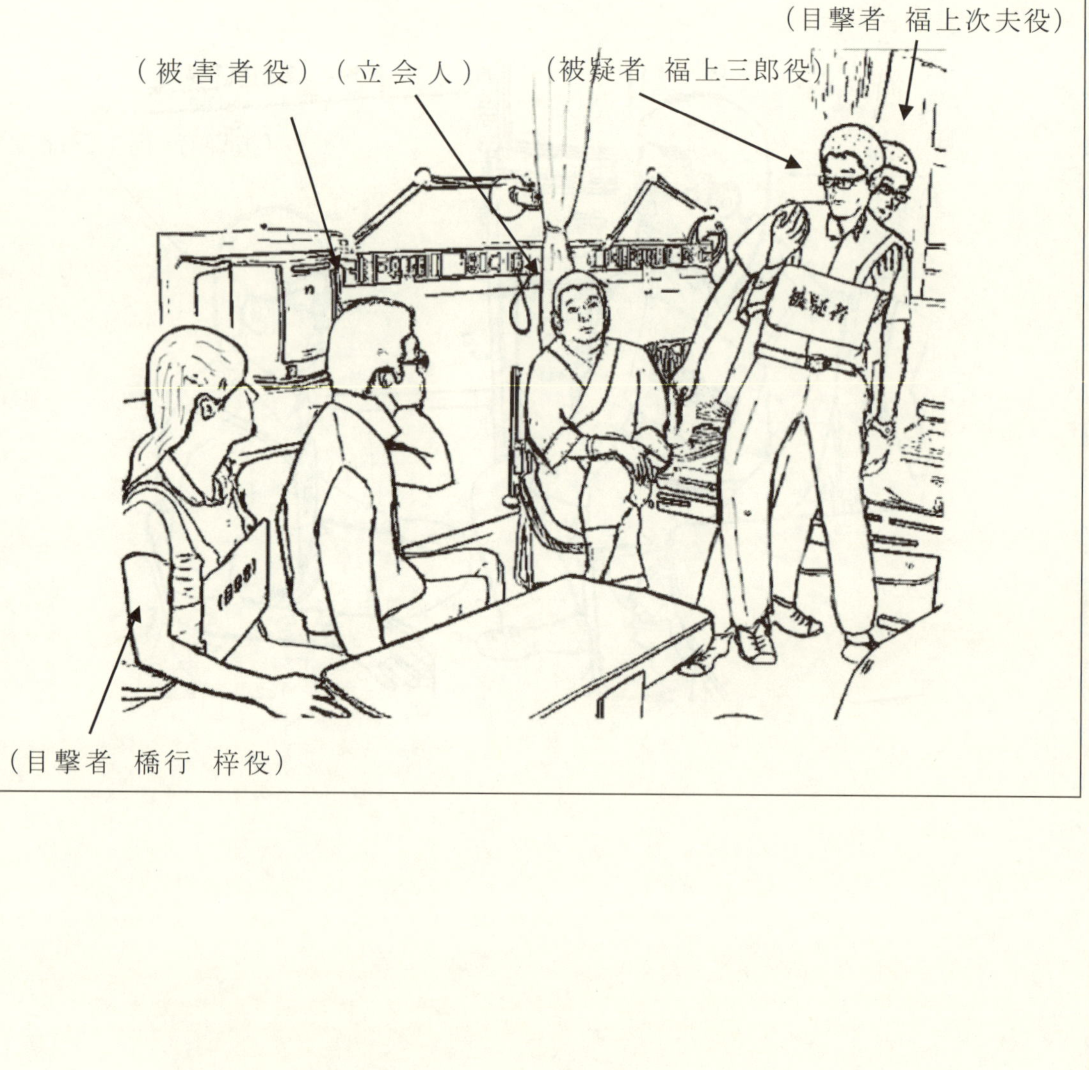

乙4

供 述 調 書

本　　籍　　福岡市西浜区西の浜2丁目3番

住　　居　　同市西浜区灘崎町1丁目2番3号

　　　　　　　　　　　　灘崎ハイツ1号棟205号室　福上次夫方

職　　業　　無　職

氏　　名　　　　　　　　　　　福　上　三　郎

　　　　　　　　　　　昭和33年3月28日生（52歳）

　上記の者に対する殺人未遂被疑事件につき，平成22年6月22日，西福岡警察署において，本職は，あらかじめ被疑者に対し，自己の意思に反して供述をする必要がない旨を告げて取り調べたところ，任意次のとおり供述した。

1　　私は，実父■■■，実母■■の三男として福岡市西浜区で生まれました。

2　　位記，勲章，年金，恩給などの説明を受けましたが，そのようなものは何もありませんし，今までに公務員として働いたこともありません。

3　　私は今まで悪いことをして警察に捕まったことは一度もありません。

　　　学生のときに補導されたこともないのです。

4　　私の学歴について話します。

　　　私は，昭和45年3月に

　　　　　　福岡市立西浜小学校

　　　を卒業して，同じ年の4月に

　　　　　　福岡市立西浜中学校

　　　に入学しました。

　　　そして，西浜中学校は昭和48年3月に卒業して，同じ年の4月に

　　　　　　福岡県立西浜工業高等学校機械科

　　　へ進学しました。

　　　西浜工業高等学校は，昭和51年3月に卒業しています。

5　　私の経歴について話します。

　　　私は，昭和51年3月に高校を卒業してから，福岡市西浜区にあった

　　　　　　西福岡鉄工株式会社

　　　に入社し，溶接工として働いたのですが，会社の上司とうまくいかず，4

乙4

年ほどで辞めてしまいました。

それから，同じ福岡市西浜区内にあった

　　　株式会社九州北自動車工業

で溶接工として働いたのですが，１０年ほどして，西九州市にある

　　　西亜自動車工業株式会社

から

　　　うちの会社に来てくれないか

との誘いがあったので，その会社に移りました。

しかし，１０年ほどすると不景気となってしまい，解雇されてしまった
のです。

その後は，福岡市西浜区にある

　　　有限会社福北鉄工所

で同じように溶接工として働きました。

しかし，この会社では，人間関係がうまくいかない状態となってしまい，
８年くらい勤めて辞めています。

福北鉄工所を辞めてからは，別の会社で溶接工の仕事を探したのですが，
自分に合った会社が見つからず，結局，全く仕事をしていません。

6　████████████████████████████

　████████████████

　████████████████

████████████████████████　両親はすでに亡くなっています。

　　兄弟は3人で，一番上の兄███

████████████████████

とは音信不通の状態で，現在どうしているのかも分かりません。

　　二番目の兄の

　　　福　上　次　夫　　５６歳

は仕事をしておらず，福岡市西浜区に住んでいます。

　　それから，私には

　　　妻　████████████████

— 486 —

　　　　　長女　　█████████████████████

がおります。

　ですが，私が福北鉄工所を辞めた後，仕事をせずにいたため，次第に夫婦の関係がうまくいかなくなり，結局，妻から離婚話を切り出されてしまったことから，私は，離婚届に名前を書き，印鑑を押して，妻に渡しております。

　それが，平成２１年３月のことになりますが，実際にその離婚届を役所に出しているかどうかは妻に聞いていないので分かりません。

　ただ，私としては，妻とは離婚したと思っています。

7　私に資産と呼べるものは何もありません。

　貯蓄はほとんど使い果たし，今の私の全財産は現金９万円だけです。

　借金は全くありません。

8　資格は

　　　　　ガス溶接作業主任者

　　　　　普通自動車免許

があるくらいです。

9　趣味，特技と呼べるものはありません。

10　たばこは

　　　　　ピース

というものを

　　　　　１日　１５本くらい

吸います。

　酒は好きですが

　　　　　１回に焼酎の水割りを３～４杯飲む程度

で，とことん飲むということもなく，酒の飲み過ぎで記憶がなくなったり，人に迷惑をかけたことは一度もありません。

11　仲の良い友人はいません。

12　████████████████████████████
　████████████████████████████████

乙4

　私の体格は

　　　　身長１５６センチメートル

　　　　体重　５６キログラム

　で，血液型はＡ型です。

　　足の靴のサイズは

　　　　２３．５センチメートル

　で，利き手は

　　　　右

　です。

　　　　　　　　　　　　　　福　上　三　郎　　指印

　以上のとおり録取して読み聞かせた上，閲覧させたところ，誤りのないこと

を申し立て，各葉の欄外に指印し，末尾に署名指印した。

　　　　　　　前　同　日

　　　　　　　西福岡警察署

　　　　　　　　司法警察員

　　　　　　　　巡査部長　　実　澤　雄　平　㊞

（各葉欄外の指印省略）

乙3	公　用

（2の1）　全部事項証明

本　　籍 氏　　名	福岡県福岡市西浜区西の浜2丁目3番 福上　三郎
戸籍事項 　戸籍改製	【改製日】平成22年4月27日 【改製事由】平成6年法務省令第51号附則第2条第1項による改製
戸籍に記録されている者	【名】　三郎 【生年月日】昭和33年3月28日 【父】福上　肇 【母】福上八重 【続柄】三男
身分事項 　　出　　生	【出生日】昭和33年3月28日 【出生地】福岡市西浜区 【届出日】昭和33年3月28日 【届出人】父
婚　　姻	【婚姻日】昭和54年10月1日 【配偶者氏名】山本洋子 【送付を受けた日】昭和54年10月3日 【受理者】福岡市西浜区長 【従前戸籍】福岡県福岡市西浜区西の浜2丁目3番　福上　肇
戸籍に記録されている者	【名】　洋子 【生年月日】昭和33年7月3日 【父】山本太朗 【母】山本　恵 【続柄】長女
身分事項 　　出　　生	【出生日】昭和33年7月3日 【出生地】福岡市西浜区 【届出日】昭和33年7月5日 【届出人】父
婚　　姻	【婚姻日】昭和54年10月1日 【配偶者氏名】福上三郎 【送付を受けた日】昭和54年10月3日 【受理者】福岡市西浜区長 【従前戸籍】福岡県福岡市西浜区西の浜5丁目1番山本太朗

発行番号　01234560-33122122-0000003-福岡市西浜区

	公　用
	（2の2）　全部事項証明

戸籍に記録されている者	【名】　　楓 【生年月日】昭和５７年１１月１１日 【父】福上三郎 【母】福上洋子 【続柄】長女
身分事項 　　出　　生	【出生日】昭和５７年１１月１１日 【出生地】福岡市西浜区 【届出日】昭和５７年１１月１５日 【届出人】父
	以下余白

発行番号　０１２３４５６０－３３１２２１２２－０００００３－福岡市西浜区

　これは，戸籍に記録されている事項の全部を証明した書面である。

　　平成22年6月25日

　　　　福岡市西浜区長　　○　　○　　○　　○　　　　　職印

平成２２年（わ）第５０１号

被 告 人 供 述 調 書

（この調書は，第１回公判調書と一体となるものである。）　裁判所書記官㊞

氏 名　　福 上 三 郎

博田検察官

　　甲第９号証ケース入り（果物ナイフ）１丁を示す

　　　　このナイフは今回の被害者橋行久を刺したときに使ったナイフで間違い

　　　ありませんか。

　　　　　　はい。

　　　これはあなたの所有物ですか。

　　　　　　はい。

　　　　　　　　　　　　　　　　　　　　　　　　　　　　以　　上

平成２２年（わ）第５０１号

証 人 尋 問 調 書

（この調書は，第１回公判調書と一体となるものである。）　裁判所書記官㊞

氏　名　　橋　行　　久

年　齢　　昭和４４年２月３日生

住　居　　福岡市東浜区渚３丁目５番７号

職　業　　塗装工

尋問及び供述

　　　　別紙反訳書記載のとおり

　　　　　　　　　　　　　　　　　　　　　　　　　　　以　上

宣　誓

良心に従って，真実を述べ，

何事も隠さず，偽りを述べない

ことを誓います。

証人　橋　行　久㊞

博田検察官

あなたは，平成２２年６月２１日に，被告人からナイフで刺され，けがを
負いましたね。

はい。

これからそのことについて伺っていきますが，争いがないところに関して
は，私のほうから確認する形で質問していきますね。

はい。

まず，あなたと被告人との関係について伺っていきますが，そもそもあな
たの奥様が，被告人のお兄さん，つまり福上次夫さんと知り合いだったん
ですね。

はい。

あなたは奥様と平成２０年に結婚されたということですけれども，それ以
前から，あなたは奥様を通じて次夫さんと知り合っていたんですね。

はい。

奥様と結婚した後も，次夫さんと１か月に一，二回ぐらい会って，食事を
したりお酒を飲んだりしていたということですね。

はい。

そうやって次夫さんと付き合っていく中で，あなたは次夫さんから，被告
人という弟がいることを聞いたんですか。

はい。

あなたは，被告人が平成２１年３月ころから次夫さんの家に居候している
ことについても次夫さんから聞いていましたか。

はい。

被告人が居候をし始めた直後，被告人が居候を始めたことについて，あな
たは次夫さんから何か聞いていましたか。

被告人が，仕事もなく，住むところもなくて困っているんで，それ
でおれのところに今いるんだよというようなことを言っていました。

今の話の内容を伺うと，次夫さんは，被告人が居候をし始めた直後は，居
候をされていることについて嫌がっていなかったと，そういうことなんで
しょうか。

はい，嫌がっていませんでした。

その後，あなたは次夫さんから，その気持ちが変わったというような話は
聞いたことがありますか。

はい。

— 494 —

それはいつごろでしょうか。

　　　２１年の４月ごろです。

話はどういうふうに変わったんでしょうか。

　　　被告人が，仕事を探す気もなく，毎晩酒を飲んで歩いて困っている
　　　んだよなというようなことを私たちに言ってきました。

では，今回の事件以前に，あなたが被告人と会ったことはありましたか。

　　　３回あります。

最初にあなたが被告人と会ったのはいつごろでしたか。

　　　２１年の７月か８月ころです。

そのときはどういう状況だったんでしょうか。

　　　兄の次夫さんのところに，しばらく顔を出していないので，みんな
　　　で食事をしようかと思いまして，私は妻と一緒に次夫さんの家を訪
　　　ねていきました。

そのときあなたは被告人と会ったんですか。

　　　はい。

何か話はしましたか。

　　　別段話はいたしません。

では，２回目に被告人と会ったのはいつですか。

　　　２１年の１１月ころです。

そのときはどういう状況だったんでしょうか。

　　　そのときも，しばらく次夫さんのところに顔を出していなかったの
　　　で，妻と一緒に次夫さんの家に足を運びました。

そのときあなたは被告人と話をしたんですか。

　　　別段話はしていません。

では，３回目に被告人と会ったのはいつでしょうか。

　　　２２年４月末か５月だと思います。

そのときはどういう状況だったんですか。

　　　そのときは，兄の次夫さんから，被告人は全然家を出て行く気がな
　　　いんだよな，おれも困っているんだよな，ちょっと話をしてくれん
　　　かと頼まれました。

次夫さんからそう頼まれたので，被告人と会ったということですか。

　　　はい。

３回目に被告人と会ったとき，あなたと被告人のほかには，その場にだれ
かいましたか。

－ 495 －

妻がいました。

あなたの奥様ですね。

　　はい。

そのとき，具体的にあなたは被告人とどういう話をしたんですか。

　　このまま仕事もせず居候しているとよくない，早く仕事を見つける
　　なり，仕事に行けないなら生活保護を受けるなりしたほうがいいと
　　言い，どちらにしても，ここにいることはよくないので，自立して
　　違うところに住んだほうがいい，そういうふうに話しました。

あなたが被告人に話したということですか。

　　はい。

それに対して被告人は何と言ってきましたか。

　　分かってる，自分もそう思ってると答えました。

そのときの話合いの雰囲気はどういう感じでしたか。

　　別段声を荒げるわけでなく，普通に話をしました。

その場に一緒にいた奥様が被告人と言い合いになったことはありません
でしたか。

　　ありません。

その後あなたは次夫さんから，被告人が平成２２年６月末までに次夫さん
の家を出て行くと，そういう約束をしたということを聞いたんですか。

　　はい。

それで，被告人と４度目に会ったのが，事件のあった平成２２年６月２１
日ということになるわけですか。

　　はい。

とすると，事件のあった６月２１日まで，特段あなたと被告人との間でト
ラブルなどはなかったということですか。

　　何もトラブルはありません。

では，６月２１日のあなたの行動について伺います。その日，あなたは，
午後４時ころ奥様と，次夫さんはどうしているんだろうねという話をした
んですね。

　　はい。

それで，被告人が次夫さんの家を出て行く時期も近付いているということ
で，奥様と一緒に次夫さんの家に様子を見に行くことにしたんですね。

　　はい。

そして，あなたと奥様は，午後５時ころ，次夫さんの家に到着しましたね。

はい。
あなたと奥様が次夫さんの家に到着したとき，次夫さんの家にはだれがい
ましたか。
　　　次夫さん1人でいました。
その後，あなたと奥様と次夫さんの3人で一緒にビールなどを飲んでいた
ところ，被告人が次夫さんの家に帰ってきたということですか。
　　　はい。
次夫さんの家に帰ってきたときの被告人の様子はどういう感じでしたか。
　　　被告人は，そうっと玄関から自分の部屋に入って行きました。
あなたは，その様子が見えたんですか。
　　　はい。
そのとき，あなたや次夫さん，あなたの奥様は，被告人と話はしていない
んですか。
　　　していません。
その後，あなたと奥様，そして次夫さんは，居間で飲み続けていたんです
ね。
　　　はい。
居間で，次夫さん，あなた，あなたの奥様は，どのような位置に座ってい
たんですか。
　　　居間の扉が見える側の背もたれのないいすにわたしと妻が座り，そ
　　　の向かいの，背もたれのある長いいすに次夫さんが座っていました。
次夫さんが座っていた背もたれのあるいすというのはソファですかね。
　　　はい。
あなたの座っていたいすと次夫さんが座っていたソファの間には，何かあ
りましたか。
　　　テーブルがありました。
そうやってお酒を飲んでいて，あなたは，家の中を見渡して，何か気付い
たことがあったんですか。
　　　はい。
どういうことに気付きましたか。
　　　被告人が6月一杯で家を出て行くということになっていましたが，
　　　一向に部屋が片付いておらず，本当に6月一杯で家を出るのかなと
　　　いうことに気が付きました。
そういうことに気付いて，あなたはどうしましたか。

－　497　－

　　　　本当に被告人が出て行くかどうかを被告人に聞いてきますと，次夫
　　　　さんに言いました。
それを聞いて次夫さんはどうしましたか。
　　　　頼むというようなことを言いました。
被告人はそのときどこにいたんですか。
　　　　被告人の部屋にいました。
それで，あなたは，その被告人がいた部屋の前辺りまで行って，被告人と
話をしたわけですか。
　　　　はい。
被告人と話をした後，あなたは居間に戻ったんですよね。
　　　　はい。
被告人はどうしましたか。
　　　　被告人は，話をした後，二，三分して居間に来ました。
被告人が居間に来た後，あなたは居間でも被告人と話をしたんですかね。
　　　　少し会話をしたと思います。
その後，居間であなたは被告人から刺されたわけですね。
　　　　はい。
とすると，あなたは，この日，被告人がいた部屋の前辺りと居間の２か所
で被告人と話をしたことになるわけですか。
　　　　はい。
どういうことを話したか覚えていますか。
　　　　私たちが来てるのに，何で挨拶をしないのか，６月一杯で部屋を出
　　　　て行くことになっとるけど，どうなってんの，と話しました。
その今話した内容について，被告人の部屋の前辺りで話した内容なのか，
居間で話した内容なのか，明確に区別できますか。
　　　　できません。
どちらで話した内容か区別できないにしても，今お話しした内容を，その
日被告人に話したことは間違いないですか。
　　　　間違いありません。
あなたがそういうことを被告人に言ったということですが，それに対して
被告人は何と答えましたか。
　　　　なんでお前にそんなこと言われんといかんのかと言いました。
その後，あなたは被告人からナイフで刺されたわけですね。
　　　　はい。

－ 498 －

では，ナイフで刺されたときの具体的な状況について伺います。まず，刺される直前の居間の状況を確認したいんですが，あなたと次夫さん，それから奥様が座っていた位置は，先ほど説明していただいた位置と同じですか。

　　　はい。

被告人はどこにいたんですか。

　　　私の前に立っていました。

（甲）証拠番号１９（捜査報告書）を示す

証言の内容を明確にするため，添付の写真１を示します。今見ていただいている写真は，あなたが指示して警察官に，この日のことを再現してもらったもので間違いないですか。

　　　間違いありません。

この写真に５人写っていますが，真ん中はあなたですね。

　　　はい。

これは，入院中のあなたということで，この再現した状況には加わっていないんですよね。

　　　はい。

それで，一番左に女性がいますが，これはどなたの役をしている警察官になるんでしょうか。

　　　私の妻です。

その女性の右に白いシャツを着ている男性がいますが，この警察官はだれ役ですか。

　　　私です。

テーブルを挟んで向かいに，背広，上着を着た男性が写っていますが，これはだれ役ですか。

　　　次夫さんです。

その男性の横に白いシャツを着て立っている男性がいますが，これはだれ役ですか。

　　　被告人です。

刺される直前の居間の状況は，この写真のとおりで大体間違いないですか。

　　　間違いありません。

被告人は，あなたの前辺りに立っていたということですけれども，ずっと立ちっぱなしだったんですか。

　　　いいえ。私が，座って話をせんねと声をかけました。

そう声をかけたら，被告人はどうしましたか。

　　　キャッチャーのようにしゃがみ込みました。

具体的にはどういう感じですか。

　　　おしりを床につけず，しゃがみ込みました。

今の証言を明確にするため，同じく甲１９号証添付の写真２を示します。
これは，今あなたが証言された，被告人がしゃがみ込んだときの状況を再
現したものですか。

　　　はい。

被害者というプレートを付けている男性があなた役で間違いないですか。

　　　間違いありません。

その向かい側に座っているのが被告人ということですか。

　　　はい。

この写真ですと，被告人役の警察官の両手がひざ辺りに置かれていますけ
ど，実際そのときも被告人は，このように手をひざ辺りに置いていました
か。

　　　いいえ，両手はポケットに入れていたと思います。

では，この写真は，被告人の手の位置という意味では，実際の状況と違う
ということですか。

　　　はい，違います。

あなたと被告人との間の距離は，大体この写真ぐらいだったのですか。

　　　はい。

何センチくらいでしたか。

　　　四，五十センチくらいだと思います。

この写真では，あなたと被告人の目線の位置について，若干あなたのほう
が高くなっていますが，実際はどういう感じでしたか。

　　　このいすはパイプいすで高くなっていますが，実際のいすはもう少
　　　し低かったので，目線はほぼ同じでした。

とすると，目線の位置ということでも，この写真は実際の状況とは若干違
うということですね。

　　　はい。

その後あなたは被告人から刺されたわけですが，被告人はどのようにして
あなたを刺してきましたか。

　　　私の左首辺りを目掛けて，右のこぶしが飛んできました。

直前に被告人はしゃがんでいた状況だったと思うのですが，しゃがんだま

－　500　－

ま，こぶしが飛んできたわけですか。

　　　立ち上がるようにして，私のほうに右手を突き出してきました。

そのときの被告人の右手の状況をもう少し詳しく説明してもらえますか。

　　　私の左首筋を目掛けて右手を突き出してきました。

そうされて，あなたはどう思いましたか。

　　　殴られるのかなと一瞬思いました。

そのときあなたは，被告人の手にナイフが握られているのに気付きました
か。

　　　いいえ，気付いていません。

あなたは，殴られると思って，よけたりはしなかったのですか。

　　　後ろのほうにのけぞるようによけました。

被告人の右手が伸びてくるのとあなたが後ろにのけぞるようにしたのは，
どういうタイミングだったんでしょうか。

　　　ほぼ同時だったと思います。

それで，結局，よけ切れたんですか。

　　　いいえ。

よけ切れず，どういう感じがしましたか。

　　　左の首筋に何かが刺さる感触がありました。

どういう感触だったんでしょうか。

　　　ざくっという痛い感触です。

痛い感触と言いましたが，その痛みを感じて，どうしましたか。

　　　何かで刺されたんだと思いました。

それで反射的に右手で首を押さえたんですか。

　　　はい。

右手で首を押さえたところ，どういう感触がありましたか。

　　　右手に生温かい液体が付くのを感じました。

それは何だったのですか。

　　　血です。

どうして血だと分かったのですか。

　　　自分の手を見ると，赤くなっていたので，血だと分かりました。

その後，被告人を見て，被告人が右手にナイフを持っているのに気付いた
ということになるんですかね。

　　　はい。

そのナイフを見て，あなたはどう思いましたか。

殺されると思いました。

被告人がそのナイフをいつ手にしたのかは分かりましたか。

　　　　分かりませんでしたが，ズボンのポケットに手を突っ込んでいたの
　　　　で，被告人の部屋から隠し持ってきたのだと思います。

あなたが上半身をのけぞらせるようにして後ろに倒した姿勢だったところ
に，被告人は更にどうしてきましたか。

　　　　更に覆い被さるように，私の急所目掛けて刺してきました。

具体的にはどこを刺してきたのですか。

　　　　右わき腹，左の足の付け根です。

その２か所にナイフが刺さったときの被告人の腕の動きは見えましたか。

　　　　はい。

被告人の腕のどの辺りが見えましたか。

　　　　ひじ辺りです。

被告人のひじはどういう動きでしたか。

　　　　突いては引き，突いては引き，やっていました。

突いては引きという動きが見えたのは何回ですか。

　　　　２回です。

その後，次夫さんが，被告人を背後から羽交い締めにして押さえたんです
ね。

　　　　はい。

あなたの奥様は，ずっと見ていただけでしたか。

　　　　いいえ，私の妻は，刺されていたときに，被告人のナイフを取り上
　　　　げようと，被告人に近寄り，ナイフを取り上げようとしました。

あなたの奥様は，被告人からナイフを取り上げることができたのですか。

　　　　いいえ。

次夫さんの話に戻しますと，その後，次夫さんが被告人を羽交い締めにし
た状態で台所のほうへ連れて行ったんですよね。

　　　　はい。

そのときあなたはどこにいたのですか。

　　　　背もたれのないいすの上にいました。

そのときの状況を明確にするため，甲１９号証添付の写真３を示します。
この写真はどういう状況を再現したものですか。

　　　　私が刺された後，次夫さんが被告人を私から離そうとしているとき
　　　　の写真です。

この写真だと，一番左に奥様役の警察官が座っていますが，この席の位置で間違いないですか。

　　いいえ，実際は，被告人からナイフを取り上げようとして，この写真で言えば，被告人の左側か，若しくは写真に写っていない位置にいたと思います。

真ん中にあなた自身が写っていますが，その右側に男性が２人写っていますね。

　　はい。

これは何を再現したものですか。

　　次夫さんが被告人を羽交い締めにしたところです。

実際の状況は，この写真どおりで間違いないですか。

　　ナイフの位置が違うと思います。ナイフは私のほうに向けていたと思います。

ちなみに，この写真の左から２番目の白いシャツを着た男性の警察官があなた役ということですか。

　　はい。

それで，ナイフはあなたのほうに向けられていたということですが，単にあなたのほうにナイフを向けていただけだったのですか。

　　被告人は次夫さんに，離せ，邪魔するなというようなことを言っていたと思います。

次夫さんから逃れようとしていた状況はありましたか。

　　私にとどめを刺そうとして，私のほうに来ていたと思います。

そういう様子の被告人を見て，あなたはどう思いましたか。

　　完全に殺されると思いました。

完全に殺されると思って，あなたはどうしたのですか。

　　私の妻や，次夫さんも殺されるのではないかと思い，被告人のナイフを取り上げようとしに行きました。

どのようにしてナイフを取り上げようとしたのですか。

　　いすから立ち上がって被告人の前に行き，両手で被告人のナイフを取り上げようとしました。

それで，ナイフを取り上げることができたのですか。

　　できませんでした。

それはどうしてですか。

　　刺されて，体力的に無理でした。

その後，被告人はどうしてきましたか。

　　　私の胸に目掛けてナイフを突き出してきました。

突き出されたナイフはどうなりましたか。

　　　私の胸に刺さりました。

何か所刺さったのですか。

　　　２か所です。

あなたの胸には，右胸と左胸の２か所にナイフでできた傷がありましたが，どのような順番で刺されたか，はっきり覚えていますか。

　　　はっきりとは覚えていません。

傷は２か所でしたが，ナイフを突き出す動作は２回でしたか。

　　　いいえ，四，五回は突き刺してきました。

四，五回突き出す動作をされて，そのうち２回が突き刺さったということですか。

　　　はい。

その間，次夫さんは被告人を羽交い締めにしたままでしたか。

　　　はい。

その後，次夫さんは，警察を呼べと言ったり，被告人に，お前，何をしたか分かってるのかと叱りつけたりしましたね。

　　　はい。

あなたに対しては，部屋から出るように言いましたね。

　　　はい。

あなたは，被告人からナイフを取り上げようとしていましたが，奥様から危ないから行くよと言われて，手をつかまれて引っ張られたというわけですよね。

　　　はい。

奥様から引っ張られて，あなたは被告人に対してどのような体勢になりましたか。

　　　背中を向けました。

そのまま何事もなく，次夫さんの家を出ることができたのですか。

　　　いいえ，右の肩越しに，ぐさっとナイフが刺さる感触がありました。

　　　刺されました。

ナイフが刺さるのを，じかに見たのですか。

　　　いいえ。

それではナイフが刺さる感触があったということですね。

はい。

どういう感触だったのですか。

　　ぐさっと，今までにない衝撃が走りました。

それで刺されたと思ったのですか。

　　はい。

その後，あなたは，次夫さんの家を出て，階段を降りましたね。

　　はい。

そして，奥様が携帯電話で１１０番通報をしたんですね。

　　はい。

１１０番通報した時間は午後８時１８分で，そこから逆算すると，あなた
が最初に刺されたのは午後８時１５分ころになるということですね。

　　はい。

それから，あなたは救急車で病院に運ばれて，そのまま７月１日まで入院
していたんですね。

　　はい。

けがは完全に治りましたか。

　　左耳からあご，首筋にかけての感覚がまひしています。

それはいつごろ治るんでしょうか。

　　おそらく一生治らないのではないかと医者に言われました。

そのほかに，今回の事件の影響というのは何かありますか。

　　私，私の妻も，精神的，肉体的に疲れ果て，２人とも精神神経科に

　　通って，投薬治療や，カウンセリングを受けています。

そのほかに，身体に出た影響などはありますか。

　　仕事のほうにも差し支えがあります。

具体的にはどういうことですか。

　　今は休職中で，仕事に行くことができません。

あなたのけがの治療費とか通院費とか，休職している間の生活費とかはど
うしているのですか。

　　自分たちで工面しています。

被告人からお金を受け取ったりしたことはありますか。

　　ありません。

被告人の処罰について希望はありますか。

　　重い処罰をお願いします。

　　　　　　　　　　　　　　　　　　　　　　　　　　　　以　上

平成２２年（わ）第５０１号

証 人 尋 問 調 書

（この調書は，第２回公判調書と一体となるものである。） 裁判所書記官㊞

氏 名 橋 行 久

年 齢 昭和４４年２月３日生

住 居 福岡市東浜区渚３丁目５番７号

職 業 塗装工

裁判長

先にした宣誓の効力を維持する旨を告げた。

尋問及び供述

別紙反訳書記載のとおり

以 上

飯元弁護人

　　　まず，被告人のお兄さん，次夫さんと知り合ったのはいつころですか。
　　　　　妻を通して，平成１６，７年ころだと思います。
　　　そうしますと，被告人が次夫さんの家に住むようになる前からのお付き合
　　　いということですね。
　　　　　はい。
　　　次夫さんとは，どれくらいの頻度で会っていたのですか。
　　　　　月に一，二度くらいです。
　　　本件の事件の前に，被告人と直接話をされたのは１回だけですか。
　　　　　直接話をしたのは１回だけです。
　　　次夫さんに頼まれて話をしたということでしたよね。
　　　　　はい。
　　　あなたにとって，被告人は，知人の弟さんということになりますね。
　　　　　はい。
　　　被告人については，どのような印象を持っていましたか。
　　　　　次夫さんの弟なんだと。
　　　それだけですか。
　　　　　はい。
　　　次夫さんが被告人のことで困っているという話を聞いたのはいつごろです
　　　か。
　　　　　２１年の４月か５月と思います。
　　　誰から聞いたのですか。
　　　　　次夫さんです。
　　　次夫さんは，被告人のことを，あなたの妻である梓さんにも相談していた
　　　んですよね。
　　　　　はい。
　　　どんな相談をしていたか知っていますか。
　　　　　被告人が夜な夜な酒を飲み，出て歩き，一向に仕事を探すつもりも
　　　　　なく，家を出て行くつもりもなく，困っているんだよなあなどと言っ
　　　　　ていました。
　　　それは梓さんから聞いたことですか。
　　　　　妻からも聞いていますし，次夫さん本人からも聞いたことがありま
　　　　　す。
　　　それは，先ほどの平成２１年４月か５月ころの話ですか。
　　　　　はい。

－ 507 －

梓さんに何かしてほしいというようなことだったのですか。

　　　最初のうちは，何かしてほしいということは言ってはいません。
だんだん変わってきたんですか。

　　　はい。
どんなふうに。

　　　被告人に直接言ってくれないかと言われました。
梓さんに対してですか。

　　　妻にも言っていましたし，私にも言ってきました。
あなたに言ったというのは，平成２１年４月か５月の話ですか。

　　　はい。
いろいろ困っているという話を聞いて，被告人に対する印象というのは変
わりましたか。

　　　なぜ，そんなに長く仕事もせず居候しているのかなと，不思議に思っ
　　　ていました。
それだけですか。

　　　はい。
平成２２年４月か５月ころには，被告人と直接話をされたということでし
たよね。

　　　はい。
そのときは，どういうきっかけで話をすることになったのですか。

　　　次夫さんから，弟が一向に出て行かない，おれが直接言うと口論に
　　　なってしまって全然話にならないんで，おまえ言ってくれんかとい
　　　うことです。
そのときは，次夫さんの家に行って直接話をされたんですか。

　　　はい。
どういうふうに話をされましたか。

　　　被告人に，このまま仕事も探さず，居候していてはいけないんでは
　　　ないか，もし仕事が探せないんであれば，生活保護を受けるなり，
　　　どちらにしても，自立してここから出て行かないと，何も始まらな
　　　いんじゃないかというふうにお話をしました。
そのときは，梓さんも一緒だったんですよね。

　　　はい。
あなたのお話に対して，被告人はどう答えましたか。

　　　おれも分かってる，今部屋を探している最中だけど，なかなか見つ
　　　からない，仕事も見つからないし，でも，言ってることはよく分か

— 508 —

　　　　るというようなことを言ってました。

　　特に，あなたの話に対して，被告人が声を荒げたりとか，不満を言うとい
　うことはなかったんですか。

　　　　　ありません。

　　事件当日の６月２１日のことですが，このときは，次夫さんの家で，次夫
　さん，あなた，梓さんの３人でお酒を飲みながら話をしてたんですね。

　　　　　はい。

　　午後５時過ぎから飲んでいたということですね。

　　　　　はい。

　　被告人と話をすると言い出したのはあなたですか。

　　　　　はい。

　　どうしてこのとき話をしようと思ったんですか。

　　　　　６月一杯で被告人が出て行くということで話が付いていると聞いて
　　　　　いたんですが，一向に部屋が片付いている様子もなく，本当に部屋
　　　　　を出て行くのか確かめたく思い，被告人の部屋に話に行きました。

　　昨日の証言ですと，私たちが来てるのになんであいさつをしないのかとか，
　６月一杯で部屋を出て行くことになっているけど，どうなっているのかと
　いうことを話したということでしたよね。

　　　　　はい。

博田検察官

　　誤導です。昨日の時点では，部屋の前，それから居間での会話について，
　明確に区別して話をしていませんので，その点については確認の上，質問
　してください。

裁判長

　　弁護人，御意見は。

飯元弁護人

　　どこで話をしたかについては特定せずに質問をしていますので，誤導には
　当たらないと思料します。

裁判長

　　話の流れとしては，部屋の前に行って話をしたんですね，それで，こうい
　うことを話したのですかというふうに聞こえますので，弁護人は，質問の
　仕方をもう少し工夫してください。

飯元弁護人

　　今の話については，部屋の前でしたという限定はしないという前提でお伺
　いします。昨日のお話ですと，被告人に対して，私たちが来ているのにな

んであいさつをしないんだとか，６月一杯で部屋を出て行くことになって
いるけどどうなっているのかというようなことは話されたということでし
たよね。

　　　はい。

ほかにどんなことを話したかは覚えていますか。

　　　よく覚えていません。

あなたのほうが，被告人に対して，居間に出てくるようにということを言っ
たことがあったのではないですか。

　　　ありました。

居間に出てきたときの被告人の様子はどうでしたか。

　　　目がとても怖い，何か怒っているような感じの顔つきでした。

どうして怒ってたんですか。

　　　分かりません。

被告人のあなたへの対応というのもけんか腰だったんですか。

　　　いいえ。少しぐらい口調は強いかと思いますけれども，争うことは
　　　ありません。

被告人の態度に接して，どう思いましたか。

　　　なぜそのような顔つきで現れたのか，私には分かりません。

そんな顔をされる筋合いはないということですか。

　　　はい。

平成２２年の４月か５月の時点で同じような話をしたときには，特に怒る
ということはなかったんですよね。

　　　ありません。

昨日の証言で，被告人がポケットに両手を入れていたというふうに話され
たかと思うのですが，間違いないですか。

　　　間違いありません。

被告人がナイフを突き出したきっかけというのは，覚えていますか。

　　　なんでお前にそんなこと言われないかんとかと，いきなり首元に，
　　　右手のこぶしが飛んできました。

その前に，あなたは被告人に何も言っていないのですか。

　　　人として挨拶くらいしてもいいんじゃないかということは言いまし
　　　た。

それは居間で言われたということですか。

　　　居間で言ったか，被告人の部屋の前で言ったかは，覚えていません。

そうしますと，なんでおまえにそんなこと言われないかんとかの直前には，

— 510 —

あなたは何も言ってないんですか。

　　　ほとんど会話はなかったと思います。

1撃目の後，後ろに倒れ込んだということでしたね。

　　　はい。

そこに被告人が覆い被さるようになったんですね。

　　　はい。

そのとき，わき腹と足の付け根を刺されたということですね。

　　　はい。

刺されたときの記憶というのは，はっきりあるんですか。

　　　はい。

昨日の証言では，ひじの辺りがはっきり見えたというふうに証言されましたね。

　　　はい。

突いては引き，突いては引きということをしたのは2回ということでしたね。

　　　2回です。

昨日，被告人は次夫さんに羽交い締めにされながら，邪魔するなと言っていたと思うというふうに証言されましたね。

　　　はい。

これについては，断言はできないということですか。

　　　とっさのことで，いろいろなことがありましたので，よくは覚えていませんが，邪魔するなって言っていたと思います。

よくは覚えていないんですね。

　　　はい。

被告人が，妻やお子さんとうまくいかなくなって次夫さんの家に居候していたということは，当然ご存知ですよね。

　　　はい。

確認ですが，あなたの身長を教えていただけますか。

　　　１６８センチです。

体重は。

　　　６６です。

あと，この事件のあった日，あなたと奥様と次夫さんの3人でお酒を飲まれていたということですが，奥様も結構お酒は飲まれたのですか。

　　　妻は飲んでいません。

そうすると，お酒を口にしたのは，あなたと次夫さんのお二方ということ

ですか。

　　　　はい。

（甲）証拠番号１９（捜査報告書）示す

　　写真のとおりなのか質問したいので，添付の写真３を示します。こちらは次夫さんが被告人を羽交い締めにしたところについて再現した写真ということでしたね。

　　　　はい。

　　このとき，あなたの役である左から２番目の方は座っていますが，実際は座っている状態だったんですか。

　　　　私は横に倒れていたと思います。

　　その点は，この写真とは異なるということですね。

　　　　はい。

博田検察官

　　先ほどから，弁護士さんのほうからお酒を飲んでいましたねということを聞かれてますけど，この日最初に飲んだのは何でしたか。

　　　　５００ミリリットルのビール２本です。

　　その２本のビールを，あなたと次夫さんで飲んだのかな。

　　　　はい。

　　あとは，何を飲みましたか。

　　　　一升瓶の焼酎を半分くらいです。

　　あなたと次夫さんとで半々くらい飲んだの。

　　　　はい。

　　以上の量を何時間くらいかけて飲んでますか。

　　　　３時間くらいです。

　　時間をかけながら飲んでるようですが，あなたは，そのお酒の量というのは，自分が普段飲んでる量と比べて，多いとか少ないとかありますか。

　　　　少ないです。

　　じゃあ，別に酔っ払っているということはないんですね。

　　　　全然酔っ払っていません。

　　昨日の尋問もそうでしたが，事件についての記憶のうち，会話の記憶があいまいで，動作の記憶のほうがはっきりしているように聞こえるんですが，動作のほうがよく記憶しているのですか。

　　　　はい。

　　どういう会話をしたかについては，あまりはっきり覚えていないということですか。

　　　　はい。

　あと，先ほど弁護人からの質問に対して，この事件の当時，次夫さんが被
　告人のことを快く思っていなかったという話をされましたね。

　　　　はい。

　どういうことから，あなたはそう思われたのですか。

　　　　被告人が居候を始めた当初は，被告人をかばうようなことを言って
　　　　いましたが，ひと月，ふた月経過した後に，被告人が一向に仕事を
　　　　見つける気もないし，毎晩酒を飲んで歩いて，何を考えてんだとい
　　　　うようなことを，私たち夫婦に言ってきたことからです。

　快く思っていない様子だったというのは，被告人に対して次夫さんが，憤
　り，怒っているというような様子はあったんですか。

　　　　電話の内容で，いつもそのように，被告人が何を考えているのか分
　　　　からないということを常々言っていたので，私はそういうふうに感
　　　　じました。

　次夫さんと被告人が険悪な様子であるような場面を直接見たことはありま
　すか。

　　　　そういう場面を見たことはありません。

　あなたに対して，そういう困ったという話をしていたということなんです
　か。

　　　　はい，次夫さんが被告人に注意などすると，口論になり，話合いに
　　　　全然ならないということは何回も聞いています。

裁判員3

　事件当日なんですけれども，6回刺されたと話を伺ったんですが，そのと
　き，ナイフを持つ手が逆手だったのか順手だったのかをお伺いしたいなと。

　　　　手の甲が上を向いて刺してきたと思います。

　では，（右手の甲を上にしてこぶしを握り，親指と人差し指を前にして）こ
　の状態で，刃が（証人側を示して）こっちを向いている状況で。

　　　　はい，そうです。

　（右手の甲を下にしてこぶしを握って）こうではなく，（右手の甲を上にし
　てこぶしを握って）こう来たという。

　　　　はい，そうだと思います。

　6回とあるんですが，6回ともすべて。

　　　　はい。

直川裁判官

　今伺った内容ですと，6回刺したすべてについて，いわゆる順手で突かれ

たということでいいですか。

　　　はい。

それから少し別のことを聞きますが，あなたが右腹部と左太ももの付け根
を刺された場面について聞きます。被告人に覆いかぶさられるようになっ
たというお話でしたね。

　　　はい。

その状態のときのあなたの体勢としては，昨日のお話ですと，いすに仰向
けに倒れている状態ということでよろしかったですか。

　　　はい。

このときはあなたの背中が，いすの元々はおしりをつけるべき部分にくっ
ついていたということになりますか。

　　　そうだと思います。

そのときに，被告人の覆いかぶさるという表現を，もう少し具体的にあな
たの言葉で言ってもらいたいんだけど。

　　　私の腹部，左太もも付け根を刺そうとするために，私のほうに一歩
　　　踏み込んで，覆いかぶさるように刺してきました。

被告人の上半身というのは，どういう位置にあったということは覚えてい
ますか。あなたのほうに，より密着するような形になっているのか，それ
とも，ある程度距離がある位置に被告人の上半身はあった状態で刺そうと
してきたのかというのは，記憶にありますか。

　　　ある程度の距離はあったと思います。

そのときに，あなたとしては，被告人に攻撃されると思って，何か防御を
しようというようなことをした記憶はありますか。

　　　防御する間もなく刺されました。

そうすると，あなたが，例えば，手で被告人を押しのけようとしたりとか，
そういうことをしたことはないということですか。

　　　記憶にはありません。

記憶にはないけれども，もしかしたら，したことはあるかもしれないとい
うようなことはありますか。

　　　もしかしたらしたかもしれませんが，今の記憶では分かりません。

また少し話が変わりますが，昨日のお話の中で，精神神経科を受診されて
いるというお話がありましたが，そこで受診されて，具体的にこういう診
断，こういう病名というのがあれば，教えていただきたいのですが。

　　　診断名は，適応障害，不眠症です。

適応障害というのはどういうものだということはお話を伺いましたか。

－ 514 －

詳しいことは医師から聞いておりませんが，その事件のことを思い
　　　出したりすると，いらいらしてみたり心が沈み込んでみたり，日常
　　　生活，仕事の面で不具合が現れることがあります。
　お医者さんからはそういう説明を受けたと。
　　　はい。
　あなたとしては，実際そういう症状はあるということですか。
　　　はい。
　それから，治療について，もう一度確認したいのですが。
　　　薬剤，精神安定剤，睡眠導入剤を服用しています。
　その症状について，どれくらいの時間をかければ治るというようなことに
ついて，話はされていますか。
　　　医師からは聞いておりません。
　まだ見込みについては分からないということですか。
　　　はい。
裁判長
　先ほど，6回攻撃されたものについて，いずれも順手だったという話をさ
れましたけれども，昨日の話からすると，最初に首を刺されたときは，あ
なた自身が見ていたのはこぶしであって，ナイフの状態は見えてはいな
かったわけですね。
　　　ナイフは見えませんでした。
　6回の中で，手とナイフと双方とも見えていた場面というのは，あるんで
しょうか。
　　　私から，兄である次夫さんが引き離してくれて，そのときは，確実
　　　に被告人が右手にナイフを持っているのは分かりました。
　そのときの持ち方が，いわゆる順手の持ち方であったということですか。
　　　はい。
　　　　　　　　　　　　　　　　　　　　　　　　　　以　上

平成２２年（わ）第５０１号

証 人 尋 問 調 書

（この調書は，第２回公判調書と一体となるものである。）　裁判所書記官㊞

氏　名　　福 上 次 夫

年　齢　　昭和２９年４月２６日

住　居　　福岡市西浜区灘崎町１丁目２番３号灘崎ハイツ１号棟２０５号室

職　業　　無　職

尋問及び供述

　　　別紙反訳書記載のとおり

以　上

宣　誓

良心に従って，真実を述べ，

何事も隠さず，偽りを述べない

ことを誓います。

　　　　証　人　福　上　次　夫　㊞

博田検察官

　　あなたは，あなたから見て右側に座っている被告人のお兄さんですね。
　　　　　はい。
　　被告人が昨年6月に逮捕されるまで，被告人はあなたの自宅に居候という
　　形で住んでいましたね。
　　　　　はい。
　　昨年の6月21日に，あなたの家で被告人があなたの知人の橋行久さんを
　　刃物で刺すという事件がありましたか。
　　　　　はい。
　　そのとき，あなたはその場に居合わせて事件の様子を目撃しましたか。
　　　　　はい。
　　今日は，その日にあなたが見た様子を中心に尋ねていきます。被告人は，
　　いつからあなたの家に居候していたのですか。
　　　　　事件が起こる前の年の3月ころだと思います。
　　事件があった6月の時点では，居候を始めてから1年3か月くらい経って
　　いたということになりますか。
　　　　　はい。
　　あなたは被告人に対して，今回の事件が起こるよりも前に，居候をやめて
　　家から出て行くように話をしたことがありましたか。
　　　　　はい。
　　どのようなことを話しましたか。
　　　　　お金のあるうちに部屋を借りて自立するなり，生活が困るようであ
　　　　　れば生活保護を受ける手続をとるように話しました。
　　あなたがそのような話をした際，被告人はどのようなことを答えておりま
　　したか。
　　　　　子どもじゃないからそんなことまでしなくていいとか，そんなに自
　　　　　分と住むのが嫌なのかと，そういう返事でした。
　　あなたは，先ほど話したような自立するようにという話を，なぜ被告人に
　　したのですか。
　　　　　当初は被告人にお金がないものと思っていましたが，被告人が飲み
　　　　　歩くようになりまして，お金を持っているということに気が付きま
　　　　　して，それなら早く部屋を借りて，いろいろな手続をとるなり，仕
　　　　　事をするなりしたほうがいいと思って，本人のためを思って言いま
　　　　　した。

そもそも，被告人があなたの家に居候することになったのは，どちらが言い始めたことですか。

　　　　自分が来いと言いました。

なぜそのような声をかけたのですか。

　　　　夫婦仲もあまりうまくいってなかったみたいで，そんなところにいるくらいなら，自分のうちに来て，仕事を探すなり何なりしたほうがいいんじゃないかということです。

その後，被告人にお金があることに気付いたと言いましたが，どういうきっかけで気付いたのですか。

　　　　頻繁に飲みに歩くようになりましたから。

どれくらいの頻度で被告人が飲んでいる様子があったのですか。

　　　　飲みに行くときは毎晩でした。

時期としては，居候を始めた後，どれくらい経ってからのことですか。

　　　　居候して何か月かしてからだと思います。

被告人があなたの家に居候している間，仕事を探しているような様子はありましたか。

　　　　いいえ。

ハローワーク，職安に仕事を探しに行ったという話を聞いたことはありますか。

　　　　ありません。

あなたのほうから被告人に仕事を紹介したということはありましたか。

　　　　自分の知り合いで宅急便の仕事があるよという話をしたことはあります。

それに対して，被告人はどういうことを言っていましたか。

　　　　話を聞いただけで，何も返答はなかったです。

あなたは，橋行久さんと奥さんの梓さんとは，事件よりずっと前からの知り合いですね。

　　　　はい。

橋行さん夫婦は，被告人と面識はあったのですか。

　　　　はい。

どういうときに橋行さん夫婦は，被告人と顔を合わせていたのですか。

　　　　うちに遊びにきたときです。

そのときはあなたもご一緒されたのですか。

　　　　はい。

－ 519 －

あなたは，橋行久さんあるいは梓さんに，被告人のことについて何か相談
をしたことがありましたか。
　　　　あります。
どのようなことを相談しましたか。
　　　　仕事のことでも，これからの生活のことについても，自分が言って
　　　　も取り合わないし，険悪な状態になるので，何とかならないだろう
　　　　かという話をしました。
あなた自身は，被告人の状況について，何か困ったと悩んでいることがあっ
たのですか。
　　　　このままでいったら最後はどうなるのかなという心配はありました。
どういう心配ですか。
　　　　自分で自立できないだろうと。
ずっとあなたの家に居続けるだろうと，それは困ったことだと思っていた
んですか。
　　　　はい。
そういう相談をして，橋行さん夫婦も，被告人が家にいることについてあ
なたが困っているということは知っていたわけですか。
　　　　はい。
被告人に対して，家から出て行く期限を決めたということはありましたか。
　　　　はい。
いつまでに出て行くと決めたのですか。
　　　　昨年の６月３０日までだったと思います。
何か理由があって，その期限を決めたのですか。
　　　　期限を決めなければ，いつまで経っても自分の生活をしない，自立
　　　　できないから，早く自立してもらいたいために，６月３０日までに
　　　　家を出て行ってくれということは言いました。
被告人もそれは了解していたのですか。
　　　　返事はしなかったけど，分かっていたと思います。
事件の起きた６月２１日は，期限まであと９日という時期ですね。
　　　　はい。
この時点で被告人があなたの家を出て行くような様子はありましたか。
　　　　なかったと思います。
どうしてそう言えるのですか。
　　　　荷物の片付けができていませんでした。

－ 520 －

荷物というのは，どれくらいの量ですか。

　　　すごい量ですね。

事件当日の６月２１日のことを聞いていきます。この日，午後５時ころに橋行さん夫婦があなたの家を訪ねてきて，居間で一緒にお酒を飲んだりしていたということですね。

　　　はい。

橋行さん夫婦が訪ねてきた時点で，被告人は家にいましたか。

　　　いなかったと思います。

その後，被告人は戻ってきましたか。

　　　戻ってきました。

被告人が家に戻ってきたことに，あなたはすぐに気付いたのですか。

　　　いいえ。

ほかの人が気付いたのですか。

　　　橋行が気付きました。

それで，あなたは被告人が帰ってきたことは分かりましたか。

　　　はい。

橋行さんから，被告人が帰ってきたということを言われたということですか。

　　　はい。

今の橋行さんはどちらですか。

　　　だんなさんです。

被告人が戻ってきたとき，あなたや橋行さん夫婦に声をかけるということはありましたか。

　　　いいえ。

被告人は戻ってきてからどうしたのですか。

　　　自分の部屋に入りました。

今回被告人が橋行久さんを刃物で刺したという事件は，どこの部屋で起きたのですか。

　　　居間です。

被告人が自分の部屋から居間にやって来たということですか。

　　　はい。

被告人が部屋から来たのはどういうことがあったからですか。

　　　橋行のだんなさんが弟の部屋に行って，中身は分かりませんけど，
　　　大きな声で怒鳴り合って，それで来たんだと思います。

先に居間に戻ってきたのはどなたですか。

　　　橋行のだんなさんですね。

その後，被告人が居間に来たということですか。

　　　はい。

被告人が居間に来た時点でのあなたたちの位置関係について聞きますが，
あなたはどちらにいたのですか。

　　　長いすのソファの上にいました。

居間に，テーブルを挟んで，背もたれのあるソファと，背もたれのない四
角い椅子が置いてありますよね。あなたが座っていたのはどちらですか。

　　　背もたれのあるソファです。

橋行久さんと梓さんは，どちらにいたのですか。

　　　背もたれのないソファに2人で座っていました。

テーブルを挟んで，あなたと向かい合っていたということですか。

　　　はい。

あなたから見て，右側にいたのは，だんなさんと奥さんのどちらですか。

　　　だんなさんです。

奥さんの梓さんは，あなたから見てどちらに座っていたのですか。

　　　左側です。

2人で並んで座っていたということですか。

　　　はい。

居間に入ってきた被告人は，どこへ向かいましたか。

　　　橋行の前で，座ったかしゃがんだかしたと思います。

居間に入ってきて，橋行久さんの前に行ったわけですか。

　　　はい。

目の前でしたか。

　　　そうですね。少し斜め前という感じですかね。

その後，被告人はどうしましたか。

　　　橋行のだんなと二言，三言，怒鳴り合った後に刺しました。

あなた自身は，2人の怒鳴り合いを聞いて，どうしようと思いましたか。

　　　中身はもう覚えていませんが，これはまずいなけんかになるな，止
　　　めなきゃだめだなと思った矢先でしたね。

実際止めようとしたのですか。

　　　いや，止めようと思った矢先に刺しました。

刺したということですが,具体的に被告人はどういう動作をしたのですか。

— 522 —

しゃがんだまま刺したのか，立ち上がって刺したのか，定かでない
です。
まず，手は動きましたか。
　　はい。
どちらの手がどの方向に動きましたか。
　　右手が真っ直ぐ伸びましたね。
どちらの方向にですか。
　　橋行の首のほうをめがけて。
被告人が右手に何か持っているかどうか見えましたか。
　　きらっと光って見えましたので，刃物だということは分かりました。
被告人が右手を橋行さんの首のほうに伸ばした後，橋行さんはどのような
状態になりましたか。
　　後ろにのけぞりましたが，自分で危ないからのけぞったのか，刺さ
　　れてのけぞったのか，分かりません。
いずれにせよ，後ろにのけぞったんですか。
　　はい。
被告人の右手にきらっと光るものが見えたということですが，何を持って
いるか分かりましたか。
　　包丁，ナイフかなと思ったけど，何であるかは定かじゃありません。
刃物であることは間違いないですか。
　　はい。
橋行さんがけがをしたかどうかについて，あなたは分かりましたか。
　　分かりました。
どんな様子で分かりましたか。
　　血が噴き出してましたから。
どの場所から血が噴き出していたのですか。
　　首だと思います。
ちょうど被告人が右手を伸ばした場所ですか。
　　そうですね。
どんなふうに血が出ましたか。
　　ぱっと散るように出ました。
その後，あなたは何か行動しましたか。
　　すぐに被告人の後ろに回り，羽交い締めにして止めました。
羽交い締めというと，具体的にどういう格好を取ったのか説明できますか。

－ 523 －

両腕を抱えて羽交い締めにしました。
両腕を被告人の両腕のわきの下から回して肩の辺りを押さえるということ
ですか。
　　　はい。
あなたが被告人をそのように羽交い締めにした後，被告人はすぐに動かな
くなりましたか。
　　　動き続けていました。
どんなふうに動いていましたか。
　　　私の腕を振りほどこうとしていました。
被告人は強い力を込めていましたか。
　　　はい。自分も力一杯だったので，力は入っていたと思います。
被告人はあなたの腕を振りほどこうとしていたということですけれども，
どちらかの方向へ向かおうとしていたということはありますか。
　　　その辺は分かりません。
被告人の前にいる橋行さんのほうへ向かっていこうとしていたということ
はないですか。
　　　いや，そういうことはないと思います。
被告人は，あなたの両腕を振りほどこうとして体を動かしていたというこ
とですね。
　　　はい。
振りほどいてどちらかの方向に，前の方向に向かおうとしていたというこ
とはないですか。
　　　いいえ。橋行夫婦はもう逃がしましたから，そのときはもう前に行
　　　こうにも何もなかったですね。
被告人が最初に橋行さんの首に手を伸ばして刺した後，更に被告人が橋行
さんに対して刃物を刺したかどうか，あなたは分かりますか。
　　　分かりません。
それは，なかったということなのか，あったのかどうか分からないのか，
どちらですか。
　　　自分が後ろからすぐに押さえたので，ないと思っていました。
あなたは，被告人を羽交い締めにした後，被告人の手の動きや橋行さんの
位置について，見えていましたか。
　　　いいえ，弟の頭が邪魔になって見えないです。
被告人の手の具体的な動きなどは見えなかったわけですか。

— 524 —

見えませんでした。

そうすると，橋行さんを刺したかどうか自体，あなたの場所からは分からなかったということですか。

　　　はい。ただ，羽交い締めにしていましたので，刺せるとは思っていませんでした。

あなたは，その当時，そう思っていたということですか。

　　　はい。

先ほど，橋行さんを逃がしたということを言っていましたが，具体的に，あなたが橋行さんに対して何か言ったんですか。

　　　刺されて，逃げろと，逃げて１１０番と救急車を呼べと言いました。

それは，羽交い締めを始めてからどれくらい時間が経ってからですか。

　　　何秒かだと思います。

はっきり覚えていますか。

　　　どれくらいの時間かというのは分かりません。

あなたは，被告人を羽交い締めにして，どちらかの方向へ被告人を引っ張りましたか。

　　　台所のほうに引っ張って行きました。

被告人を台所まで簡単に連れて行くことはできましたか。

　　　いいえ。

それはどうしてですか。

　　　被告人に力が入っていたからです。

あなたは，被告人の体を台所まで後ずさりして引っ張っていったんですか。

　　　はい。

被告人に力が入っていてなかなか台所まで行けなかったということは，被告人が前に向かおうとしていたからということではないのですか。

　　　前にというより，横にも振っていました。極端に前に行こうとするんじゃなくて，振りほどこうと横にも振っていたような気がします。

その後，橋行さんがどうしたのか，あなたは分かりましたか。

　　　分かりません。

部屋から出て行ったかどうかについては，分かりましたか。

　　　部屋から出て行ったのは分かりました。

いつ出て行ったのかは分かりますか。

　　　分かりません。弟を羽交い締めにしている最中に出て行ったのは分かってますけど，それがどのくらいの時間なのかは定かでないです。

それで，台所に被告人を連れてくることはできましたか。

　　　　はい。

その後，被告人との間で何かやりとりをしたことはありますか。

　　　　お前，何をしたんか分かってんのかと，自分が言いました。

羽交い締めをしたままですか。

　　　　いいえ，羽交い締めを解いてからです。

それに対して被告人は何か言いましたか。

　　　　おれも死ぬと言いました。

死ぬと言って，何かしましたか。

　　　　台所から包丁を取り出しました。

もともと持っていた刃物とは別のものですか。

　　　　はい。

その包丁を手に持ったということですか。

　　　　はい。

その後，あなたの家に警察官が来たということですか。

　　　　はい。

久留検察官

被告人を押さえていたとき，羽交い締めということで，腕の付け根を抱え込むような形になったわけですか。

　　　　はい。

そうすると，二の腕から先，ひじの辺りは，あなたのほうでは押さえていられない形ですか。

　　　　自由は利かないけれども，振り回すことはできましたね。

二の腕から先がどんなふうに動いていたかは，全然見えなかったのですか。

　　　　見えませんでした。

羽交い締めにしているときに体に伝わってくる動きとかで分からないですか。

　　　　分かりません。

あと，被告人と生活していたときの状況について伺います。あなたは，今，お仕事はされているのですか。

　　　　無職です。

生活は，どういうふうにされているんですか。

　　　　生活保護です。

被告人が居候するようになって，当然，ガス代，水道代，電気代というの

－ 526 －

は上がりますよね。

　　　はい。

被告人は，ガス代などをあなたに払ったことがありましたか。

　　　いいえ。１回もありません。

あなたから被告人に請求したことはありましたか。

　　　ありません。

なぜ請求しなかったのですか。

　　　最初はお金がないんだなと思っていましたから。

被告人のほうから，払おうとか申し出たことはなかったんですか。

　　　ないです。

飯元弁護人

被告人は，事件の当日，戻ってきたときに声をかけないで部屋に入ったということですけれども，いつもは戻ってきたら居間に顔を出していくんですか。

　　　いいえ，ないですね。

同じく事件当日のことですが，橋行さんが被告人の部屋に行って大きな声で怒鳴り合っているのは聞いたということでしたよね。

　　　はい。

その中身までは分からなかったと。

　　　はい。

あなたが羽交い締めにした後のことですが，被告人が明確にどちらに向かっていこうとしたということはないということでしたか。

　　　それは分からないですね。

分からないというのは，どちらに向かっていこうとしていたのか分からないということですか。

　　　はい。

首を刺した後，次夫さんが羽交い締めにされて，その後，更に刺したかどうかという質問に対して，刺したことはないと思っていたというふうに答えられたと思うのですが，明確に刺そうとしている，あるいは刺したという動作はあなたには分からなかったということですか。

　　　自分が分かったのは首に刺した１回だけで，あとは分からないです。

最初の１回だけですね。

　　　はい。

直川裁判官

まず，あなたの身長はどれくらいですか。

　　　１５６くらいです。

それから，別のことを聞きますが，まず，被告人が橋行久さんに最初の攻撃を加えたとき，その後にあなたが羽交い締めをしに向かいますよね。

　　　はい。

その間の被告人の動きで，何か記憶していることはありますか。

　　　ありません。

あなたが羽交い締めするために被告人のほうに向かう間に被告人がどのような動作をしていたか，覚えていますか。

　　　覚えていません。

それから，あなたが羽交い締めをしようとしたときに，被告人は更に被害者を攻撃しようとする様子というのはありましたか。

　　　当時検事さんやなんかに供述していると思うのですが，今ははっきりしたことは覚えていません。

それは，当時は覚えていたことを話したけれども，今は忘れてしまっているということですか。

　　　はい。

それから，また少し別の場面になりますが，あなたが羽交い締めをするのを止めた後に，被告人が被害者を追いかけるような様子があったかどうかというのは覚えていますか。

　　　いえ，なかったです。

それから，そのやめた後に，あなたから，何したのか分かっているのかというようなことを話されたということですね。

　　　はい。

やめてからその話をするまでの間というのは，もう，すぐということですか。羽交い締めをやめて，その話をあなたがされるというまでの間に，何か時間はありますか。

　　　羽交い締めをやめてから，自分で台所の包丁を取り出して，首に当て，おれも死ぬと言いましたから。

それより前に，あなたは，何したか分かっているのかという話をしたということですね。

　　　はい。

その後にすぐに台所に行って，包丁を取り出した。

　　　台所に行ってというか，もう台所でしたからね。

久留検察官

　　先ほど，裁判官の質問に対して，更に被告人が被害者を攻撃しようとして
　いたかどうかについて，当時，警察，あるいは検察官の取調べでは話して
　いたことはあると思うということをおっしゃっていましたか。
　　　　はい。
　どういう内容のことを話していたかというのは，記憶にありますか。
　　　　ありません。
　検察庁で検察官から，この事件について話を聞かれたということがありま
　したね。
　　　　はい。
　供述調書も作っていますね。
　　　　はい。
　その供述調書の中に，三郎，つまり，被告人は，おれに羽交い締めをされ
　たまま，橋行に覆いかぶさるような姿勢になりました，というような内容
　が書かれてあるんですけれども，そういう話をしたということはないです
　か。
　　　　そういうふうに言っているんであれば，それが正しいと思います。
　当時，検察官に話をして調書にした内容というのは，記憶して，見たとお
　りを話しているんですか。
　　　　はい。
　そうすると，被告人が橋行さんに対して，あなたが羽交い締めをした後に
　覆いかぶさったというようなことはあったと思いますか。
　　　　今は思い出せませんが，当時そのように話しているんであれば，そ
　　　　れが正しいと思います。

　　　　　　　　　　　　　　　　　　　　　　　　　　　　以　　上

平成２２年（わ）第５０１号

被 告 人 供 述 調 書

（この調書は，第２回公判調書と一体となるものである。）　裁判所書記官㊞

氏 名　　福 上 三 郎

質問及び供述

　　　別紙反訳書記載のとおり

以　　上

主任弁護人

　　あなたがお兄さんの家で暮らすようになるまでの経過については，これまでの法廷で，あなたや奥さんの供述調書を読み上げられたんですけれども，そこについて補足したいことを伺っていきます。あなたは，高校を出た後は溶接工をしていたということでしたね。

　　　　はい。

　　勤務先はいくつか変わりましたが，平成２０年３月までは溶接工としてずっと働いていたということでしたね。

　　　　はい。

　　平成２０年３月に勤務先を辞めてから仕事は探したのですか。

　　　　別の会社で溶接工の仕事を探したのですが，なかなか見つかりませんでした。

　　どうして見つからなかったのですか。

　　　　特に選り好みをしたわけではないのですが，家族を養っていくためにも，それなりの給料をもらえる会社を探していたところ，条件面で折り合うところがなかったのです。

　　それで，なかなか仕事も見つからないということで，精神的にはどうだったんですか。

　　　　それまでずっと真面目に働いていたんで，すぐに新しい会社くらい見つかるだろうと思っていたのですが，いつまで経っても見つからないことから，だんだん不安になってきました。

　　それでどうなったんですか。

　　　　どうしたら良いか分からなくなってきて，やる気がなくなってくるというか，外に出たくないという感じになってしまったんです。それで自分の部屋にこもることが多くなっていきました。

　　奥さんには相談しなかったんですか。

　　　　本当はできれば良かったんですが，昔から，私も妻も変に頑固なところがあって，互いに相談をしにくいというか，そういうところがあって，結局，相談できなかったんです。

　　でも，あなたが仕事に行っていないのを見て，奥さんは何も言わなかったのですか。

　　　　全く言わなかったわけではありませんが，妻としては，私がずっと家にいるのが煩わしいようで，むしろ私に対して嫌気が差しているようでした。

それで，結局，平成２１年の３月に，奥さんから離婚届を渡されて，それにあなたが名前を書いて判子を押して奥さんに渡したんですね。

　　　はい。

その後，あなたは家を出て，次夫さんの家に住まわせてもらうようになったわけですね。

　　　はい。

あなたが家を出てから今日までの間に，奥さんとは接触がありますか。

　　　いえ，一切連絡もとったことがありません。

それで，次夫さんの家に住むようになったのは，どういういきさつからですか。

　　　兄から連絡が来て，行くところがないんなら，おれのところに来て，
　　　仕事を探すなりしたらいいと言われました。

それまでの間に，次夫さんとは付き合いは結構あったのですか。

　　　ほとんどなかったのですが，たまに連絡をとることはありました。

それで，次夫さんは，どのくらいの間，あなたを住まわせてやると言っていたのですか。

　　　いつまででもいいと言ってました。

次夫さんとは，最初は仲良く暮らしていたのですか。

　　　はい。

次夫さんのために何かしましたか。

　　　料理を作ったり，いろいろやったつもりではいます。

ただ，その後，次夫さんとの関係はうまくいかなくなったようですけれども，どのようないきさつだったのですか。

　　　最初，夕ご飯の時間帯が私と合わなくて，あと，お酒を飲むとどう
　　　してもちょっと変わるものですから，一緒に食事をするのも嫌になっ
　　　てきましたし。

それで一緒には食事をしないようになったのですか。

　　　はい。

あなたの食べるものはどうしていましたか。

　　　それからは，自分で買ってきて，自分の部屋で食べるようになりま
　　　した。

仲が悪くなってきたのに次夫さんのところに居続けたのはどうしてですか。

　　　顔を合わせなければいいかと思って，玄関から真っ直ぐ自分の部屋
　　　に入れるものですから，そういう甘い気持ちがありました。

結局，次夫さんのところにはどのくらい住んでいたのですか。
　　　１年３か月くらいです。
その間，ずっとそこにいて，次夫さんに悪いなと思わなかったのですか。
　　　思いました。
次夫さんのところにいる間には，求職活動はどんなことをしたのですか。
　　　求人誌を見たり，街中に出て行って，張り紙求人か何かないかと思っ
　　　て，探したりしました。
実際に電話してみたりとかはしたんですか。
　　　そういうのはなかったです。
それはなぜですか。
　　　求人誌などを見ると，ほとんどがコンビニエンスストアの店員さん
　　　の募集で，ほとんどが年齢制限で無理だろうと思いました。
ハローワークには行ったんですか。
　　　行ってません。
それはなぜですか。
　　　最近すべてパソコン化になったということで，それが苦手なことも
　　　ありましたし，ニュースで毎日のように，２０代，３０代，４０代
　　　の方でも，ハローワークに行っても仕事がないというニュースをやっ
　　　てましたので，私みたいな５０代の者が行っても，当然ないだろう
　　　なというあきらめの気持ちがありました。
あと，次夫さんは，あなたが毎晩のように飲み歩いていたというようなこ
とを言ってますけれども，実際そうだったんですか。
　　　いいえ，毎晩ではありません。飲んで歩くことはありましたけれど
　　　も，ほとんど，行くとすれば，スーパーの安売りの時刻になると，
　　　毎晩のように買いに行っていたと思います。
そのために外出するのを，飲みに行ったと勘違いしているのではないかと
思うということですか。
　　　はい。近くのスーパーは，９時くらいから安くなるんで，そのくら
　　　いから出て行きますから，恐らくそれも全部飲みに行っていると思っ
　　　てたんだと思います。
次夫さんからは，仕事がないなら生活保護を受けろということを言われた
んですか。
　　　はい。
あなたとしてはどう思っていましたか。

できれば生活保護を受けないで，何とか働いていきたいと思ってい
ました。

それで，次夫さんに昨年6月一杯で家を出るように言われたんですね。

　　　はい。

いつごろ言われたのですか。

　　　昨年の5月くらいだったと思います。

それで，今回の事件の前から，次夫さんの家を出る準備はしていたんです
か。

　　　はい。

どんな準備をしていましたか。

　　　居間に置いていた荷物は全部片付けたりしました。

そうしますと，6月一杯で家を出ること自体は，事件のあった日より前か
ら決めていたということですか。

　　　はい。

家を出て，どうやって暮らしていくつもりでしたか。

　　　最終的に，どうしても仕事が見つからないし，残りのお金も少なく
　　　なってきたんで，役所に行って生活保護の相談をしようと思ってい
　　　ました。

そういうふうにしようと決めたのはいつでしたか。

　　　事件当日のことです。

事件のことを聞く前に，橋行さん夫婦との関係を聞いておきますね。橋行
さんの奥さんと初めて会ったのは，いつですか。

　　　私が以前体を悪くして入院したことがあったのですが，その見舞い
　　　に来てもらったときだと思います。

どうして橋行さんの奥さんがお見舞いに。

　　　兄と一緒に来ました。

その後，橋行さんの奥さんとお会いしたのはいつですか。

　　　兄の家に居候するようになってからです。

そのとき，橋行さんのご主人も一緒だったのですか。

　　　はい。

そのときが，橋行さんのご主人と初めて会ったときですか。

　　　はい。

どんな状況で会いましたか。

　　　橋行さん夫婦とそのお姉さんが兄の家にやってきて，居間で一緒に

— 534 —

　　　　食事をしました。
その後，どうしましたか。
　　　　その後，お酒を飲み始めたんですが，私は話をするのも何だか苦手
　　　　なものですから，カラオケでも行きませんかと，私から誘いました。
それで，その後は，橋行さんといつ会いましたか。
　　　　２２年の５月くらいだと思います。
どのような形で会いましたか。
　　　　私が兄のところにいるのが良くないと，早く出て行ったほうがいい
　　　　というような話を，私の部屋に来てしました。
それはどんな口調でしたか。
　　　　穏やかに話をしてくれました。
橋行さんにそのように言われて，あなたはどう思いましたか。
　　　　全くそのとおりだと思いまして，分かりましたと言いました。
橋行さん夫婦にそういう話をされて，橋行さん夫婦に対して反感を持ちま
したか。
　　　　いいえ。
その次に会ったのはいつですか。
　　　　事件のあった日です。
それでは，事件の日のことを聞いていきます。この日は，日中はどうして
いましたか。
　　　　出て行かないといけないということで，考えてみようと思って，近
　　　　くの公園でしばらく考えてました。
それから次夫さんの家に戻ったんですか。
　　　　はい。
家に戻ったとき，橋行さん夫婦は来ていたんですか。
　　　　はい。男物と女物のサンダルがあったので，おそらく橋行さんだろ
　　　　うと思いました。
それから，あなたはどうしましたか。
　　　　真っ直ぐ自分の部屋に入りました。
橋行さんとは顔を合わせなかったのですか。
　　　　合わせてません。
その後はどうなりましたか。
　　　　自分の部屋で，薄い水割りを２杯ほど飲んで，食事を少しして，あ
　　　　まり具合が良くなかったので横になりました。

かなり酔いましたか。

　　　いいえ，全然酔いませんでした。

あなたは酒癖は悪いほうですか。

　　　言われたことはありません。

今まで，酒で問題を起こしたことはありますか。

　　　ありません。

それで，あなたが寝てしまった後，どうなりましたか。

　　　寝ているときに，いきなりドアをドンドンというふうにたたく音で
　　　目が覚めました。

誰がたたいていたのですか。

　　　開けてみたら，橋行さんでした。

何か言っていましたか。

　　　ものすごい大きな声で，俺たちが来てるのに挨拶もできないのか，
　　　このやろう，と言いました。

そういうことを言われて，どう思いましたか。

　　　最初は，起きたてなんで，びっくりして，何言ってるんだろうと思
　　　いましたけど，2回くらい言われてから，なんでこの人にこんなこ
　　　と言われなきゃいけないのかなというふうに思いました。

それで，どうしましたか。

　　　その後もいろいろ文句を言われました。その後すぐに，橋行さんは
　　　居間のほうに戻って，こっちに来いと言ったと思います。

それで，あなたはどうしましたか。

　　　しばらく行かないで部屋にいました。

それから。

　　　居間から，こっち来いって何度か聞こえたんで，行かないと収まり
　　　が付かないと思って，居間に行きました。

そのとき，ナイフを持って行ったんですか。

　　　はい。

なぜナイフを持って行ったのですか。

　　　最初にものすごい勢いで怒鳴られたときに，恐怖心が生まれまして，
　　　それで怖かった反面，何のためにこんなことを言われなきゃいけな
　　　いんだと思って，言い返しに行きました。

ナイフを持ち出すときに，ナイフを使ったら相手が死んでしまうかもとは
思わなかったですか。

— 536 —

殺すようなことはしようなんて思ってもいませんでしたし。

どうしようと思っていたのですか。

　殴られたりしたら，傷つけてやろうという気持ちはあったと思います。

部屋を出る段階で橋行さんに必ずナイフで危害を加えるつもりでしたか。

　いいえ。

どういうときに使うつもりだったんですか。

　暴力を振るわれたときに使おうと思っていました。

それで，そのナイフはどうやって持っていったのですか。

　ズボンのポケットに入れて持って行きました。

それで居間に行ったわけですね。

　はい。

居間で橋行さんはどうしていましたか。

　私が行ったときは，立っていたと思います。

その後，2人ともずっと立っていたのですか。

　いいえ，すぐ橋行さんがソファに座ったので，私もその前にしゃがんだと思います。

なぜ，腰を完全に下ろさず，しゃがんだのですか。

　上から見下ろされているような気もしましたし，ナイフがポケットに入っていたので，引っ掛かって座ることができなかったからです。

上から見下ろされているような気がしたというのは，どういう意味ですか。

　橋行さんがいすのほうに座ってましたので，橋行さんが私より高い位置にありましたので，そういう感じでした。

腰を完全に下ろすと，自分が下になって嫌だという意味ですか。

　はい。

それから，どうなりましたか。

　またものすごい勢いで罵声を浴びせてこられました。

どんなことを言われたのですか。

　6月一杯で出ていくことになってるのに何考えてんだとか，とか言われまして，それで私は，今月一杯で出ていくから，あんたには関係ないだろうと言ったんですが，いいからすぐに出て行けと，そういう態度がみんなに迷惑をかけていると言われましたので，私は，兄のほうを指さして，この人には迷惑をかけてるけど，あんたには関係ないということを言ったと思います。

そしたら。
　　　　そんなの関係ない，早く出て行けと言われました。
　それで，あなたは，そういうことを言われて，どう思ったのですか。
　　　　なんでこの人に言われなきゃならないんだろうと思いましたし，言
　　　　い方がすごかったんで，怖かったです。
　それから，どうなりましたか。
　　　　またいろんなことを言ってきて，それで最後に，このこじきやろう
　　　　がって，つぶやくような言い方をしたと思います。そのときに，かっ
　　　　となって手が出たと思います。あと，橋行さんが動いたような気が
　　　　したんです。
　それで，どうしたんですか。
　　　　私のほうに掛かってくるんだなと思ったものですから，そのときに
　　　　はもう，ポケットにあったナイフで前に突き出してました。
　ナイフで何をしようとしたんですか。
　　　　上半身，肩口辺りを狙って刺そうと思いました。
　首を狙ったんですか。
　　　　いえ，狙ってません。
　どうして首に刺さることになったんですか。
　　　　分かりません。外れたか，どうなったのか，分かりません。
　ナイフを突き出すとき，殺してやると思ったんですか。
　　　　思ってません。
　それから，どうなりましたか。
　　　　橋行さんがソファの上で仰向けに倒れたのを見ました。
　それから。
　　　　首から血が出たのを見て，わっと思っていたところに，兄が後ろか
　　　　ら羽交い締めにしたと思います。
　お兄さんに羽交い締めにされる前に，橋行さんのおなかや足の付け根を更
　に刺したということを橋行さんは証言してますけれども，それについては
　覚えていますか。
　　　　私は覚えていませんが，手を出したときに，その動きの一連として，
　　　　こうやって刺したのかもしれません。
　次夫さんに羽交い締めにされて引っ張られた後のことで，何か覚えていま
　すか。
　　　　橋行さんが起き上がって，ものすごい形相で私のほうに向かってき

— 538 —

たのは覚えています。

裁判長

　さっき，こうやって刺したかもしれませんというのがありましたが，もう少し具体的に，動作も言語化してもらえますか。

主任弁護人

　橋行さんのわき腹とか足の付け根に傷を負わせたとき，あなたとしては，記憶にははっきりと残っていないんですね。

　　　　残ってないです。

　自分としては，どうしたのかなというふうに思っているんですか。

　　　　全然分からないんですが，後から警察や検察で言われたときに，そうやってやってんだと言われて，そうなのかなというふうに，頭の中で思うようになっちゃったんです。

　そうなのかなというのは。

　　　　そうやって出した後に，おなかだとか付け根を刺したのかなというふうに思ったんです。

　出した後に，更におなかと付け根にナイフを突き刺したのかなと思ったと。

　　　　はい。でも，それはまるで記憶のないことですし，かなと思うだけです。

　それでは，羽交い締めされた後に戻りますが，羽交い締めされてからどうなりましたか。

　　　　振りほどこうと思って暴れてたと思います。

　なんで振りほどこうと思って暴れたんですか。

　　　　ものすごい形相で橋行さんが向かってくるものですから，逆に私のほうが怖くて，ナイフを取り上げられて逆に刺されるんじゃないかと思いました。

　橋行さんを刺すつもりでナイフを突き出していたんですか。

　　　　いいえ。

　どういうつもりだったのですか。

　　　　こっちに来てほしくないという気持ちで，威嚇のつもりで，前にこういうふうに出してたと思います。

　今，こうやってたのは，前に突き出す動作ですか。

　　　　押さえられながらですから，こうだと思います。

　上から斜めに。

　　　　記憶はないですけど，こういう状態だったと思います。

— 539 —

裁判長

　　こういう状態というのは，あなたがお兄さんに後ろから羽交い締めされた
状態で，右手の上のほうを動かしていたと思うと，そういうことですか。
　　　　はい。

主任弁護人

　　そのとき，橋行さんにナイフが刺さったようなんですが，覚えていますか。
　　　　覚えていません。

　　その後はどうなりましたか。
　　　　橋行さんがたしかバランスを崩して，台所のほうに倒れたと思いま
　　　　す。

　　それから，どうなりましたか。
　　　　体勢を立て直して，出て行ったと思います。

　　あと，橋行さんのけがとしては，肩の後ろのほうから刺さっているけがも
あるんですが，いつ負わせたものだと思いますか。
　　　　出て行くときにだったと思います。背中向けたのが，そのときしか
　　　　ないと思います。

　　あなたとしては，そのとき刺したという記憶は残っているんですか。
　　　　ありません。

　　傷の位置とか橋行さんの動きを考えると，あのときではないかと想像する
ということですか。
　　　　はい。

　　それで，橋行さんが出て行った後，どうなりましたか。
　　　　兄に，お前何したか分かってんのか，と一喝されました。

　　お兄さんに一喝されるとき，お兄さんは羽交い締めをはがしていましたか。
　　　　はがしていました。

　　お兄さんが羽交い締めをはがした後，橋行さんを追い掛けましたか。
　　　　してません。

　　それから，どうなったんですか。
　　　　首を切って死のうと思い，果物ナイフを自分の首に当てたりしまし
　　　　たが，切ることはできませんでした。

　　それから。
　　　　警察が来ましたが，まだ死のうと思っていたので，近寄ったら自分
　　　　の首を刺すというようなことを警察に言ったと思います。

　　それから。

— 540 —

刑事さんが，いろいろ説得して，落ち着けとか，水飲めとか，たばこ吸えとか言われまして，そのとおりやってたところ，若い刑事さんが，けがした本人は自分で首のところに手を当てて自分で歩きながら救急車に乗ってったくらいで，傷は軽いから，死ぬ必要はないと言われました。最初は，うそだと思っていたんですが，何度も言われているうちに，そうなのかなと，それで，刑事課長さんが間違いないよって，あんたの言うこと，ちゃんと聞いてあげるから，その刃物よこしなさいと言われて，刑事課長さんに渡しました。

その後，逮捕されたんですか。

はい。

何罪で逮捕すると言われましたか。

殺人未遂で逮捕すると言われました。

そう言われてどう思いましたか。

びっくりしました。

なぜですか。

私は，人を殺すということは考えてなかったので，なんで殺人未遂なのかなと思いました。

あなたは，これまで，警察沙汰にならなくても，人に手を出したことはありますか。

ありません。

けんかっ早いほうですか。

いいえ。

なぜ，このようなことをしてしまったのだと思いますか。

ものすごい勢いで怒鳴られて，怖かったといいますか・・・

捕まってから8か月になりますが，どんなことを考えて生活していますか。

毎日事件のことばかりを考えています。申し訳ないことをしたというのが一番の気持ちです。

あなたとしては反省しているのですか。

はい。いくら怒鳴られようが何しようが，刃物で人を傷付けるということはとんでもないことだということがよく分かりましたので，本当に申し訳ないと思っています。

橋行さんのけがの状態とか精神状態については，昨日と今日聞きましたね。

はい。

あと，奥さんの状況についても，昨日聞きましたね。

　　　　はい。

聞いて，どう思いますか。

　　　　そのことに関しても，本当にすまないと思っております。

今，拘置所での暮らしということですけれども，どういう点がつらいです
か。

　　　　やっぱり外の状況も何も分からないし，とにかく孤独ということが
　　　　すごくつらいです。

あなたの奥さんや子どもからは，捕まった後，何も連絡はないんですか。

　　　　ありません。

どうしてだと思いますか。

　　　　こんなことしでかしたから，あきれているんじゃないかと思います。

あなたには，社会に頼れる人というのは，今いるんですか。

　　　　いないと思います。

あなたは，橋行さんに対して，今後どう責任をとるつもりですか。

　　　　何としても賠償していかなきゃとは思っております。

どうやって賠償するお金を作るんですか。

　　　　少しでも若いうちに職を探して，働いて返していきたいと思います。

あなたは，事件前の自分の生活態度について，どう思っていますか。

　　　　もう少しきちっとやってればよかったと思います。

どういうところが足らんと思うんですか。

　　　　もう少し真剣に仕事を探して，仕事に就くべきでした。

なんで真剣味が足りなかったんですかね。

　　　　まだ貯蓄が残っていたというのがあったと思います。

この後，社会に戻ったら，どうするつもりですか。

　　　　とにかく仕事を探して，早く賠償をしたいと思っています。

博田検察官

事件当日のことのうち，まずあなたが自分の部屋を出るときのことを聞き
ます。橋行さんが来て，あなたの話だと，こっち来いと言われたので，出
て行ったということでしたね。

　　　　はい。

ナイフを持って行った理由ですが，橋行さんに殴られると思ったというこ
とですか。

　　　　何か暴力を振るわれると思いました。

それまで橋行さんと会ったときに，暴力を振るわれたことはないですよね。

－ 542 －

はい。
橋行さんが暴力的な人間だと思うようなエピソードはありましたか。
　　　ありません。
橋行さんと，暴力に至らないまでも口げんかをしたということも，この日
まではないですよね。
　　　ありません。
この日，あなたの話だと，橋行さんはけんか腰だったということになるん
ですか。
　　　はい。
それで，あなたのナイフですが，これはあなたが使っていたものですね。
　　　はい。
自分で研いで手入れをしたこともあるんですか。
　　　あります。
あなたの部屋には木刀もありましたよね。
　　　はい。
なぜ，木刀ではなく，ナイフなんですか。
　　　ナイフが一番手前にあったから，それを持ってきたんです。
そのナイフを持って居間に行って，最初は橋行さんと立ったまま向かいあっ
たというのが，あなたの話ですか。
　　　はい。
橋行さんに何かされると思ったのに，なぜ，橋行さんの近くまで行ったん
ですか。
　　　特別意味はないですけど。
お兄さんは3人掛けのソファに一人で座っていたんだから，お兄さんと一
緒に座るとか，そういうことは考えなかったんですか。
　　　考えませんでした。私が行ったときには，橋行さんが立っていて，
　　　待ち構えているような感じだったと思います。
あなたは，待ち構えているところに，ずかずかと行ったわけですか。
　　　行きました。
あなた自身のほうが，けんか腰だったのではないですか。
　　　そのときは，何のためにそういうことを言うのかなという……，聞
　　　きたくて行ったんだと思います。
その後，あなたは，最初に，橋行さんの首を刺しましたね。
　　　はい。

－ 543 －

首を刺した際，あなたは立っていたのですか，座っていたんですか，それともその中間くらいだったんですか。

　　　立ち上がりながらという感じでした。

どんなふうに立ち上がったんですか。

　　　立ち上がって一歩前に出たと思います。

先ほど弁護人からも聞かれていましたが，どこを刺そうと思ったのですか。

　　　（動作をしながら）ここの肩口辺りです。

今，あなたは左の肩から胸辺りにかけてを指さしていますが，その辺だったらどこでもよかったんですか。

　　　はい。

裁判長

この辺だったらどこでもいいかなという，この辺というのをもう少し具体的に言ってもらえませんか。

　　　おっぱいより上のほう。

それは左右を問わずに。

　　　そうですね。ただ，右利きですから，相手にしてみれば，左胸のほうだと思います。

博田検察官

左のほうのおっぱいから上だったら，どこでもよかったんですか。

　　　はい。

ここは危ないからやめよう，ここにしよう，そういうことは考えたんですか。

　　　考えませんでした。

危ないことにならないように注意はしていないんですね。

　　　……そんなことはないと思います。(動作をしながら)この辺りから，
　　　この，まあ何というんですか，……重傷というか，そういうふうに
　　　はならないと思っていました。

この辺りと言ってあなたが指したのは，左の鎖骨の辺りですか。

　　　はい。

首を刺したとき，血が出ていたのは見えたんですか。

　　　はい。

それを見て，あなたはどう思ったんですか。

　　　びっくりしました。

大変なことになってしまったとは思わなかったんですか。

— 544 —

しばらく経ってから思いましたが，その瞬間は，わあっという気持
　　　ちしかありませんでした。
あなたの話だと，首に刺さるというのは望んだ結果ではないんですよね。
　　　はい。
思いがけない結果を起こしてしまって，ナイフなんか持っていたら危ない
とは思わなかったんですか。
　　　その瞬間は，そう考えませんでした。
その後，橋行さんが倒れたところでナイフを刺したかどうかという話です
が，あなたの記憶はどうなんですか。
　　　刺したかどうか記憶にありません。
分からないけど，刺し傷ができてしまったということですか。
　　　警察で，6か所刺しているんだぞと言われて初めて分かったんです。
　　　それまでは，首のところだけ自分がやったもんだと思っていました。
それでは，何をしたか覚えていないほど，頭に血が上っていたんですか。
　　　いや，頭に血が上っていたより，つかまれたのを解くのを，一生懸
　　　命やっていたと思います。
右のおなかの傷と，左太ももの付け根というのは，傷が下から上に向かっ
ているので，倒れたときじゃないとできないんですが，どうやってできた
のか，覚えてないんですか。
　　　覚えていません。
橋行さんに覆いかぶさる状態になったかどうか，その点はどうなんですか。
　　　覚えてないです。
その後，橋行さんが立ち上がって向かい合い，あなたはお兄さんから羽交
い締めになったということでいいんですか。
　　　はい。
羽交い締めになった際には腕の付け根を後ろから押さえられてたんですか。
　　　と思います。
そうすると，肩から先の腕は，ある程度，動かせる状態だったんですね。
　　　覚えてないですが，手首は動いたと思います。
その状態で，刃先が橋行さんの体に向くような形で突き出したことがある
かないかですが，ナイフを橋行さんに向かって突き出したことがありまし
たか。
　　　（動作をしながら）まあ，前にこうやって出したかどうか，まあ，
　　　突き出したことになるんだろうというふうに思いますけど。

— 545 —

しかし，今の動作だと，水平に振りながら出したということですよね。

　　　そうだと思います。それでも刃先が向くんじゃないでしょうか。

ナイフが橋行さんに刺さったかどうかは分からないんですか。

　　　分からないです。ただ，距離的には，刺さるくらいの距離だったと
　　　思いますので，当たったかもしれないということは考えていました。

それで，橋行さんに対する怒りも，そのときにあったと。

　　　……ありましたね。

それから，台所で橋行さんの右肩を後ろから刺したかどうかについて，記憶はありませんか。

　　　ないです。

橋行さんが背中を向けた状態になったことは覚えているんですか。

　　　覚えています。

そのときに自分が何をしたかということは覚えていないんですか。

　　　羽交い締めから逃れようとしていたことは覚えています。

あなたが取調べで話したことと少し違うように思うのですが，話が変わったんですか。

　　　………。

背中に向かってナイフを突き出したことを覚えていますと話しませんでしたか。

　　　覚えていません。

少し話を変えますが，あなたが今回6か所刺した場所は，少しずれたら死んでしまうようなところばかりだったんですが，これは，全部，あなたが意図したものではなかったということですか。

　　　はい。

狙っていないという話はさておいて，あえて急所を外そうと思いながら，刺したんですか。

　　　急所とかそういうことは考えませんでした。

じゃあ，自分が持っているナイフがどこに刺さろうと構わなかったということですか。

　　　いえ，心臓とか首とかというのが急所だというのは分かりますが，
　　　それ以外は，どこにどういうものがあるかということは私には分か
　　　らないですから，動脈や静脈がどうのと言われても分かりません。

体の真ん中に内臓が集まっているくらいは分かっていたんですか。

　　　それは分かります。

— 546 —

橋行さんが逃げたという話ですが，あなたは，橋行さんが部屋からいなくなった後，橋行さんはどうなると思っていたんですか。

　　　歩いて出て行ったので，そこまで考えませんでした。救急車の音も聞こえたし，救急車で運ばれるのかなと思いましたけど。

あなたは，その後，果物ナイフを首に当てて，自殺するようなそぶりをしましたね。

　　　はい。

どうしてそのようなことをしたんですか。

　　　とんでもないことをしてしまったし，申し訳ないと思いました。

命で償わなくちゃいけないようなことになったんだと思ったのではありませんか。

　　　そうです。

それでは，橋行さんが死ぬかもしれないと思ったのではないですか。

　　　そうじゃなくて，人を刃物であやめるということは，そんなことは初めてのことだし，ああいうふうに血が出るのを見たのも初めてだし，本当にとんでもないことをしてしまったと思いました。

あやめると言いましたが，あやめるというのは殺すという意味ですよね。

　　　はい。

死ぬようなことをしたという自覚があったのではないですか。

　　　………。

橋行さんが死ぬようなことをしたという自覚があったんではないですか。

　　　あやめるというのが殺すということであれば，間違いだと思います。

　　　傷付けるという意味で，私はたがえていました。

次に事件前の生活を確認させてもらいますが，平成２１年３月に居候を始めてから事件までの１年３か月くらいの間，求人誌を見たりということで仕事を探したということでしたが，ほかに何もしなかったんですか。

　　　そうですね。

お兄さんの家に居候を始めたときには，百数十万円くらいの蓄えがあったということでしたね。

　　　はい。

普通に家を探して敷金を払ってということくらいはできる金額ですけど，早く出てしまおうとは思わなかったんですか。

　　　早く出ようとは思いました。でも，何かをやりたいという気持ちもあったんです，自分で。

結局，１年３か月ずるずるといて，お金はない，仕事は見つからない，生活保護でも受けるしかないと思ったのが，事件当日のことだったんですか。

　　　そうです。

事件当日には，生活保護の関係で役所に行かなかったのはなぜですか。

　　　どこに行けばいいのか，だれにどういうふうに話をしたらいいのかも全然分からなかったので，そういうことを考えていました。

だったら，お兄さんに聞けばよかったんではないですか。

　　　それを帰ってから聞こうと思ったら，お客さんが来ていましたから。

事件の直前，橋行さんと言い合いになったという話ですが，１年以上居候して，出て行くという話になっていて，多少言われるのはしょうがないなとは思わなかったんですか。

　　　そう思いました。

橋行さんから，こじきやろうと言われたと言っていましたね。

　　　はい。

その話は取調べではしませんでしたよね。

　　　はい。

なぜですか。

　　　そのときには，その言葉の内容が思い出せなかったんです。ただ自分が橋行さんに対して，最後に，本気で言っているのか，その言葉と，そう言ったのだけは覚えていたんです。

それも取調べでは話していなかったと思うんですが，それもまとめて思い出したわけですか。

　　　そうです。

いつ思い出したんですか。

　　　拘置所です。

拘置所に行ってからも，事件のことをずっと考えていたわけですか。

　　　はい。

ずっと考えていたけど，どうやって突き出したかは思い出せず，何を言われたかだけを思い出したんですか。

　　　最後に腹を立てたのはなぜかということを，考えていました。

印象に残りそうな言葉ですが，何日間か取調べをしたときには，思い出してもらえなかったということですね。

　　　はい。

あと，この事件で刑務所に行くにしても，行かないにしても，いずれ社会

－ 548 －

に戻りますよね。

はい。

住む場所はどうするつもりですか。

……まだ考えていません。

当てはあるんですか。

ありません。

橋行さんの治療費も，今のところ，払いようがないということですか。

はい。

裁判長

被害者参加人から被告人質問の申出がなされておりましたが，これについて，弁護人のご意見はどうなりますか。

主任弁護人

しかるべく。

裁判長

裁判所としては，質問事項のうち，被告人の家族の謝罪に向けた行動という点は，これまでの証拠調べの結果からすると，あまり家族の話を聞いても意味がないのかなという感じがしているんですが，そのほかの点については聞いてもらっていいかと思います。

被害者参加人

あなたは，今回の事件で，被害者である橋行さんにどういったけがを負わせたか，きちっと把握していますか。

はい。

どういったけがですか。

首筋と胸と腹部と肩で，後遺症が残るようなけがを負わせてしまいました。

それでは，あなたは，これまで，本件事件について何を考え，何について反省しているんですか。

橋行さんを傷付けてしまったということと，それによって橋行さんの生活が狂ってしまったということ，それに後遺症が残ったということで，大変申し訳ないことをしたと思っています。

あなたとしては，本件の原因は何だと思いますか。

とにかく，自分が弱かったんだと思っています。

あなたが本件について考えてきた中で，橋行さんの立場になって，橋行さんの気持ちを考えたことはありますか。

— 549 —

逆だったらどうだったろうと考えて，当然，腹も立てるだろうし，

悔しいだろうし，もう許せないと思うだろうなとは思いました。

また，あなたの記憶や考えというのを，この法廷で述べましたね。

はい。

あなたの法廷での供述が，被害者の納得を得られるものであろうかという

ことを考えたことはありますか。

考えましたが，思ってくれないかなというふうにも思いました。

次に，本件犯行によって被害者やその家族が受けた身体的，精神的被害に

ついてのあなたの認識を聞きますが，現在，橋行さん夫婦がどのような障

害を負い，また精神的に苦しんでいるか，どのように認識していますか。

非常に苦しんでいるだろうと，大変だろうということは分かります。

あと，あなたの被害者に対する謝罪の意思や行動について聞きますが，こ

れまであなたは謝罪に向けてどのような行動をとりましたか。

謝罪の手紙を出しました。

弁護人を通して，あなたの謝罪文を橋行さんに渡したということですか。

はい。

それ以外に，何か謝罪行為というのはあるんでしょうか。

いえ，ありません。

謝罪文1通を送っただけですか。

はい。

それ以外に，何かしようと考えませんでしたか。

治療費とかは考えたんですが，何せ，持っているお金が少ないもの

ですから，当然無理だろうなと思いました。

1万円でも5000円でも，分割で返すということは考えないんですか。

それは考えませんでした。かえって，ばかにしていると思われたら

嫌だなという気持ちがありました。

あなたは，本件の原因，その責任について考えたと思うんですが，これは

結局，何なんですか。

私です。

被害者にはあるんですか。

いいえ，どんなことがあっても，どんなことを言われても，刃物を

持った私が悪いんです。

以　上

平成22年（わ）第501号

証人尋問調書（職権採用分）

（この調書は，第2回公判調書と一体となるものである。）　裁判所書記官㊞

氏　名　　橋　行　　久

年　齢　　昭和44年2月3日生

住　居　　福岡市東浜区渚3丁目5番7号

職　業　　塗装工

尋問及び供述

　　　別紙反訳書記載のとおり

以　上

宣　誓

良心に従って，真実を述べ，

何事も隠さず，偽りを述べない

ことを誓います。

証人　橋行　久㊞

裁　判　長

　　本件当日の直前の２人の間の出来事なんですけれども，橋行さんが被告人に述べた言葉について，昨日，今日と証言してもらいましたが，先ほどの被告人の話では，橋行さんが述べたことよりもいろんなことを言われたということを述べていましたけど，その話を聞くと，確かにこんなことも言っていたかなというふうなものが何かありましたか。

　　　　　別段何もありません。

口調についてはどうですか。

　　　　　口調は，今話している口調よりも強く，相手に伝えようと思ったので，大きな声であったとは思います。

法廷での証言ということもあるのかもしれないですが，割と丁寧な言葉遣いで証言されてましたけれども，実際に被告人に話をしたときには，もう少し乱暴な言葉遣いであったということはあるんですか。

　　　　　もう少し乱暴であったかと思いますが，被告人が話していた，そういうようなことは言っておりません。

今の言っていないというのは，どういうことを言っていないということですか。

　　　　　先ほども言われた，こじきやろうという言葉は言っておりません。

出て行くことに関して，出て行くのか，こら，とか，いいから早く出て行けとか，そういうことは言ったかもしれないですか，それとも，そういう言葉遣いではなかったという感じですか。

　　　　　そこまでは言っていません。

それから，首の左側を刺された後，右腹部や左太ももの付け根を刺されたということもありましたよね。

　　　　　はい。

そのときに，次夫さんは既に被告人を羽交い締めにしていた，あるいは，しかけていたという状態だったのか，それとも，そのときにはまだ全く次夫さんは被告人のところまでたどり着いておらず，被告人としては自由に動いている状態だったのか，覚えているところはありますか。

　　　　　明確には分からないですが，まだ次夫さんは，羽交い締めにはしていない状況だったと思います。

羽交い締めにいかないまでも，身体に手を掛けるとか，そういうところもいってないですか。

　　　　　もしかすると，背中を引っ張るくらい，私から被告人を離そうとす

る行為はあったかもしれません。

それから，最後に右肩を刺されたということがありましたよね。

　　　はい。

このときのあなたの動きはどういうものだったのですか。

　　　妻に手を引かれ，出るよと言われて背中を向けたところ，被告人が
　　　右肩に向けて，まあ，見えるわけではないんですけど，ナイフを突
　　　き刺してきたと思います。

あなた自身の身体が，もちろん意図したわけではないにせよ，ナイフがあっ
た方向によろめいたり，あるいは動いたりということで，ナイフがあった
方向に自分の身体が行ってしまったと，それで刺さってしまったというこ
とはないですか。

　　　ありません。

なぜないと言えるのですか。

　　　私はそのような行為はとっていないし，背中を向けたとき，確実に，
　　　今までにない衝撃が右肩に走ったのを今でも明確に覚えています。

特にそのとき，バランスを崩したり，よろめいたりということはなかった
のですか。

　　　そういうことはありません。

　　　　　　　　　　　　　　　　　　　　　　　　　　　　以　上

移　送　通　知　書

平成２２年　８月　８日

福岡地方裁判所　殿

福岡地方検察庁

検察官検事　博　田　　守　㊞

次の被告人は，下記被告事件について勾留中のところ，下記のとおり移送したから通知します。

氏　名　福　上　三　郎

昭和３３年３月２８日生（５２歳）

記

1　罪　　　名　　殺人未遂
2　起　訴　の　日　　平成２２年７月１２日
3　移　送　の　日　　平成２２年８月　７日
4　元の刑事施設　　西福岡警察署留置施設
5　移　送　先　　福岡刑務所

（取扱者　㊞　）

指揮印	平成２２年９月６日午後６時５３分執行
印	執行者　法務事務官　○　○　○　○　印

平成２２年（わ）第５０１号

勾留　平成２２年　６月２４日

起訴　平成２２年　７月１２日

勾 留 期 間 更 新 決 定

被告人　福上三郎

　　勾留状の罪名　殺人未遂

　　起訴後の罪名　殺人未遂

　被告人に対する勾留は，同人につき下記　２，３，４　の理由があって，なおこれを継続する必要があると認められるので，平成２２年９月１２日から，その期間を更新する。

記

1　定まった住居を有しない。

2　罪証を隠滅すると疑うに足りる相当な理由がある。

3　逃亡し又は逃亡すると疑うに足りる相当な理由がある。

4　死刑又は無期若しくは短期１年以上の懲役若しくは禁錮にあたる罪を犯したものである。

5　常習として長期３年以上の懲役又は禁錮に当たる罪を犯したものである。

6　氏名又は住居が判らない。

7　禁錮以上の刑に処する判決の宣告があったものである。

　平成２２年９月６日

　　福岡地方裁判所

　　　　裁 判 官　　　○　○　○　○　印

指揮印	平成２２年１０月４日午後５時２３分執行
印	執行者　法務事務官　○　○　○　○　印

平成２２年（わ）第５０１号

勾留　平成２２年　６月２４日

起訴　平成２２年　７月１２日

勾 留 期 間 更 新 決 定

被告人　福上三郎

勾留状の罪名　殺人未遂

起訴後の罪名　殺人未遂

　被告人に対する勾留は，同人につき下記　２，３，４　の理由があって，なおこれを継続する必要があると認められるので，平成２２年１０月１２日から，その期間を更新する。

記

1　定まった住居を有しない。

2　罪証を隠滅すると疑うに足りる相当な理由がある。

3　逃亡し又は逃亡すると疑うに足りる相当な理由がある。

4　死刑又は無期若しくは短期１年以上の懲役若しくは禁錮にあたる罪を犯したものである。

5　常習として長期３年以上の懲役又は禁錮に当たる罪を犯したものである。

6　氏名又は住居が判らない。

7　禁錮以上の刑に処する判決の宣告があったものである。

　　平成２２年１０月４日

　　　福岡地方裁判所

　　　　　裁　判　官　　　○　○　○　○　印

指揮印	平成２２年１１月８日午後５時５１分執行
㊞	執行者　法務事務官　○　○　○　○　㊞

平成２２年（わ）第５０１号

勾留　平成２２年　６月２４日

起訴　平成２２年　７月１２日

勾 留 期 間 更 新 決 定

被告人　福上三郎

勾留状の罪名　殺人未遂

起訴後の罪名　殺人未遂

　被告人に対する勾留は，同人につき下記　２，３，４　の理由があって，なおこれを継続する必要があると認められるので，平成２２年１１月１２日から，その期間を更新する。

記

1　定まった住居を有しない。

2　罪証を隠滅すると疑うに足りる相当な理由がある。

3　逃亡し又は逃亡すると疑うに足りる相当な理由がある。

4　死刑又は無期若しくは短期１年以上の懲役若しくは禁錮にあたる罪を犯したものである。

5　常習として長期３年以上の懲役又は禁錮に当たる罪を犯したものである。

6　氏名又は住居が判らない。

7　禁錮以上の刑に処する判決の宣告があったものである。

　　平成２２年１１月８日

　　福岡地方裁判所

　　　　裁　判　官　　○　○　○　○　㊞

指揮印	平成２２年１２月６日午後５時１５分執行
印	執行者　法務事務官　○　○　○　○　印

平成２２年（わ）第５０１号

勾留　平成２２年　６月２４日

起訴　平成２２年　７月１２日

勾 留 期 間 更 新 決 定

被告人　福上三郎

勾留状の罪名　殺人未遂

起訴後の罪名　殺人未遂

　被告人に対する勾留は，同人につき下記　２，３，４　の理由があって，なおこれを継続する必要があると認められるので，平成２２年１２月１２日から，その期間を更新する。

記

1　定まった住居を有しない。

2　罪証を隠滅すると疑うに足りる相当な理由がある。

3　逃亡し又は逃亡すると疑うに足りる相当な理由がある。

4　死刑又は無期若しくは短期１年以上の懲役若しくは禁錮にあたる罪を犯したものである。

5　常習として長期３年以上の懲役又は禁錮に当たる罪を犯したものである。

6　氏名又は住居が判らない。

7　禁錮以上の刑に処する判決の宣告があったものである。

　　平成２２年１２月６日

　　　福岡地方裁判所

　　　　裁　判　官　　　○　○　○　○　印

指揮印	平成２３年１月７日午後６時０５分執行
印	執行者　法務事務官　○　○　○　○　印

平成２２年（わ）第５０１号

勾留　平成２２年　６月２４日

起訴　平成２２年　７月１２日

勾 留 期 間 更 新 決 定

被告人　福上三郎

勾留状の罪名　殺人未遂

起訴後の罪名　殺人未遂

　被告人に対する勾留は，同人につき下記　２，３，４　の理由があって，なおこれを継続する必要があると認められるので，平成２３年１月１２日から，その期間を更新する。

記

1　定まった住居を有しない。

2　罪証を隠滅すると疑うに足りる相当な理由がある。

3　逃亡し又は逃亡すると疑うに足りる相当な理由がある。

4　死刑又は無期若しくは短期１年以上の懲役若しくは禁錮にあたる罪を犯したものである。

5　常習として長期３年以上の懲役又は禁錮に当たる罪を犯したものである。

6　氏名又は住居が判らない。

7　禁錮以上の刑に処する判決の宣告があったものである。

　平成２３年１月７日

　　福岡地方裁判所

　　　　裁　判　官　　　○　○　○　○　印

指揮印	平成２３年２月７日午後５時５７分執行
印	執行者　法務事務官　○　○　○　○　印

平成２２年（わ）第５０１号

勾留　平成２２年　６月２４日

起訴　平成２２年　７月１２日

勾 留 期 間 更 新 決 定

被告人　福上三郎

勾留状の罪名　殺人未遂

起訴後の罪名　殺人未遂

　被告人に対する勾留は，同人につき下記　２，３，４　の理由があって，なおこれを継続する必要があると認められるので，平成２３年２月１２日から，その期間を更新する。

記

1　定まった住居を有しない。

2　罪証を隠滅すると疑うに足りる相当な理由がある。

3　逃亡し又は逃亡すると疑うに足りる相当な理由がある。

4　死刑又は無期若しくは短期１年以上の懲役若しくは禁錮にあたる罪を犯したものである。

5　常習として長期３年以上の懲役又は禁錮に当たる罪を犯したものである。

6　氏名又は住居が判らない。

7　禁錮以上の刑に処する判決の宣告があったものである。

　　平成２３年２月７日

　　　福岡地方裁判所

　　　　　裁　判　官　　○　○　○　○　印

| 指揮印 | 平成２３年３月７日午後６時０２分執行 |
| 印 | 執行者　法務事務官　○　○　○　○　㊞ |

平成２２年（わ）第５０１号

勾留　平成２２年　６月２４日

起訴　平成２２年　７月１２日

勾 留 期 間 更 新 決 定

被告人　福上三郎

勾留状の罪名　殺人未遂

起訴後の罪名　殺人未遂

　被告人に対する勾留は，同人につき下記　１，３，４，７　の理由があって，なおこれを継続する必要があると認められるので，平成２３年３月１２日から，その期間を更新する。

記

1　定まった住居を有しない。

2　罪証を隠滅すると疑うに足りる相当な理由がある。

3　逃亡し又は逃亡すると疑うに足りる相当な理由がある。

4　死刑又は無期若しくは短期１年以上の懲役若しくは禁錮にあたる罪を犯したものである。

5　常習として長期３年以上の懲役又は禁錮に当たる罪を犯したものである。

6　氏名又は住居が判らない。

7　禁錮以上の刑に処する判決の宣告があったものである。

　平成２３年３月７日

　　福岡地方裁判所

　　　　裁 判 官　　○　○　○　○　㊞

（写）

平成２２年(記)第１３０２０号

国 選 弁 護 人 選 任 書

福岡県弁護士会所属

弁 護 士 　　大牟田 孝 典

　上記の弁護士を被疑者　福上三郎　に対する　殺人未遂　被疑事件の国選弁護人に選任する。

平成２２年　６月２４日
　福 岡 地 方 裁 判 所
　　　　裁 判 官 　　並 川 平 二

即日
検察官・被疑者・支援センターにＦＡＸで通知済
　　　　　　　　裁判所書記官　㊞

（写）

平成２２年(記)第１３０３０号

国選弁護人選任書

福岡県弁護士会所属

弁　護　士　　飯　元　浩　子

　上記の弁護士を被疑者　福上三郎　に対する　殺人未遂　被疑事件の国選弁護人に選任する。

平成２２年　６月２５日

福　岡　地　方　裁　判　所

裁　判　官　　並　川　平　二

即日

検察官・被疑者・支援センターにＦＡＸで通知済

裁判所書記官　㊞

主任弁護人指定届

被告人　福　上　三　郎

　上記の者に対する殺人未遂被告事件について，弁護人弁護士大牟田孝典を主任弁護人に指定したので，届け出る。

　　平成２２年７月１６日

　　　　　　　　　　　　　　　弁護人　弁護士　　大牟田　孝　典　㊞
　　　　　　　　　　　　　　　弁護人　弁護士　　飯　元　浩　子　㊞

福岡地方裁判所刑事第５部　御中

主任弁護人の指定があったことを平成２２年７月１６日検察官，被告人に通知した 　　裁判所書記官　㊞

国選弁護人選任請求書・資力申告書

裁判官　殿

　　　　※　該当する箇所の□印にレ点を付け，必要事項を記入して作成してください。

（注意）3に記載した合計欄の金額が５０万円以上である場合には，この書面を提出して国選弁護人の選任を請求する前に，必ず，福岡県弁護士会に対して，私選弁護人選任の申出をする必要があります。

1　次の事件について，2に記載した理由により私選弁護人を選任することができないので，国選弁護人の選任を請求します。

　　事件名　_殺人未遂_

2　理由

　　　　※　(2)ア又はイの□印にレ点を付けた場合で，福岡県弁護士会から通知書を受け取っているときは，この請求書と一緒に提出してください。

　☑　(1)　貧困のため

　□　(2)　平成＿＿年＿＿月＿＿日，福岡県弁護士会に対して，私選弁護人の選任を申し出たが，次の理由から選任することができなかったため

　　　□　ア　福岡県弁護士会から弁護人となろうとする者の紹介を受けられなかった。

　　　□　イ　紹介された弁護士に弁護人の選任の申込みをしたが拒まれた。

　　　□　ウ　いまだ福岡県弁護士会から連絡がない。

　　　(3)　その他の理由（具体的に書いてください。）

　　　　（　　　　　　　　　　　　　　　　　　　　　　　　　　　　　　　　　　）

3　資力申告

　　私の次の資産の合計額（資力という。）と内訳は，記載したとおりで間違いありません。

（注意）裁判官の判断を誤らせる目的で，その資力について虚偽の記載をした場合は，１０万円以下の過料に処せられることがあります。

　　内訳　現金　　　　　　　　　　　（□無　☑有　→　約　_115,000_　円）

　　　　　金融機関に対する預貯金（□無　☑有　→　約　　　_2,000_　円）

　　　　　社内預金等　　　　　　　（☑無　□有　→　約　　　　　　　円）

　　　　　金融機関の自己宛小切手（☑無　□有　→　約　　　　　　　円）

　　　　　郵便為替　　　　　　　　（☑無　□有　→　約　　　　　　　円）

　　合計　　　　　　　　　　　　　　　　　　　約　_117,000_　円

※　金融機関に対する預貯金とは，預金のほか，郵便貯金又は農業協同組合，農業協同組合連合会，漁業協同組合，漁業協同組合連合会，水産加工業協同組合若しくは水産加工業協同組合連合会に対する貯金のことです。

※　社内預金等とは，使用者（船員の場合は船舶所有者）に対する貯蓄金又は公務員共済組合，公務員共済組合連合会若しくは日本私立学校振興・共済事業団に対する貯金のことです。

　　　　　　平成_22_年　_6_月_22_日　氏名　_福上三郎_　指印

　　　　　　　　　　　　　　　　　　（_昭和33_年_3_月_28_日生）

平成２２年６月２４日

ファクシミリ送信書

日本司法支援センター
　福岡地方事務所　御中

　　　　　　　　　　福岡地方裁判所
　　　　　　　　　　　裁判所書記官　○　○　○　○　㊞
　　　　　　　　　　　電話　○○○－○○○－○○○○
　　　　　　　　　　　ＦＡＸ○○○－○○○－○○○○

　平成２２年（記）第１３０２０号国選弁護人選任請求（被疑者福上三郎）について，下記文書を送付します。
　　　　　　　　　　　　　　記
　　　１　国選弁護人候補指名通知依頼書　　１通
　　　２　勾留状写し　　　　　　　　　　　１通
　　　　　　　　　　　　　　　　　　　　　　　　　　以上

※　なお，受信された際は，速やかに下記の受領書を返信していただくようお願いします。

平成２２年６月２４日

受　領　書

福岡地方裁判所
　裁判所書記官　殿

　　　　　　　　　　日本司法支援センター
　　　　　　　　　　　福岡地方事務所
　　　　　　　　　　　担当者　○　○　○　○　㊞

　上記文書正に受領しました。

事件番号　平成２２年（記）第１３０２０号
被 疑 者　福上　三郎
事 件 名　殺人未遂

平成２２年　６月２４日

福岡地方裁判所　殿

法テラス福岡

国選弁護人候補指名通知書

頭書の事件について，下記のとおり通知します。

記

国選弁護人候補者指名　　　大牟田　孝　典
住所（事務所）　　　　　　〒○○○－○○○○
　　　　　　　　　　　　　福岡市×××××××
　　　　　　　　　　　　　　電　話　○○○○○○○○○○
　　　　　　　　　　　　　　ＦＡＸ　○○○○○○○○○○
所属弁護士会名　　　福岡県弁護士会

（総合法律支援法第３９条
第２項に掲げる国選弁護人等
契約弁護士の別）

- [レ] 総合法律支援法第３９条第２項第１号（普通契約）
- [ ] 総合法律支援法第３９条第２項第２号（一括契約・スタッフ）

備考欄

平成２２年６月２５日

福岡地方裁判所　刑事部　御中

被疑者　福　上　三　郎

弁護人　大牟田　孝　典

被疑者国選弁護人複数選任の申出書

　標記被疑者にかかる殺人未遂被疑事件については，昨日，当職が国選弁護人に選任されました。

　本件は，裁判員裁判対象事件となりうる事件であることに加え，殺意の有無，程度が問題となり，その点に関する取調が相当なされることが予想され，頻繁な接見が必要な事案です。今後，事実関係の調査を含め，被疑者の防御権を全うするためには，複数の弁護人による弁護活動が不可欠であると考えます。

　よって，標記被疑者に関し，さらに１名の国選弁護人を付していただくよう申し出ます。

平成２２年６月２５日

ファクシミリ送信書

日本司法支援センター
　福岡地方事務所　御中

　　　　　　　　　　　福岡地方裁判所
　　　　　　　　　　　　裁判所書記官　〇　〇　〇　〇　㊞
　　　　　　　　　　　　電話　〇〇〇－〇〇〇－〇〇〇〇
　　　　　　　　　　　　ＦＡＸ〇〇〇－〇〇〇－〇〇〇〇

　平成２２年（記）第１３０３０号国選弁護人選任請求（被疑者福上三郎）について，下記文書を送付します。
　　　　　　　　　　　　　　　記
　　　　１　国選弁護人候補指名通知依頼書　　１通
　　　　２　勾留状写し　　　　　　　　　　　１通
　　　　　　　　　　　　　　　　　　　　　　　　　　　以上

※　なお，受信された際は，速やかに下記の受領書を返信していただくようお願いします。

平成２２年６月２５日

受　　領　　書

福岡地方裁判所
　裁判所書記官　殿

　　　　　　　　　　　日本司法支援センター
　　　　　　　　　　　　福岡地方事務所
　　　　　　　　　　　　担当者　〇　〇　〇　〇　㊞

　上記文書正に受領しました。

事件番号　平成２２年（記）第１３０３０号
被 疑 者　福上　三郎
事 件 名　殺人未遂

平成２２年　６月２５日

福岡地方裁判所　殿

法テラス福岡

国選弁護人候補指名通知書

頭書の事件について，下記のとおり通知します。

記

国選弁護人候補者指名　　　飯 元 浩 子
住所（事務所）　　　　　　〒○○○−○○○○
　　　　　　　　　　　　　福岡市××××××××
　　　　　　　　　　　　　　　　電　話　○○○○○○○○○○
　　　　　　　　　　　　　　　　ＦＡＸ　○○○○○○○○○○
所属弁護士会名　　　福岡県弁護士会

| 総合法律支援法第３９条 第２項に掲げる国選弁護人等 契約弁護士の別 | レ | 総合法律支援法第３９条第２項第１号（普通契約） |
| | □ | 総合法律支援法第３９条第２項第２号（一括契約・スタッフ） |

| 備考欄 |
| |
| |
| |

平成２２年(記)第１３０２０号

送 達 報 告 書

送 達 書 類	国選弁護人選任書
送 達 日 時	平成２２年６月２８日午後４時３０分
送 達 方 法	当庁において直接交付
受 送 達 者	弁護人　大牟田　孝典
受 送 達 者 の 署 名 押 印	大牟田　孝典　㊞

上記のとおり送達しました。

　　同　日

　　　　　福岡地方裁判所

　　　　　　裁判書記官　和　元　一　成　㊞

平成２２年(記)第１３０３０号

送 達 報 告 書	
送 達 書 類	国選弁護人選任書
送 達 日 時	平成２２年６月２８日午後４時４５分
送 達 方 法	当庁において直接交付
受 送 達 者	弁護人　飯　元　浩　子
受 送 達 者 の 署 名 押 印	飯　元　浩　子　㊞

上記のとおり送達しました。

　　同　日

　　　　　福岡地方裁判所

　　　　　　裁判書記官　和　元　一　成　㊞

平成２２年(わ)第５０１号　殺人未遂　被告事件

国選被害者参加弁護士選定書

福岡県弁護士会所属

弁　護　士　　　波　越　　　明

上記の弁護士を被告人　福上三郎　に対する上記被告事件における被害者参加人
橋行　久　の被害者参加弁護士に選定する。

平成２２年　９月２７日

福岡地方裁判所刑事第５部

裁判長裁判官　　綿　波　孝　平　㊞

裁判官　　柄　田　智　規　㊞

裁判官　　直　川　俊　二　㊞

国選被害者参加弁護士選定請求書・資力等申告書

福岡地方裁判所　　　支部（刑事第５部）　御中

※　該当する箇所の□印にレ点を付け，必要事項を記入して作成してください。

1　次の事件について，被害者参加を許可されましたが，国費により次の行為を弁護士に委託したいので，被害者参加弁護士の選定を請求します。

(1)　事件番号　平成２２年（わ）第５０１号

　　事件名　殺人未遂　　　　　　　　　（被告人　福上三郎）

(2)　委託しようとする行為（ア～ウのいずれか１つの□印にレ点を付けてください。）

※　被害者参加人自らこれらの行為を行うこともできます。

レ　ア　以下の①～⑤の行為全てを委託します。

①　公判期日への出席

②　検察官に，検察官の権限行使に関して意見を述べ，検察官から説明を受けること

③　証人尋問

④　被告人に対する質問

⑤　事実又は法律の適用についての意見陳述

□　イ　アの①から⑤のうち，□①　□②　□③　□④　□⑤の行為（複数選択可）に限り，委託します。

※　委託する行為を追加するときは，選定された弁護士と連署した書面で裁判所に届け出る必要があります。ただし，②の行為の委託については，裁判所への届出は不要です。

□　ウ　委託する行為は，選定された弁護士と連署した書面で，後日，届けます。

※　選定された弁護士が委託行為を行うためには，弁護士と連署した書面で裁判所に届け出る必要があります。ただし，②の行為の委託については，裁判所への届出は不要です。

2　資力申告

　　私の今日現在の次の資産の合計額（資力という。）と内訳は，次に記載したとおりです。

内訳	現金	（□無　レ有　→　約　30,000　円）
	金融機関に対する預貯金	（レ無　□有　→　約　　　　　　円）
	社内預金等	（レ無　□有　→　約　　　　　　円）
	金融機関の自己宛小切手	（レ無　□有　→　約　　　　　　円）
合計		約　30,000　円

※　金融機関に対する預貯金とは，預金のほか，郵便貯金，農業協同組合，農業協同組合連合会，漁業協同組合，漁業協同組合連合会，水産加工業協同組合又は水産加工業協同組合連合会に対する貯金のことです。

※　社内預金等とは，使用者（船員の場合は船舶所有者）に対する貯蓄金又は公務員共済組合，公務員共済組合連合会若しくは日本私立学校振興・共済事業団に対する貯金のことです。

3 支出申告（2の合計額が１５０万円以上の方のみ記載して下さい。）
　　１の事件の犯罪行為を原因として，私が，本日から３か月以内に支出する必要がある費用（療養費等の額）の合計額は，次に記載したとおりです。

　　内訳
　　　(1)　治療関係費　　　　　　　　　　　　　　　　約　　　　　　　円
　　　(2)　付添看護費　　　　　　　　　　　　　　　　約　　　　　　　円
　　　(3)　交通費　　　　　　　　　　　　　　　　　　約　　　　　　　円
　　　(4)　リハビリ，介護に関する費用　　　　　　　　約　　　　　　　円
　　　(5)　その他の費用（　　　　　　　　　　　）　　約　　　　　　　円
　　　合計　　　　　　　　　　　　　　　　　　　　　約　　　　　　　円

※　治療関係費とは，診療費，薬剤費等のことです。
※　付添看護費とは，入院付添費，通院付添費等のことです。
※　交通費とは，入通院交通費，付添交通費等のことです。
※　その他の費用とは，上記(1)から(4)まで以外で，当該犯罪行為を原因として支出することとなる費用のことです。慰謝料や休業補償などはその対象とはなりません。

　　　２の合計額から３の合計額を控除した金額　　　　約　　　　　　　円

4　以上のとおり，間違いありません。

（注意）　　裁判所の判断を誤らせる目的で，その資力又は療養費等の額について虚偽の記載のある書面を提出した場合は，１０万円以下の過料に処せられることがあります。
　　　　　　　また，裁判所の判断を誤らせる目的で，その資力又は療養費等の額について虚偽の記載のある書面を提出し，その判断を誤らせたときには，裁判所の決定により，被害者参加弁護士に支給した旅費，日当，宿泊料及び報酬の全部又は一部を徴収されることがあります。

　　　　　　　　　　平成＿２２＿年＿＿９＿月＿２４＿日
　　　　　　　　　　　　住　所　＿福岡市東浜区渚３丁目５番７号＿
　　　　　　　　　　　　ふりがな　はし　ゆき　　　ひさし
　　　　　　　　　　　　氏　名　＿橋　行　　久＿＿　㊞

　　　　　※　差し支えない方は下記の番号も記載してください。
　　　　　　　連絡先電話番号＿（　　　　－　　　　－　　　　　）
　　　　　　　ＦＡＸ番号　　＿（　　　　－　　　　－　　　　　）

平成２２年（わ）第５０１号　殺人未遂　被告事件

平成２２年　９月２７日

福岡地方裁判所　殿

法テラス福岡

国選被害者参加弁護士候補指名通知書

　被告人　福上　三郎　に対する上記被告事件につき，被害者参加人　橋行　久　から国選被害者参加弁護士の選定の請求があったので，犯罪被害者等の権利利益の保護を図るための刑事手続に付随する措置に関する法律第６条第１項に基づき，下記の弁護士を国選被害者参加弁護士候補として指名し通知する。

記

氏　　　　　名　　　波　越　　明
住所又は事務所　　　〒○○○－○○○○
　　　　　　　　　　福岡市××××××××
電　話　番　号　　　○○○－○○○－○○○○　ＦＡＸ　○○○－○○○－○○○○

所属弁護士会名　　　福岡県弁護士会

| 総合法律支援法第３９条の３第２項に掲げる被害者参加弁護士契約弁護士の別 | レ | 総合法律支援法第３９条の３第２項第１号 |
| | ☐ | 総合法律支援法第３９条の３第２項第２号 |

備考欄

刑事第一審事件記録	全2冊のうち第2冊		
事 件 番 号	平成22年（わ）第501号		
裁 判 所 名	福岡地方裁判所刑事第5部		
証 拠 番 号	検・弁・職	第　　　号（～第　　　号）	
	検・弁・職	第　　　号（～第　　　号）	
	検・弁・職	第　　　号（～第　　　号）	
	検・弁・職	第　　　号（～第　　　号）	
	検・弁・職	第　　　号（～第　　　号）	
	検・弁・職	第　　　号（～第　　　号）	
編てつ書類	☐ 証拠書類 ☐ 公判調書（供述） レ 裁判員等選任手続関係書類		
被 告 人	福 上 三 郎		
備 考			

裁判員等選任手続記録

事 件 番 号	平成２２年（わ）第５０１号	
係 属 部	福岡地方裁判所刑事第５部	
裁 判 長	綿 波 孝 平	
裁 判 官	柄 田 智 規	
裁 判 官	直 川 俊 二	
書 記 官	和 元 一 成	
事 件 名	殺人未遂	
被 告 人	勾留	福 上 三 郎
検 察 官		博 田 　 守 久 留 明日香
弁 護 人	国選	大牟田 孝 典（主任） 飯 元 浩 子
備 　 考	呼８０　員６　補２　予 選定期日　　平２２．１２．２０ 選任手続期日　平２３．２．２１　９：１５	

平成２２年(わ)第５０１号

裁判長認印　㊞

裁判員等選任手続調書

被 告 人 氏 名	福 上 三 郎（欠席）
被 告 事 件 名	殺人未遂
手続をした年月日	平成２３年２月２１日
手続をした裁判所	福岡地方裁判所刑事第５部
手続をした場所	福岡地方裁判所質問手続室
裁 判 長 裁 判 官	綿 波 孝 平
裁 判 官	柄 田 智 規
裁 判 官	直 川 俊 二
裁 判 所 書 記 官	和 元 一 成
出頭した検察官	博 田 　 守
出頭した検察官	久 留 明日香
出頭した弁護人（主任）	大牟田 孝 典

出頭した裁判員候補者　　　別紙出頭裁判員候補者一覧表（省略）記載のとおり

裁判員候補者に対する質問及びその陳述並びに裁判員候補者の申立て

　　　　　別添録音体（省略）に録取した裁判員候補者に対する質問及びその
　　　　陳述並びに裁判員候補者の申立て部分のとおり

　　不選任決定等

　　　　　別紙出頭裁判員候補者一覧表（省略）記載のとおり

裁判員及び補充裁判員の選任等

　　裁判長

　　　　1　別紙被選任者一覧（省略）記載のとおり，裁判員に選任する旨決定

　　　　2　別紙被選任者一覧（省略）記載のとおり，裁判員に選任されるべき順
　　　　　序を符号順と定めて補充裁判員に選任する旨決定

　　　　3　公判調書等に記載されるべき裁判員及び補充裁判員の符号は別紙被選
　　　　　任者一覧（省略）の裁判員及び補充裁判員の符号記載のとおり

平成２３年２月２１日

　　福岡地方裁判所刑事第５部

　　　　裁判所書記官　　和　元　一　成　㊞

裁判員裁判記録教材（第２号　殺人未遂事件）　　　書籍番号　30-09

平成31年３月20日　　第１版第１刷発行

編　　集　法務省法務総合研究所
発行人　門　田　友　昌

発行所　一般財団法人　法　曹　会

〒100-0013　東京都千代田区霞が関1-1-1
振替口座　00120-0-15670
電　　話　03-3581-2146
http://www.hosokai.or.jp/

落丁・乱丁はお取替えいたします。　　　　印刷製本／（株）キタジマ

ISBN 978-4-86684-013-0